# 财务报表分析与股票估值

|第2版|

FINANCIAL ANALYSIS & VALUATION

郭永清 ◎著

机械工业出版社
China Machine Press

## 图书在版编目（CIP）数据

财务报表分析与股票估值 / 郭永清著 . —2 版 . —北京：机械工业出版社，2021.1
（2025.4 重印）

ISBN 978-7-111-67215-9

I. 财… II. 郭… III. ①会计报表 – 会计分析 ②股票 – 估价 IV. ① F231.5 ② F830.91

中国版本图书馆 CIP 数据核字（2020）第 266475 号

本书作者郭永清是上海国家会计学院财务学教授。本书是郭永清教授多年来讲授财报分析以及自己进行股票投资实践的总结。第 2 版按照最新发布的财务报表格式，对报表项目进行了对应讲解和分析，并补充了最近几年作者投资中经历的一些案例，以及分析股票价值时一些特殊情形的考虑。

本书介绍了完整的报表分析和估值框架，提供了大量估值模型；书中全部是 A 股案例，更易懂实用，也更符合中国人的思维逻辑；特别地，作者结合自己的实际投资和教学经验，讲解了传统财务报表的重构，以及重构后对自由现金流量的理解和自由现金流量在估值里的应用。

本书的财报分析内容曾在（现在仍然在）上海国家会计学院多个高级经理培训班级作为讲义使用，得到了学员的认可和好评；股票估值内容则在作者的投资实践中加以应用，帮助他长期获得了高于市场的超额收益。

# 财务报表分析与股票估值　第 2 版

| | |
|---|---|
| 出版发行：机械工业出版社（北京市西城区百万庄大街 22 号　邮政编码：100037） | |
| 责任编辑：杨振英 | 责任校对：李秋荣 |
| 印　　刷：保定市中画美凯印刷有限公司 | 版　　次：2025 年 4 月第 2 版第 13 次印刷 |
| 开　　本：170mm×230mm　1/16 | 印　　张：28.25 |
| 书　　号：ISBN 978-7-111-67215-9 | 定　　价：89.00 元 |

客服电话：（010）88361066　68326294

版权所有 · 侵权必究
封底无防伪标均为盗版

# 第 2 版前言　知行合一的《财务报表分析与股票估值》

本书是国家自科基金项目（项目批准号71672104）"交易机制、市场信息中介与资本市场定价效率研究"的后续研究成果。

## 写在前面的话

多数商学院讲授的财务报表分析课程，聚焦在各类财务指标的计算和分析上，与企业的经济活动结合度不够，总是给人以隔靴搔痒之感，或者说不够解渴。我在给学生上财务报表分析课程时，阅读了几十本教材，希冀能够找到一本令人满意的教材给学生作为参考书，但是有点失望。国内的教材基本停留在传统的指标计算和讲解上，并非真正意义上的财务报表分析。最好的教材是美国哈佛大学克雷沙·G. 帕利普和保罗·M. 希利教授的《经营分析与估值》，但美国的财务报表与我国的财务报表存在很大差异，无法直接在我国应用。因此，我一直思考如何在我国进行有效的财务报表分析，于是就有了这本《财务报表分析与股票估值》。

"财务报表分析与股票估值"是一门实践性学科，从实践中总结理论，将理论应用于实践。实践是检验理论的唯一标准：不是理论有多完善，而是要看实践结果是否有效——按照财务报表分析得出的管理建议能否给企业创造价值，按照财务报表分析得出的股票估值结论进行股票投资是否可以获得超额收益。说得再通俗一点就是：按照财务报表分析和股票估值得出的结论能否帮助我们赚钱！

我从1996年开始进入股市，那时候我还在读硕士研究生，有时候赚钱有时候亏钱，直到博士毕业后当了几年老师，一直是这个状态。在当老师期间，我也给学生上财务报表分析课程。可是，如果自己都亏钱的话，也就是说，自己都认为自己讲授的内容没有用，那这个课怎么给学生上？总不能自欺欺人啊。我就一直慢慢琢磨财务报表分析到底应该怎么做，其间看了更多的财务报表分析和估值教材，也听了很多会计大家和财务大家的课程，吸收各家之长，希望能悟出一点门道，后来就有了我的微信公众号名称"渐悟"。在读中悟，在悟中行。阅读了这方面的图书上百本，有些书句句都是真理，可是没法操作。让我收获最大的是本杰明·格雷厄姆和戴维·多德的《证券分析》、克雷沙·G. 帕利普和保罗·M. 希利的《经营分析与估值》、布莱·甘吉林和约翰·比拉尔代洛的《公司信用分析基础》、帕特·多尔西的《股市真规则》、彼得·林奇和约翰·罗瑟查尔德的《彼得·林奇的成功投资》<sup>⊖</sup>等，这些书都能真正做到知行合一。尤其是本杰明·格雷厄姆、帕特·多尔西和彼得·林奇的书，那真是实践出真知。

通常的财务报表分析主要是就报表论报表，而财务报表分析方面知行合一的好书，应该跳出报表看报表——财务报表分析的实质是分析财务报表生成过程的每一个环节，即透过数字看过程。财务报表的生成过程就是企业经营管理的过程。因此，我搭建了财务报表分析的基本框架：公司战略—投资活动现金流（满足投资的筹资活动现金流）—资产经营（资本管理）—收入、成本费用、利润—经营活动现金流。企业创造价值的财务语言就是：投入现金，收回更多的现金；价值体现为现金的现值。

从估值的角度，仅仅分析历史财务报表数据是不够的。估值，就是估计价值。为什么需要估计？因为解决未来的价值问题、分析未来的不确定性需要估计。估值的核心是"历史数据的分析＋未来前景的判断"。历史数据分析主要是看已有的历史趋势，未来前景判断主要是找出影响未来的关键因素。

历史趋势分析和未来前景判断，构成了价值投资的基础。相对来说，历史趋势分析比较容易，而未来前景判断比较困难。在过去的几年，我一直在渐渐地悟，努力提高自己在这两个方面的能力。我也衷心希望阅读本书能够给您带来收获和进步，有助于您知行合一，而没有浪费您宝贵的时间。

## 第 2 版说明

第 1 版出版以后，本书受到了读者的欢迎和肯定。但是，在第 1 版的写作过程中，由于表格过多，部分数字出现了串行、错行，导致读者阅读时存在部分数据前后无法对应的问题，给读者带来了不便，我表示深深的歉意。本书中分析所用数据均来自各公司年报及 Wind 资讯。

---

⊖ 本书中文版机械工业出版社已出版。

有很多读者也在后台留言，对一些阅读中难以理解的地方提出问题。由于我工作比较忙，未能一一回复和解答，在此表示抱歉。回复、解答有关问题，也是我此次修订的原因之一。

此外，本书第 1 版出版后，我国财政部对财务报表格式进行了多次修订，增删了部分报表项目，有些读者在阅读过程中对照现行财务报表格式时，无法将以前报表项目与现行报表项目一一对应起来。因此，我按照最新的报表格式进行了相应的调整。

第 2 版与第 1 版比较，主要的变化如下：

1. 按照最新的财务报表格式，对报表项目进行了对应讲解和分析。比如，资产负债表中新增的"合同资产""合同负债"等应该归入哪一类资产及其理由；利润表中的"其他收益"应该归入哪一类利润及其理由；等等。

2. 对部分表格的数据进行了调整，使前后表格之间的数据对应更加准确。此次修订，我自己对每一张表格的每一个数字都进行了核算验证。

3. 对部分内容进行了补充说明，比如"长期资产净值""保全性资本支出""扩张性资本支出"等。

4. 补充了最近几年的一些案例和分析时一些特殊情形的考虑。比如，科技型公司估值时自由现金流应该做哪些特殊调整，房地产公司的简易估值方法、银行股估值的方法和注意事项，等等。

5. 对部分名词术语和指标进行了修订，以提高分析的逻辑性。比如，第 1 版在资产中用了常见于教材的"营运资本"一词，在资产中出现资本，很容易与"债务资本""股权资本"混淆，现在修订为"周转性经营投入"一词，更加清晰明了。

6. 对部分文字进行了修订，以改善阅读体验。

感谢机械工业出版社的策划编辑，在她的帮助和支持下第 2 版顺利与读者见面。

感谢广大读者对我的鼓励和帮助，尤其要感谢给我提出修改建议的那些读者。如果有问题，也欢迎大家在我的个人微信公众号"渐悟"留言。

祝您投资顺利。有兴趣的读者，在购书且微信朋友圈晒书后，加本书工作人员微信，微信号 huh66huh，可参加答疑或者加入专门为本书读者建立的微信群。

# 第 1 版推荐序一　以价值为核心的财务报表分析

有关财务报表分析的书汗牛充栋、数不胜数。看完郭永清博士的《财务报表分析与股票估值》后，我觉得其有很多值得肯定的地方。

此书在前人研究的基础上，跳出了"就财务论财务"的局限，以价值为核心，更多地把财务报表分析和企业创造价值的过程结合起来，提出了"公司战略＋重在执行＝财务价值"的分析思路，搭建了财务报表分析的框架，又在这个框架的基础上，依次对公司战略和财务报表的关系、财报不同组成部分之间的关系进行了深入的分析，并将其运用于股票估值。

从此书的很多内容都可以看出，作者对公司财务报表分析进行了独立的思考，并且有独到的见解。公司为价值而生，而价值就是一家公司在其未来生命周期内的自由现金流按照一定贴现率折现的现值。财务报表分析的目的就在于判断价值、分析价值、创造价值。此书以现金为起点，以更多的现金（自由现金流）为终点，设计了财务报表分析的逻辑以及具体指标，比较符合公司各类经济管理活动实际。在书中，作者将标准资产负债表和标准利润表重构为资产资本表和股权价值增加表，对读者通过财务报表分析改进管理活动非常有启发意义。

财务报表分析是一门实践性学科，理论是否有效，最终取决于分析的结论是否合理。此书从头至尾，以案例贯穿其中，保证了较强的实际操作性。在此书最后一章，作者列举了 19 个亲自在投资实践中基于财务报表分析所做的股票估值案例。从其结果来看，此书内容的有效性得到了较好的验证。

当然，此书的一些内容如对有效市场理论、资本资产定价模型等的论述，与传统的经典理论并不一致，可能需要进一步深入研究。

此书有理论，有实践，有案例，思路清晰、框架独到、逻辑严密、结论合理。我相信，这是一本值得阅读的好书。

我很高兴看到郭永清博士能够出版新书与大家分享自己的教学和研究心得，并作序将此书推荐给各位读者。

夏大慰

上海国家会计学院原院长

# 第1版推荐序二　用管理思维进行财务报表分析和股票估值

茫茫书海中以财务报表分析和股票估值为主题的书林林总总、指不胜屈。看完郭永清博士的《财务报表分析和股票估值》后,我发现此书与常见的财务报表分析和股票估值最大的不同之处在于:它用管理思维进行财务报表分析,而不是局限于惯常的财务思维;不仅介绍了作者潜心研究的估值模型,更重要的是介绍了该模型在中国股票市场的实践应用。

传统的财务指标以财务思维为主。财务报表分析通常以资产负债表和利润表为核心设计各类财务指标,比如资产负债率、流动比率、速动比率、毛利率、销售净利率、股东权益回报率等耳熟能详的指标。

本书从公司管理思维出发,认为公司创造价值的财务语言表述为"现金—更多的现金",建立了现金流循环模式的财务报表分析框架。具体而言就是:

1. 从公司战略角度分析行业选择和竞争策略选择与公司财务报表之间的关系;

2. 分析公司战略执行的重要活动——投资活动,通过投资活动现金流量透视公司的战略决策与未来前景;

3. 分析为了满足投资活动的筹资活动,通过筹资活动现金流量透视公司筹资决策的合理性;

4. 分析投资活动和筹资活动的结果——资产结构和资本结构,根据资产与投资活动的关系以及资产带来经济利益的路径与方式,把传统的资产负债表重构为资产资本表,以便更加适应管理的需要,更能摸清价值创造之脉络;

5. 分析资产使用的结果——盈利能力分析,根据重分类后的资产,将利润表重构为股权价值增加表,以便更好地反映公司价值创造能力;

6. 收入、成本费用、利润等需要转化为更多的现金——聚焦经营活动现金流量以及自由现金流分析。

上述财务报表分析的思路环环相扣、逻辑清晰、新颖而独特。

财务报表分析的有用性如何，如何阅读和利用财务报表，最终需要通过实践探索和检验。财务报表分析的核心在于"价值"。此书在介绍了常见的估值模型后，结合财务报表分析，通过多个案例，展开自由现金流贴现模型的应用讲解。从书中已有的实践案例来看，该模型得到了较好的验证，这不仅是作者的一份心得，也是为读者奉献的一个成果。

此书是一本引人入胜、给人启发的佳作。我相信，读者可以通过阅读受益匪浅。

我非常乐意为此书作序，并将其推荐给大家。

孙铮

上海财经大学学术委员会主席

# 第 1 版前言　财报分析：知行合一，学以致用

本书是我多年来讲授财报分析以及自己进行股票投资实践的总结。我个人认为，财报分析的目的是，做到知行合一，学以致用。

本书的财报分析内容在上海国家会计学院的多个高级经理培训班级作为讲义使用，得到了学员的认可和好评；股票估值内容则在本人的投资实践中，保证了多年获得超过市场的超额收益。我的雪球个人账号的投资组合"渐悟"可以佐证，个人微信公众号的粉丝也见证了本书的财报分析和股票估值模型的有效性。

公司的目标在于创造价值，财报分析应该以价值为核心。公司的价值为公司在整个生命期内创造的自由现金流按照一定的贴现率贴现后的现值。在投资决策中，只能有这个唯一的、绝对的价值标准，而不能采用多重标准。

## 本书的读者

公司董事、监事、经理层等高管人员通过阅读本书，可以思考公司创造价值的过程以及掌握如何通过财报分析更好地改进管理，提升公司价值。

股票投资者通过阅读本书，可以掌握如何分析公司的历史财务数据和未来发展预测来估算公司的内在价值，为投资决策提供比较坚实的支撑。

债权人通过阅读本书，可以判断公司的价值，保证本金和利息的安全。

## 本书主要章节及内容概要

本书共 16 章。

第 1 章和第 2 章介绍财报的基础知识以及财报原理。具有较好财务专业知识

的读者可以直接略过。

第 3 章论述财报分析的框架。财报分析应该跳出财报看数字，因此分析的框架包含公司战略分析、公司经济活动分析和公司财报分析。

第 4 章论述公司战略与财报之间的关系，包括公司行业对财报的影响、公司总成本领先策略和差异化策略对财报的影响。

第 5 章论述财报项目之间的关系，为后面的财报分析建立逻辑。

第 6 章论述如何从投资活动现金流量看一家公司的战略和未来。

第 7 章论述如何从筹资活动现金流量看一家公司的资本管理能力。

第 8 章为资产和资本分析，从现实商业活动出发，重构资产负债表为资产资本表，然后进行资产结构分析、资本结构分析、资产结构和资本结构的匹配程度以及风险分析，并指出了常用的流动比率和速动比率存在的缺陷，建议使用营运资本长期化率指标来衡量公司的流动性风险。

第 9 章为股权价值增加表分析，首先根据资产资本表重构的逻辑，重构利润表为股权价值增加表，在此基础上进行金融资产收益分析、长期股权投资收益分析、营业收入分析、营业成本分析、毛利和毛利率分析、营业费用分析、利润分析、净利润和股权价值增加值分析。

第 10 章为资产资本表和股权价值增加表的综合分析，根据资产资本表和股权价值增加表之间的逻辑关系，同时使用两张报表的数据进行综合财务指标分析。本章在通过因素分解法对股东权益回报率进行五个因素分解的基础上，构建财务指标分析体系，接着具体分析每一个因素所产生的影响，最后对所有的财务指标进行总结并形成财务指标框架。

第 11 章回归现金，分析股权价值增加表项目和经营活动产生的现金流量项目之间的关系，并将经营活动产生的现金流量净额分为五种状态。

第 12 章论述股票价格和股票价值两者之间的背离和回归关系，构成后面股票估值的理论基础；然后论述股票估值需要进行历史数据的分析和未来发展的预测，因此股票估值是一门艺术。正因为艺术的不确定性，因此以股票估值为基础的投资应当遵循安全边际原则和成组购买原则。

第 13 章介绍了常见的市盈率、市净率、市销率、市盈增长比率等方法，并分析了这些方法的局限性，而解决这些局限性需要终极方法，即绝对估值法。

第 14 章介绍了现金股利贴现模型和自由现金流贴现模型。现金股利贴现模型受到股利无关论的挑战，因此自由现金流贴现模型成为最佳选择。自由现金流贴现模型包括零增长模型、固定增长模型、两阶段模型和三阶段模型。

第 15 章运用自由现金流贴现模型进行股票估值，首先以财报分析的内容为基础构建公司价值的计算公式，指出运用自由现金流贴现模型计算经营资产的价值；然后结合万华化学和中国石化的案例，对公司的历史数据进行分析，并运用哈佛大学教授迈克尔·波特的五力分析模型对未来发展进行预测，在此基础上运用第 14 章介绍的模型计算万华化学和中国石化经营资产的自由现金流贴现现值；最后按照公司价值的计算公式，结合公司的股权结构，计算出两家公司股票的每股内在价值。

第 16 章为投资实战案例，用来验证本书财报分析和股票估值内容的有效性。这些案例都附上了分析的时间，读者可以自行判断其后的公司股票表现是否如我们事先的分析结果。

本书中的数据资料均来自上市公司公开年报。

## 本书的一些观点

行成于思毁于随。本书的一些观点可能与传统的教材不一样，但是我认为本书更加符合商业现实。比如，在工业 4.0 时代，传统的流动比率和速动比率已经不能说明任何问题，因此我们需要予以改进；传统的营运资本需求多数作为短期资本管理，但是从商业运作来说作为长期资本管理会更合适；一般自由现金流用经营活动产生的现金流量净额扣除资本性支出进行计算，我认为资本性支出应该划分为保全性资本支出和扩张性资本支出，在计算自由现金流时扣除保全性资本支出比较合理，等等。

我希望自己写出的书能受到读者的肯定，对读者的工作、学习有所裨益。如果读者对我的书有任何意见和建议，请随时通过我的微信公众号"渐悟"给我留言，尤其欢迎您告诉我本书的不足之处、您需要解决的难题、您希望在本书看到的内容，等等。

## 致谢

感谢上海国家会计学院原院长夏大慰教授对我多年的关心、爱护、照顾和指导。本书源于夏大慰院长改进上海国家会计学院教学质量的建议——对多年的教学进行回顾、反思和总结,本书正是该建议的成果。

感谢上海国家会计学院原副院长管一民教授和谢荣教授对我多年的关心、爱护、照顾和指导。

感谢上海国家会计学院李扣庆院长为首的领导班子对我的支持和帮助。

感谢上海国家会计学院教研部的各位老师,尤其是杨艺老师。

感谢我曾授课的学员对我的肯定以及他们在课堂讨论中给予我的真知灼见。

感谢我的父母、岳父母和妻儿。

感谢机械工业出版社的两位编辑,本书能够出版也是两位辛苦和努力的结果。

# 目 录

第2版前言　知行合一的《财务报表分析与股票估值》
第1版推荐序一　以价值为核心的财务报表分析
第1版推荐序二　用管理思维进行财务报表分析和股票估值
第1版前言　财报分析：知行合一，学以致用

**第1章　财报基础** ················································· 1
　1.1　审计报告 ··················································· 1
　1.2　财务报表 ·················································· 11
　1.3　资产负债表 ················································ 12
　1.4　利润表 ···················································· 16
　1.5　现金流量表 ················································ 19
　1.6　股东权益变动表 ············································ 21
　1.7　报表附注 ·················································· 22
　1.8　最新财务报表的变化和后续分析中的对应关系 ················ 23
　　　1.8.1　资产负债表的变化 ···································· 23
　　　1.8.2　利润表的变化 ········································ 28

**第2章　财报原理及财报质量** ····································· 32
　2.1　财报数字的来龙去脉 ········································ 32
　2.2　分析判断财报质量的六个步骤 ································ 38
　2.3　防范财务报告舞弊最简单的方法 ······························ 44
　2.4　会计的本质与财务报表分析的实质 ···························· 47

# 第 3 章 公司财报分析的框架 … 49

3.1 公司的目标：为价值而生 … 49
3.2 以价值为核心的财报分析 … 51
3.3 公司创造价值的过程就是公司财报的生成过程 … 52
3.4 公司财报的分析过程 … 55

# 第 4 章 公司战略与财报之间的关系 … 57

4.1 公司战略：行业选择和竞争策略决策 … 57
4.2 公司行业与公司财报之间的关系 … 58
4.3 两种不同的公司竞争策略 … 65
4.4 总成本领先策略下的财报特征 … 66
4.5 差异化策略下的财报特征 … 70
4.6 从财报数字看中国公司发展转型的迫切性 … 75
4.7 同一行业内不同竞争策略公司的财报特征 … 79
4.8 结论与启示 … 84

# 第 5 章 财报项目之间的逻辑关系 … 86

# 第 6 章 从投资活动现金流量看一家公司的战略和未来 … 90

6.1 投资活动现金流量的格式和项目 … 91
6.2 与公司战略关联度不大的投资活动现金流量项目 … 92
    6.2.1 公司理财型投资活动现金流入和流出 … 92
    6.2.2 公司其他投资活动现金流入和流出 … 93
6.3 充分反映公司战略的投资活动现金流量项目 … 93
    6.3.1 购建和处置长期经营资产的投资决策和活动 … 93
    6.3.2 取得和处置子公司的投资决策和活动 … 100
    6.3.3 战略投资活动的规模扩张分析 … 102
6.4 特别说明 … 102
6.5 公司投资活动的决策标准 … 103

## 第 7 章　从筹资活动现金流量看一家公司的资本管理能力 ········· 105

- 7.1　筹资渠道 ········· 105
- 7.2　如何分析公司的现金缺口 ········· 106
- 7.3　筹资活动现金流量分析：如何通过外源筹资解决现金缺口 ········· 108
- 7.4　筹资活动现金流量分析的五大内容 ········· 113
  - 7.4.1　资本成本 ········· 113
  - 7.4.2　资本结构 ········· 116
  - 7.4.3　资本期限 ········· 117
  - 7.4.4　筹资顺序 ········· 118
  - 7.4.5　筹资时机 ········· 119

## 第 8 章　资产和资本分析 ········· 120

- 8.1　资产负债表的重构 ········· 120
  - 8.1.1　标准资产负债表的缺陷 ········· 120
  - 8.1.2　资产负债表的重构：资产资本表 ········· 122
- 8.2　资产结构分析 ········· 131
  - 8.2.1　资产类别结构分析 ········· 131
  - 8.2.2　资产期限结构分析 ········· 138
- 8.3　资本结构分析 ········· 138
  - 8.3.1　资本来源结构分析 ········· 138
  - 8.3.2　资本期限结构分析 ········· 140
- 8.4　从资产结构、资本结构和周转性经营投入看公司的流动性风险 ········· 140
  - 8.4.1　传统财务指标的缺陷 ········· 140
  - 8.4.2　传统营运资本 ········· 141
  - 8.4.3　现实错了还是教材错了 ········· 142
  - 8.4.4　从资产结构、资本结构和周转性经营投入分析公司的流动性风险 ········· 145
- 8.5　周转性经营投入长期化率 ········· 156

## 第 9 章　股权价值增加值分析 ............................................. 161

### 9.1　基于资产资本表的利润表重构：股权价值增加表 ............ 161
#### 9.1.1　标准利润表的缺陷 ..................................... 161
#### 9.1.2　利润表的重构：股权价值增加表 ................... 162

### 9.2　股权价值增加表分析：营业收入分析 ......................... 168
#### 9.2.1　营业收入历史增长情况 ............................... 168
#### 9.2.2　营业收入未来增长空间判断 ......................... 169
#### 9.2.3　营业收入分析的特殊问题：收入的确认问题 ... 170

### 9.3　股权价值增加表分析：营业成本分析 ......................... 171
#### 9.3.1　成本性态分析：亏损的业务是否就应该停产 ... 171
#### 9.3.2　经营资产结构决定营业成本结构 ................... 173
#### 9.3.3　营业成本控制能力分析 ............................... 176
#### 9.3.4　营业成本分析的特殊问题：成本与收入匹配原则 .. 176

### 9.4　营业收入和营业成本的综合分析：毛利和毛利率 ............ 177
#### 9.4.1　毛利分析 ................................................ 178
#### 9.4.2　毛利率分析 ............................................. 178

### 9.5　股权价值增加表分析：营业费用分析 ......................... 183
#### 9.5.1　营业费用的范围 ....................................... 183
#### 9.5.2　营业费用分析的重点 ................................. 184

### 9.6　股权价值增加表分析：利润分析 ............................... 188
#### 9.6.1　息税前经营利润、息前税后经营利润和息前税后营业收入利润率 .. 188
#### 9.6.2　长期股权投资收益分析 ............................... 189
#### 9.6.3　金融资产收益分析 ..................................... 191
#### 9.6.4　从息税前利润结构看利润的质量 ................... 191

### 9.7　不要仅仅为银行打工：财务费用和债务资本成本分析 ...... 192

### 9.8　实际企业所得税负担分析 ........................................ 197

### 9.9　净利润、股权资本成本和股权价值增加值分析 .............. 198
#### 9.9.1　净利润与股权价值增加值 ............................ 199

9.9.2 利润和股权价值增加值的局限性 ······················································ 200
  9.9.3 利润可持续性的考量 ·············································································· 201

# 第 10 章 资产资本表和股权价值增加表的综合分析 ······································ 203

10.1 资产资本表和股权价值增加表之间的关系 ·············································· 203
10.2 股东权益回报率分析 ·················································································· 204
10.3 投资和经营活动的管理效率及盈利能力分析 ·········································· 206
  10.3.1 经营资产的管理效率分析 ·································································· 207
  10.3.2 长期经营资产的管理效率分析 ·························································· 209
  10.3.3 周转性经营投入的管理效率分析 ······················································ 211
  10.3.4 经营资产回报率分析 ·········································································· 214
  10.3.5 长期股权投资的盈利能力分析 ·························································· 215
  10.3.6 金融资产的盈利能力分析 ·································································· 216
10.4 债务筹资对股东权益回报率的影响 ·························································· 217
  10.4.1 财务杠杆效应分析 ·············································································· 218
  10.4.2 财务杠杆的作用原理 ·········································································· 219
  10.4.3 债权人的保障程度 ·············································································· 222
10.5 政府税收及公司税务管理活动分析 ·························································· 223
10.6 综合分析的总结 ·························································································· 223

# 第 11 章 回归现金：经营活动现金流量分析 ·················································· 225

11.1 回归现金 ········································································································ 225
11.2 经营活动现金流量的格式及项目 ······························································ 226
  11.2.1 经营活动现金流入 ·············································································· 227
  11.2.2 经营活动现金流出 ·············································································· 228
  11.2.3 经营活动产生的现金流量净额 ·························································· 229
11.3 经营活动现金流量项目和股权价值增加表项目之间的关系 ·················· 229
  11.3.1 营业收入现金含量 ·············································································· 229
  11.3.2 成本费用付现率 ·················································································· 231

11.3.3　经营利润现金含量 ··················································· 231
　11.4　经营活动现金流量净额的五种状态 ········································ 235
　　　11.4.1　经营活动产生的现金流量净额小于零 ································ 235
　　　11.4.2　经营活动产生的现金流量净额等于零或接近于零 ···················· 236
　　　11.4.3　经营活动产生的现金流量净额大于零，但不足以补偿当期的
　　　　　　　非付现成本 ··················································· 236
　　　11.4.4　经营活动产生的现金流量净额大于零，并恰能补偿当期的非付
　　　　　　　现成本 ······················································· 237
　　　11.4.5　经营活动产生的现金流量净额大于零，并在补偿当期的非付现
　　　　　　　成本后仍有剩余 ··············································· 237
　11.5　现金分红对股权价值的影响 ··············································· 239
　　　11.5.1　我国关于上市公司分红的有关规定 ··································· 239
　　　11.5.2　现金分红对股权价值的影响 ······································· 240

# 第 12 章　股票价格和股票价值 ······················································ 242

　12.1　短期股票价格与股票价值的偏离 ··········································· 242
　12.2　长期股票价格向股票价值回归 ············································· 244
　12.3　股票估值中历史证据的分析与未来发展的预测 ······························ 244
　12.4　股票估值是一门艺术 ····················································· 246
　12.5　安全边际 ······························································· 248
　12.6　成组购买可以形成一种投资操作 ··········································· 249

# 第 13 章　常见的相对估值法 ······················································ 251

　13.1　相对估值法的应用过程 ··················································· 251
　13.2　市盈率相对估值法 ······················································· 252
　13.3　市净率相对估值法 ······················································· 257
　13.4　市销率相对估值法 ······················································· 258
　13.5　市盈增长比率相对估值法 ················································· 258
　13.6　相对估值法的总结 ······················································· 260

## 第 14 章  终极方法：绝对估值法 ············· 261

14.1 绝对估值法的基本原理 ············· 261
14.2 现金股利贴现模型 ············· 263
14.3 自由现金流贴现模型 ············· 265

## 第 15 章  运用自由现金流贴现模型进行股票估值 ············· 268

15.1 公司价值与股票估值 ············· 268
15.2 经营资产自由现金流的界定 ············· 270
    15.2.1 自由现金流的渊源及各类计算方法 ············· 270
    15.2.2 本书中的经营资产自由现金流 ············· 272
15.3 经营资产自由现金流贴现模型的应用 ············· 277
    15.3.1 模型及应用的两个步骤 ············· 277
    15.3.2 历史数据分析 ············· 279
    15.3.3 未来前景的判断 ············· 289
    15.3.4 深刻理解折现率 ············· 300
    15.3.5 经营资产自由现金流现值 ············· 305
15.4 公司价值和股票价值的估算 ············· 306
    15.4.1 公司价值 ············· 306
    15.4.2 股票价值 ············· 307

## 第 16 章  我的投资实战 ············· 310

16.1 用数字而不是感觉寻找成长性：小天鹅（2016 年 3 月 23 日）············· 311
16.2 对苏泊尔的研究（2016 年 3 月 31 日）············· 313
    16.2.1 行业状况 ············· 313
    16.2.2 公司情况 ············· 313
    16.2.3 合理估值 ············· 320
16.3 五粮液的简要分析（2016 年 4 月 11 日）············· 321
16.4 30 元的上海家化值不值得买（2016 年 4 月 12 日）············· 326

| | | |
|---|---|---|
| 16.5 | 是否应该买入 4.5 元以下的中国石化（2016 年 4 月 19 日） | 329 |
| 16.6 | 我为什么看好白云机场（2016 年 5 月 10 日） | 339 |
| | 16.6.1 行业分析 | 339 |
| | 16.6.2 白云机场未来情况 | 340 |
| | 16.6.3 公司财务数据分析 | 340 |
| | 16.6.4 历史 + 未来 = 估值 | 346 |
| | 16.6.5 回答几个问题 | 348 |
| 16.7 | 九阳股份能否腾飞（2016 年 5 月 23 日） | 348 |
| 16.8 | 房地产公司的财务报表分析与估值：逻辑与模型——兼谈三湘股份的年度报告（2016 年 5 月 29 日） | 354 |
| | 16.8.1 如何从房地产公司的现金流量表看公司战略 | 356 |
| | 16.8.2 如何从房地产公司的资产结构看经营策略和效率 | 361 |
| | 16.8.3 如何从房地产公司的资本结构看财务风险 | 367 |
| | 16.8.4 如何从房地产公司的利润表看成本费用 | 369 |
| | 16.8.5 如何对房地产公司进行估值 | 372 |
| | 16.8.6 问题和挑战 | 376 |
| 16.9 | 科伦药业：何时否极泰来（2016 年 5 月 30 日） | 376 |
| 16.10 | 大秦铁路：现在是最坏的时期了吗（2016 年 7 月 28 日） | 377 |
| 16.11 | 罗莱生活：能否持续增长（2016 年 7 月 29 日） | 382 |
| 16.12 | 被低估的正泰电器（2016 年 8 月 19 日） | 384 |
| 16.13 | 隆鑫通用的内在价值（2016 年 10 月 17 日） | 386 |
| | 16.13.1 行业和公司 | 386 |
| | 16.13.2 历史财务数据 | 386 |
| | 16.13.3 未来的简单假设 | 390 |
| | 16.13.4 内在价值及建议 | 390 |
| 16.14 | 7 元以下的国投电力胜过银行理财产品（2016 年 11 月 22 日） | 391 |
| | 16.14.1 国投电力简介 | 391 |
| | 16.14.2 国投电力的历史数据 | 392 |

16.14.3　国投电力的未来判断 ···································· 395
　　16.14.4　国投电力的估值与收益预计 ···················· 396
16.15　乐视网：市梦率抑或自由现金流——
　　　　兼谈自由现金流的计算（2016年11月22日）········ 397
16.16　海康威视和大华股份：兼谈市净率的缺陷（2016年12月18日）········ 400
　　16.16.1　公司介绍 ·················································· 400
　　16.16.2　历史数据对比 ·········································· 400
　　16.16.3　未来行业判断 ·········································· 404
　　16.16.4　估值结论 ·················································· 406
　　16.16.5　谈谈市净率的缺陷 ·································· 408
16.17　需要更加积极进取的上海机电 ···························· 408
　　16.17.1　上海机电简介及前景简要判断 ················ 408
　　16.17.2　历史数据分析及问题 ································ 409
　　16.17.3　估值 ·························································· 410
16.18　波浪式前进的万华化学（2017年2月13日）·········· 411
16.19　被低估的宇通客车（2017年3月1日）···················· 415
　　16.19.1　宇通客车简介 ·········································· 415
　　16.19.2　行业和公司的未来简要判断 ···················· 415
　　16.19.3　历史数据 ·················································· 415
　　16.19.4　历史数据+未来判断基础上的大致估值 ···· 416
16.20　银行股估值：一个简易模型 ································ 417
16.21　科技股估值中自由现金流的调整问题 ················ 420
16.22　"新经济"是否颠覆了传统的估值方法 ············ 423

**参考文献** ································································ 429

# 第 1 章

# 财 报 基 础

本章介绍财务报表的主要内容，让大家对财务报表的格式有一个全面的了解。

上市公司的财务报告，按照时间分为季度报告、半年度报告和年度报告。因为季度报告比较简单，因此实践中上市公司的财务报告分析主要以年度报告和半年度报告为主，而对季度报告则只是简单地浏览，看是否出现异常情况。

上市公司的财务报告，按照报表范围分为合并财务报告和母公司财务报告。上市公司的股东应该关心的是上市公司整体范围内的财务情况，因此以合并财务报告为主要分析对象。

上市公司的财务报告在上海证券交易所和深圳证券交易所的网站上可以下载，一般为 PDF 格式，需要自己整理，很是费时费力。为了分析的方便，大家可以购买万德、同花顺等数据库，可以很方便地导出 Excel 格式的原始财务报表，然后按照自己的分析思路进行后续分析。

内容最完整、最全面的上市公司年度报告包括审计报告、财务报表和报表附注三个组成部分。我们依次展开介绍。

## 1.1 审计报告

审计报告在整个年度财务报告的第一页，相当于后续财务报表和报表附注的质量鉴定书。一般来说，季度报告和半年度报告都无须审计报告。

在资本市场上，上市公司的所有权和经营权相互分离。股东委托董事会，董事会委托公司管理层，层层委托，形成了所谓的"委托—代理"关系。公司管理层负责公司的经营活动，需要向董事会和股东提交财务报告以汇报经营管理责任的履行情况。但是自己汇报自己的活动履行情况，很容易形成财务舞弊，因此需要聘请独立的第三方——会计师事务所的注册会计师对财务报表的公允性进行审计，并出具审计报告。

审计报告中的审计意见有五种类型：标准无保留意见、带强调事项段的无保留意见、保留意见、无法表示意见、否定意见。

标准无保留意见说明，注册会计师认为上市公司编制的财务报表已按照适用的会计准则的规定编制，并在所有重大方面真实公允地反映了上市公司的财务状况、经营成果和现金流量。

带强调事项段的无保留意见说明，注册会计师认为上市公司编制的财务报表符合相关会计准则的要求，并在所有重大方面真实公允地反映了上市公司的财务状况、经营成果和现金流量，但是存在需要说明的事项，如对持续经营能力产生重大疑虑及存在重大不确定事项等。

保留意见说明，注册会计师认为财务报表整体是真实公允的，但是存在影响重大的错报。

无法表示意见说明，注册会计师的审计范围受到了限制，且其可能产生的影响是重大而广泛的，注册会计师不能获取充分的审计证据。

否定意见说明，注册会计师认为财务报表整体是不公允的，或没有按照适用的会计准则的规定编制。

上述描述也许显得过于专业和枯燥。简言之，标准无保留意见表示财务报表和报表附注质量合格，数据可靠，信息真实。其他四种意见表示财务报表和报表附注的质量存在这样或那样的问题，其质量问题的严重程度由轻到重依次为：带强调事项段的无保留意见、保留意见、无法表示意见、否定意见。

出于规避风险的目的，实践中我们一般将被出具后四种审计意见的上市公司直接剔除出投资候选标的——惹不起，但是躲得起，遇到这类公司还是小心为妙。很多投资机构比如基金公司，也将此类公司排除在股票池之外。对于此类公司，分析的重点不是其投资价值，而是其存在的问题，其可以作为财报分析的反面教材。

很多读者可能会担心审计报告本身的质量问题。确实，少数注册会计师由于自身的职业能力问题甚至是利欲熏心，导致极少数的审计报告未能反映公司存在的重大财务报告舞弊和失真问题。但是，随着监管力度的加大以及注册会计师法律风险意识的增强，审计报告的总体质量在不断提高。从我国注册会计师的发展历程来看，虽然存在着审计失败和审计道德风险的问题，但是注册会计师们总体来说发挥了很好的"经济警察"的作用。我国资本市场的发展离不开注册会计师的积极作用。

下面是万华化学 2015 年年度报告的标准无保留意见审计报告。

## 审计报告
德师报（审）字（16）第 P0246 号

万华化学集团股份有限公司全体股东：

我们审计了后附的万华化学集团股份有限公司（以下简称"万华化学公司"）的财务报表，包括 2015 年 12 月 31 日的公司及合并资产负债表、2015 年度的公司及合并利润表、公司及合并股东权益变动表和公司及合并现金流量表以及财务报表附注。

### 一、管理层对财务报表的责任

编制和公允列报财务报表是万华化学公司管理层的责任，这种责任包括：（1）按照企业会计准则的规定编制财务报表，并使其实现公允反映。（2）设计、执行和维护必要的内部控制，以使财务报表不存在由于舞弊或错误而导致的重大错报。

### 二、注册会计师的责任

我们的责任是在执行审计工作的基础上对财务报表发表审计意见。我们按照中国注册会计师审计准则的规定执行了审计工作。中国注册会计师审计准则要求我们遵守中国注册会计师职业道德守则，计划和执行审计工作以对财务报表是否不存在重大错报获取合理保证。

审计工作涉及实施审计程序，以获取有关财务报表金额和披露的审计证据。选择的审计程序取决于注册会计师的判断，包括对由于舞弊或错误导致的财务报表重大错报风险的评估。在进行风险评估时，注册会计师考虑与财务报表编制和公允列报相关的内部控制，以设计恰当的审计程序。审计工作还包括评价管理层选用会计政策的恰当性和做出会计估计的合理性，以及评价财务报表的总体列报。

我们相信，我们获取的审计证据是充分、适当的，为发表审计意见提供了基础。

**三、审计意见**

我们认为，万华化学公司财务报表在所有重大方面按照企业会计准则的规定编制，公允反映了万华化学公司 2015 年 12 月 31 日的公司及合并财务状况以及 2015 年度的公司及合并经营成果和公司及合并现金流量。

德勤华永会计师事务所（特殊普通合伙）　　中国注册会计师

中国·上海

2016 年 3 月 7 日

2016 年 12 月 23 日，财政部印发了新制定和修订的 12 项中国注册会计师审计准则（统称"新审计报告准则"），从内容到布局，对审计报告进行了改革。2018 年 1 月 1 日起，新审计报告准则对所有被审计单位的财务报表审计业务生效。该改革对审计报告的类型没有影响，依旧是前述几类审计意见，但是格式发生了很大的变化：大幅度增加了审计报告的篇幅，尤其增加了关键审计事项的内容。关键审计事项，通俗地说，就是针对一家公司比较重要的会计政策和会计估计事项，注册会计师采取相应审计程序和方法来保证其真实性和合理性。非财务专业的投资者不一定能够完全理解审计报告中的内容，但是投资者一定要注意审计报告是不是标准意见审计报告：看看审计报告第一部分是不是采用了标准意见审计报告的"公允反映了××公司20××年××月××日的合并及母公司财务状况以及20××年度的合并及母公司经营成果和合并及母公司现金流量"的用词。

万华化学公司 2019 年年度报告中的新审计报告格式如下。该审计报告为标准审计意见报告，并列报了三个关键审计事项。

# 审计报告
## 德师报（审）字（20）第 P01220 号

万华化学集团股份有限公司全体股东：

### 一、审计意见

我们审计了万华化学集团股份有限公司（以下简称"万华化学公司"）的财务报表，包括 2019 年 12 月 31 日的合并及母公司资产负债表、2019 年度的合并及母公司利润表、合并及母公司现金流量表、合并及母公司股东权益变动表以及相关财务报表附注。

我们认为，后附的财务报表在所有重大方面按照企业会计准则的规定编制，公允反映了万华化学公司 2019 年 12 月 31 日的合并及母公司财务状况以及 2019 年度的合并及母公司经营成果和合并及母公司现金流量。

### 二、形成审计意见的基础

我们按照中国注册会计师审计准则的规定执行了审计工作。审计报告的"注册会计师对财务报表审计的责任"部分进一步阐述了我们在这些准则下的责任。按照中国注册会计师职业道德守则，我们独立于万华化学公司，并履行了职业道德方面的其他责任。我们相信，我们获取的审计证据是充分、适当的，为发表审计意见提供了基础。

### 三、关键审计事项

关键审计事项是我们根据职业判断，认为对本年财务报表审计最为重要的事项。这些事项的应对以对财务报表整体进行审计并形成审计意见为背景，我们不对这些事项单独发表意见。我们确定下列事项是需要在审计报告中沟通的关键审计事项。

**关键审计事项一：在建工程**

**事项描述**

如财务报表附注七 21 所示，截至 2019 年 12 月 31 日，万华化学公司合并资产负债表中在建工程账面价值为人民币 24 066 265 300.30 元，占合并总资产的 24.85% 左右，在建工程项目主要包括聚氨酯产业链延伸及配套项目、乙烯项目和美国一体化项目等。在建工程成本主要包括领用机器设备支出、建筑工程成本等；其中建筑工程成本由工程供应商每月根据实际进度制作工程进度申请并提交万华化学公司及第三方工程监理进行确认，万华化学公司根据经三方确认的工程进度按照完工百分比法确认建筑工程当月发生额。由于在建工程金额重大，因此我们将在建工程中建筑工程成本的计价作为关键审计事项。

**审计应对**

我们针对在建工程中建筑工程成本的计价执行的主要审计程序包括：

（1）了解与在建工程相关的流程及关键内部控制，测试并评价相关内部控制的有效性。

（2）选取建筑工程合同样本，查看相关合同，获取经第三方监理确认的工程进度单，根据完工百分比计算建筑工程成本发生额，确认万华化学公司年末确认的相关工程成本金额是否准确；对相关项目进行现场实地查看，并与工程管理部门和第三方监理进行访谈，评价相关工程形象进度的合理性。

（3）比较建筑工程预算数及实际发生金额，结合相关工程形象进度，评估预算项目总成本的合理性。

（4）对主要的工程供应商执行函证程序，确认相关工程项目的合同金额、年末工程形象进度及应付工程款余额。

**关键审计事项二：收入的确认**

**事项描述**

万华化学公司的销售收入主要源于向中国国内及海外市场的最终客户销售聚氨酯、石化及液化石油气等化工产品。根据不同的业务类型及货物交付模式，万华化学公司采取不同的收入确认方法。对于陆运销售的化工产品，根据与客户签订的合同约定，万华化学公司需要将其化工产品运抵客户指定的交货地点并经客户签收确认，客户签收确认后享受自行销售或使用相关产品的权利并承担该产品可能发生毁损的风险；对于跨境海运销售的化工产品，根据与客户签订的合同约定，万华化学公司需要将其化工产品运抵装运码头，在货物越过船舷后客户享受自行销售或使用相关产品的权利并承担该产品可能发生损毁的风险；对于大宗商品贸易销售的液化石油气产品，根据与客户签订的合同约定，万华化学公司需将货物运输到港，客户取得第三方质检公司开具的商检单后享受自行销售或使用相关产品的权利并承担该产品可能发生毁损的风险。

万华化学公司的客户遍布各地，陆运销售的签收单据需要经过一段时间流转方能由业务员交回万华化学公司，跨境海运的提运单据由船运公司开具并定期汇总提交万华化学公司的业务人员，大宗商品贸易的商检单则通常由质检公司开具并提交万华化学公司的业务人员；年末结账时，对于尚未收回的签收单据、提运单据，业务部门会根据历史经验估计销售订单是否已于资产负债表日由客户签收或完成货物装运，并反馈给财务部进行账务处理；大宗商品贸易由于交易频率低、单笔货物价值大，财务部门会依次确认每笔交易的进展情况。因此我们将陆运销售和跨境海运收入是否计入恰当的会计期间作为关键审计事项。

**审计应对**

我们针对收入确认相关的上述关键审计事项执行的主要审计程序包括：

（1）了解与销售收入相关的流程以及关键内部控制，测试并评价相关内部控制的有效性。

（2）通过审阅重大销售合同及与管理层的访谈，了解和评估收入确认相关的会计政策。

（3）针对销售收入进行抽样测试，对于陆运销售核对至经客户签收确认的出库单等支持性文件；对于跨境海运销售核对至代理船运公司开具的提运单等支持性文件。

（4）针对陆运销售2019年12月的发货记录，检查相关交易的入账日期与实际确认的签收日期是否属于同一个会计期间，汇总截止性错误的交易金额并评价其对财务报表的影响是否重大。

（5）针对跨境海运销售2019年12月完成货物装运的提运单据，检查相关交易的入账日期与实际确认的装货日期是否属于同一个会计期间，汇总截止性错误的交易金额并评价其对财务报表的影响是否重大。

**关键审计事项三：商誉的减值评估**

**事项描述**

如财务报表附注七27所示，截至2019年12月31日，万华化学公司合并资产负债表中因业务收购产生的商誉账面价值为人民币 1 357 753 473.53 元，约占合并总资产的 1.40%，商誉主要包括万华实业集团有限公司收购 BorsodChem Zrt. 和万华化学公司收购万华化学（宁波）氯碱有限公司所形成的商誉。如财务报表附注五 42.1.3 和附注七 27 所述，万华化学公司对于商誉至少每年年度终了进行减值测试。减值测试要求估计包含商誉的相关资产组的可回收金额，即相关资产组的公允价值减去处置费用后的净额与相关资产组预计未来现金流量的现值两者之中的较高者。在确定相关资产组预计未来现金流量的现值时，管理层需要进行恰当的财务预测以确定未来现金流，确定现金流量折现所采用的折现率等关键参数，由于管理层对商誉的减值测试涉及重大会计估计和判断，我们将商誉减值的评估作为关键审计事项。

**审计应对**

我们针对商誉减值执行的主要审计程序包括：

（1）了解和评价与商誉减值测试相关的关键内部控制。

（2）检查管理层认定商誉分摊至资产组的依据并评价其合理性。

（3）在内部评估专家的协助下，复核并评价管理层在减值测试中采用的评估方法、使用的关键假设参数、未来现金流预测以及折现率等关键参数的合理性和恰当性。将预计未来现金流量与历史数据及其他支持性证据进行核对，并考虑其合理性。

（4）获取管理层编制的包含商誉的资产组的减值测试详细计算表，并进行重新计算，复核其计算的准确性。

**四、其他信息**

万华化学公司管理层对其他信息负责。其他信息包括万华化学公司 2019 年年度报告中涵盖的信息，但不包括财务报表和我们的审计报告。

我们对财务报表发表的审计意见不涵盖其他信息，我们也不对其他信息发表任何形式的鉴证结论。

结合我们对财务报表的审计，我们的责任是阅读其他信息，在此过程中，考虑其他信息是否与财务报表或我们在审计过程中了解到的情况存在重大不一致或者似乎存在重大错报。

基于我们已执行的工作，如果我们确定其他信息存在重大错报，我们应当报告该事实。在这方面，我们无任何事项需要报告。

**五、管理层和治理层对财务报表的责任**

万华化学公司管理层负责按照企业会计准则的规定编制财务报表，使其实现公允反映，并设计、执行和维护必要的内部控制，以使财务报表不存在由于舞弊或错误导致的重大错报。

在编制财务报表时，管理层负责评估万华化学公司的持续经营能力，披露与持续经营相关的事项（如适用），并运用持续经营假设，除非管理层计划清算万华化学公司、终止运营或别无其他现实的选择。

治理层负责监督万华化学公司的财务报告过程。

**六、注册会计师对财务报表审计的责任**

我们的目标是对财务报表整体是否不存在由于舞弊或错误导致的重大错报获取合理保证，并出具包含审计意见的审计报告。合理保证是高水平的保证，但并不能保证按照审计准则执行的审计在某一重大错报存在时总能发现。错报可能由于舞弊或错误导致，如果合理预期错报单独或汇总起来可能影响财务报表使用者依据财务报表做出的经济决策，则通常认为错报是重大的。

在按照审计准则执行审计工作的过程中，我们运用职业判断，并保持职业怀疑。同时，我们也执行以下工作：

（1）识别和评估由于舞弊或错误导致的财务报表重大错报风险，设计和实施审计程序以应对这些风险，并获取充分、适当的审计证据，作为发表审计意见的基础。由于舞弊可能涉及串通、伪造、故意遗漏、虚假陈述或凌驾于内部控制之上，未能发现由于舞弊导致的重大错报的风险高于未能发现由于错误导致的重大错报的风险。

（2）了解与审计相关的内部控制，以设计恰当的审计程序。

（3）评价管理层选用会计政策的恰当性和做出会计估计及相关披露的合理性。

（4）对管理层使用持续经营假设的恰当性得出结论。同时，根据获取的审计证据，就可能导致对万华化学公司持续经营能力产生重大疑虑的事项或情况是否存在重大不确定性得出结论。如果我们得出结论认为存在重大不确定性，审计准则要求我们在审计报告中提请报表使用者注意财务报表中的相关披露；如果披露不充分，我们应当发表非无保留意见。我们的结论基于截至审计报告日可获得的信息。然而，未来的事项或情况可能导致万华化学公司不能持续经营。

（5）评价财务报表的总体列报（包括披露）、结构和内容，并评价财务报表是否公允反映相关交易和事项。

（6）就万华化学公司中实体或业务活动的财务信息获取充分、适当的审计证据，以对财务报表发表审计意见。我们负责指导、监督和执行集团审计，并对审计意见承担全部责任。

我们与治理层就计划的审计范围、时间安排和重大审计发现等事项进行沟通，包括沟通我们在审计中识别出的值得关注的内部控制缺陷。

我们还就已遵守与独立性相关的职业道德要求向治理层提供声明，并与治理层沟通可能被合理认为影响我们独立性的所有关系和其他事项，以及相关的防范措施（如适用）。

从与治理层沟通过的事项中，我们确定哪些事项对本年财务报表审计最为重要，因而构成关键审计事项。我们在审计报告中描述这些事项，除非法律法规禁止公开披露这些事项，或在极少数情形下，如果合理预期在审计报告中沟通某事项造成的负面后果超过在公众利益方面产生的益处，我们确定不应在审计报告中沟通该事项。

德勤华永会计师事务所（特殊普通合伙）    中国注册会计师：

（项目合伙人）

中国·上海    吴晓辉

中国注册会计师：

王欣

2020 年 3 月 28 日

## 1.2 财务报表

上市公司财务报表从内容来说包括资产负债表、利润表、现金流量表和所有者权益变动表，从范围来说包括合并财务报表和母公司财务报表。我们对上市公司的整体情况进行分析和判断，因此以合并财务报表为分析对象。

资产负债表是反映上市公司在某一特定日期财务状况的财务报表。大家可以注意到，资产负债表中都标明"××××年××月××日"，指的就是这张资产负债表反映的是这家公司在该日的情况。资产负债表是时点报表，因此，我们经常把资产负债表比喻为公司的"一张照片"。

利润表是反映上市公司在某一期间内的经营成果的财务报表。利润表中会注明"××××年××月××日～××××年××月××日"，指的就是这张利润表反映的是这家公司在这一段时期内的经营成果情况。

现金流量表是反映上市公司在某一期间内的现金和现金等价物流入和流出的财务报表，与利润表一样也会注明时间段。

股东权益变动表是反映构成股东权益的各组成部分在某一期间内的增减变动情况的财务报表。

利润表、现金流量表和股东权益变动表都是反映上市公司在一段期间内的财务情况变动的报表，我们通常把这些报表比喻为"一段录像"。

这些财务报表之间的项目存在着一定的逻辑和钩稽关系。期初的资产负债表到期末的资产负债表发生的财务状况的变动，可以用利润表、现金流量表和股东权益变动表来解释。大家可以想象一下，电影就是由无数张照片组成的，开头的照片到结尾的照片的变动，可以用中间的录像来解释——期初资产负债表就是开头的照片，期末资产负债表就是结尾的照片，其他三张报表就是中间的录像。

这些报表之间的数据关系，我们可以用图1-1来表示。从图1-1中我们可以看出，期初资产负债表中的现金加上现金流量表中的现金净变化等于期末资产负债表中的现金；利润表中的净利润会增加股东权益，如果公司与股东之间没有发生其他的经济事项（现金分红、增资扩股等），那么股东权益变动表中的净变化与净利润一致；期初资产负债表中的股东权益加上股东权益变动表中的净变化等于期末资产负债表中的股东权益。

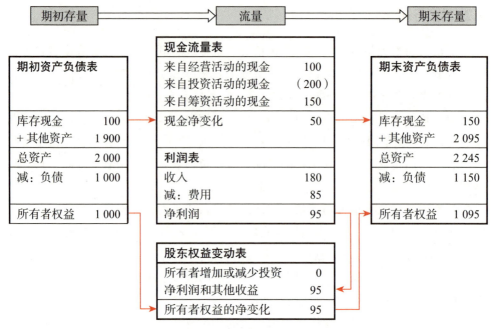

图 1-1　财务报表之间的数据关系　（单位：万元）

## 1.3　资产负债表

资产负债表遵循"资产＝负债＋股东权益"这一等式，把上市公司在特定时点所拥有的资产和所承担的负债及属于股东的权益分类反映出来。有些上市公司披露资产负债表的格式为左右格式，左边列示资产，右边列示负债和股东权益；有些则为上下格式，上部分为资产，下部分为负债和股东权益。不管格式如何，"资产＝负债＋股东权益"这一等式是永远成立的，因为公司的资产要么属于债权人，要么属于股东，或者说债权人和股东投入公司的资源都是公司的资产。

会计准则中，资产负债表的原理是按照流动性强弱来排列项目，流动性越强的项目，排序越靠前。

资产分为流动资产和非流动资产。流动资产一般预计在一年或者短期内变现、出售或耗用，一般包括货币资金、交易性金融资产、衍生金融资产、应收票据、应收账款、预付款项、应收利息、应收股利、其他应收款、存货、合同资产、一年内到期的非流动资产等。非流动资产则变现、出售或者耗用的周期比较长，一般包括债权投资、其他债权投资、可供出售金融资产、持有至到期投资、其他非流动金融资产、长期应收款、长期股权投资、投资性房地产、固定资产、在建工程、工程物资、固定资产清理、生产性生物资产、使用权资产、油气资产、无形资产、开发支出、商誉、长期待摊费用、递延所得税资产等。

负债分为流动负债和非流动负债，其划分标准与资产相同。流动负债包括短期借款、交易性金融负债、衍生金融负债、应付票据、应付账款、预收款项、合同负债、应付职工薪酬、应交税费、应付利息、应付股利、其他应付款、一年内到期的非流动负债。非流动负债包括长期借款、应付债券、长期应付款、租赁负债、专项应付款、预计负债、递延所得税负债等。

股东权益是公司资产扣除负债后的剩余权益，归股东所有，一般包括实收资本、其他权益工具、资本公积、盈余公积、未分配利润以及作为减项的库存股等项目。

表 1-1 是万华化学公司 2015 年年度报告中的合并资产负债表。

### 表 1-1　合并资产负债表

2015 年 12 月 31 日

编制单位：万华化学集团股份有限公司　　　　　　　　单位：元　　　币种：人民币

| 项　目 | 附注 | 期末余额 | 期初余额 |
| --- | --- | --- | --- |
| **流动资产：** | | | |
| 货币资金 | 七 1 | 2 066 361 762.97 | 1 024 674 432.11 |
| 结算备付金 | | | |
| 拆出资金 | | | |
| 以公允价值计量且其变动计入当期损益的金融资产 | 七 2 | | 7 560 805.90 |
| 衍生金融资产 | | | |
| 应收票据 | 七 3 | 1 224 034 501.14 | 2 347 646 327.25 |
| 应收账款 | 七 4 | 1 213 878 016.12 | 1 341 579 522.35 |
| 预付款项 | 七 5 | 370 990 681.75 | 347 847 267.73 |
| 应收保费 | | | |
| 应收分保账款 | | | |
| 应收分保合同准备金 | | | |
| 应收利息 | | | |

（续）

| 项　　目 | 附注 | 期末余额 | 期初余额 |
|---|---|---|---|
| 应收股利 | | | |
| 其他应收款 | 七 6 | 142 154 888.49 | 128 461 907.03 |
| 买入返售金融资产 | | | |
| 存货 | 七 7 | 4 193 853 062.94 | 3 009 992 528.58 |
| 划分为持有待售的资产 | | | |
| 一年内到期的非流动资产 | | | |
| 其他流动资产 | 七 8 | 1 815 314 119.31 | 1 548 767 821.41 |
| 　流动资产合计 | | 11 026 587 032.72 | 9 756 530 612.36 |
| **非流动资产：** | | | |
| 　发放贷款和垫款 | | | |
| 　可供出售金融资产 | 七 9 | 20 000 000.00 | 20 000 000.00 |
| 　持有至到期投资 | | | |
| 　长期应收款 | 七 10 | 247 862 406.51 | 194 405 040.63 |
| 　长期股权投资 | 七 11 | 186 128 063.15 | 88 740 045.58 |
| 　投资性房地产 | | | |
| 　固定资产 | 七 12 | 20 046 292 042.67 | 15 194 706 091.81 |
| 　在建工程 | 七 13 | 12 409 182 506.28 | 11 724 952 148.09 |
| 　工程物资 | 七 14 | 288 918 624.82 | 1 651 540 601.04 |
| 　固定资产清理 | | | |
| 　生产性生物资产 | | | |
| 　油气资产 | | | |
| 　无形资产 | 七 15 | 2 252 000 441.89 | 1 611 644 411.28 |
| 　开发支出 | | | |
| 　商誉 | 七 16 | 277 518 585.35 | 277 518 585.35 |
| 　长期待摊费用 | | | 33 355 660.24 |
| 　递延所得税资产 | 七 18 | 337 540 615.06 | 289 562 552.21 |
| 　其他非流动资产 | 七 19 | 712 386 763.47 | 749 129 880.14 |
| 　非流动资产合计 | | 36 777 830 049.20 | 31 835 555 016.37 |
| 　资产总计 | | 47 804 417 081.92 | 41 592 085 628.73 |
| **流动负债：** | | | |
| 　短期借款 | 七 20 | 9 637 861 380.59 | 4 496 443 321.52 |
| 　向中央银行借款 | | | |
| 　吸收存款及同业存放 | | | |
| 　拆入资金 | | | |

（续）

| 项　目 | 附注 | 期末余额 | 期初余额 |
|---|---|---|---|
| 以公允价值计量且其变动计入当期损益的金融负债 | 七21 | | 4 093 972.33 |
| 衍生金融负债 | | | |
| 应付票据 | 七22 | 2 221 250 502.00 | 2 044 515 908.77 |
| 应付账款 | 七23 | 3 400 457 107.78 | 2 615 128 907.33 |
| 预收款项 | 七24 | 711 215 589.43 | 763 746 175.64 |
| 卖出回购金融资产款 | | | |
| 应付手续费及佣金 | | | |
| 应付职工薪酬 | 七25 | 205 970 794.96 | 225 411 626.19 |
| 应交税费 | 七26 | 232 772 820.35 | 270 541 464.26 |
| 应付利息 | 七27 | 75 252 173.54 | 76 991 519.66 |
| 应付股利 | | | |
| 其他应付款 | 七28 | 275 697 231.42 | 225 128 335.92 |
| 应付分保账款 | | | |
| 保险合同准备金 | | | |
| 代理买卖证券款 | | | |
| 代理承销证券款 | | | |
| 划分为持有待售的负债 | | | |
| 一年内到期的非流动负债 | 七29 | 2 512 795 314.89 | 2 511 987 627.27 |
| 其他流动负债 | | | |
| 流动负债合计 | | 19 273 272 914.96 | 13 233 988 858.89 |
| **非流动负债：** | | | |
| 长期借款 | 七30 | 11 440 236 985.11 | 12 837 515 833.62 |
| 应付债券 | 七31 | 1 980 000 000.00 | 2 000 000 000.00 |
| 其中：优先股 | | | |
| 永续债 | | | |
| 长期应付款 | 七32 | 4 058 178.00 | 5 410 906.00 |
| 长期应付职工薪酬 | | | |
| 专项应付款 | | | |
| 预计负债 | | | |
| 递延收益 | 七33 | 262 906 450.75 | 206 173 356.00 |
| 递延所得税负债 | 七18 | 20 708 157.32 | 19 508 197.41 |
| 其他非流动负债 | | | 3 812 804.03 |
| 非流动负债合计 | | 13 707 909 771.18 | 15 072 421 097.06 |
| 负债合计 | | 32 981 182 686.14 | 28 306 409 955.95 |

(续)

| 项　　目 | 附注 | 期末余额 | 期初余额 |
| --- | --- | --- | --- |
| 所有者权益： | | | |
| 　实收资本（或股本） | 七 34 | 2 162 334 720.00 | 2 162 334 720.00 |
| 　其他权益工具 | | | |
| 　其中：优先股 | | | |
| 　　　　永续债 | | | |
| 　资本公积 | 七 36 | 48 344 557.95 | 48 344 055.18 |
| 　减：库存股 | | | |
| 　其他综合收益 | 七 37 | 4 015 139.50 | -12 526 257.43 |
| 　专项储备 | 七 38 | | 696 629.53 |
| 　盈余公积 | 七 39 | 1 579 310 659.11 | 1 579 310 659.11 |
| 　一般风险准备 | | | |
| 　未分配利润 | 七 40 | 7 776 967 780.17 | 6 815 924 586.58 |
| 　归属于母公司所有者权益合计 | | 11 570 972 856.73 | 10 594 084 392.97 |
| 　少数股东权益 | | 3 252 261 539.05 | 2 691 591 279.81 |
| 　　所有者权益合计 | | 14 823 234 395.78 | 13 285 675 672.78 |
| 　　负债和所有者权益总计 | | 47 804 417 081.92 | 41 592 085 628.73 |

法定代表人：丁建生　　主管会计工作负责人：寇光武　　会计机构负责人：王青林

## 1.4　利润表

利润表反映上市公司经营业绩的主要来源和构成，帮助我们判断利润的连续性和稳定性、利润的质量和风险，一般来说，越是靠前的项目，其连续性和稳定性就越好。传统的利润表的最后一个项目是净利润，现行的利润表的最后一个项目是综合收益，因此，从严格意义上来说，称之为"综合收益表"更合理。但是，考虑到我国社会各界、相关法律法规，多是采用约定俗成的"利润"这一术语，因此，会计准则中依然采用"利润表"这一名词。

上市公司的利润表根据"利润＝收入－成本费用"这一公式分四步编制利润表，不同步骤下的数据反映利润的不同来源。具体的步骤如下。

第一步，以营业收入为基础，减去营业成本、营业税金及附加、销售费用、管理费用、研发费用、财务费用、资产减值损失，加上其他收益、资产处置收益、公允价值变动收益和投资收益，计算出营业利润。

第二步，以营业利润为基础，加上营业外收入，减去营业外支出，计算出利润总额。

第三步，以利润总额为基础，减去所得税费用，计算出净利润。

第四步，净利润加上其他综合收益税后净额，计算出综合收益总额。

表 1-2 是万华化学公司 2015 年年度报告中的合并利润表。

### 表 1-2　合并利润表

2015 年 1～12 月　　　　　　　　　　　　　　　　单位：元　　　　币种：人民币

| 项　目 | 附注 | 本期发生额 | 上期发生额 |
|---|---|---|---|
| 一、营业总收入： |  | 19 492 382 889.53 | 22 088 368 488.74 |
| 　其中：营业收入 | 七 41 | 19 492 382 889.53 | 22 088 368 488.74 |
| 　　利息收入 |  |  |  |
| 　　已赚保费 |  |  |  |
| 　　手续费及佣金收入 |  |  |  |
| 二、营业总成本： |  | 16 677 290 643.95 | 17 945 264 655.88 |
| 　其中：营业成本 | 七 41 | 13 619 965 426.60 | 15 269 639 735.89 |
| 　　利息支出 |  |  |  |
| 　　手续费及佣金支出 |  |  |  |
| 　　退保金 |  |  |  |
| 　　赔付支出净额 |  |  |  |
| 　　提取保险合同准备金净额 |  |  |  |
| 　　保单红利支出 |  |  |  |
| 　　分保费用 |  |  |  |
| 　　营业税金及附加 | 七 42 | 95 650 234.63 | 107 719 792.74 |
| 　　销售费用 | 七 43 | 847 269 688.95 | 700 428 306.59 |
| 　　管理费用 | 七 44 | 1 281 515 644.43 | 1 358 892 533.97 |
| 　　财务费用 | 七 45 | 841 242 986.61 | 434 318 006.64 |
| 　　资产减值损失 | 七 46 | -8 353 337.27 | 74 266 280.05 |
| 加：公允价值变动收益（损失以"-"号填列） | 七 47 | -3 466 833.57 | 3 466 833.57 |
| 　　投资收益（损失以"-"号填列） | 七 48 | 3 387 514.80 | -1 257 102.12 |
| 　　其中：对联营企业和合营企业的股权投资收益 |  | -2 612 485.20 | -3 321 122.95 |
| 　　汇兑收益（损失以"-"号填列） |  |  |  |
| 三、营业利润（亏损以"-"号填列）： |  | 2 815 012 926.81 | 4 145 313 564.31 |
| 加：营业外收入 | 七 49 | 302 312 759.66 | 264 990 235.67 |

(续)

| 项　目 | 附注 | 本期发生额 | 上期发生额 |
|---|---|---|---|
| 其中：非流动资产处置利得 | | 199 004.38 | 149 136.43 |
| 减：营业外支出 | 七 50 | 162 876 927.56 | 241 776 446.48 |
| 其中：非流动资产处置损失 | | 160 219 100.15 | 223 004 485.63 |
| 四、利润总额（亏损总额以"—"号填列）： | | 2 954 448 758.91 | 4 168 527 353.50 |
| 减：所得税费用 | 七 51 | 674 887 970.40 | 950 980 245.09 |
| 五、净利润（净亏损以"—"号填列）： | | 2 279 560 788.51 | 3 217 547 108.41 |
| 归属于母公司所有者的净利润 | | 1 609 743 609.59 | 2 419 366 386.55 |
| 少数股东损益 | | 669 817 178.92 | 798 180 721.86 |
| 六、其他综合收益的税后净额： | 七 37 | 16 541 396.93 | 9 723 246.35 |
| 归属母公司所有者的其他综合收益的税后净额 | | 16 541 396.93 | 9 723 246.35 |
| （一）以后不能重分类进损益的其他综合收益 | | | |
| 1.重新计量设定受益计划净负债或净资产的变动 | | | |
| 2.权益法下在被投资单位不能重分类进损益的其他综合收益中享有的份额 | | | |
| （二）以后将重分类进损益的其他综合收益 | | 16 541 396.93 | 9 723 246.35 |
| 1.权益法下在被投资单位以后将重分类进损益的其他综合收益中享有的份额 | | | |
| 2.可供出售金融资产公允价值变动损益 | | | 18 282 846.14 |
| 3.持有至到期投资重分类为可供出售金融资产损益 | | | |
| 4.现金流量套期损益的有效部分 | | | |
| 5.外币财务报表折算差额 | | 16 541 396.93 | −8 559 599.79 |
| 6.其他 | | | |
| 归属于少数股东的其他综合收益的税后净额 | | | |
| 七、综合收益总额： | | 2 296 102 185.44 | 3 227 270 354.76 |
| 归属于母公司所有者的综合收益总额 | | 1 626 285 006.52 | 2 429 089 632.90 |
| 归属于少数股东的综合收益总额 | | 669 817 178.92 | 798 180 721.86 |
| 八、每股收益： | | | |
| （一）基本每股收益（元/股） | 十八 2 | 0.74 | 1.12 |
| （二）稀释每股收益（元/股） | | | |

法定代表人：丁建生　　　主管会计工作负责人：寇光武　　　会计机构负责人：王青林

## 1.5 现金流量表

现金流量表反映上市公司现金变动的原因和构成，帮助我们分析和判断现金流入和现金流出的连续性和稳定性、现金来源的质量和风险，其原理是按照引起现金流量变化的活动来进行分类列示。现金流量表以现金和现金等价物为基础来编制。现金等价物是指公司持有的期限短、变现能力强、易于转换为已知金额的现金和价值变动风险很小的投资，比如银行理财产品、短期国债投资等，因此现金等价物跟现金的本质是一样的。我们在本书后续内容中，将"现金和现金等价物"简称为"现金"，除非特别说明，书中的"现金"指的就是"现金和现金等价物"。

现金流量表中的数据划分为经营活动现金流量、投资活动现金流量和筹资活动现金流量三类，经营、投资、筹资这三类活动的现金流入和流出情况可以帮助我们了解和评价公司获取现金的能力。

经营活动是指公司投资活动和筹资活动以外的所有交易和事项。各类企业由于行业特点不同，因此对经营活动的认定存在一定差异。一般工商企业的经营活动主要包括购买商品、接受劳务、销售商品、提供劳务、支付税费等，银行的经营活动主要包括吸收客户存款、发放贷款等。

投资活动是指公司长期资产的购建活动、企业的并购活动以及现金等价物外的金融资产的投资活动及上述资产的处置活动。长期资产包括固定资产、无形资产、在建工程、研发支出以及其他持有期限在一年以上的资产。

筹资活动是指公司筹集资金及偿还资金或给予资金回报的活动，包括股东投资入股、给股东现金分红、向银行或其他债权人借入款项、偿还债务本金、支付利息等。

表1-3是万华化学公司2015年年度报告中的合并现金流量表。

表1-3　合并现金流量表

2015年1～12月　　　　　　　　　　　　　　　　　　单位：元　　　币种：人民币

| 项　目 | 附注 | 本期发生额 | 上期发生额 |
| --- | --- | --- | --- |
| 一、经营活动产生的现金流量： | | | |
| 销售商品、提供劳务收到的现金 | | 25 981 900 736.91 | 29 780 903 077.53 |
| 客户存款和同业存放款项净增加额 | | | |
| 向中央银行借款净增加额 | | | |
| 向其他金融机构拆入资金净增加额 | | | |

(续)

| 项　　目 | 附注 | 本期发生额 | 上期发生额 |
|---|---|---|---|
| 收到原保险合同保费取得的现金 | | | |
| 收到再保险业务现金净额 | | | |
| 保户储金及投资款净增加额 | | | |
| 处置以公允价值计量且其变动计入当期损益的金融资产净增加额 | | | |
| 收取利息、手续费及佣金的现金 | | | |
| 拆入资金净增加额 | | | |
| 回购业务资金净增加额 | | | |
| 收到的税费返还 | | 509 682 844.44 | 440 976 297.58 |
| 收到其他与经营活动有关的现金 | 七52（1） | 397 359 391.30 | 355 847 515.69 |
| 　经营活动现金流入小计 | | 26 888 942 972.65 | 30 577 726 890.80 |
| 购买商品、接受劳务支付的现金 | | 17 503 058 307.23 | 22 041 947 070.50 |
| 客户贷款及垫款净增加额 | | | |
| 存放中央银行和同业款项净增加额 | | | |
| 支付原保险合同赔付款项的现金 | | | |
| 支付利息、手续费及佣金的现金 | | | |
| 支付保单红利的现金 | | | |
| 支付给职工以及为职工支付的现金 | | 1 278 943 798.37 | 977 279 891.60 |
| 支付的各项税费 | | 1 728 678 452.59 | 2 083 731 087.79 |
| 支付其他与经营活动有关的现金 | 七52（2） | 1 775 868 688.54 | 1 454 253 978.08 |
| 　经营活动现金流出小计 | | 22 286 549 246.73 | 26 557 212 027.97 |
| 　经营活动产生的现金流量净额 | | 4 602 393 725.92 | 4 020 514 862.83 |
| **二、投资活动产生的现金流量：** | | | |
| 收回投资收到的现金 | | | 96 833 251.59 |
| 取得投资收益收到的现金 | | 6 000 000.00 | 3 000 000.00 |
| 处置固定资产、无形资产和其他长期资产收回的现金净额 | | 63 436 020.56 | 634 270.07 |
| 处置子公司及其他营业单位收到的现金净额 | | | |
| 收到其他与投资活动有关的现金 | 七52（3） | 4 879 455.16 | |
| 　投资活动现金流入小计 | | 74 315 475.72 | 100 467 521.66 |
| 购建固定资产、无形资产和其他长期资产支付的现金 | | 5 160 464 688.77 | 9 050 286 746.04 |
| 投资支付的现金 | | 100 000 000.00 | |

(续)

| 项　　目 | 附注 | 本期发生额 | 上期发生额 |
|---|---|---|---|
| 质押贷款净增加额 | | | |
| 取得子公司及其他营业单位支付的现金净额 | | | 72 979 056.74 |
| 支付其他与投资活动有关的现金 | 七 52（4） | 38 456 870.00 | 3 032 180.90 |
| 　投资活动现金流出小计 | | 5 298 921 558.77 | 9 126 297 983.68 |
| 　投资活动产生的现金流量净额 | | -5 224 606 083.05 | -9 025 830 462.02 |
| 三、筹资活动产生的现金流量： | | | |
| 吸收投资收到的现金 | | 30 375 000.00 | 189 125 000.00 |
| 其中：子公司吸收少数股东投资收到的现金 | | 30 375 000.00 | 189 125 000.00 |
| 取得借款收到的现金 | | 27 662 825 929.04 | 19 145 781 118.62 |
| 发行债券收到的现金 | | | 1 000 000 000.00 |
| 收到其他与筹资活动有关的现金 | | | |
| 　筹资活动现金流入小计 | | 27 693 200 929.04 | 20 334 906 118.62 |
| 偿还债务支付的现金 | | 24 055 646 968.36 | 12 439 546 345.82 |
| 分配股利、利润或偿付利息支付的现金 | | 1 866 306 502.94 | 2 851 457 275.65 |
| 其中：子公司支付给少数股东的股利、利润 | | 139 057 500.00 | 399 210 000.00 |
| 支付其他与筹资活动有关的现金 | 七 52（5） | 14 966 474.95 | 42 691 270.28 |
| 　筹资活动现金流出小计 | | 25 936 919 946.25 | 15 333 694 891.75 |
| 　筹资活动产生的现金流量净额 | | 1 756 280 982.79 | 5 001 211 226.87 |
| 四、汇率变动对现金及现金等价物的影响 | | -66 406 969.33 | 9 812 096.67 |
| 五、现金及现金等价物净增加额： | | 1 067 661 656.33 | 5 707 724.35 |
| 　加：期初现金及现金等价物余额 | | 994 630 106.64 | 988 922 382.29 |
| 六、期末现金及现金等价物余额 | 七 53（4） | 2 062 291 762.97 | 994 630 106.64 |

法定代表人：丁建生　　　主管会计工作负责人：寇光武　　　会计机构负责人：王青林

## 1.6　股东权益变动表

股东权益变动表，也称为所有者权益变动表。股东权益变动表反映上市公司股东权益变动的原因和构成。为了清楚地表明构成股东权益的各组成部分当期的增减变动情况，股东权益变动表以矩阵的形式列示。

股东权益变动表的纵向列示导致股东权益变动的交易或事项，一方面，按股东权益变动的来源对一定时期股东权益变动情况进行全面反映；另一方面，按照股东权益各组成部分（包括实收资本、资本公积、盈余公积、未分配利润和库存股）

及其总额列示交易或事项对所有者权益的影响。

股东权益变动表中的所有项目，都可以根据资产负债表、利润表和现金流量表计算得出。也就是说，股东权益变动表的信息已经体现在上述三张报表中，在财务报表分析时不提供额外的信息。因此我们在后续内容中不对股东权益变动表展开分析，主要分析资产负债表、利润表和现金流量表。

## 1.7 报表附注

报表附注是财务报表不可或缺的组成部分，是对在资产负债表、利润表、现金流量表和所有者权益变动表等报表中列示项目的文字描述或明细资料，以及对未能在这些报表中列示的项目的说明等。

财务报表中的数字是经过分类与汇总后的结果，是对企业发生的经济业务的高度简化和浓缩。如果没有形成这些数字所使用的会计政策和会计估计，以及理解这些数字所必需的披露，财务报表就不可能充分发挥效用。因此，报表附注与资产负债表、利润表、现金流量表、所有者权益变动表等报表具有同等的重要性，是财务报表的重要组成部分。报表使用者要了解企业的财务状况、经营成果和现金流量，应当全面阅读报表附注。为了方便报表使用者阅读，前述报表中都有附注栏，附注栏中的数字即该报表项目的附注索引。

报表附注的第一个作用是，说明报表项目的具体内容构成和公司在计算这些项目时所采用的估计。

比如，我们想分析一家公司的固定资产具体构成是否合理，折旧计提是否符合行业惯例，那么我们就要去查阅报表附注中的固定资产项目，看看固定资产中房屋建筑物（公司的办公楼、厂房等）、机器设备、运输设备等各是多少，按照多长年限计算折旧。

再比如，在判断一家公司的应收账款在未来能否如期收到时，我们需要在应收账款的报表附注中看看其形成的时间是否在信用期限内，逾期应收账款收回的可能性就会低很多，因此还要看公司是否对逾期应收账款按照合理的估计计提了坏账准备。

报表附注的第二个作用是，补充披露报表没有包含的信息，也可以称为"表外信息"。

比如，我们想要了解一家公司的债务成本负担。在报表中，我们只能找到财务费用和应付利息等信息。但是在实务上，会计对利息支出有费用化和资本化两种处理，导致有一些利息支出没有计入财务费用。仅仅看财务费用有时候就会低估公司的债务成本负担，所以我们必须查阅附注中的财务费用说明，看看公司的利息支出总额，从而对企业的财务成本负担做出正确的判断。

再比如，资产负债表中的预计负债，是指在未来很有可能发生的经济利益的流出，但是某些没有满足会计上确认条件的重大或有负债，无法在报表中列示，需要在附注中进行补充披露。

## 1.8 最新财务报表的变化和后续分析中的对应关系

本书第1版出版以后，财政部于2017年12月、2018年6月、2019年1月和2019年4月多次对财务报表格式进行了修订，部分项目分了合、合了分。比如，以前应收账款和应收票据分开列示，后来合并列示，现在又恢复到了最初的分开列示。我们在此列出报表的变化，以及这些变化在后续分析中应该如何理解和归类。这部分内容与后面的内容有关，阅读时如果理解困难，建议先往后阅读，然后再回到这里，有关疑惑就会自然解开。财务报表的格式变更主要涉及资产负债表和利润表，现金流量表没有变化。我们接下来主要介绍资产负债表和利润表的变化，以及变化的项目在我们的分析框架中的归类问题。

### 1.8.1 资产负债表的变化

按照财政部2019年4月30日财会〔2019〕6号文件的规定，最新的资产负债表格式如表1-4所示。

在最新的资产负债表中，与上述2015年万华化学公司的资产负债表比较，有如下变化。

新增"应收款项融资"项目，反映资产负债表日以公允价值计量且其变动计入其他综合收益的应收票据和应收账款等。简单讲，应收款项融资就是已经被用于融资的应收款项，比如，已经被贴现的、对对方有追索权的应收票据，已经被用于保理融资的应收账款，等等。本质上来说，应收款项融资还是应收款项的组成部分。大家在后续分析中，将之视同应收款项处理即可。

表 1-4 资产负债表

会企 01 表

编制单位：　　　　　　　　　　　　____年____月____日　　　　　　　　　单位：元

| 资　产 | 期末余额 | 上年年末余额 | 负债和所有者权益（或股东权益） | 期末余额 | 上年年末余额 |
|---|---|---|---|---|---|
| 流动资产： | | | 流动负债： | | |
| 　货币资金 | | | 　短期借款 | | |
| 　交易性金融资产 | | | 　交易性金融负债 | | |
| 　衍生金融资产 | | | 　衍生金融负债 | | |
| 　应收票据 | | | 　应付票据 | | |
| 　应收账款 | | | 　应付账款 | | |
| 　应收款项融资 | | | 　预收款项 | | |
| 　预付款项 | | | 　合同负债 | | |
| 　其他应收款 | | | 　应付职工薪酬 | | |
| 　存货 | | | 　应交税费 | | |
| 　合同资产 | | | 　其他应付款 | | |
| 　持有待售资产 | | | 　持有待售负债 | | |
| 　一年内到期的非流动资产 | | | 　一年内到期的非流动负债 | | |
| 　其他流动资产 | | | 　其他流动负债 | | |
| 　流动资产合计 | | | 　流动负债合计 | | |
| 非流动资产： | | | 非流动负债： | | |
| 　债权投资 | | | 　长期借款 | | |
| 　其他债权投资 | | | 　应付债券 | | |
| 　长期应收款 | | | 　　其中：优先股 | | |
| 　长期股权投资 | | | 　　　　　永续债 | | |
| 　其他权益工具投资 | | | 　租赁负债 | | |
| 　其他非流动金融资产 | | | 　长期应付款 | | |
| 　投资性房地产 | | | 　预计负债 | | |
| 　固定资产 | | | 　递延收益 | | |
| 　在建工程 | | | 　递延所得税负债 | | |
| 　生产性生物资产 | | | 　其他非流动负债 | | |
| 　油气资产 | | | 　非流动负债合计 | | |
| 　使用权资产 | | | 　负债合计 | | |
| 　无形资产 | | | 所有者权益（或股东权益）： | | |

(续)

| 资　　产 | 期末余额 | 上年年末余额 | 负债和所有者权益（或股东权益） | 期末余额 | 上年年末余额 |
|---|---|---|---|---|---|
| 开发支出 | | | 实收资本（或股本） | | |
| 商誉 | | | 其他权益工具 | | |
| 长期待摊费用 | | | 其中：优先股 | | |
| 递延所得税资产 | | | 永续债 | | |
| 其他非流动资产 | | | 资本公积 | | |
| 非流动资产合计 | | | 减：库存股 | | |
| | | | 其他综合收益 | | |
| | | | 专项储备 | | |
| | | | 盈余公积 | | |
| | | | 未分配利润 | | |
| | | | 所有者权益（或股东权益）合计 | | |
| 资产总计 | | | 负债和所有者权益（或股东权益）总计 | | |

新增"使用权资产"和"租赁负债"两个项目。"使用权资产"项目反映资产负债表日承租人企业持有的使用权资产的期末账面价值。该项目应根据"使用权资产"科目的期末余额，减去"使用权资产累计折旧"和"使用权资产减值准备"科目的期末余额后的金额填列。"租赁负债"反映资产负债表日承租人企业尚未支付的租赁付款额的期末账面价值。该项目应根据"租赁负债"科目的期末余额填列。自资产负债表日起一年内到期应予以清偿的租赁负债的期末账面价值，在"一年内到期的非流动负债"项目反映。"使用权资产"和"租赁负债"这两个项目是为了适应租赁准则的变化而新增加的。在新租赁准则下，承租人不再区分经营租赁和融资租赁。为防止表外融资，资产和义务初始确认均按照未来租金的折现值确认，对净资产没有任何影响。同时，资产使用权确认为资产，后续折旧；支付租金义务确认为负债，后续用摊余成本计量。在分析中，我们把"使用权资产"作为长期经营资产，同时，由于租赁本身的实质是融资行为，因此把"租赁负债"作为有息债务。

为了更好地反映公司的理财投资情况，新增了"债权投资""其他债权投资""其他权益工具投资""其他非流动金融资产"四个项目。在分析中，我们通常把这四

**个项目都归类为一家公司的金融资产**。财政部对这四个项目的具体规定如下。

"债权投资"项目，反映资产负债表日企业以摊余成本计量的长期债权投资的期末账面价值。该项目应根据"债权投资"科目的相关明细科目期末余额，减去"债权投资减值准备"科目中相关减值准备的期末余额后的金额分析填列。自资产负债表日起一年内到期的长期债权投资的期末账面价值，在"一年内到期的非流动资产"项目反映。企业购入的以摊余成本计量的一年内到期的债权投资的期末账面价值，在"其他流动资产"项目反映。

"其他债权投资"项目，反映资产负债表日企业分类为以公允价值计量且其变动计入其他综合收益的长期债权投资的期末账面价值。该项目应根据"其他债权投资"科目的相关明细科目的期末余额分析填列。自资产负债表日起一年内到期的长期债权投资的期末账面价值，在"一年内到期的非流动资产"项目反映。企业购入的以公允价值计量且其变动计入其他综合收益的一年内到期的债权投资的期末账面价值，在"其他流动资产"项目反映。

"其他权益工具投资"项目，反映资产负债表日企业指定为以公允价值计量且其变动计入其他综合收益的非交易性权益工具投资的期末账面价值。该项目应根据"其他权益工具投资"科目的期末余额填列。

自资产负债表日起超过一年到期且预期持有超过一年的以公允价值计量且其变动计入当期损益的非流动金融资产的期末账面价值，在"其他非流动金融资产"项目反映。

新增"合同资产"和"合同负债"项目。财政部文件的规定非常专业，具体内容如下。

企业应按照《企业会计准则第 14 号——收入》（财会〔2017〕22 号）的相关规定根据本企业履行履约义务与客户付款之间的关系在资产负债表中列示合同资产或合同负债。"合同资产"项目、"合同负债"项目，应分别根据"合同资产"科目、"合同负债"科目的相关明细科目的期末余额分析填列，同一合同下的合同资产和合同负债应当以净额列示，其中净额为借方余额的，应当根据其流动性在"合同资产"或"其他非流动资产"项目中填列，已计提减值准备的，还应减去"合同资产减值准备"科目中相关的期末余额后的金额填列；其中净额为贷方余额的，应当根据其流动性在"合同负债"或"其他非流动负债"项目中填列。由于同一合同下的合同资产和合同负债应当以净额列示，企业也可以设置"合同结算"科目（或其他类似科目），以核算同一合同下属于在某一时段内履行履约义务涉及与客户结算对价的合同资产或合同负债，并在此科目下设置"合同结算——价款结算"科目反映定期与客户进行结算的金额，设置"合同结算——收入结转"科目反映按履约进度结转的收入金额。资产负债表日，"合同结算"科目的期末余额在借方的，根据其流动性在"合同资产"或"其他非流动资产"项目中填列；期末余额在贷方的，根据其流动性在"合同负债"或"其他非流动负债"项目中填列。

我们在现实中分析时，要通俗地理解合同资产和合同负债，最简单的案例就是万科资产负债表中的合同资产和合同负债。在以前的报表中，万科预售房子时收到的款项是"预收账款"，现在放在"合同负债"中，也就是以后需要按照合同履行的交房义务；万科已交房但尚未收取的房子尾款，同时业主尚未验收或者还需要给业主精装的情况下，以前的报表中就直接放入了"应收账款"，现在放在"合同资产"中。因此，在分析中，按照实质重于形式的原则，我们把"合同负债"作为"预收账款"，把"合同资产"作为"应收账款"来看待就可以了。

"应付股利"和"应付利息"不再单列，合并到"其他应付款"项目中。对这个合并，我个人持保留意见。我一直建议，报表项目的列示，应该按照企业业务流和现金流的性质来分类，而不是按照会计专业人士想当然来分类，其他应付款中的待抵扣增值税、预缴税金等都跟企业的经营活动业务有关，应付股利和应付利息跟企业筹资活动有关，现在把不同活动内容的项目合并到一起，不利于通过财务报表分析企业的不同活动的影响。不过，我现在使用的 Wind 资讯整理的报表中，在"其他应付款"项目下列示了三者的明细金额，省去了我在分析时的很多手工调整工作。

新增"其他权益工具"项目，我们在分析时，作为"股东权益"处理，视为股东的资本投入。"其他权益工具"项目反映资产负债表日企业发行在外的除普通股以外分类为权益工具的金融工具的期末账面价值。对于资产负债表日企业发行的金融工具，分类为金融负债的，应在"应付债券"项目填列，对于优先股和永续债，还应在"应付债券"项目下的"优先股"项目和"永续债"项目分别填列；分类为权益工具的，应在"其他权益工具"项目填列，对于优先股和永续债，还应在"其他权益工具"项目下的"优先股"项目和"永续债"项目分别填列。

新增"专项储备"项目,这个主要适用于煤炭采掘、核电等高危行业,在分析中,视为股东为了进入高危行业而投入的资本。"专项储备"项目反映高危行业企业按国家规定提取的安全生产费的期末账面价值。该项目应根据"专项储备"科目的期末余额填列。

### 1.8.2 利润表的变化

利润表的格式也发生了一些变化,现在的利润表格式如表 1-5 所示。

表 1-5 利润表

会企 02 表

编制单位: ____年____月　　　　　　　　单位:元

| 项　目 | 本期金额 | 上期金额 |
| --- | --- | --- |
| 一、营业收入 | | |
| 　减:营业成本 | | |
| 　　　税金及附加 | | |
| 　　　销售费用 | | |
| 　　　管理费用 | | |
| 　　　研发费用 | | |
| 　　　财务费用 | | |
| 　　　　其中:利息费用 | | |
| 　　　　　　利息收入 | | |
| 　加:其他收益 | | |
| 　　　投资收益(损失以"-"号填列) | | |
| 　　　　其中:对联营企业和合营企业的股权投资收益 | | |
| 　　　　　　以摊余成本计量的金融资产终止确认收益(损失以"-"号填列) | | |
| 　　　净敞口套期收益(损失以"-"号填列) | | |
| 　　　公允价值变动收益(损失以"-"号填列) | | |
| 　　　信用减值损失(损失以"-"号填列) | | |
| 　　　资产减值损失(损失以"-"号填列) | | |
| 　　　资产处置收益(损失以"-"号填列) | | |
| 二、营业利润(亏损以"-"号填列) | | |
| 　加:营业外收入 | | |

(续)

| 项　　目 | 本期金额 | 上期金额 |
|---|---|---|
| 　减：营业外支出 | | |
| 三、利润总额（亏损总额以"-"号填列） | | |
| 　减：所得税费用 | | |
| 四、净利润（净亏损以"-"号填列） | | |
| 　（一）持续经营净利润（净亏损以"-"号填列） | | |
| 　（二）终止经营净利润（净亏损以"-"号填列） | | |
| 五、其他综合收益的税后净额 | | |
| 　（一）不能重分类进损益的其他综合收益 | | |
| 　　1. 重新计量设定受益计划变动额 | | |
| 　　2. 权益法下不能转损益的其他综合收益 | | |
| 　　3. 其他权益工具投资公允价值变动 | | |
| 　　4. 企业自身信用风险公允价值变动 | | |
| 　　…… | | |
| 　（二）将重分类进损益的其他综合收益 | | |
| 　　1. 权益法下可转损益的其他综合收益 | | |
| 　　2. 其他债权投资公允价值变动 | | |
| 　　3. 金融资产重分类计入其他综合收益的金额 | | |
| 　　4. 其他债权投资信用减值准备 | | |
| 　　5. 现金流量套期储备 | | |
| 　　6. 外币财务报表折算差额 | | |
| 　　…… | | |
| 六、综合收益总额 | | |
| 七、每股收益： | | |
| 　（一）基本每股收益 | | |
| 　（二）稀释每股收益 | | |

第一个变化是原来的"营业税金及附加"项目改为"税金及附加"项目。由于营业税改增值税后，我国已经没有营业税了，因此项目名称发生了变化。由于本书案例中截取的数据时间段在此变化之前，因此后面依然采用"营业税金及附加"一词，读者在现行财务报表格式下分析时，调整为"税金及附加"即可。我们把"税金及附加"作为经营利润的扣减项处理。

第二个变化是新增了"研发费用"项目。以前研发费用包含在"管理费用"项目中，在科学技术越来越重要的今天，把"研发费用"单列出来，是很有意义的事情。我们以后在分析一家公司是不是高新技术企业时，就可以直接从利润表中计算该公司的研发费用占销售收入的比例来做初步的分析判断。在计算一家公司的经营利润时，我们在收入中扣除研发费用；对于研发费用比例高的公司，在计算其自由现金流时，我们可以将其视同传统行业公司的长期建设资产投入来处理。研发支出的会计处理包括资本化和费用化两种方法，绝大多数企业出于研发费用化带来的所得税抵扣优惠政策会选择费用化处理。在此顺带介绍一下财政部对于"研发费用"项目规定的原文。

"研发费用"项目反映企业进行研究与开发过程中发生的费用化支出，以及计入管理费用的自行开发无形资产的摊销。该项目应根据"管理费用"科目下的"研究费用"明细科目的发生额，以及"管理费用"科目下的"无形资产摊销"明细科目的发生额分析填列。

第三个变化是"财务费用"的列示形式有变化，增加了"利息费用""利息收入"两个明细项目。这也是好事情，利息费用和利息收入从性质上来说是两件完全不同的事情：利息费用是筹资活动带来的，利息收入是投资活动带来的。我以前就很困惑为什么利润表中要把两种完全不同的活动的东西放到一个项目中，现在修订后还是没有彻底解决这个问题，但是至少比以前要好一点了。我们在分析时，将利息费用视为公司的债务筹资负担，将利息收入视为金融资产的回报。

第四个变化是新增了"其他收益"项目。2017年5月10日，财政部修订发布了《企业会计准则第16号——政府补助》，自2017年6月12日起施行。在利润表中的"营业利润"项目之上单独列报"其他收益"项目，计入其他收益的政府补助在该项目中反映。该项目专门用于列示与企业日常活动相关但不宜确认收入或冲减成本费用的政府补助。在新增本项目之前，"其他收益"包含在"营业外收入"项目中。由于政府补助企业的原因是其开展了政府鼓励的经营活动，因此我们把"其他收益"作为经营利润增加项处理。这与我在第1版书中把"营业外收入"归入经营利润的思路是保持一致的。

第五个变化是新增了"净敞口套期收益"项目。这个项目以前在"公允价值变动收益"中列示，现在单列出来，以反映有些公司开展套期业务对公司损益的影响。"净敞口套期收益"项目，反映净敞口套期下被套期项目累计公允价值变动转入当期损益的金额或现金流量套期储备转入当期损益的金额。该项目应根据"净敞口套期损益"科目的发生额分析填列；如为套期损失，以"-"号填列。与后续分析中的利润归类保持一致，我们将"净敞口套期收益"作为公司的金融资产收益。

第六个变化是新增了"信用减值损失"项目。这是从以前的"资产减值损失"中单列出来的项目，主要是指坏账损失。"信用减值损失"项目，反映企业按照《企业会计准则第 22 号——金融工具确认和计量》（财会〔2017〕7 号）的要求计提的各项金融工具信用减值准备所确认的信用损失。该项目应根据"信用减值损失"科目的发生额分析填列。我们在分析时，将"信用减值损失"作为公司的经营利润的扣减项处理。

第七个变化是新增了"资产处置收益"项目。这个项目以前在"营业外收入"或"营业外支出"中列示，现在单列出来。"资产处置收益"项目，反映企业出售划分为持有待售的非流动资产（金融工具、长期股权投资和投资性房地产除外）或处置组（子公司和业务除外）时确认的处置利得或损失，以及处置未划分为持有待售的固定资产、在建工程、生产性生物资产及无形资产而产生的处置利得或损失。债务重组中因处置非流动资产（金融工具、长期股权投资和投资性房地产除外）产生的利得或损失和非货币性资产交换中换出非流动资产（金融工具、长期股权投资和投资性房地产除外）产生的利得或损失也包括在本项目内。该项目应根据"资产处置损益"科目的发生额分析填列。如为处置损失，以"-"号填列。这个项目在分析时，需要做细分，与经营资产有关的处置收益归入经营利润中，与金融资产有关的处置收益归入金融资产收益中。对于金融资产金额不大的实体经济公司，可以简化处理，全部归入经营利润中。

# 第 2 章

# 财报原理及财报质量

本章讲解财报数字的来龙去脉，用简单的例子说明财报的原理，为后续的财报分析打下基础。财报中的会计政策和会计估计会影响财报的质量，下文中的六个步骤有助于我们判断财报质量。防止财报舞弊最简单的方法是拉长分析的时间窗口和多个数据源互相验证。

## 2.1 财报数字的来龙去脉

我在上课时，经常让学员思考报表上的数字是怎么来的。多数学员回答，是财务部门编制出来的。那么，财务部门是根据什么来编制的呢？我们经常说会计是一门通用的商业语言，会计语言描述的是企业的经济活动，财务部门是根据企业的经济活动来汇总编制财务报表的。

现代会计采用借贷复式记账法，每一笔会计分录都反映了经济活动的来龙去脉。国务院前总理朱镕基同志在 2001 年视察上海国家会计学院时，题写了"不做假账"四个字。"不做假账"就是要求会计人员用会计语言如实描述企业的所有业务活动。如果不做假账，则企业的贪污、腐败就不可能发生。当前，有少数企业用"合法"的会计记录掩盖了"非法"的业务活动。举个例子，一个国有企业的总经理经常拿着企业的钱到澳门去赌博，一共输了 3 000 万元，最后被抓起来坐牢。按照"不做假账"的要求，这些钱在出去时怎么做会计处理？如果按会计准则的规定，借记"其他应收款"，贷记"银行存款"或者"现金"，那么在分录摘要里需如实写上"暂借王总经理赌资款 3 000 万元"。试想,如果会计这样如实反映,贪污、腐败、挪用还会发生吗?

很多人一看到借贷记账法就头疼,其实借贷记账法中的"借"和"贷"只是一个符号,没有什么实质含义。前文中有两个公式:资产=负债+股东权益,利润=收入-成本费用。利润归股东所有,是股东权益的组成部分。我们可以把两个公式合并为一个:资产=负债+股东权益+收入-成本费用。这个公式是一个恒等式,要永远保持平衡,右边表示公司的资金来源,左边表示公司的资金用途。"借"这个符号表示企业资产和成本费用的增加、负债和股东权益及收入的减少,"贷"这个符号表示企业资产和成本费用的减少、负债和股东权益及收入的增加。

为了后续分析,我们在这里简单模拟一家企业的情况,将有助于大家理解财务报表数字的生成过程。对于有会计学基础的读者,这部分内容也可以直接略过。

① 2016 年 1 月 1 日,郭永清教授与 4 个朋友每人各出资 1 000 万元,以银行存款共 5 000 万元成立永清股份有限公司,从事园林器械的生产。上述活动对资产负债表的影响为:借记银行存款 5 000 万元,代表资产中的货币资金增加;同时贷记股本 5 000 万元,代表股东权益增加 5 000 万元。对现金流量表的影响为:筹资活动现金流量中吸收股东投资收到的现金 5 000 万元。

② 2016 年 2 月 1 日,公司花费 2 000 万元买入某工业园区的厂房,其中包括土地使用权 800 万元,房屋建筑物 1 200 万元。上述活动对资产负债表的影响为:借记无形资产(土地使用权)800 万元和固定资产(房屋建筑物)1 200 万元,代表资产中的无形资产和固定资产增加;同时贷记银行存款 2 000 万元,代表银行存款减少 2 000 万元。对现金流量表的影响为:投资活动现金流量中购建固定资产、无形资产支付的现金 2 000 万元。

③ 2016 年 2 月 10 日,公司花费 1 000 万元买入生产线。上述活动对资产负债表的影响为:借记固定资产(生产线)1 000 万元,代表固定资产增加;同时贷记银行存款 1 000 万元,代表银行存款减少 1 000 万元。对现金流量表的影响为:投资活动现金流量中购建固定资产、无形资产支付的现金 1 000 万元。

④ 2016 年 3 月 1 日~12 月 31 日,公司采购原材料 1 100 万元。上述活动对资产负债表的影响为:借记存货(原材料)1 100 万元,代表原材料增加 1 100 万元;同时贷记银行存款 1 100 万元,代表银行存款减少 1 100 万元。对现金流量表的影

响为：经营活动现金流量中购买商品、接受劳务支付的现金1 100万元。

⑤ 2016年3月15日，公司从银行借款2 000万元，其中700万元期限为1年，1 300万元期限为3年。上述活动对资产负债表的影响为：借记银行存款2 000万元，代表银行存款增加2 000万元；同时贷记短期借款700万元、长期借款1 300万元，代表流动负债增加700万元、非流动负债增加1 300万元。对现金流量表的影响为：筹资活动现金流量中取得借款收到的现金2 000万元。

⑥ 2016年1月1日～12月31日，公司给管理人员发放工资480万元。上述活动对资产负债表的影响为：贷记银行存款480万元，代表银行存款减少480万元。对利润表的影响为：借记管理费用480万元，代表管理费用增加480万元。对现金流量表的影响为：经营活动现金流量中支付给职工以及为职工支付的现金480万元。

⑦ 2016年3月1日～12月31日，生产过程中领用原材料900万元，支付生产工人工资900万元，房屋建筑物折旧60万元，生产线折旧100万元，土地使用权摊销40万元，这些构成了企业生产产品过程中发生的成本。上述过程对资产负债表的影响：借记生产成本2 000万元，代表存货中的在产品增加；贷记存货（原材料）900万元、银行存款900万元、累计折旧160万元、累计摊销40万元，代表相应的资产减少。对现金流量表的影响为：经营活动现金流量中支付给职工以及为职工支付的现金900万元。

在上述信息中，我们给出了企业固定资产的折旧和无形资产的摊销的金额。固定资产和无形资产的一个主要特征是，能够连续在若干个生产周期内发挥作用。其价值则随着固定资产的磨损和无形资产权利的流逝，逐渐地转移到所生产的产品中去。这部分转移到产品中的固定资产和无形资产的价值，就是固定资产折旧和无形资产摊销。也就是说，公司使用固定资产和无形资产生产产品的过程中，固定资产变旧和无形资产权利减少，因此应当把折旧和摊销计入产品的生产成本。由于固定资产和无形资产支出金额很大，而且受益期很长，如果将这些支出一次性计入某个会计年度，会导致当年明显亏损。而实际上，当年从该固定资产得到的受益不会这么多，同时，其他受益的年份又没有体现应有的支出，这样在衡量年度经营业绩时明显不够合理。所以，会计上将固定资产和无形资产入账后，在受益期内计提折旧和摊销。

⑧ 2016年12月31日，共生产园林机械9 000台并且已经全部完工。上述活动

对资产负债表的影响为：借记产成品 2 000 万元，代表存货中的产成品增加 2 000 万元；贷记生产成本 2 000 万元，代表存货中的在产品减少 2 000 万元。

⑨ 2016 年共销售产品 4 500 台，每台单价 4 000 元，价款共计 1 800 万元，其中 1 000 万元在销售后已经收到银行存款。同时，需要结转 4 500 台产品相对应的销售成本 1 000 万元。

我们先来看销售业务的影响。销售业务对利润表的影响：贷记营业收入 1 800 万元，表示收入增加。对资产负债表的影响：借记银行存款 1 000 万元，代表银行存款增加；借记应收账款 800 万元，表示应收的债权增加。对现金流量表的影响为：经营活动现金流量中销售商品提供劳务收到的现金增加 1 000 万元。

在会计上，要按照配比原则结转收入所对应的成本。配比原则是指公司在某个期间内所取得的收入应与为取得该收入所发生的费用、成本相匹配。2016 年度一共生产 9 000 台园林机械，成本为 2 000 万元；卖出 4 500 台，对应的成本为 1 000 万元。在销售结转成本时，对资产负债表和利润表的影响为：借记营业成本 1 000 万元，贷记存货 1 000 万元，表示营业成本增加 1 000 万元的同时存货减少 1 000 万元。

接下来，在 2016 年 12 月 31 日我们把上述业务汇总编制资产负债表（见表 2-1）、利润表（见表 2-2）和现金流量表（见表 2-3）。大家可以按照表内的序号去对应，以加强理解。

从上述报表的结果可以看出，永清股份 2016 年度的利润为 320 万元，但是经营活动现金流量净额为 -1 480 万元。一是因为有价值 800 万元的产品销售出去以后还没有收到现金形成的应收账款，二是因为还有支付现金但是尚未销售出去的 1 200 万元的存货。

**大家需要注意：企业有利润并不意味着有相应的现金。产生差异的深层原因在于：资产负债表和利润表使用的是权责发生制，现金流量表使用的是收付实现制。权责发生制是会计计算的结果，现金流量是实实在在发生的现金流动——从这个意义上说，利润是唯心主义，现金是唯物主义。**

在此简单介绍一下会计核算中的权责发生制和收付实现制。

收付实现制，是指以现金的实际收付为标志来确定本期收入和支出的会计核算基础。凡在当期实际收到的现金收入和支出，均应作为当期的收入和支出；凡是不属于当期的现金收入和支出，均不应作为当期的收入和支出。一句话，收付实现制就是现钱买卖——一手交钱，一手交货。收付实现制以现金为基础，不涉及跨期确认的问题，公司在编制现金流量表时，不需要做任何会计估计和选择，就看公司当期发生的真金白银的现金流。

表 2-1　资产负债表

编制单位：永清股份有限公司　　　　2016 年 12 月 31 日　　　　单位：万元

| 项　目 | 金　额 | 项　目 | 金　额 |
|---|---|---|---|
| 资产 | | 负债 | |
| 货币资金 | ① +5 000<br>② -2 000<br>③ -1 000<br>④ -1 100<br>⑤ +2 000<br>⑥ -480<br>⑦ -900<br>⑨ +1 000<br>=2 520 | 短期借款 | ⑤　+700 |
| 应收账款 | ⑨　+800 | 长期借款 | ⑤ +1 300 |
| 存货 | ④ +1 100<br>⑦ -900（领用原材料）<br>⑦ +2 000（在产品）<br>⑧ +2 000（在产品完工转入产成品）<br>⑧ -2 000（在产品转出到产成品）<br>⑨ -1 000（产成品销售）<br>=1 200 | 股东权益 | |
| 固定资产 | ② +1 200<br>③ +1 000<br>⑦ -160<br>=2 040 | 实收资本 | ① + 5 000 |
| 无形资产 | ②　 800<br>⑦　-40<br>=760 | 利润 | 320 |
| 资产总计 | 7 320 | 负债与股东权益总计 | 7 320 |

表 2-2 利润表

编制单位：永清股份有限公司　　　　2016 年度　　　　　　　单位：万元

| 项　目 | 金　额 |
| --- | --- |
| 营业收入 | ⑨ 1 800 |
| 营业成本 | ⑨ 1 000 |
| 管理费用 | ⑥ 480 |
| 利润 | 320 |

表 2-3 现金流量表

编制单位：永清股份有限公司　　　　2016 年度　　　　　　　单位：万元

| 项　目 | 金　额 |
| --- | --- |
| **经营活动现金流量** | |
| 销售商品提供劳务收到的现金 | ⑨ +1 000 |
| 购买商品接受劳务支付的现金 | ④ -1 100 |
| 支付给职工以及为职工支付的现金 | ⑥ -480<br>⑦ -900 |
| 经营活动现金流量净额 | -1 480 |
| **投资活动现金流量** | |
| 购建固定资产、无形资产支付的现金 | ② -2 000<br>③ -1 000 |
| 投资活动现金流量净额 | -3 000 |
| **筹资活动现金流量** | |
| 吸收股东投资收到的现金 | ① +5 000 |
| 取得借款收到的现金 | ⑤ +2 000 |
| 筹资活动现金流量净额 | 7 000 |
| 现金净变化额 | +2 520 |

权责发生制，是指以取得收取款项的权利或支付款项的义务为标志来确定本期收入和费用的会计核算基础。凡是当期已经实现的收入和已经发生的或应当负担的费用，不论款项是否收付，都应当作为当期的收入和费用；凡是不属于当期的收入和费用，即使款项已在当期收付，也不应当作为当期的收入和费用。一句话，权责发生制就是信用买卖，可以预付或赊欠。权责发生制以权利和义务为基础，涉及跨期确认的问题，公司在编制资产负债表和利润表时，需要判断收入和费用所归属的期间，做出较多的会计政策的选择和会计估计的判断。

## 2.2 分析判断财报质量的六个步骤

古人云：治大国如烹小鲜。我认为，公司财报分析亦如是。到现在为止，我们一直在介绍财报的内容及其原理，相当于介绍烹小鲜的原材料。上海证券交易所和深圳证券交易所的网站、Wind 资讯、同花顺资讯等有取之不尽的原材料。在接下来进入正式烹调之前，还需要把原材料拿来"洗刷刷"，保证原材料在入锅之前能够清清爽爽、干干净净。这就是公司财报质量的分析判断。

在非财务专业人士的观念里，会计是非常严谨、科学的，报表中的每个数字都精确到小数点后面两位。其实，资产负债表和利润表中的数字都需要会计人员做出估计，比如固定资产折旧的年限和方法、应收账款坏账准备计提的方法和比例、存货跌价准备计提的金额、收入应当在本期确认还是下一期确认、成本费用应当在何时确认，等等。正因为需要估计，因此会计是一门艺术，而不是一门精确的科学。传统会计最具艺术性的地方就是会计政策的选择和会计估计的判断，而现在财务界的武林高手则在传统考会计艺术性的基础上加入了交易结构设计的招数。传统的招数，比如不同的固定资产折旧方法、不同的坏账准备估计，会导致不同的财务报表结果；交易结构设计的招数，比如持有少数股权并委派董事就是权益法下的长期股权投资，持有少数股权但不委派董事就是金融资产，也会形成不同的财务报表结果。关于交易结构设计对会计的影响，说来话长，可以专门写一本书，这里就不展开介绍了。

如前所述，公司的经济活动经过会计处理，最后编制出财务报告。因为权责发生制下的资产负债表和利润表受到较多人为会计政策的选择和会计估计的判断的影响，而收付实现制下的现金流量表不受此影响，因此现金流量表的信息要比资产负债表和利润表的信息更加真实。企业粉饰财务报表也往往主要是在会计准则允许的范围内调节资产负债表和利润表的数据，而很难调节现金流量表的数据。当然，赤裸裸的造假不包括在我们所说的"粉饰"里面。我们需要重点清洗资产负债表和利润表数据，以提高后续财务指标分析的准确程度。

分析判断财务报告信息质量的主要步骤与方法如下。

### 步骤一：确定关键会计政策

企业的行业特点和自身的竞争策略决定了其关键的成功因素和主要风险，所以我们应当确定并评价企业用于测定关键因素和风险的会计政策及会计估计。

这就像选美比赛，我们首先要看选手的主要优势和主要缺点。也许选手在比赛时把主要的缺点稍微做一些修饰，可能表现出来的效果就完全不一样了。同理，某些公司把主要的会计政策或会计估计略做调整，其财务指标就可能与其实际情况完全不一样了。因此，很多教材中把资产负债表比喻为一张照片，而我个人认为比较恰当的比喻应该是艺术照。普通照片和艺术照的差异，可大可小，这取决于拍照的目的。

例如，银行业成功的关键因素之一就是利息和信贷风险的管理，因此商业银行的一个很重要的会计估计就是贷款损失准备金的计提。就沪深交易所的上市银行来看，不同银行间计提比例是有差异的。银行板块的市盈率和市净率都比较低，我认为与投资者无法清晰判断银行贷款的质量有较大的关系。

又如，在零售业和电脑行业中，库存管理是成功的关键因素；对一些高新技术企业来说，售后产品的缺陷情况是关键所在，而相应的会计测定方法是产品保修费和保修准备金；对于石油类和矿藏资源类公司，资源储量是该类公司的最主要资产，这些资产的会计确认与计量就是关键的会计政策；对于钢铁等资本密集型的公司，则固定资产的折旧是非常重要的，因此在阅读宝钢股份的年度报告时，要特别关注其固定资产折旧。

### 步骤二：判断会计处理的灵活性

会计政策的选择是所有企业都要面对的，如折旧政策（直线法和加速折旧法）、库存会计政策（先进先出法或平均成本法）、商誉减值和关于职工福利的会计政策等。但并非所有的企业在选择各自的主要会计政策时都有同等的灵活性。一些企业的会计政策选择受到会计标准和惯例的严格限制。

例如，虽然市场营销和树立品牌是消费品生产商成败的关键，但是生产商必须将所有的市场营销开支计入当期费用。相反，信贷风险管理是银行成功的关键因素之一，银行管理人员却可以自由地估计对其贷款的违约行为。如此种种，就造成在了解企业的经营情况时，会计数据失去了直接意义（这也造成不同行业的利润指标缺乏可比性）。所以，关键会计政策的灵活性分析对于把握这类企业的真实业绩是非常必要的。

会计灵活性还跟行业特征有关。例如，对于农业类公司，其生物资产的确认、价值计量，是一个非常棘手的问题。当年，中国资本市场上"赫赫有名"的蓝田股份出事后，有人在分析蓝田股份的存货后，开玩笑说："如果蓝田股份的存货——养在洪湖里的鱼和王八是真的的话，那蓝田股份的养殖池里就全是鱼和王八，一点儿水都没有了。"注册会计师去审计时，根本无法对蓝田股份的存货进行盘点。还有那个养在海里的鲍鱼和扇贝被百年一遇的冷水团冻死的獐子岛的存货，也没有一个人真正看到过，最后被证监会做实财务造假而受到处罚。锦州港曾经被处罚——虚增了三亿元的利润，同时虚增了三亿元的固定资产——虚增的固定资产在港口的海水下面，不太容易被证实。

对于具备太多会计灵活性的公司，我们一定要谨慎为上，"小心驶得万年船"。如果一定要分析这一类公司，最好能够近距离观察该公司的业务过程管理是否规范、真实，方能确保数据的高质量和后续分析结论的可靠性。

比如，主营业务为海洋养殖的公司，其育苗是如何进行的？外购鱼苗来自何处？出海投苗时是否全程360度全方位摄像头监控渔船？出海捕捞时是否全程360度全方位监控……如果这些业务过程管理都很规范，那么结果就比较真实。

再比如，餐饮连锁公司，其服务对象以个人消费者为主，现金交易很多，甚至在某些地区都用餐饮连锁洗黑钱。因此，公司的采购与销售的内部管理和控制就很重要，需要考察采购与销售环节的规范、真实、合理问题。否则，就比较容易出现财务舞弊问题，典型案例就是2020年暴雷的瑞幸咖啡。

一句话：过程决定结果，真实的过程产生真实的结果，舞弊的过程产生舞弊的结果。对过程的研究和分析，构成了类似美国"浑水"这样的做空机构的研究本质。

### 步骤三：评价会计政策和会计估计的合理性

由于会计政策和会计估计的艺术性，所以需要评价一家公司的会计政策和会计估计的合理性。在分析管理人员如何运用会计灵活性时，下面一些问题是必要的。

公司的会计政策与行业标准相比较是否一样？如果不一样，该企业的竞争策略是不是独一无二的？例如，一家企业的研发费用率低于行业的平均水平，却又总是取得较好的经营业绩。一种解释是企业拥有独特的技术，但可能高估了该项技术的壁垒，虽然目前竞争处于较有利地位，但未来的利润率风险将很大。还有一种解释，即企业有意把有关费用隐瞒（方式另当别论），虚构利润。

管理部门是否有利用会计随意性进行收入和利润操纵的强烈动机？比如，有些上市公司为了避免退市而进行利润操纵。

企业改变任何一项政策或估计了吗？如有，理由是什么？这些变化的影响是什么？比如，如果保修费下降了，是因为企业进行大量投资以提高产品质量了吗？

公司的政策和估计过去实现过吗？是否为达到一定的会计目的而进行所需的经营业务结构调整？例如，有些企业中期报告和年度报告相差万里，有些企业一到年终就在做变卖资产的游戏以"做"出一定的利润。

### 步骤四：评价信息披露的详细程度

会计准则只对财务报告披露的最低限度提出了要求，这就给管理人员提供了很大的选择余地。所以披露质量是体现企业会计质量的一个重要方面。一般来说，优秀公司的披露质量会做到透明、清晰和可理解。巴菲特的名言是：看不懂的公司，就别买。按我的经验，如果其资料看了整个上午都无法理解的公司，最好别碰。业务模式越简单，财务数据越清晰，对投资者开展财报分析来说越有利。

下述问题在评价披露质量时很重要。

公司是否披露了充分的资料以评估企业的经营策略和经济效果？

会计报表附注是否足以解释主要的会计政策和假设以及相关财务数据的变化？

企业是否能充分解释其当前的经营状况？如果一段时间的利润率下降了，那么是因为价格竞争，还是因为生产成本上升？若销售和日常管理费用上升，那么是因为企业正在根据追求差别策略进行投资，还是因为非生产性间接费用攀升？

如果会计准则制约着企业适当地测定其成功的关键因素，那么企业是否能够透露额外的信息，帮助外部人士了解企业是如何管理这些因素的？例如，如果企业在产品质量和顾客服务方面进行投资，会计准则不允许将这些开销资本化，即使在未来明显能产生收益的情况下也不行。在这样的情况下，报告是否会说明这些开销是如何管理的，其经营结果如何？

报告透露坏消息的及时性如何，处理方法如何？管理人员处理坏消息的方法可以清楚地反映披露的质量。例如，是否可以充分地解释经营状况不佳的原因？公司是否可以使其策略清晰明了，以解决公司的经营问题？

### 步骤五：确定潜在的危险信号

财报质量分析的目的，就是发现潜在的问题。通过上述分析，分析人员应当对有关的、严重影响会计质量的特定事项做出标记——危险信号。常见的危险信号有以下几项。

①未加解释的会计政策或会计估计的变化，尤其是经营很糟糕时，这表明管理人员可能正在利用会计随意性"打扮"其财务报表。

②引起销售增长的应收账款及库存非正常增长。一般情况下，应收账款的非正常增长意味着公司可能过度放松其信用政策，这使企业在随后的时间里将面临由于顾客违约而注销应收账款的可能性。如果加速向销售渠道发货，那么企业可能在随后的时间里面临退货或发货量下降的局面。就库存增加而言，如果是由于产成品存货增加，那么这可能是企业产品需求下降的信号，表明企业可能被迫削价或计提存货跌价准备；如果是由于半成品存货的增加，需要结合公司生产能力的变化予以分析以判断其合理性。如果公司生产能力没有扩张，则半成品存货的增加意味着公司生产效率降低，或者有可能是本期低转销售成本以提高利润。如果原料增加，那么表明有可能是生产和采购的效率低下，将导致销售货物的成本增加。

③企业销售收入与营业现金流量及税务收支之间的差距扩大。应该说，权责发生制下，会计数据与现金流量和税务收支不一致是正常的。不过，若公司会计政策保持不变，它们之间的关系通常是稳定的。如果它们的关系发生变化，则可能表明企业应计核算中的变化。举一个例子，一家建设商在通常情况下使用一种完工百分比方法记录收入，若这家企业通过采用一种激进的完工百分比方法，就会使一个阶段的收入增长。虽然利润上升了，但现金流量却不受影响。企业会计核算的这个变化就会通过企业收入和现金流量的关系明显表现出来。如果企业的经营活动现金净流量长期低于净利润，将意味着与已经确认为利润相对应的资产可能属于不能转化为现金流量的虚拟资产；若反差数额极大或反差持续时间过长，必然说明有关利润项目可能存在挂账利润或虚拟利润问题。

④未预计到的大量资产注销。这表明管理部门对经营环境的变化未能或未能及时并入企业会计核算过程中。

⑤年度报告相对于中期报告的大量调整。企业年度报告由审计人员进行审计，但中期报告通常仅是复核一下而已。如果企业的管理人员不愿意在中期报告中做出恰当的会计估算，那么必须在年终做出调整。这种调整往往表明企业中期报告的会计倾向。

⑥缺少市场客观判断的关联交易。通俗地说，就是为了一定的会计目的而在集团内的公司间"调账"。这种情况下，随意性和主观性很大。这类公司股票的市盈率通常都比同一板块的股票低，这是市场的正确定位，而绝不是低估了它们。

投资者对这些价位"明显偏低"（也往往被有些人称为"最有投资价值"）的股票应格外注意。

⑦高管人员的频繁更换，尤其是关键岗位高管人员的频繁更换，比如财务总监、独立董事、监事人员频繁更换，会计师事务所的频繁更换等，也是非常危险的信号。

⑧大股东或者高管人员不断减持公司的股票。因为大股东和高管人员往往具有内部信息优势，不断减持公司股票意味着他们不看好公司的前景。

⑨频繁的资产重组和剥离、股权转让，除非是投资公司，实业类公司如果频繁地进行上述运作，往往也是危险的信号。

### 步骤六：消除会计扭曲

由于报告数据存在误导，需要我们重新列示报告数据以减少扭曲程度。消除会计扭曲的常用方法包括以下几种。

**一是现金流量和财务报表附注法**。综合现金流量表和财务报表附注可以帮助分析人员鉴别报告中数据的误导性。如前所述，现金流量往往更能真实地反映企业的业务情况，所以，我们首先结合现金流量表来对资产负债表和利润表进行数据调整。在调整中，遇到需要一些明细数据的情况时，则查阅报表附注。例如，现金流量表提供了关于利润表中单个支出项目如何同基本现金流量区分的资料，如果我们担心企业将本应计为费用的成本资本化了，那么现金流量表中的信息提供了进行必要调整的依据。又如，当企业改变会计政策时，如果变化是实质性的，那么企业提供的附注可以说明变化产生的影响。

**二是关联交易调整法**。有些企业会通过关联交易的方法对财务报表的数据进行操纵。遇到这种情况，我们对关联交易的金额、价格等按照非关联交易下的情形进行调整，比如，将关联交易价格调整为非关联第三方的公允交易价格。

**三是虚拟资产剔除法**。有些企业的财务报表数据有水分，我们就将这些水分剔除掉。比如，我国上市公司的商誉问题引起了各方关注。有些上市公司的商誉，不需要太多分析，就知道水分太大了。比如，煤炭类公司的商誉为50亿元，挖煤能挖出商誉来吗？这太难了。所以我们在分析时就要把商誉从资产中扣除，然后计算资产负债率指标，这才是有意义的。关于商誉的分析，我们在后面还会展开。

**四是真实交易模拟法**。有些企业的财务报表数据是公司高管操纵的结果，并没有真实的交易业务作为支撑，这个时候我们用真实交易模拟法来调整报表数据。

比如，虚增客户和销售。我们通过实地调研，按照我们掌握的客户和销售数据，测算出真实的客户数量和销售收入。

　　上述的危险信号是进一步分析的起点而不是终点，在得出结论前应进行深入分析。因为这些问题可能有多种解释：一些解释确实是基于经营原因，而另一些则可能是会计质量问题。应注意的几个问题是：第一，保守会计和"激进"会计一样不是好会计。保守会计经常为管理人员提供"平滑收益"的机会，而平滑收益可能阻碍分析人员识别较差的经营状况。第二，不能将非正常会计与有问题的会计相混淆。采取非正常会计选择的企业经营与其他企业经营是不可比的，但是，若企业的经营本身有特殊性，则这种会计选择也是合理的。奉行某种追求差异策略的企业，可能采取非正常的会计决策，以恰当地反映经营情况。所以，应根据经营策略评价公司的会计选择，不能一概而论。第三，不能把会计政策和应计项目的所有变化都归因于追求收益这个动机上。也许，会计变化可能仅仅反映出经营环境的变动。例如，库存异常增加，可能表明企业正准备引进新产品或者新项目刚刚投产；同样，应收账款的异常增长可能是企业销售政策变化的结果；坏账准备的异常减少可能反映出企业改变了顾客重点。综上所述，对分析人员来说，重要的是，考虑产生会计变化的所有可能理由，利用财务报表中其他信息来调查这些变化。

　　如果遇到上述危险信号而没有合理的解释，我们需要做更多的分析以判断财务报告的真实性，比如做同行业竞争对手比较分析、税务数据分析、工商部门的数据比对、行业协会统计数据比较、货运部门及海关的数据核对、水表电表煤气表等生产数据验证等。我上课时开玩笑说，财务报表分析不仅要分析资产负债表、利润表、现金流量表"三表"，还要分析水表、电表、煤气表"三表"。后三表的数据更加能反映企业的实际业务情况。

　　我个人在投资实践中，遇到有危险信号的公司，主动采取回避措施。市场上有好公司，何必浪费自己的时间在一棵树上吊死。不要把宝贵的、有限的时间和精力，浪费在垃圾公司身上！

## 2.3　防范财务报告舞弊最简单的方法

　　在我上课时，经常会有学生问：如果财务报告本身就是假的，你分析财务报告有什么意义？我的回答是：多数上市公司的财务报告并没有像有些人认为的那样质量很差，真实的财务报告还是占大多数。如果你认为财务报告都是假的，那是负面的财经新闻报道看多了，就像你一天到晚看食品安全的负面报道后怀疑所有食品都有安全隐患，但是多数食品还是安全的。你不能因为食品安全的负面新闻而不吃东西，同样，你也不能因为财务报告的负面新闻而不投资。你要做的是，学会识别财务报告陷阱。

也有学生会跟我说：郭老师，你讲的六个步骤和方法我都能理解，可是，如果每一家公司都按照这些步骤和方法去分析的话，哪有那么多的时间和精力？然而，所有的舞弊，将如美国总统林肯所言："你可以在所有的时间欺骗一部分人，也可以在一段时间欺骗所有的人，但你不可能在所有的时间欺骗所有的人。"所以，防范财务报告陷阱最简单的方法包括如下两个方面。

一是<u>拉长分析的时间窗口</u>。财务报告分析不是就看一年两年的数据，而是要看 5 年、10 年甚至更多的数据。在一个很长的时间窗口内，公司财务报告是否异常，一眼就能看出来，并且很少有公司能持续造假 5 年、10 年。因此，我们用这简单的一招，就可以规避很多财务报告陷阱的风险。

二是<u>多个数据源互相验证</u>。财务报告分析不仅要看公司财务报表，还要看公司的电表、水表、煤气表、运输单据等多个业务数据，有些数据可以从公司年度报告中的"公司业务概要"和"经营情况讨论与分析"查找到。

比如，只要一拉长分析的时间窗口，就可以轻而易举地发现其财务舞弊问题。中银绒业公司在 2014 年之前最严重的问题是多年的利润和现金流长期背离，具体数据如表 2-4 所示。

表 2-4　净利润与经营活动现金流量净额的背离

单位：万元

| 项　　目 | 2015-12-31 | 2014-12-31 | 2013-12-31 | 2012-12-31 | 2011-12-31 | 2010-12-31 | 2009-12-31 | 2008-12-31 |
| --- | --- | --- | --- | --- | --- | --- | --- | --- |
| 经营活动产生的现金流量净额 | -19 619.95 | 49 021.90 | -53 441.07 | -40 368.75 | -61 390.80 | 1 543.44 | -12 477.91 | -17 292.08 |
| 净利润 | -84 222.12 | 7 370.68 | 28 118.26 | 27 936.47 | 16 632.58 | 7 454.23 | 3 905.51 | 3 213.79 |

在一般情况下，公司的经营活动现金流量净额应该大于净利润（按经营活动现

金流量编制的间接法，以净利润为起点，加折旧、摊销等进行调整，计算出经营活动现金流量净额）。如果不符合上述情况，则谓之背离。少数几个年份的背离，如果有合理理由，是可以接受的，但是长期背离，则财务报表舞弊的可能性很大。

从表 2-4 可以看出，公司从 2008 年开始，除了 2014 年和 2015 年，其他 5 个年度都是背离的。净利润很多，这告诉我们公司赚了很多钱。但是公司的经营活动现金流量净额都是负数，这说明钱没有收到，那么钱到哪里去了呢？钱都到公司的存货和应收账款、预付账款上了，存货和应收账款跟滚雪球一样越滚越大，具体数据如表 2-5 所示。

表 2-5　存货、应收账款和预付款项的情况

单位：万元

| 项　　目 | 2015-12-31 | 2014-12-31 | 2013-12-31 | 2012-12-31 | 2011-12-31 | 2010-12-31 | 2009-12-31 | 2008-12-31 |
| --- | --- | --- | --- | --- | --- | --- | --- | --- |
| 应收账款 | 119 638.27 | 80 549.04 | 81 344.32 | 86 042.68 | 44 736.28 | 33 059.63 | 23 578.21 | 21 372.12 |
| 预付款项 | 78 740.86 | 116 959.22 | 48 758.93 | 27 080.64 | 16 889.75 | 5 893.88 | 9 029.22 | 12 564.41 |
| 存货 | 269 899.11 | 361 866.69 | 330 196.69 | 232 105.81 | 205 367.08 | 118 083.90 | 94 547.95 | 68 819.67 |

很有意思的是，从表 2-6 可以看出，公司的固定资产从 2008 年的 1.3 亿元到 2015 年的 40.66 亿元，扩大了 30 多倍。如果加上在建工程 17.41 亿元，固定资产将高达 58 亿元。我是真搞不清楚，纺织业居然需要这么多固定资产投资。这到底是建钢铁厂，还是建纺织厂啊？如果说存货盘点还是体力活的话，那么固定资产和在建工程的审计，则需要点儿智力。知道当年怎么查长江防堤豆腐渣工程的吗？跑到采石场，看采石场一天的采石量，每天投入防堤隐蔽工程的石头还能超过采石场的采石量？多出的石头是天上飞来的不成。退一万步讲，即使中银绒业的固定资产是真实的，这些资产在未来能变成现金收回来吗？投资回收期是多少年？投资收益率是多少？董事会是怎么做出这些投资决策的？中银绒业的问题实在是太多了。

同样，如果我们用多个数据源验证中银绒业的财务报表数据，就可以发现其财务报表漏洞百出。中银绒业在其多个年度的财务报告中还披露了上游供应商、下游客户、预付账款前五的明细供应商、应收账款前五的明细客户资料。现在是网络时代，我当年分析这家公司时，还没有"企查查""天眼查"之类的 App，就

在谷歌和百度里搜索了其披露的信息。几个数据源互相验证，其年度报告根本无法自圆其说，经不起任何推敲。部分公司的主要供应商同时是公司的主要客户，与主要的个人供应商（个体户）发生高达数亿元的预付账款业务，怎么看都是疑点重重。我很多年之前写的中银绒业的案例分析，《证券市场周刊》和《上海证券报》都刊登了，有兴趣的读者可以在网上搜索查看。当年，中银绒业和有关部门信誓旦旦，表示公司没有问题。但是若干年之后，中银绒业就案发了。

表 2-6　中银绒业的固定资产和在建工程

金额单位：万元

| 项　　目 | 2015-12-31 | 2014-12-31 | 2013-12-31 | 2012-12-31 | 2011-12-31 | 2010-12-31 | 2009-12-31 | 2008-12-31 |
|---|---|---|---|---|---|---|---|---|
| 固定资产 | 406 586.43 | 146 032.32 | 119 983.26 | 77 460.73 | 47 538.67 | 42 540.07 | 24 594.15 | 13 801.86 |
| 固定资产周转率 | 0.78 | 2.13 | 2.59 | 3.13 | 3.81 | 2.77 | 3.11 | 5.40 |
| 在建工程 | 174 149.23 | 345 218.63 | 172 783.73 | 29 050.84 | 8 814.16 | 4 311.70 | 172.80 | 5 880.00 |

其中还有一个小插曲是，我当年上课时，有一期学员刚好来自中银绒业所在地的一家银行。课堂上交流时，他们问我是否可以发放中银绒业申请的一笔巨额银行贷款。我讲了讲我的分析，他们因此躲过一劫，后来专门给我寄了一些小礼物表示感谢。

## 2.4　会计的本质与财务报表分析的实质

有人把会计理解为科学，因为财务报表每一个项目的数值都能够精确到分——小数点后面两位数字；有人把会计理解为艺术，因为财务报表项目的数值会随着会计政策和会计估计的变化而变化。

究竟应该怎样理解会计呢？马克思在《资本论》中的论述可谓精辟。"过程越是按社会的规模进行，越是失去纯粹个人的性质，作为对过程的控制和观念的总结的簿记就越是必要；因此，簿记对资本主义生产，比对手工业和农民的分散生产更为必要，对公有生产，比对资本主义生产更为必要。"马克思这里所说的簿记就是会计，并提出会计是"过程的控制和观念的总结"。

所谓过程的控制，就是公司管理人员必须设计和实施一套完整系统的管理程序和方法，保证公司所有部门和全体人员合法、合规、高效地开展业务活动；所谓观念的总结，就是公司每一笔业务做完以后，财务部门必须以会计的语言，对每一笔业务进行记录和报告，然后定期或者根据企业的需要，提供对一个企业所有业务活动的总结报告，即编制财务报表。从这个意义上来说，会计人员就相当于公司的"史官"。财务报表是对一个企业所有业务活动的总结。财务报表中的数字，不是企业领导或者会计人员凭空计算的结果，而是企业业务活动的汇总反映。一年365天，今天你的业务收入小于费用，今天就是亏损；明天你的业务收入大于费用，明天就是盈利。一年365天的汇总，就是利润表中的数字。从过程角度看，会计是很厉害的。我曾经专门给一批纪委书记上课，题目就是"怎么从会计角度查案子"。一家企业发生的任何事情，会计都有记录，按照会计记录去还原当初发生的事情，如果两者不相符，则存在着问题。比如，企业老总拿餐饮发票报销的事由是请某个重要客户吃饭，我们只要按照发票上的酒店信息、日期，跟酒店和客户略做核对即可。如果客户反馈当天没有这回事，那么就是发票虚假报销。

某些企业领导人却并不这样认为。记得在某电视台经济频道的一个访谈类节目中，主持人在节目快结束的时候，问一位嘉宾——某企业董事长兼总经理："赵总，今年马上就要过去了，能跟大家透露一下集团公司今年的经营业绩吗？"赵总不假思索，马上回答："我们集团公司今年要做多少利润，董事会还没有开会研究决定。"你看，报表的数字是开会决定的，那报表的质量能高吗？

马克思在《资本论》中说的是"过程的控制和观念的总结"。大家要注意，"过程的控制"放在"观念的总结"前面，这是有逻辑顺序的——会计工作的前提是"过程的控制"。我们很多人目前对于会计的理解是不到位的，把会计简单理解为记账、算账、编报表。会计首先应该是"过程的控制"！通过对业务过程的控制，保证会计所反映的业务是真实的、合法合规的。与会计的本质相一致，**财务报表分析的实质，不仅仅是分析财务报表数字、计算各类财务指标，重要的是透过数字看公司的业务过程，即透过数字看本质。**

# 第 3 章

# 公司财报分析的框架

本章介绍公司财报分析的基本框架。公司的目标在于创造价值。公司价值是未来现金流按照一定贴现率贴现后的现值。财报分析围绕价值展开。财务报表生成过程是一个从商业环境、公司战略到经济活动,再到数字结果的顺向的过程,而财务报表分析过程是一个从数字结果反过来看会计处理质量、经济活动情况、公司战略和商业环境的逆向的过程。

## 3.1 公司的目标:为价值而生

创造价值的公司才能长期生存,损害价值的公司早晚会被毁灭,因此,公司就是为价值而生的。基业长青的公司不多,昙花一现的公司多如牛毛。

公司应当持续创造价值。那么,什么是"价值"就成了财报分析的一个基本问题。关于价值,不同的著作当中有诸多不同的论述。马克思的《资本论》中,关于商品价值和劳动价值的论述堪称经典。但是,财报分析中的价值到底指的是什么?又应当如何进行衡量?只有解决了这些问题,财报分析才能实现从理论到实践的落地,才能发挥好指导实际工作的作用。

在很多财务与会计的学术论文、教材著作以及其他各种场合中,我们都自然而然地运用"价值"这个概念,天然地认为这是一个非常明确的概念。例如,在 2014 年 10 月美国注册会计师协会(American Institute of Certified Public Accountants,AICPA)和英国皇家特许会计师协会(the Chartered Institute of Management Accountants,CIMA)发布的《全球管理会计原则》中提出了"价值量"原则:

"分析对价值的影响。管理会计将组织战略与其商业模式联结起来，该原则有助于组织模拟各类不同场景，借以了解它们对价值的创造与价值的保值的影响。"但是通观全文，没有对价值进行任何的详细界定和论述。

其实，细细思考，在财报分析中，我们很少对"价值"进行定义、界定和明确。我们在很多场合泛泛地运用"价值""价值量"等概念，但是在实际工作中，这些概念过于宽泛、无法界定，同时又很难用技术工具衡量。因此，这些概念在财报分析工作中显然无法使用。我们认为，财报分析中的所谓"价值"，至少具备以下几个基本的特征：①可以明确界定，有比较确切的内涵和范围；②具有很强的包容性，能够通用于公司管理的各个领域，指导公司的管理活动；③可以计量；④可以标准化，也就是说，在不同的发展阶段、在不同的公司，指的是同一个概念和内容。

与财务管理中的"价值"相关的概念，最常见的就是利润和现值。我们认为，以现金流和自由现金流的现值作为"价值"的核心，可以满足上述特征：①现金流和自由现金流可以明确界定，自由现金流即公司在维持原有营业规模的基础上，公司通过经营活动所取得的现金净流量；②现金流和自由现金流具有很好的包容性，适用于公司的战略规划、投资决策、筹资决策、营运决策等各个领域；③可以计量；④可以标准化，不同企业、不同时点的现金流都可以统一到同一个标准。

利润的缺陷如下：①没有考虑货币的时间价值；②不同的会计政策选择和会计估计会导致不同的利润口径；③利润在权责发生制下存在着应计调整的可能性。

综上所述，公司的终极目标——提升公司价值，也就是提升一个公司"风险和报酬平衡下的公司自由现金流现值"。一个公司所有的业务都应该围绕着这一价值目标来开展。

例如，公司在进行战略规划时，其他业务部门会考虑国家宏观经济、自身竞争优势等因素，而财务部门在战略规划中发挥作用时，则需要考虑已有的类似项目的净现值的多少、风险的大小等问题，而不是泛泛而谈规划的好坏。这需要可计量的数据来支撑我们的价值判断。

再例如，在进行管理决策时，比如投资决策，公司就必须进行类似项目净现值、内含报酬率、风险敏感性分析等对项目的价值进行确认、计量和报告，否则就成了空谈。这些分析，都是以现金流及净现值为基础的。

还例如，假设在日常运营中公司把一批成本800万元的商品，在2016年1月8日以1 000万元的价格出售，一般人很容易得出公司赚了200万元，但是这从价值管理的角度来说是错误的——这笔钱什么时候收回？以什么方式收回？如果不明确上述问题，我们就无法得出正确的判断。如果这1 000万元我们按5年分期收款，每年年末收取200万元，假设公司的资本成本为5%，则第一年公司将增加40万元的资本成本，第二年增加30万元的资本成本，第三年增加20万元的资本成本，第四年增加10万元的资本成本，那么这笔业务根本就没有赚到200万元。我们以现金流以及净现值为基础进行考虑，就很容易得出正确的判断。

公司创造价值的概括描述就是：投入现金，收回更多的现金！公司价值的定义就是：该公司在其余下的寿命期内可以产生的现金的折现值。记住：世界再大，价值只有上面这一个标准，其他都是伪标准！

## 3.2 以价值为核心的财报分析

财务报告分析的主体包括股东、债权人（金融机构、企业单位）、公司高管、政府经济管理部门、公司工会组织、注册会计师等，其中最重要的主体是股东、债权人和公司高管。

很多教材认为：不同的分析主体其分析的目的不同，所分析的内容与重点也有差异。不同于一般的观点，我们认为，所有分析主体的核心是相同的，那就是以"价值"为核心。

股东分析的目的是：判断价值并做出投资决策。股东在进行投资决策时会思考：我的交易价格合理吗？这些股票的内在价值（实际价值）是多少？股东试图找到问题的答案，但答案的来源却五花八门：有些股东根据价格均线、异同移动平均线等指标来寻找答案；有些股东相信新闻媒体和股评家；有些股东则根据自己的情绪和感觉；更有机构投资者信奉有效市场理论，认为市场价格是包含风险的合理价格，市场力量已经把股票价格确定在一个合理的实际价值上。上述方法比较简单，但都会承受很高的风险：买入价格太高或出售价格太低会减少投资回报，甚至会遭受损失。尤其是虔诚地相信市场有效的股东，更加会面临巨大风险。因为历史数据表明，市场在短期内往往是无效的——以中国股市为例，是2015年综合指数5 000多点的市场有效，还是2016年综合指数不到3 000点的市场有效？股东合理的投资策略是：在股票市场价格低于内在价值时买入，在高于内在价值时卖出。如巴菲特所言：价格是投资者付出的，而价值是投资者所得到的。内在价值的判断有赖于公司的财报，股东分析的目的就在于判断价值并做出投资决策。

债权人分析的目的是：判断价值以保证债权的安全。债权人分析的目的在于保证债权的安全，以及时收回本金和利息。债权的安全取决于公司是否能够创造出足够的价值。大家也许会说：只要给债权提供足够的资产抵押，就可以保证债权的安全。短期内的确如此，但是，如果一家公司在未来不能创造出足够的价值，债权到期时债权人拿大把大把的抵债资产在手里，成为抵债资产处置公司，这应该不是债权人所期望的——抵债资产的处置成本是非常高的。公司清算将对债权人和股东带来极大的损害，清算资产的价格会显著低于公允价值。尤其是对于债权人，按照清算程序，也许要在 5 年甚至更久以后才能收回部分金额。因此，要保证债权的安全，债权人就必须对公司未来的价值创造能力做出分析。当前，类似于银行这样的债权人财报分析的局限性在于：过多地注重历史，而没有足够重视公司的内在价值。

**公司高管分析的目的是：创造价值以满足投资者的预期回报。** 公司在资本市场上募集资金后，公司高管制定战略并通过投资活动和经营活动来创造价值。财报分析有助于对是否进行投资做出决策，而且有助于投资计划的制订和投资活动的实施。公司高管的基本任务之一，就是运用财报分析改进管理来创造价值。公司高管对价值的看法与股东和债权人是相同的，因此必须像股东和债权人一样思考：公司的战略、投资活动和经营活动可以增加价值吗？创造的价值是否能超过股东和债权人的资本成本？

## 3.3 公司创造价值的过程就是公司财报的生成过程

在"财报基础"那章我们已经阐述并演示了，会计如何依据一个公司的经济活动进行会计处理并编制财务报告。公司经济活动的过程就是公司创造价值的过程，也就是公司财报的生成过程。

**一家公司创造价值的过程，是该公司根据所处的商业环境制定公司的战略规划并付诸实施，最终形成财报结果的过程，用公式表示就是：公司战略 + 战略执行 = 财报结果。**

商业环境是不以某一个公司的主观意志为转移的，包括公司所处行业的成长趋势、商品或服务市场的竞争情况、上游供应商和下游客户情况、资本市场、人力资源市场、政府行业管制、宏观经济周期等诸多因素。公司所处的商业环境会决定一个公司的很多财务数据。比如，资本市场中银行利率的高低会影响利息费用的多少；随着人力资源市场中各省市最低工资的普遍提高，公司在员工规模不变的情况下，人工成本费用就越来越高；如果一个公司所处的行业产能过剩，商品价格下降，那么公司的毛利率就会下降，甚至出现亏损，比如2012年、2013年的煤炭采掘行业，2011年的太阳能光伏行业；等等。

　　商业环境会影响甚至决定一个公司的战略选择。在相同的外部商业环境下，公司可以采取不同的应对之道，即公司的战略。例如，在单位人工成本上升的趋势下，在产量和业务规模不变甚至扩大的情况下，为了控制好人工成本，公司可以采取提高自动化、机械化的策略。现在，很多银行裁掉柜员同时使用更多的自助服务机就是现实的例子。有很多战略管理的著作将公司战略写得非常复杂，显得高深莫测，但是在实践中，战略应该非常直截了当：选准努力的大方向，并集中公司全部资源实现它。战略就是根据外部的商业环境，制定基本的规划，确立大致的方向，经营范围是多元化还是专业化，竞争策略是低成本还是差异化，如何战胜竞争对手并建立壁垒保持长期的竞争优势。看一个公司的好坏，尤其是看一个公司未来的好坏，最重要的是公司的战略。做公司，最重要的两件事：一是做正确的事；二是正确地做事。做正确的事，讲的就是公司的战略。试想，如果在液晶电视发展已经趋势明显的情况下，一个公司去发展彩色显像管，不管你做得多好，只能是死路一条了；如果在汽车产业已经得到发展的情况下，一个公司上马新的马车生产线，只能是被淘汰的命运。

　　公司的战略需要通过公司的经济活动来贯彻执行。公司的经济活动包括投资活动、筹资活动和经营活动。在执行战略的过程中，公司的经济活动是从哪一部分开始发起的呢？我在上课时问学员：如果集团公司今天任命你作为总经理去创办一个新的公司，你想到的第一个问题是什么？大多数人都反问：集团公司给我多少钱？可见大多数人认为公司战略执行的经济活动从筹资活动开始。其实不然，古语云"运筹帷幄之中，决胜千里之外"。重要的是，我们要先做好投资活动决策，想清楚投什么项目、怎么投，投了以后会有什么大概结果，是通过自己购建资产还是通过兼并收购。有了钱但没有好的投资项目的话，宁可什么都不做，也不要乱做一气。很多公司不是因为没有钱死掉的，而是因为手里的钱多了，乱投项目死掉的，这样的例子实在不胜枚举。因此，如果今天集团公司要求你投资5亿元去开个水泥行业或者玻璃行业的公司，你最好就不要去了，因为最后结局基本上不会太好。公司的经济活动从投资活动的决策开始，在投资活动确定后再考虑怎么解决资金问题——是募集股东资金，还是从银行借贷。筹资活动是为了满足投资活动的需求。在投资形成资产以后，就是日常的经营活动了，包括研发、采购、生产、销售、售后服务以及人事管理等辅助活动。

公司的经济活动经过财务会计处理,形成财务数字结果。会计信息系统根据国家规定的企业会计准则对经济活动进行确认、计量、记录和报告。不过,会计处理具有一定的灵活性,其处理质量会受到公司治理、外部监管、审计质量等会计环境的影响和公司会计政策选择和会计估计判断的影响。比如,一般而言,上市公司的治理结构以及外部监管相对非上市公司要完善和严格一些,因此上市公司的财务报告信息质量整体就会比非上市公司要好一些。财务结果应当按照规定的格式进行对外信息披露,这些信息披露就形成了上市公司财务报告,包括审计报告、财务报表和报表附注。

简而言之,我们可以把上述内容概括为"起于战略,重在执行,止于财报"。

按照"公司战略+执行过程=财报结果"来分析,一个公司的财报结果的可能情形如图3-1所示。

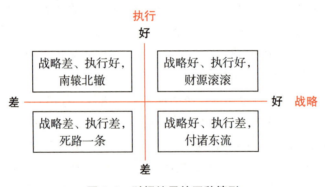

图 3-1 财报结果的四种情形

可以说,战略决定一个公司的命,而执行决定一个公司的运。公司战略好、执行好,财源滚滚;战略差、执行差,死路一条;战略差、执行好或者战略好、执行差,财报微利或者微亏而不尽如人意。很多人可能会说,命运这个说法有点宿命论的迷信色彩,实际上命运并非完全是迷信,有关紫微斗数、四柱八字等的中国古代书籍,按照现在的理论,其实是原始的大数据分析。算命先生"测试"了很多人的命运,并且不同算命先生之间互相交流经验,经过历代传承,对无数人的命运进行了分析,从而得出结论。这就是我们现在所说的大数据分析,只不过现在用计算机来计算分析,以前是人工计算分析而已。

## 3.4 公司财报的分析过程

财务报表分析，就是要从财务数字看一个公司方方面面的情况。毫不夸张地说，财务报表是一个公司最综合的数字结果，可以反映公司所处的商业环境、行业格局及竞争、公司治理及战略、公司经济活动的效率及财务会计处理的质量。这就像一个人的体检报告，综合反映了一个人的生活环境甚至呼吸的空气、日常作息及饮食等生活习惯方方面面的情况。概言之，"财务报表反映公司的一切""财务报表是世界上最美的商业语言"。

财务报表生成过程是一个从商业环境、公司战略到经济活动，再到数字结果的顺向的过程，而财务报表分析过程是一个从数字结果反过来看会计处理质量、经济活动情况、公司战略和商业环境的逆向的过程。这有点儿类似于福尔摩斯探案，案件是顺时发生，而探案则是逆时还原。

从财报数字中，我们要分析公司的会计政策选择、会计估计判断是否合理。比如，合并范围是否符合准则的规定？固定资产的折旧年限是否符合行业惯例？各类资产减值准备的计提是否符合企业经营实际情况？收入的确认是否符合准则规定的条件，以及成本的结转是否遵循匹配原则？是否有新业务需要公司制定新的会计政策和会计估计？会计政策和会计估计是否过于激进……如果会计政策选择和会计估计判断不合理，就要考虑如何进行调整，以更好地反映公司真实的经济活动情况。

从财报数字中，我们要分析：投资活动中，此前做出的投资决策是否符合公司战略的要求，已完成的投资项目是否达到了决策时对投资项目的净现值、投资收益率和投资回收期等方面的预期，是否对投资活动的过程实施了有效的管控，购建固定资产、无形资产等长期资产的成本是否合理，并购子公司或者对外投资的价格是否合理；筹资活动中，是否做到了股权和债务资本结构最优化、综合资本成本最低、融资时机最佳，以及内源性融资、债务融资和股权融资等融资顺序最合理，与投资资金需求是否匹配等；经营活动中，研发、采购、生产、销售、售后服务是否做到了从顾客角度消除一切浪费，是否运用价值链管理砍掉了一切非增值、非必要的环节和作业，是否运用价值工程、标准成本、目标成本等方法将成本降到了极致，最终是否为客户提供了令人满意的产品和服务从而赚取了利润和现金。如果分析中发现问题，我们要考虑如何改进公司的投资活动、筹资活动以及经营活动等各类经济活动，以保证公司战略的贯彻和实现。

从财报数字中，我们从财务结果的角度分析和验证前期的公司战略是否正确，是否很好地应对了外部商业环境、行业竞争和面临的挑战。如果前期公司的战略存在问题，应该考虑如何修正和调整，甚至考虑是否需要改变先前的战略进行公司的战略转型。

我们把上述财报的生成和分析过程用图 3-2 来表示。

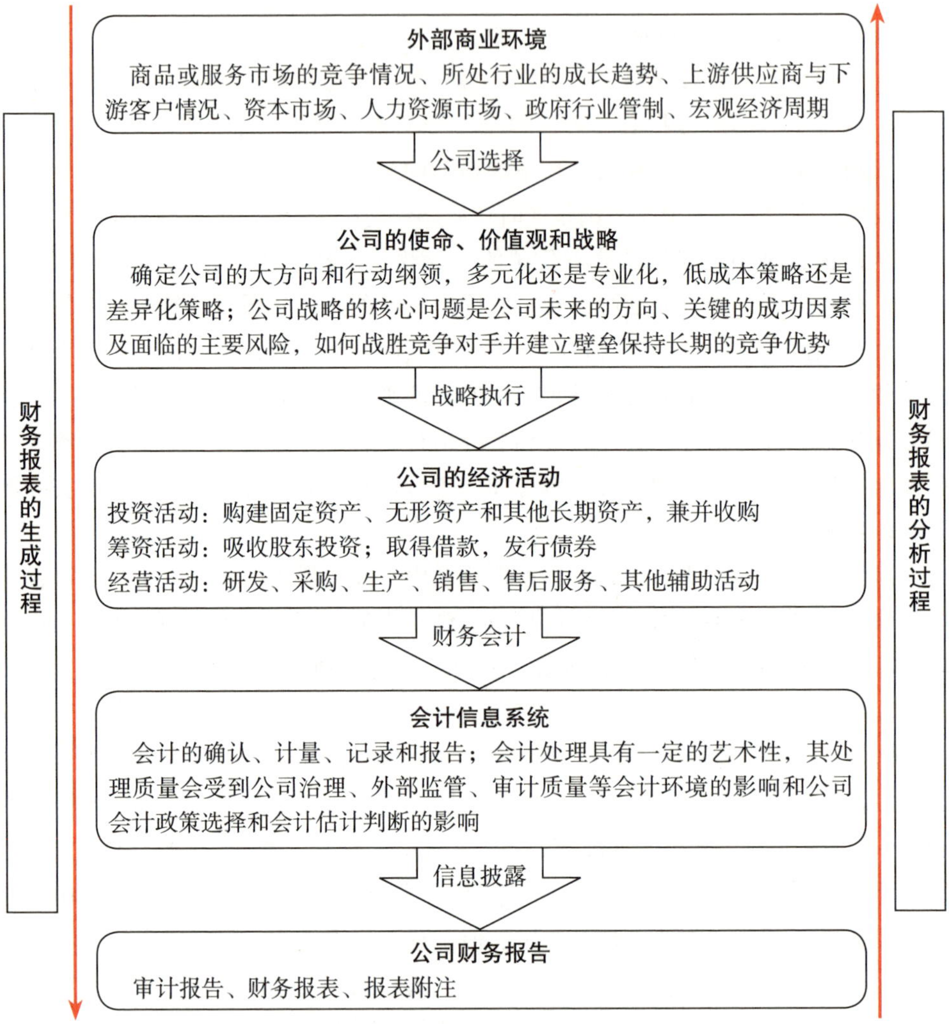

财务报表的生成过程 →

**外部商业环境**
商品或服务市场的竞争情况、所处行业的成长趋势、上游供应商与下游客户情况、资本市场、人力资源市场、政府行业管制、宏观经济周期

↓ 公司选择

**公司的使命、价值观和战略**
确定公司的大方向和行动纲领，多元化还是专业化，低成本策略还是差异化策略；公司战略的核心问题是公司未来的方向、关键的成功因素及面临的主要风险，如何战胜竞争对手并建立壁垒保持长期的竞争优势

↓ 战略执行

**公司的经济活动**
投资活动：购建固定资产、无形资产和其他长期资产，兼并收购
筹资活动：吸收股东投资；取得借款，发行债券
经营活动：研发、采购、生产、销售、售后服务、其他辅助活动

↓ 财务会计

**会计信息系统**
会计的确认、计量、记录和报告；会计处理具有一定的艺术性，其处理质量会受到公司治理、外部监管、审计质量等会计环境的影响和公司会计政策选择和会计估计判断的影响

↓ 信息披露

**公司财务报告**
审计报告、财务报表、报表附注

← 财务报表的分析过程

图 3-2　财报的生成和分析过程

# 第 4 章

# 公司战略与财报之间的关系

公司创造价值的过程起源于公司战略。公司战略的两个关键问题是行业选择和竞争策略决策。不同的行业和竞争策略会导致不同的财报特征。公司战略对公司财报数字具有决定性的作用,甚至可以说决定了一家公司的命运。本章分析不同行业的财报特征和不同竞争策略下的财报特征。

## 4.1 公司战略:行业选择和竞争策略决策

公司战略决定一家公司的命,因此再怎么强调都不过分。一家公司的利润水平不仅受所处行业的影响,而且受公司在行业中的竞争策略的影响。在公司经营的现实中,公司行业和公司竞争策略存在着如图 4-1 所示的四种情形。

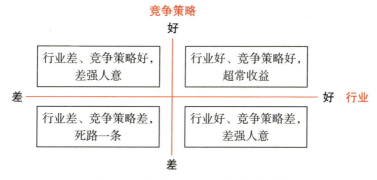

图 4-1 行业和竞争策略的四种情形

从图 4-1 可以看出，一家公司的最佳位置当然是行业好、竞争策略好，从而获得超常收益。比如，从 2000 年开始到 2016 年为止的万科、格力电器等上市公司，赶上了所处行业的高速增长期，同时又采取了有效的竞争策略，因此公司得到了迅速增长。

但很多公司会碰到困境。

一是在一个非常具有吸引力的行业，公司如果选择了不利的竞争策略，依然得不到令人满意的利润。比如，中华企业是上海解放后第一家专业从事房地产开发经营的企业，主要从事房地产经营和开发，但是在竞争策略中贸然进军三、四线城市导致在行业高度繁荣的 2014 年和 2015 年居然出现了巨亏。

二是一个具有竞争策略优势的公司，由于栖身于前景黯淡的行业里，结果获利甚微，即便努力改善其地位也无济于事。比如，彩虹股份是一家显示器件行业的公司，致力于显示器件的生产、销售与研发，2012 年之前主营业务为彩色显像管的生产、销售。即使公司在彩色显像管的技术、生产成本方面都具有很强的优势，但是由于彩色显像管被液晶显示所替代，公司多次出现巨亏，最后只能转变主营业务为基板玻璃、OLED 显示等的生产和销售。

三是在低迷的行业没有任何竞争策略优势的公司，基本上只能以退出市场作为最后的结局。比如，中国长江航运集团南京油运股份有限公司主要从事原油运输、成品油运输和特种品运输业务（包括化学品运输、液化气运输和沥青运输），在行业运力明显过剩和全球石油需求增长放缓的形势下，原油运输市场表现乏善可陈，成品油运输市场各航线运价普遍下滑，加上公司乏善可陈的竞争策略，导致公司在 2014 年只能以退市告终。

由此，对企业的经营者提出了两个非常严峻的问题，即如何选择公司经营的行业和如何选择公司在一个行业中的竞争策略。这也正是公司战略要解决的问题。

## 4.2 公司行业与公司财报之间的关系

俗话说：男怕入错行，女怕嫁错郎。当今社会，男子入错行了，改行的多得是；女子嫁错了，离婚再嫁的也不少。但是，公司如果入错行了，想调头就没有那么容易了。

公司行业选择在很大程度上直接决定了财报的很多数字特征。我们选择了不同行业的公司 2015 年年度财报为例来说明行业与财报的关系。哪些行业是重资产，哪些行业是轻资产；哪些行业赚钱容易，哪些行业赚钱艰辛。从这些财报的数字中可以一目了然地做出判断。

表 4-1 中列出了海康威视、贵州茅台、万科 A、浦发银行、大秦铁路、白云机场、南方航空和鞍钢股份的主要财报数字及其结构百分比。所谓结构百分比，又称纵向分析，是指同一期间财务报表中不同项目间的比较与分析，主要通过编制百分比报表进行分析，即将财务报表中的某一重要项目的数据作为 100%，然后将报表中其余项目都以这一项目的百分比的形式做纵向排列，从而揭示出各项目的数据在公司财务中的比例关系。一般来说，资产负债表以资产总额为基数，利润表以营业收入为基数。

从表 4-1 中我们可以看到，海康威视、贵州茅台、万科 A 的资产结构中，流动资产占大头，类似企业可以称为"轻资产"公司。但是万科 A 的存货具有开发周期比较长的特点，因此需要与一般的轻资产公司做区分。大秦铁路、白云机场、南方航空和鞍钢股份固定资产占大头，类似企业可以称为"重资产"公司。浦发银行则不区分流动资产和非流动资产，因为浦发银行的资产主要就是金融资产。这些公司中，贵州茅台的毛利率最高，鞍钢股份的毛利率最低。从 2015 年净资产收益率的角度来看，从高到低依次为海康威视、贵州茅台、万科 A、浦发银行、大秦铁路、白云机场、南方航空和鞍钢股份。上述数字特征，很大程度上是由行业所决定的，所以说"行业决定一家公司的命"，公司战略首先要解决的就是公司准备进入哪些行业这一方向性问题。也就是说，换个能力一般的董事长和总经理到贵州茅台，贵州茅台可能照样可以赚很多钱；换个能力再高的董事长和总经理到鞍钢股份，也可能无济于事，只能赚很少的钱。

海康威视是技术型公司，其定位是领先的视频产品和内容服务提供商，面向全球提供领先的视频产品、专业的行业解决方案与内容服务。技术型公司一般来说不需要非常多的固定资产投资，研发投入较多按理会形成专利技术等无形资产，但是多数公司的研发支出都采用当期费用化的会计处理，导致资产负债表上的无形资产项目的金额比较低，最终财报上看起来非流动资产占资产总额的比重会比较低，比如海康威视的这一比例为 11.99%。有竞争力的技术型公司在提供产品和服务的过程中，往往有较强的定价权，获取现金的能力也比较强，销售过程也会有比较多的应收款项，因而财报上应收款项和货币资金等流动资产会比较多，

表 4-1 不同行业的

| 项　目 | 海康威视 | 结构百分比 | 贵州茅台 | 结构百分比 | 万科A | 结构百分比 | 浦发银行 |
|---|---|---|---|---|---|---|---|
| 流动资产合计 | 266.82 | 88.01% | 650.05 | 75.32% | 5 470.24 | 89.49% | 0.00 |
| 非流动资产合计 | 36.34 | 11.99% | 212.97 | 24.68% | 642.71 | 10.51% | 0.00 |
| 资产总计 | 303.16 | 100.00% | 863.01 | 100.00% | 6 112.96 | 100.00% | 50 443.52 |
| 流动负债合计 | 102.74 | 33.89% | 200.52 | 23.23% | 4 200.62 | 68.72% | 0.00 |
| 非流动负债合计 | 7.45 | 2.46% | 0.16 | 0.02% | 549.24 | 8.98% | 0.00 |
| 负债合计 | 110.19 | 36.35% | 200.67 | 23.25% | 4 749.86 | 77.70% | 47 257.52 |
| 所有者权益合计 | 192.97 | 63.65% | 662.34 | 76.75% | 1 363.10 | 22.30% | 3 186.00 |
| 负债和所有者权益总计 | 303.16 | 100.00% | 863.01 | 100.00% | 6 112.96 | 100.00% | 50 443.52 |
| 营业总收入 | 252.71 | 100.00% | 334.47 | 100.00% | 1 955.49 | 100.00% | 1 465.50 |
| 营业总成本 | 199.10 | 78.78% | 112.92 | 33.76% | 1 659.88 | 84.88% | 804.83 |
| 营业成本 | 151.37 | 59.90% | 25.38 | 7.59% | 1 381.51 | 70.65% | 0.00 |
| 营业税金及附加 | 1.97 | 0.78% | 34.49 | 10.31% | 179.80 | 9.19% | 89.76 |
| 销售费用 | 21.79 | 8.62% | 14.85 | 4.44% | 41.38 | 2.12% | 0.00 |
| 管理费用 | 22.11 | 8.75% | 38.13 | 11.40% | 47.45 | 2.43% | 320.34 |
| 财务费用 | -1.53 | -0.61% | -0.67 | -0.20% | 4.78 | 0.24% | 0.00 |
| 资产减值损失 | 3.39 | 1.34% | -0.01 | 0.00% | 4.96 | 0.25% | 387.95 |
| 其他经营收益 | 1.33 | 0.52% | 0.04 | 0.01% | 35.62 | 1.82% | 0.00 |
| 营业利润 | 54.94 | 21.74% | 221.59 | 66.25% | 331.23 | 16.94% | 660.67 |
| 加：营业外收入 | 12.94 | 5.12% | 0.05 | 0.01% | 8.55 | 0.44% | 9.83 |
| 减：营业外支出 | 0.38 | 0.15% | 1.62 | 0.48% | 1.76 | 0.09% | 1.73 |
| 利润总额 | 67.50 | 26.71% | 220.02 | 65.78% | 338.03 | 17.29% | 668.77 |
| 减：所得税费用 | 8.68 | 3.43% | 55.47 | 16.58% | 78.53 | 4.02% | 158.80 |
| 净利润 | 58.82 | 23.28% | 164.55 | 49.20% | 259.49 | 13.27% | 509.97 |
| 净资产收益率 | 30.48% | | 24.84% | | 19.04% | | 16.01% |

注：表中数据在计算过程中有四舍五入。

## 报表结构和报表特征

金额单位：亿元

| 结构百分比 | 大秦铁路 | 结构百分比 | 白云机场 | 结构百分比 | 南方航空 | 结构百分比 | 鞍钢股份 | 结构百分比 |
|---|---|---|---|---|---|---|---|---|
| | 158.70 | 13.85% | 22.13 | 17.96% | 144.18 | 7.74% | 235.95 | 26.63% |
| | 986.79 | 86.15% | 101.11 | 82.04% | 1 718.32 | 92.26% | 650.01 | 73.37% |
| 100.00% | 1 145.49 | 100.00% | 123.25 | 100.00% | 1 862.50 | 100.00% | 885.96 | 100.00% |
| 0.00% | 155.78 | 13.60% | 23.69 | 19.22% | 655.36 | 35.19% | 430.04 | 48.54% |
| 0.00% | 83.60 | 7.30% | 1.83 | 1.49% | 711.41 | 38.20% | 19.11 | 2.16% |
| 93.68% | 239.38 | 20.90% | 25.52 | 20.71% | 1 366.77 | 73.38% | 449.15 | 50.70% |
| 6.32% | 906.11 | 79.10% | 97.73 | 79.29% | 495.73 | 26.62% | 436.81 | 49.30% |
| 100.00% | 1 145.49 | 100.00% | 123.25 | 100.00% | 1 862.50 | 100.00% | 885.96 | 100.00% |
| 100.00% | 525.31 | 100.00% | 56.20 | 100.00% | 1 114.67 | 100.00% | 410.39 | 100.00% |
| 54.92% | 381.94 | 72.71% | 38.90 | 69.23% | 1 094.25 | 98.17% | 402.14 | 97.99% |
| 0.00% | 369.78 | 70.39% | 33.66 | 59.90% | 913.82 | 81.98% | 354.95 | 86.49% |
| 6.12% | 1.99 | 0.38% | 0.46 | 0.81% | 2.74 | 0.25% | 2.10 | 0.51% |
| 0.00% | 2.10 | 0.40% | 1.03 | 1.83% | 70.81 | 6.35% | 14.31 | 3.49% |
| 21.86% | 5.87 | 1.12% | 4.56 | 8.11% | 27.54 | 2.47% | 11.62 | 2.83% |
| 0.00% | 2.19 | 0.42% | −0.48 | −0.85% | 78.26 | 7.02% | 9.12 | 2.22% |
| 26.47% | 0.00 | 0.00% | −0.32 | −0.58% | 1.08 | 0.10% | 10.04 | 2.45% |
| 0.00% | 20.98 | 3.99% | 0.18 | 0.32% | 5.82 | 0.52% | 2.81 | 0.68% |
| 45.08% | 164.36 | 31.29% | 17.47 | 31.09% | 26.24 | 2.35% | 11.06 | 2.69% |
| 0.67% | 0.21 | 0.04% | 0.33 | 0.58% | 38.14 | 3.42% | 0.73 | 0.18% |
| 0.12% | 1.01 | 0.19% | 0.28 | 0.49% | 0.97 | 0.09% | 0.20 | 0.05% |
| 45.63% | 163.55 | 31.13% | 17.52 | 31.18% | 63.41 | 5.69% | 11.59 | 2.82% |
| 10.84% | 37.01 | 7.04% | 4.58 | 8.14% | 13.55 | 1.22% | 1.92 | 0.47% |
| 34.80% | 126.55 | 24.09% | 12.95 | 23.04% | 49.86 | 4.47% | 9.67 | 2.36% |
| | 13.97% | | 13.25% | | 10.06% | | 2.21% | |

比如海康威视的流动资产占比为88.01%。技术型公司因为直接生产成本低、具有技术溢价能力，毛利率往往比较高，比如海康威视的毛利率为40.10%，在上述公司中在贵州茅台之后，排在第二位。海康威视较好地运用了财务杠杆，因此虽然毛利率比贵州茅台低，但2015年的净资产收益率为30.48%，在贵州茅台之前，排在上述公司第一位。一般来说，技术型公司为轻资产公司，非流动资产占比较低；具有技术定价权，毛利率较高，故往往能够给股东带来比较好的回报。

  贵州茅台生产白酒，不需要大量的固定资产、无形资产等长期资产投入，因此非流动资产所占比重为24.68%。白酒加工工艺决定生产时间比较长，存货比较多，商品销售顺畅回款很快，货币资金也很多，因此贵州茅台的流动资产所占比重为75.32%。贵州茅台不差钱，因此没有什么负债，资产负债率很低，只有23.25%。如果分析得再详细一点的话，我们可以发现，贵州茅台没有一分钱的有息债务，只有存款没有借款，因此贵州茅台的财务费用是负数。贵州茅台的毛利率高达92.41%（1－营业成本/营业收入×100%），这是因为贵州茅台是以自己的品牌来赚钱的。一般来说，以品牌取得竞争优势的公司，毛利率都会比较高。但是，白酒行业需要缴纳消费税，因此贵州茅台的营业税金及附加（注意，现行财务报表格式中已经改为"税金及附加"项目）占营业收入的比重是所有公司中最高的，占比高达10.31%。贵州茅台的净资产收益率在所有公司中排第二位，高达24.84%。大多数白酒行业的公司，包括五粮液、汾酒等，以白酒销售为盈利模式，流动资产占总资产比重高，毛利率较高，没有有息债务，营业税金及附加占营业收入的比重均比较高，净资产收益率远高于上市公司平均水平。

  万科是房地产公司，开发各类房地产项目并出售获得盈利。在开发过程中，往往把项目建设外包给其他建筑施工企业，因此无须购买工程机械等固定资产。而开发房地产购置的土地、在建的商品房或者已完工的商品房，这部分存货构成了万科的最主要资产。所以万科的流动资产占比89.49%，非流动资产占比10.51%。万科的总资产为6 112.96亿元，其中有很多的负债，资产负债率为77.70%。不过，万科的负债中，主要是以无息的预收账款为主。2015年12月31日，万科的预收账款为2 126.26亿元，这与房地产行业的预售经营模式密切相关。因此，虽然万科的资产负债率很高，但是财务费用占营业收入的比重却只有0.24%。万科的毛利率为29.35%，营业成本主要包括土地成本和建安成本。房地产行业要缴纳土地增值税，因此万科的营业税金及附加占营业收入的比重为

9.19%，是所有公司中第二高的公司。万科的净资产收益率为 19.04%，排在第三位。大多数房地产行业的公司，包括保利地产、招商地产等，以房地产销售为盈利模式，赶上了中国房地产发展的大时代，存货均占总资产比重高，毛利率比钢铁等制造业公司要高，资产负债率比较高，但是以预收账款等无息负债为主，营业税金及附加占营业收入的比重均比一般行业高，从 20 世纪 90 年代开始到 2020 年房地产公司的净资产收益率均高于上市公司平均水平。

  浦发银行作为银行来讲，主要就是吸收存款、发放贷款，赚取利息差和服务费等中间收入。因此，浦发银行以金融资产为主，除了少量自用的房屋建筑物和办公设备，没有多少固定资产、无形资产，也没有一般企业的存货。这是一个资产规模很重要的行业，因此浦发银行的总资产在这些公司中是最高的。银行最主要的业务之一是吸收存款，存款构成了银行的负债，因此浦发银行的资产负债率高达 93.68%。银行没有一般工商企业商品或者服务所带来的营业成本。银行的营业税金及附加占收入的比重为 6.12%，也比较高——营改增后银行缴纳增值税，但是银行可以抵扣的进项税款很少，因此银行的营业税金及附加会比一般工商企业高一些。银行的另一主要业务是发放贷款，但是贷款发放出去以后有可能收不回来，需要计提贷款拨备，因此浦发银行的资产减值损失占营业收入的比重高达 26.47%，在这些公司中排在第一位。浦发银行的净资产收益率为 16.01%，排在第四位。银行的资产负债率很高，虽然在大力发展中间业务，但以息差为主要盈利模式，金融资产为主，营业税金及附加占收入的比重高于一般工商企业，资产减值损失占收入的比重比较高，当前净资产收益率高于上市公司平均水平。

  大秦铁路的主业是铁路运输，白云机场的主业是机场运营。铁路行业和机场行业两者的财报特征比较接近。从资产结构上来看，非流动资产占大头；经营活动现金流量比较好，资产负债率不高。虽然两家公司都有地理优势，但是大秦铁路需要通过线路运营开展客运和货运业务来获取收益，而白云机场则是"坐地收租"，因此大秦铁路的营业成本比白云机场要高，白云机场的毛利率比大秦铁路高。不过，白云机场的营业收入规模比大秦铁路要小很多，因此白云机场管理费用占营业收入的比重要高于大秦铁路。两者的净资产收益率不相上下。铁路、机场以及高速公路类的公司，以收费为主要盈利模式，非流动资产占比较高；由于地域优势，经营比较稳定，毛利率较高，现金流很好，净资产收益率略高于上市公司平均水平。

  南方航空的主业是航空运输。南方航空的主要资产是飞机，资产结构上，固定资产等非流动资产占比高达 92.26%，属于高度重资产的行业。因为非流动资产的投入很大，需要使用较高的财务杠杆，所以资产负债率很高，为 73.38%。资产中以有息债务为主，因此财务费用占营业收入的比重为 7.02%，超过了利润总额的 5.69%。如果分析多个年度的南方航空的财报，我们可以发现，航空公司的营业收入、营业成本和营业利润的波动，相较于大秦铁路和白云机场要更大。因为航空公司的营业成本中，航油成本占了很高的比例，而航油的价格波动比较大，引起了航空公司利润表的大幅波动；大秦铁路和白云机场虽然也受到外部环境的影响，但相对航油波动来说，外部影响要小得多。航空公司以运费和票价为主要盈利模式，属于高度重资产的行业，固定成本比较高，经营杠杆系数比较高，受航油成本影响比较大，经营的波动性也比较大，因此航空公司的经营业绩很大程度取决于外部环境。2015 年航油价格处于低位，因此净资产收益率略高于上市公司平均水平。高额固定成本不随业务量的变化而变化，因此，在业务量大幅下滑时，将会出现巨额亏损。比如，2020 年上半年的新冠肺炎疫情，将导致全球航空公司都出现巨额亏损。

鞍钢股份是钢铁企业。钢铁企业需要大量的固定资产投入，资产结构上非流动资产所占比重为 73.37%，资产负债率为 50.70%。由于产能过剩，竞争激烈，鞍钢股份的毛利率、净利率、净资产收益率都排在最后一位。钢铁行业以产品销售为主要盈利模式，属于重资产行业，经营杠杆系数较高，受宏观经济、行业竞争以及铁矿石等原材料价格等影响较大，经营波动性比较大，净资产收益率低于上市公司平均水平。

通过上述分析，我们可以得出：公司所处的行业将在很大程度上决定公司财报的结构特征以及盈利水平。不同行业的公司，财报分析的重点往往也存在差异。比如，重资产行业的公司，分析时需要重点分析公司长期资产周转率，以判断长期资产的使用效率以及成本管理情况；轻资产行业的公司，分析时需要重点分析公司的品牌、技术和研发投入，以及这些资源所带来的溢价能力和高毛利率是否可以持续；金融公司，分析时重点分析公司风险管理的能力和信贷资产的质量。在对一家公司财报进行分析之前，我们一定要了解公司所处的行业对财报数字的影响，并确定分析的重点。对于公司的管理决策者而言，尤其是对于企业家和首席财务官，在制定公司现有的竞争策略以及进行未来的投资决策之前，一定要充分了解公司现在所处行业的特征以及未来拟进入行业的特征，因为行业决定了一个公司创造价值的大格局。

## 4.3 两种不同的公司竞争策略

我们在前面分析了行业吸引力的问题，接下来分析公司战略的第二个中心问题——竞争策略。竞争策略可以概括为：采取进攻性或防守性行动，在行业中建立起进退有据的地位，成功地对付外部竞争，从而为公司赢得超常收益。

在大多数行业中，不管行业平均盈利能力怎样，总是有一些公司因其有利的竞争策略而获得比行业平均利润更高的收益。行业吸引力部分地反映了一个公司几乎无法施加影响的那些外部因素，但通过竞争策略的选择，公司却可以增强或削弱其在一个行业的吸引力。同样，一个公司也可以通过对其竞争策略的选择，显著地改善或减弱自己在行业内的地位。因此，竞争策略不仅应是公司对环境做出的反应，而且应是公司从对自己有利的角度去改变环境。

国内外的学者研究发现，在市场竞争中获得成功的公司都具有明显的竞争优势，这种竞争优势集中表现在低成本优势和差异化优势上，由此他们提出了两种基本的竞争战略，即总成本领先策略和差异化策略。成本优势和差异性优势可由行业结构所左右，并且取决于公司是否能够比它的对手更有效地在市场上进行竞争。公司选择竞争策略时，要考虑自身是否具备与之相匹配的能力，在此基础上采取与竞争策略相对应的行动，具体如图4-2所示。

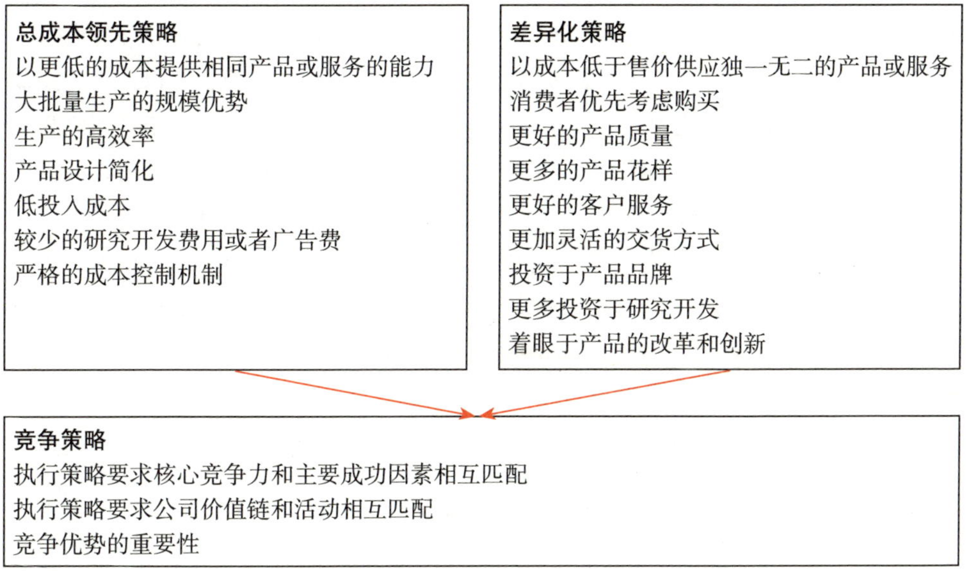

```
总成本领先策略
以更低的成本提供相同产品或服务的能力
大批量生产的规模优势
生产的高效率
产品设计简化
低投入成本
较少的研究开发费用或者广告费
严格的成本控制机制
```

```
差异化策略
以成本低于售价供应独一无二的产品或服务
消费者优先考虑购买
更好的产品质量
更多的产品花样
更好的客户服务
更加灵活的交货方式
投资于产品品牌
更多投资于研究开发
着眼于产品的改革和创新
```

```
竞争策略
执行策略要求核心竞争力和主要成功因素相互匹配
执行策略要求公司价值链和活动相互匹配
竞争优势的重要性
```

图4-2　不同竞争策略及其行动

通俗地来说，总成本领先策略是赚苦力钱、血汗钱，差异化策略是赚脑力钱、容易钱。中国号称世界工厂，更多的公司是通过制造环节的低人工成本、低环保成本等要素在全球取得竞争优势。但是，随着经济的发展，原先的低成本要素难以为继。因此，国家提出了调整经济结构和经济转型的任务。经济转型成功建立在企业转型成功的基础上。企业转型有两个方向：一是运用价值链、价值工程、作业管理等工具，从原来粗放式管理的低成本往精益管理的低成本转型；二是大力投入品牌建设、技术研发等，从总成本领先策略往差异化策略转型。很多企业已经或者正在转型的路上，转型中需要充分考虑行业特征、公司已有能力和资源。

从公司竞争策略的角度来说，未来的商业世界只有两类大型企业：一类是精益管理下的客户需求拉动的低成本生产和服务型企业，比如精益制造的丰田汽车、宝钢股份；一类是不断创新从而创造和引导客户需求的差异化生产和服务型企业，比如创造智能手机需求的苹果。满足客户需求是公司核心竞争力的源泉。

总成本领先策略和差异化策略并不是对立的，以追求差异为目标的公司必须在可承受的成本基础上获得差异优势。同样，成本领先者除非能在质量和服务等方面与竞争对手相当甚至领先（哪怕是细微的），否则它们无法参与竞争。此外，重大技术和业务方式的变更有可能把高质量、优良服务和低价格结合起来，如日本汽车制造商丰田公司、美国零售商沃尔玛公司等的成功之路。一个公司选择了某种竞争策略并不会自动取得竞争优势，要取得竞争优势，公司必须具备实施并保持所选定策略的能力。无论是哪一种策略都要求公司具备所需的基本能力，并以适当方式规划公司的价值链。基本能力是指公司所拥有的各类资源，而价值链是指公司将投入转换为产出的各类环节及经济活动组合。公司的基本能力、价值链的独特性和竞争对手对它们进行模仿的难易程度，决定了公司的竞争优势能否保持。

一般而言，总成本领先策略的公司与差异化策略的公司比较，财报上一个比较明显的区别是前者的毛利率要低于后者。前面不同行业的公司例子中，海康威视和贵州茅台采用差异化策略，鞍钢股份采用总成本领先策略，前两者的毛利率要高出后者好几倍。

## 4.4　总成本领先策略下的财报特征

总成本领先策略，也被称为低成本策略，是指公司通过有效途径降低成本，使公司的全部成本低于竞争对手的成本，甚至是在同行业中最低的成本，从而获取竞争优势的一种策略。在那些属于基本产品或服务的行业，成本领先是最可能的竞争策略。低成本优势不但能获得超出行业平均水平的收益率，而且可能迫使竞争对手因不能忍受过低的收益率而逐步退出该行业。达到总成本领先的方式有多种，如规模经济、改进经济、高效生产、产品设计优化、低投入成本以及有效的组织实施等，它贯穿于投融资、产品设计、生产、销售等各个经营层面。一般来说，总成本领先策略执行好的公司，其在财务报表中体现出来的毛利率比差异化策略的公司要低。总成本领先策略的公司，其在管理中更加关注的是对于成本和费用的控制，将不为客户带来附加价值的产品、服务予以简化。

根据公司获取成本优势的方法不同，我们把成本领先策略概括为如下六种主要类型：①简化产品型成本领先策略，就是使产品简单化，即将产品或服务中添加的花样全部取消，比如春秋航空；②改进设计型成本领先策略；③材料节约型成本领先策略；④人工费用降低型成本领先策略；⑤生产创新及自动化型成本领先策略；⑥规模经济型成本领先策略，比如格兰仕。

有很多行业无法采用差异化策略。比如汽油，驾驶员给车辆加油时，不会考虑要加中国石化的汽油还是中国石油的汽油；再比如，消费者喝咖啡时，不会考虑要放中粮集团的白糖还是广西农垦集团的白糖。一般来说，成本领先策略适用于具有如下特征的行业：①现有竞争公司之间的价格竞争非常激烈；②公司所处产业的产品基本上是标准化或者同质化的；③实现产品差异化的途径很少；④多数顾客使用产品的方式相同；⑤消费者的转换成本很低，其购买意愿取决于价格。公司实施成本领先策略，除具备上述外部条件之外，公司本身还必须具备如下内部技能或资源：持续的资本投资和获得资本的途径、生产加工工艺技能、熟练而高效的员工、设计容易制造的产品、低成本的分销系统。

采用成本领先策略的收益在于以下一个或者多个方面：①抵挡住现有竞争对手的对抗；②降低了购买商讨价还价的能力；③更灵活地处理供应商的提价行为；④形成进入障碍；⑤形成相对于替代品的竞争优势。采用成本领先策略的风险主要包括：①降价过度引起利润率降低；②新加入者可能后来居上；③过于专注于成本的控制而丧失对市场变化的预见能力；④技术变化降低公司资源的效用；⑤容易受外部环境的影响。

综上，总成本领先策略比较适合无法提供差异化产品或服务的行业，比如钢铁制造业、航空运输业、电力行业、水泥行业、玻璃行业等标准产品和服务的行业。在航空运输业，顾客的转换成本低，服务同质化，因此出现了春秋航空等多家经济型航空公司。我们以 2015 年春秋航空、南方航空、东方航空为例子来说明低成本策略对财报的影响，具体数据如表 4-2 所示。

表 4-2 低成本策略对财报的影响

金额单位：万元

| 项　　目 | 春秋航空 | 东方航空 | 南方航空 |
| --- | --- | --- | --- |
| 固定资产 | 585 835.34 | 10 727 800.00 | 14 245 400.00 |
| 固定资产周转率 | 1.38 | 0.84 | 0.78 |
| 营业总收入 | 655 820.15 | 9 384 400.00 | 11 146 700.00 |
| 营业成本 | 519 494.45 | 7 714 600.00 | 9 138 200.00 |
| 营业成本率 | 79.21% | 82.21% | 81.98% |
| 毛利 | 136 325.70 | 1 669 800.00 | 2 008 500.00 |
| 毛利率 | 20.79% | 17.79% | 18.02% |
| 营业税金及附加 | 610.01 | 17 800.00 | 27 400.00 |
| 营业税金及附加率 | 0.09% | 0.19% | 0.25% |
| 销售费用 | 17 384.07 | 613 600.00 | 708 100.00 |
| 销售费用率 | 2.65% | 6.54% | 6.35% |
| 管理费用 | 13 744.42 | 291 400.00 | 275 400.00 |
| 管理费用率 | 2.10% | 3.11% | 2.47% |
| 总费用率 | 4.84% | 9.83% | 9.07% |
| 财务费用 | 18 758.54 | 726 900.00 | 782 600.00 |
| 财务费用率 | 2.86% | 7.75% | 7.02% |
| 销售净利率 | 16.41% | 5.38% | 4.47% |

总成本领先策略要求公司必须高效率地使用资产。对于航空公司来说，最主要的资产就是飞机等固定资产。从固定资产周转率来看，春秋航空为 1.38 次，远高于东方航空的 0.84 次和南方航空的 0.78 次。在资产高效使用的同时，需要公司严格的成本费用控制机制。春秋航空的营业成本率要明显低于其他两家公司；其运用销售渠道优势，故销售费用率为 2.65%，也远低于东方航空的 6.54% 和南方航空的 6.35%；其管理费用率也略低于东方航空和南方航空。同时，春秋航空通过资本结构的管理，使其财务费用率远低于东方航空和南方航空。由于春秋航空比较

成功地运用了总成本领先策略，取得了明显的低成本优势，因此春秋航空的销售净利率为 16.41%，要远远高于东方航空的 5.38% 和南方航空的 4.47%。

从上述案例可以看出，如果一个公司能够成功地实施总成本领先策略，其财报的特征为：相较于同行而言高速的资产周转率、更低的成本费用率，最后取得较高的销售净利率。

总成本领先策略运用非常成功的另一个典型是格兰仕集团。在中国市场化的制造业中，也许找不出第二个像微波炉这样品牌高度集中甚至可以说是进入了寡头垄断的行业：第一军团格兰仕一下占去市场份额的 60% 左右，第二军团 LG 占去市场份额的 25% 左右，而排第三、第四的松下和三星都只有 5% 左右的市场份额。因为这种特殊性，微波炉行业的"成本壁垒"站到了"技术壁垒"的前面。年生产能力达 1 500 万台的格兰仕以其总成本的领先优势，高筑了行业的门槛。目前格兰仕垄断了国内 60%、全球 35% 的市场份额，成为中国乃至全世界的"微波炉大王"。

格兰仕集团的总成本领先策略可以奉为经典，主要包括：第一，在总成本不变或降低的前提下，不断开发新产品和专有技术；第二，利用总成本领先的优势，向市场推出质优价廉的产品，扩大市场占有率；第三，在上述基础之上，格兰仕开始利用自己的技术力量开发关键元器件，并投入生产，进一步降低总制造成本。格兰仕的核心竞争力在于价格。集中在少数产品、大批量、低成本，通过价格战迅速占领市场是格兰仕成功的法宝。格兰仕利用从 OEM 搬来的设备，通过大批量生产、低劳动成本、大的管理跨度、采购方垄断等，在很长时间内的发展赢得了成本优势。

格兰仕的核心竞争力归纳起来就四个字：规模制造。格兰仕进入微波炉行业始终坚持了总成本领先战略，而它之所以如此频繁地大幅度降价，就在于其成本比竞争对手低许多，有足够大的利润空间。一方面，迅速扩大生产能力，实现规模经济；另一方面，通过降价和立体促销来扩大市场容量，提高市场占有率，从而在短期内使自己的实力获得迅猛提高。实施规模化战略的根本目的就在于市场的迅速扩大，通过规模效应，降低经营成本，增加技术投入，提高国际竞争力，等等。格兰仕通过努力，在微波炉领域真正实现了规模化经营，专业化、集约化生产，使企业走上了良性发展的轨道。

从严格意义上讲，格兰仕是一个制造型企业，制造规模越大，平均成本就越低。此外，格兰仕在降低采购成本、行政管理成本、营销成本和流通成本方面做了巨大努力，使得各种成本不断降低；加上低廉的劳动力，使格兰仕在综合成本竞争中占据了很大优势。

## 4.5　差异化策略下的财报特征

所谓差异化策略，是指为使公司产品与竞争对手产品有明显的区别，形成与众不同的特点而采取的一种策略。这种策略下，必须让公司产品成为客户眼中的"西施"，让客户心有所属，不会轻易更换为其他公司的产品。

这种策略的核心是获取某种对顾客有价值的独特性。这种策略要求比竞争对手更好地满足消费者需求的一个特定方面，其成本虽有所增加，但不超过消费者愿意支付的最高价格，这就可以使公司免受各种竞争作用力的威胁从而形成竞争优势。奉行差异化策略的公司组织机构和控制系统的特点就是鼓励创造和革新。然而，追求差异有时会与争取更大市场份额相矛盾。在系统集成行业，软件公司的主要竞争策略就是追求差异——为用户提供个性化、创新性的软件服务，但就不易形成大规模的经营。差异化策略执行好的公司，其商品或服务的毛利率会比较高。因为这一策略更多的是关注产品或服务的差异程度，所以往往在研发、品牌、营销渠道等方面要投入巨额资金，而产品或者服务本身的成本在营业收入当中所占的比重反而比较低。对于一个采用差异化策略的公司，我们可以用毛利率的高低来衡量其策略执行是否成功。一般来说，差异化策略的公司毛利率应当长期高于30%。贵州茅台的毛利率高达92.41%，即差异化策略很好的例子。

公司要突出自己的产品和服务与竞争对手之间的差异性，主要有五种基本的途径：一是产品差异化策略。产品差异化的主要因素有特征、工作性能、一致性、耐用性、可靠性、易修理性、式样和设计，比如OPPO手机以美照性能取得竞争优势。二是服务差异化策略。服务的差异化主要包括送货、安装、顾客培训、咨询服务等因素，比如海底捞以特色服务而出名。三是技术差异化策略。技术差异化策略的主要因素是基于创造和发明独一无二的技术，比如苹果手机、英特尔电脑芯片、海康威视的安防产品和服务等。四是品牌形象差异化策略。品牌差异化策略主要包括独一无二的标识、特殊的销售渠道、营销广告投入、无法替代的产品和服务等，比如迪士尼乐园、贵州茅台、耐克运动鞋、张裕葡萄酒、六神花露水、云南白药等。五是地域差异化策略。这主要是由于地理位置和特殊的风貌带来的竞争优势，比如张家界、黄山、峨眉山等。上述途径中，除了第五类差异化策略，其他四类差异化策略均需公司自身的努力。

差异化策略主要适用于有如下特征的行业：①可以有很多途径创造公司与竞争对手产品之间的差异，并且这种差异被顾客认为是有价值的；②顾客对产品的需求和使用要求是多种多样的，即顾客需求是有差异的；③采用类似差异化途径的竞争对手很少，即真正能够保证公司是"差异化"的；④技术变革很快，市场上的竞争主要集中在不断推出新的产品特色。

除上述外部行业特征之外，公司实施差异化策略还必须具备如下一个或者多个内部条件：①具有很强的研究开发能力，研究人员要有创造性的眼光；②具有以其产品质量或技术领先的声望；③在这一行业有悠久的历史或吸取其他公司的技能并自成一体；④具有很强的市场营销能力；⑤研究与开发、产品开发以及市场营销等职能部门之间要具有很强的协调性；⑥具备能吸引高级研究人员、创造性人才和高技能职员的物质设施；⑦各种销售渠道强有力的合作。

一家公司实施差异化策略的意义在于如下一个或者多个方面：①建立起顾客对公司的忠诚。②形成强有力的产业进入障碍。③增强了公司对供应商讨价还价的能力。这主要是由于差异化策略提高了公司的边际收益。④削弱客户讨价还价的能力。公司通过差异化策略，使得客户缺乏与之可比较的产品选择，降低了客户对价格的敏感度。另外，通过产品差异化使客户具有较高的转换成本，使其依赖于公司。⑤由于差异化策略使公司建立起客户对公司的忠诚，所以这使得替代品无法在性能上与之竞争。

我们以海康威视、苹果公司、英特尔公司为例来分析技术差异化公司的财报特征，具体数据见表4-3。一般而言，技术差异化公司依靠技术来获得利润，产品或服务的直接成本占收入的比重不高，因此毛利率往往比较高。同时，技术差异化公司最主要的是技术研发，而不像钢铁行业等进行大规模的固定资产投资，因此在资产结构中固定资产占比往往比较低。如果公司对研发支出进行资本化处理，或者通过外部购入技术，或者通过并购进行技术扩张，则商誉和无形资产占比比较高。由于存在着技术壁垒，能够给股东带来比较理想的回报，净资产收益率往往会比较高。

表 4-3 技术差异化公司的财报特征

| 项　　目 | 海康威视 2015 年年度财报 | | 苹果公司 2015 年年度财报 | | 英特尔公司 2015 年年度财报 | |
|---|---|---|---|---|---|---|
| | (万元人民币) | 占比 | (万美元) | 占比 | (万美元) | 占比 |
| 货币资金 | 1 010 650 | 33.34% | 2 112 000 | 7.27% | 1 530 800 | 14.85% |
| 金融资产 | 6 219 | 0.21% | 18 465 500 | 63.57% | 2 337 100 | |
| 应收账款及票据 | 1 117 008 | 36.84% | 3 034 300 | 10.45% | 478 700 | 4.64% |
| 存货 | 281 867 | 9.30% | 234 900 | 0.81% | 516 700 | 5.01% |
| 其他流动资产 | 258 095 | 8.51% | 1 497 600 | 5.16% | 508 900 | 4.94% |
| 流动资产及长期金融资产合计 | 2 673 839 | 88.20% | 25 344 300 | 87.25% | 5 372 200 | 52.12% |
| 固定资产 | 188 724 | 6.23% | 2 247 100 | 7.74% | 3 185 800 | 30.91% |
| 在建工程 | 84 463 | 2.79% | | 0.00% | 0 | 0.00% |
| 商誉及无形资产 | 46 106 | 1.52% | 900 900 | 3.10% | 1 526 500 | 14.81% |
| 其他非流动资产 | 38 512 | 1.27% | 555 600 | 1.91% | 222 000 | 2.15% |
| 非流动资产合计 | 363 409 | 11.99% | 3 703 600 | 12.75% | 4 934 300 | 47.88% |
| 资产合计 | 3 031 644 | 100.00% | 29 047 900 | 100.00% | 10 306 500 | 100.00% |
| 短期借款 | 87 660 | 2.89% | 1 099 900 | 3.79% | 263 400 | 2.56% |
| 应付账款及票据 | 607 948 | 20.05% | 3 549 000 | 12.22% | 206 300 | 2.00% |
| 其他流动负债 | 331 832 | 10.95% | 3 412 100 | 11.75% | 1 097 000 | 10.64% |
| 流动负债合计 | 1 027 440 | 33.89% | 8 061 000 | 27.75% | 1 566 700 | 15.20% |
| 长期借款 | 67 575 | 2.23% | 5 346 300 | 18.41% | 2 003 600 | 19.44% |
| 其他非流动负债 | 6 883 | 0.23% | 3 705 100 | 12.76% | 538 000 | 5.22% |
| 非流动负债合计 | 74 459 | 2.46% | 9 051 400 | 31.16% | 2 541 600 | 24.66% |
| 负债合计 | 1 101 899 | 36.35% | 17 112 400 | 58.91% | 4 108 300 | 39.86% |
| 实收资本（或股本） | 406 877 | 13.42% | 2 741 600 | 9.44% | 2 341 100 | 22.71% |
| 储备 | 1 573 077 | 51.89% | 9 228 400 | 31.77% | 3 851 100 | 37.37% |
| 减：库存股 | 51 807 | 1.71% | | 0.00% | | 0.00% |
| 其他综合收益 | −2 766 | −0.09% | −34 500 | −0.12% | 6 000 | 0.06% |
| 归属于母公司所有者权益合计 | 1 925 380 | 63.51% | 11 935 500 | 41.09% | 6 198 200 | 60.14% |
| 少数股东权益 | 4 365 | 0.14% | | 0.00% | 0 | 0.00% |
| 所有者权益合计 | 1 929 745 | 63.65% | 11 935 500 | 41.09% | 6 198 200 | 60.14% |
| 负债和股东权益合计 | 3 031 644 | 100.00% | 29 047 900 | 100.00% | 10 306 500 | 100.00% |
| 营业总收入 | 2 527 139.03 | 100.00% | 23 371 500 | 100.00% | 5 535 500 | 100.00% |
| 营业总成本 | 1 990 991.56 | 78.78% | 16 248 500 | 69.52% | 4 099 900 | 74.07% |
| 营业成本 | 1 513 679.25 | 59.90% | 14 008 900 | 59.94% | 2 067 600 | 37.35% |
| 营业开支 | 458 714.38 | 18.15% | 2 239 600 | 9.58% | 2 032 300 | 36.71% |
| 财务费用 | −15 289.64 | −0.61% | −218 800 | −0.94% | 21 300 | 0.38% |

（续）

| 项目 | 海康威视 2015年年度财报 | | 苹果公司 2015年年度财报 | | 英特尔公司 2015年年度财报 | |
| --- | --- | --- | --- | --- | --- | --- |
| | （万元人民币） | 占比 | （万美元） | 占比 | （万美元） | 占比 |
| 资产减值损失 | 33 887.46 | 1.34% | | 0.00% | | 0.00% |
| 其他经营收益 | 13 251.88 | 0.52% | -90 300 | -0.39% | 42 300 | 0.76% |
| 营业利润 | 549 399.35 | 21.74% | 7 251 500 | 31.03% | 1 456 600 | 26.31% |
| 加：营业外收入 | 129 397.90 | 5.12% | | 0.00% | | 0.00% |
| 减：营业外支出 | 3 793.07 | 0.15% | | 0.00% | -35 400 | -0.64% |
| 利润总额 | 675 004.17 | 26.71% | 7 251 500 | 31.03% | 1 421 200 | 25.67% |
| 减：所得税费用 | 86 764.39 | 3.43% | 1 912 100 | 8.18% | 279 200 | 5.04% |
| 净利润 | 588 239.78 | 23.28% | 5 339 400 | 22.85% | 1 142 000 | 20.63% |
| 净资产收益率 | 30.48% | | 44.74% | | 18.42% | |

从表4-3可以看出，海康威视、苹果公司和英特尔公司三者的财报结构为：

金融资产和流动资产合计占比依次为88.20%、87.25%、52.12%。

固定资产占比依次为6.23%、7.74%、30.91%。

商誉及无形资产占比依次为1.52%、3.10%、14.81%。

从资产结构来说，海康威视和苹果公司是典型的轻资产公司。英特尔公司固定资产和无形资产合计占比较高，与其战略有关：英特尔公司自己从事芯片制造，因此必须有工厂和生产设备投资；同时，英特尔公司通过不断并购进行扩张，因此合并商誉和外购无形资产也比较高，从而导致英特尔公司的非流动资产在整个资产占比中明显高于其他两家公司。苹果公司把生产外包给富士康等外部公司，自己只做研发，不进行生产制造，因此固定资产占比就比较低。海康威视的商誉及无形资产占比在三者中最低，一是因为海康威视并购活动很少，二是因为海康威视作为国内上市公司，在研发支出的会计处理上采取了谨慎的做法，即当期费用化。这里需要注意的是，我在分析中对可供出售金融资产、持有至到期投资等金融资产做了调整，放到了金融资产和流动资产合计中。金融资产与固定资产的性质完全不一样。固定资产通过折旧的方式实现未来利益，而金融资产则通过收回本金和利息或者现金股利来实现未来收益，并且金融资产的变现能力往往比应收账款和存货还要好，因此我做了上述调整。

从资本结构来说，三家公司都属于比较稳健的公司，海康威视和英特尔公司的资产负债率都比较低，苹果公司的58.91%为最高。苹果公司和英特尔公司的短期借款、长期借款等占比明显要高于海康威视，海康威视的有息债务占比非常低。这与美国高信用评级公司的债务融资成本比较低而国内公司债务融资成本比较高有关，因此苹果公司和英特尔公司运用的财务杠杆比海康威视要高一些。但是海康威视和苹果公司的应付账款和票据的占比较高，表明这两家公司很好地运用了经营过程中的无息负债，因此它们的财务费用都是负数：应付账款和票据占用了无须支付利息的供应商的资金却带来了利息收入；而英特尔公司则主要以借款为主，因此财务费用为21 300万美元。

在利润表中，从毛利率角度来说，三家公司的毛利率都超过40%，其中最高的英特尔公司为62.65%，属于典型的差异化策略公司的特征。但三家公司的营业开支占比，尤其是研发支出占比，相对总成本领先策略的公司要高。英特尔公司营业开支金额高达203.23亿美元，对营业收入的占比更是高达36.71%；苹果公司营业开支金额高达223.96亿美元，由于营业收入规模高达2337.15亿元，所以对营业收入的占比为9.58%；海康威视的营业开支金额为45.87亿元，对营业收入的占比为18.51%。在此，需要解释一下营业总成本和营业成本的区别。营业成本包括产品和服务的直接成本，而营业总成本包括了经营活动中产品和服务的直接成本以及发生的其他成本费用。比如，贵州茅台销售白酒时，生产白酒的粮食、工人工资、酒瓶及盒子、水电费、固定资产折旧等直接成本就是营业成本，加上销售过程中的广告费、销售人员工资以及企业管理过程中发生的费用等所有营业开支，就是营业总成本。再打个比方，你到酒店摆了一桌宴席请客，生产这桌宴席的鸡鸭鱼肉、水电煤费、师傅和服务员分摊到这桌宴席的工资就是直接成本，酒店经理人员的工资、促销费等就是营业开支。

技术差异化公司的另一典型特征是营业开支中，研发费用投入的绝对金额及其占营业收入的比重比较高。三家公司2015年营业开支中研发费用投入依次为：海康威视17.22亿元，占营业收入的比重为6.82%；英特尔公司121亿美元，占营业收入的比重为21.86%；苹果公司81.5亿美元，占营业收入的比重为3.5%。在国内上市公司中，海康威视的研发支出占收入的比重已经属于比较高的行列。根据媒体披露的信息，我国科技巨头华为公司2015年的研发支出为596亿元。这不得不令人感叹中国企业和美国企业之间的差距，美国的科技巨头公司每年有高达上百亿美元的研发投入，建立了无比强大的技术壁垒。中国经济要转型成功，有赖于企业转型成功，不能总是依靠中国石化、中国石油、国家电网这些传统行业的公司，而必须产生一些技术差异化的大公司。如果我们不能在技术差异化上有所作为，即使我们的国民生产总值再高，也只能说是"大而不强"。什么时候中国公司能够跟国际大公司一样，在研发上连续投入巨资，才能具有与国际公司一较高下的实力。

品牌形象差异化策略公司的财报特征与技术差异化策略公司在资产结构、资本结构以及毛利率方面存在相似之处。明显的不同之处在于，在营业开支方面，技术差异化策略公司的研发投入比较大；而品牌形象差异化策略公司的广告、销售渠道等方面的销售费用投入比较大，占营业收入的比重比较高。

我们可以简单看一下云南白药、LVMH 和耐克这三家公司的利润表结构情况，具体数据如表 4-4 所示。云南白药的营业成本占比为 69.47%，毛利率为 30.53%，营业开支占比为 15.95%，营业开支中销售费用 27 亿元占大头；LVMH 的营业成本占比为 35.20%，毛利率为 64.80%，营业开支占比为 46.87%；耐克的营业成本为 53.76%，毛利率为 46.24%，营业开支占比为 32.34%。LVMH 和耐克的营业开支中销售费用，尤其是广告费占了大头。

表 4-4　品牌差异化公司的财报特征

| 项　目 | 云南白药 | | LVMH | | 耐克 | |
| --- | --- | --- | --- | --- | --- | --- |
| | （万元人民币） | 占比 | （万美元） | 占比 | （万美元） | 占比 |
| 营业总收入 | 2 073 812.62 | 100.00% | 3 566 400 | 100.00% | 3 237 600 | 100.00% |
| 营业总成本 | 1 774 487.84 | 85.57% | 2 926 700 | 82.06% | 2 787 400 | 86.09% |
| 营业成本 | 1 440 590.48 | 69.47% | 1 255 300 | 35.20% | 1 740 500 | 53.76% |
| 营业开支 | 330 724.43 | 15.95% | 1 671 400 | 46.87% | 1 046 900 | 32.34% |

## 4.6　从财报数字看中国公司发展转型的迫切性

中美两国 2015 年 50 强公司的名单及部分财报数字如表 4-5 所示（均来自其 2014 年年度报告）。从表 4-5 可以看出，两国的 50 强公司所在的行业结构存在非常显著的差异。中国 50 强公司中以银行、保险等金融公司为主，有 15 家之多，还有 4 家房地产公司以及 7 家与房地产密切相关的建筑和建材公司，结构非常集中。美国 50 强公司中，金融类为 7 家，房地产类为 2 家，科技类为 6 家，其余为医疗保健、零售业（包括医药、家居等专业零售）、消费品等行业，结构比较分散。

表 4-5 2015 年中美两国 50 强公司的比较

金额单位：中国公司为 100 万元人民币，美国公司为 100 万美元

| | 中国公司名称 | 营收 | 利润 | 行业 | 利润率(%) | 研发 | 美国公司名称 | 营收 | 利润 | 行业 | 利润率(%) | 研发 |
|---|---|---|---|---|---|---|---|---|---|---|---|---|
| 1 | 中国石油化工股份有限公司 | 2 825 914 | 47 430 | 石化 | 1.68 | 1 290 | 沃尔玛（Wal-Mart Stores） | 485 651 | 16 363 | 零售业 | 3.37 | |
| 2 | 中国石油天然气股份有限公司 | 2 282 962 | 107 173 | 石化 | 4.69 | 13 000 | 埃克森美孚（Exxon Mobil） | 382 597 | 32 520 | 石化 | 8.50 | |
| 3 | 中国建筑股份有限公司 | 800 028.80 | 22 570 | 建筑 | 2.82 | | 雪佛龙（Chevron） | 203 784 | 19 241 | 石化 | 9.44 | |
| 4 | 中国工商银行股份有限公司 | 658 892 | 275 811 | 金融 | 41.86 | | 伯克希尔—哈撒韦公司（Berkshire Hathaway） | 194 673 | 19 872 | 投资 | 10.21 | |
| 5 | 中国移动有限公司 | 641 448 | 109 279 | 通信服务 | 17.04 | | 苹果公司（Apple） | 182 795 | 39 510 | 科技 | 21.61 | 8 150 |
| 6 | 上海汽车集团股份有限公司 | 630 001.20 | 27 973.40 | 制造 | 4.44 | 8 375 | 通用汽车公司（General Motors） | 155 929 | 3 949 | 汽车制造 | 2.53 | 7 400 |
| 7 | 中国中铁股份有限公司 | 612 559.20 | 10 360 | 制造 | 1.69 | 10 280 | Phillips 66 公司（Phillips 66） | 149 434 | 4 762 | 石化 | 3.19 | |
| 8 | 中国铁建股份有限公司 | 591 968.40 | 11 343.30 | 建筑 | 1.92 | 8 759 | 通用电气公司（General Electric） | 148 321 | 15 233 | 工业机械 | 10.27 | 4 600 |
| 9 | 中国建设银行股份有限公司 | 570 470 | 227 830 | 金融 | 39.94 | | 福特汽车公司（Ford Motor） | 144 077 | 3 187 | 汽车制造 | 2.21 | 6 900 |
| 10 | 中国农业银行股份有限公司 | 520 858 | 179 461 | 金融 | 34.45 | | CVS Health 公司（CVS Health） | 139 367 | 4 644 | 医疗护理 | 3.33 | |
| 11 | 中国平安保险（集团）股份有限公司 | 462 882 | 39 279 | 金融 | 8.49 | | 麦克森公司（McKesson） | 138 030 | 1 263 | 药品分销 | 0.92 | |
| 12 | 中国银行股份有限公司 | 456 331 | 169 595 | 金融 | 37.16 | | 美国电话电报公司（AT&T） | 132 447 | 6 224 | 通信服务 | 4.70 | |
| 13 | 中国人寿保险股份有限公司 | 445 773 | 32 211 | 金融 | 7.23 | | 瓦莱罗能源股份有限公司（Valero Energy） | 130 844 | 3 630 | 能源 | 2.77 | |
| 14 | 中国交通建设股份有限公司 | 366 673.20 | 13 887.50 | 建筑 | 3.79 | 8 759 | 联合健康集团（UnitedHealth Group） | 130 474 | 5 619 | 医疗保健 | 4.31 | |
| 15 | 中国人民保险集团股份有限公司 | 351 496 | 13 109 | 金融 | 3.73 | | 威瑞森电信（Verizon Communications） | 127 079 | 9 625 | 通信服务 | 7.57 | |
| 16 | 中国电信股份有限公司 | 324 394 | 17 680 | 通信服务 | 5.45 | | 美源伯根公司（AmerisourceBergen） | 119 569.1 | 276.5 | 医疗保健 | 0.23 | |
| 17 | 中国中铁股份有限公司 | 317 235.60 | 32 316.50 | 金融 | 10.19 | | 房利美（Fannie Mae） | 116 461 | 14 208 | 房地产 | 12.20 | |

| 序号 | 公司名称 | | | 行业 | | | 公司名称 | | | 行业 | | |
|---|---|---|---|---|---|---|---|---|---|---|---|---|
| 18 | 中国联合网络通信股份有限公司 | 288 570.90 | 3 981.70 | 通信服务 | 1.38 | | 好市多（Costco Wholesale） | 112 640 | 2 058 | 零售业 | 1.83 | |
| 19 | 中国海洋石油有限公司 | 274 634 | 60 199 | 石化 | 21.92 | | 惠普（Hewlett-Packard） | 111 454 | 5 013 | 科技 | 4.50 | |
| 20 | 联想集团有限公司 | 271 191.30 | 5 428 | 科技 | 2.00 | 7 051 | 克罗格（Kroger） | 108 465 | 1 728 | 零售业 | 1.59 | |
| 21 | 中国神华能源股份有限公司 | 248 360 | 36 807 | 能源采掘 | 14.82 | 496 | 摩根大通（J.P. Morgan Chase & Co.） | 102 102 | 21 762 | 金融 | 21.31 | |
| 22 | 中国太平洋保险（集团）股份有限公司 | 219 778 | 11 049 | 金融 | 5.03 | | 美国快捷药方公司（Express Scripts Holding） | 100 887.1 | 2 007.6 | 医疗保健 | 1.99 | |
| 23 | 中国冶金科工股份有限公司 | 215 785.80 | 3 964.90 | 建筑 | 1.84 | 2 828 | 美国银行（Bank of America Corp.） | 95 181 | 4 833 | 金融 | 5.08 | |
| 24 | 国药控股股份有限公司 | 200 131.30 | 2 874.80 | 流通 | 1.44 | | 国际商业机器公司（International Business Machines） | 94 128 | 12 022 | 科技 | 12.77 | 5 300 |
| 25 | 江西铜业股份有限公司 | 198 833.50 | 2 850.60 | 矿业采掘 | 1.43 | | 马拉松原油公司（Marathon Petroleum） | 91 417 | 2 524 | 能源 | 2.76 | |
| 26 | 宝山钢铁股份有限公司 | 187 789 | 5 792.40 | 钢铁制造 | 3.08 | | 卡地纳健康（Cardinal Health） | 91 084 | 1 166 | 医疗保健 | 1.28 | |
| 27 | 交通银行股份有限公司 | 177 401 | 65 850 | 金融 | 37.12 | | 波音（Boeing） | 90 762 | 5 446 | 飞机制造 | 6.00 | |
| 28 | 中国电力建设股份有限公司 | 167 091.20 | 4 786.30 | 建筑 | 2.86 | | 花旗集团（Citigroup） | 90 646 | 7 313 | 金融 | 8.07 | |
| 29 | 招商银行股份有限公司 | 165 863 | 55 911 | 金融 | 33.71 | | 亚马逊（Amazon.com） | 88 988 | −241 | 电子商务 | −0.27 | 9 300 |
| 30 | 万科企业股份有限公司 | 146 388 | 15 745.40 | 房地产 | 10.76 | | 美国富国银行（Wells Fargo） | 88 372 | 23 057 | 金融 | 26.09 | |
| 31 | 新华人寿保险股份有限公司 | 143 187 | 6 406 | 金融 | 4.47 | | 微软（Microsoft） | 86 833 | 22 074 | 科技 | 25.42 | 11 400 |
| 32 | 美的集团股份有限公司 | 142 311 | 10 502.20 | 家电制造 | 7.38 | 3 700 | 宝洁公司（Procter & Gamble） | 84 537 | 11 643 | 消费品 | 13.77 | |
| 33 | 中国铝业股份有限公司 | 141 772.30 | −16 216.90 | 采矿 | −11.44 | 2 937 | 家得宝（Home Depot） | 83 176 | 6 345 | 零售业 | 7.63 | |
| 34 | 珠海格力电器股份有限公司 | 140 005.40 | 14 155.20 | 家电制造 | 10.11 | 2 500 | ADM公司（Archer Daniels Midland） | 81 201 | 2 248 | 食品 | 2.77 | |
| 35 | 方洲国际股份有限公司 | 136 104.90 | 4 687.20 | 食品 | 3.44 | 8 | 沃尔格林联合博姿集团（Walgreens Boots Alliance） | 76 392 | 1 932 | 零售业 | 2.53 | |
| 36 | 中国民生银行股份有限公司 | 135 469 | 44 546 | 金融 | 32.88 | | 塔吉特公司（Target） | 74 520 | −1 636 | 零售业 | −2.20 | |
| 37 | 五矿发展股份有限公司 | 134 559.40 | 210 | 矿业采掘 | 0.16 | | 强生（Johnson & Johnson） | 74 331 | 16 323 | 制药 | 21.96 | 8 500 |
| 38 | 华润创业有限公司 | 133 216.80 | −127 | 综合 | −0.10 | | Anthem公司（Anthem） | 73 874.1 | 2 569.7 | 医疗保险 | 3.48 | |

（续）

| | 中国公司名称 | 营收 | 利润 | 行业 | 利润率（%） | 研发 | 美国公司名称 | 营收 | 利润 | 行业 | 利润率（%） | 研发 |
|---|---|---|---|---|---|---|---|---|---|---|---|---|
| 39 | 华能国际电力股份有限公司 | 125 406.90 | 10 545.80 | 电力 | 8.41 | | 大都会保险公司（MetLife） | 73 316 | 6 309 | 保险 | 8.61 | |
| 40 | 兴业银行股份有限公司 | 124 898 | 47 138 | 金融 | 37.74 | | 谷歌（Google） | 71 487 | 14 444 | 科技 | 20.21 | 9 800 |
| 41 | 上海浦东发展银行股份有限公司 | 123 181 | 47 026 | 金融 | 38.18 | | 州立农业保险公司（State Farm Insurance Cos.） | 71 159.8 | 4 191 | 保险 | 5.89 | |
| 42 | 中国建材股份有限公司 | 122 011.20 | 5 919.50 | 建材制造 | 4.85 | | 房地美（Freddie Mac） | 69 367 | 7 690 | 房地产 | 11.09 | |
| 43 | 厦门建发股份有限公司 | 120 924.80 | 2 507.20 | 房地产及流通 | 2.07 | | 美国康卡斯特电信公司（Comcast） | 68 775 | 8 380 | 通信服务 | 12.18 | |
| 44 | 中国南车股份有限公司 | 119 724.30 | 5 315 | 制造 | 4.44 | | 百事公司（PepsiCo） | 66 683 | 6 513 | 消费品 | 9.77 | |
| 45 | 京东商城电子商务有限公司 | 115 002.30 | -4 996.40 | 电子商务 | -4.34 | 9 868 | 联合技术公司（United Technologies） | 65 100 | 6 220 | 航天技术 | 9.55 | 1 300 |
| 46 | 上海建工集团股份有限公司 | 113 661.70 | 1 771.80 | 建筑 | 1.56 | | 美国国际集团（American International Group） | 64 406 | 7 529 | 保险 | 11.69 | |
| 47 | 恒大地产集团有限公司 | 111 398.10 | 12 604 | 房地产 | 11.31 | | 联合包裹速递服务公司（United Parcel Service） | 58 232 | 3 032 | 服务 | 5.21 | |
| 48 | 保利房地产（集团）股份有限公司 | 109 056.50 | 12 200.30 | 房地产 | 11.19 | | 陶氏化学（Dow Chemical） | 58 167 | 3 772 | 化工科技 | 6.48 | |
| 49 | 苏宁云商集团股份有限公司 | 108 925.30 | 866.9 | 流通 | 0.80 | | 安泰保险（Aetna） | 58 003.2 | 2 040.8 | 保险 | 3.52 | |
| 50 | 中国南方航空股份有限公司 | 108 313 | 1 773 | 航空运输 | 1.64 | | 美国劳氏公司（Lowe's） | 56 223 | 2 698 | 零售业 | 4.80 | |
| | 合计 | 18 130 832.30 | 1 819 382.60 | | 10.03 | 79 851 | 合计 | 5 763 441.30 | 423 132.60 | | 7.34 | 75 220 |
| | 扣除金融 | 13 257 117.70 | 571 844.10 | | 4.31 | | 扣除金融 | 5 120 255.30 | 346 097.80 | | 6.76 | |
| | 扣除金融和房地产 | 12 890 275.10 | 531 294.40 | | 4.12 | | 扣除金融和房地产 | 4 934 427.30 | 324 199.80 | | 6.57 | |
| | 金融（15家） | 4 873 714.60 | 1 247 538.50 | | 25.60 | | 金融 | 643 186.00 | 77 034.80 | | 11.98 | |
| | 金融和房地产（19家） | 5 240 557.20 | 1 288 088.20 | | 24.58 | | 金融和房地产 | 829 014.00 | 98 932.80 | | 11.93 | |
| | 实业占比（%） | 71.10 | 29.20 | | | | 实业占比（%） | 85.62 | 76.62 | | | |
| | 金融和房地产占比（%） | 28.90 | 70.80 | | | | 金融和房地产占比（%） | 14.38 | 23.38 | | | |

虽然中国50强公司的利润总额在迎头追赶美国50强公司的利润总额，但是存在着巨大的结构差异。中国50强公司的利润总额为181 938 260万元。其中，19家金融和房地产公司合计为128 808 820万元（金融公司为124 753 850万元），占比为70.80%。其他公司合计为53 129 440万元，占比仅为29.20%。从整个结构来看，脱实向虚过于严重，因此中央提出要实业兴邦。

美国50强公司的利润总额为42 313 260万美元。其中，金融和房地产公司合计为9 893 280万美元，占比为23.38%。其他公司合计为32 419 980万美元，占比为76.62%。

公司的竞争策略包括总成本领先策略和差异化策略。中国的非金融和房地产公司基本以总成本领先策略为主，比如建筑、建材、钢铁制造等；而美国的非金融和房地产公司则以差异化策略为主，比如医药研发、技术创新、服务方式创新等，同时也有总成本领先策略的公司，比如天天低价的沃尔玛等零售业。

孟子云：劳心者治人，劳力者治于人。中国公司是劳力者，美国公司是劳心者。这个可以从2016年中国50强公司和美国50强公司的研发费用投入一眼就看出来。中国50强公司的研发费用投入合计为798.51亿元，美国50强公司的研发费用投入不完全统计为752.20亿美元（折合人民币超过5 000亿元）。财报数字可以让我们保持清醒的头脑。中国大多数公司目前是大而不强。中国企业和中国经济的结构转型，从财报数字来看，任重而道远。

## 4.7 同一行业内不同竞争策略公司的财报特征

如前所述，在多数情况下不同的竞争策略适用于不同行业。如果同一行业的公司采取不同的竞争策略，也将产生不同的财务结果。我们选择同一行业内采取不同竞争策略的公司进行对比分析。

### 1. 同一行业内不同竞争策略公司举例

莱宝高科、鸿海精密和苹果公司均处于TMT（Telecommunication, Media, Technology，电信、媒体和科技）行业。莱宝高科主要致力于液晶显示行业上游显示材料的研发和生产，主导产品为 ITO 导电玻璃和中小尺寸彩色滤光片。鸿海精密主业为计算机系统设备及其外围的连接器等，线缆组件及壳体，基座的开发、设计、制造及销售等，精密模具的制造及销售等。苹果公司作为美国的一家高科技公司，其主要业务为设计、生产和销售个人电脑、便携式数字音乐播放器和移动通信工具、各种相关软件、辅助设施、外围设备和网络产品等。三家公司虽处于同一行业，但在同一行业的不同价值链环节。苹果公司采取差异化策略，主要专注于设计研发；莱宝高科和鸿海精密采取总成本领先策略，主要专注于生产制造。

### 2. 同一行业不同竞争策略公司的资产结构特征

我们以三家公司 2015 年 12 月 31 日的资产负债表为基础进行调整后做对比分析，具体如表 4-6 所示。

在表 4-6 中，三家公司的流动资产和长期金融资产合计在资产结构中所占比重比较高，但是其结构存在重大差异。由于莱宝高科和鸿海精密在与下游客户如苹果公司的谈判中处于弱势地位，需要给予下游客户较长的信用期，因此莱宝高科和鸿海精密的应收款项所占比重较高。同时，生产制造环节包括原材料、半成品、产成品等，因此莱宝高科和鸿海精密的存货占比也较高。莱宝高科和鸿海精密储备了较多的现金以应对周转性经营投入。苹果公司利用自己的强势谈判地位，应收款项和存货占比较低，能够带来收益的长期金融资产占比为 56.48%。根据苹果公司 2015 年财报（2015 年 9 月 26 日），苹果公司占用上游供应商的资金即应付账款高达 354.9 亿美元，占总资产的比例为 12.22%，超过了应收账款和存货的合计占比 11.26%。也就是说，苹果公司的经营现金周期为负数。同时，非常明显的一个差异是，莱宝高科和鸿海精密在非流动资产上的投资要远远高于苹果公司，即莱宝高科和鸿海精密的重资产投入更大。

### 3. 同一行业不同竞争策略公司的利润结构特征

为了更好地说明同一行业不同竞争策略公司的利润结构特征，我们以三家公司 2011 ~ 2015 年的利润表为基础做对比分析，具体如表 4-7 所示。

表 4-6 同一行业内不同竞争策略公司的资产结构特征

| 项目 | 莱宝高科 2015 年年度财报 | | 鸿海精密 2015 年年度财报 | | 苹果公司 2015 年年度财报 | |
|---|---|---|---|---|---|---|
| | 金额（万元人民币） | 占比 | 金额（万元新台币） | 占比 | 金额（万美元） | 占比 |
| 现金及现金等价物 | 124 755.63 | 29.14% | 65 713 772 | 28.47% | 2 112 000 | 7.27% |
| 应收账款 | 80 880.78 | 18.89% | 64 913 284 | 28.12% | 3 034 300 | 10.45% |
| 存货 | 32 709.23 | 7.64% | 42 462 502 | 18.40% | 234 900 | 0.81% |
| 其他流动资产 | 6 014.26 | 1.40% | 5 732 339 | 2.48% | 3 556 600 | 12.24% |
| 长期金融资产 | 0 | 0.00% | 3 899 712 | 1.69% | 16 406 500 | 56.48% |
| 流动资产及长期金融资产合计 | 244 360 | 57.08% | 182 721 609 | 79.16% | 25 344 300 | 87.25% |
| 固定资产 | 150 477 | 35.15% | 33 673 847 | 14.59% | 2 247 100 | 7.74% |
| 在建工程 | 11 551 | 2.70% | 0 | 0.00% | 0 | 0.00% |
| 商誉及无形资产 | 14 930 | 3.49% | 325 384 | 0.14% | 900 900 | 3.10% |
| 其他非流动资产 | 6 816 | 1.59% | 14 109 147 | 6.11% | 555 600 | 1.91% |
| 非流动资产合计 | 183 774 | 42.92% | 48 108 378 | 20.84% | 3 703 600 | 12.75% |
| 资产总计 | 428 134 | 100.00% | 230 829 988 | 100.00% | 29 047 900 | 100.00% |

表 4-7 同一行业内不同竞争策略公司 2011～2015 年的利润结构特征

| 公司 | 项目 | 2015 年 金额 | 占比 | 2014 年 金额 | 占比 | 2013 年 金额 | 占比 | 2012 年 金额 | 占比 | 2011 年 金额 | 占比 |
|---|---|---|---|---|---|---|---|---|---|---|---|
| 苹果公司 | 营业总收入 | 23 371 500 | 100.00% | 18 279 500 | 100.00% | 17 091 000 | 100.00% | 15 650 800 | 100.00% | 10 824 900 | 100.00% |
| | 营业总成本 | 16 248 500 | 69.52% | 13 029 200 | 71.28% | 12 191 100 | 71.33% | 10 126 700 | 64.70% | 7 445 900 | 68.78% |
| | 营业成本 | 14 008 900 | 59.94% | 11 225 800 | 61.41% | 10 660 600 | 62.38% | 8 784 600 | 56.13% | 6 443 100 | 59.52% |
| | 营业开支 | 2 239 600 | 9.58% | 1 803 400 | 9.87% | 1 530 500 | 8.96% | 1 342 100 | 8.58% | 1 002 800 | 9.26% |
| | 净利润 | 5 339 400 | 22.85% | 3 951 000 | 21.61% | 3 703 700 | 21.67% | 4 173 300 | 26.67% | 2 592 200 | 23.95% |
| 莱宝高科 | 营业总收入 | 242 379.94 | 100.00% | 234 327.14 | 100.00% | 200 078.05 | 100.00% | 121 005.50 | 100.00% | 123 655.46 | 100.00% |
| | 营业总成本 | 308 398.30 | 127.24% | 235 480.26 | 100.49% | 193 951.91 | 96.94% | 105 493.14 | 87.18% | 73 465.62 | 59.41% |
| | 营业成本 | 233 919.21 | 96.51% | 209 565.96 | 89.43% | 172 109.97 | 86.02% | 90 292.37 | 74.62% | 61 753.62 | 49.94% |
| | 营业开支 | 34 736.90 | 14.33% | 28 636.28 | 12.22% | 24 873.84 | 12.43% | 16 615.75 | 13.73% | 12 775.37 | 10.33% |
| | 净利润 | -60 879.98 | -25.12% | 1 713.32 | 0.73% | 6 802.35 | 3.40% | 14 348.91 | 11.86% | 45 911.6 | 37.13% |
| 鸿海精密 | 营业总收入 | 448 214 597.00 | 100.00% | 421 317 232.00 | 100.00% | 395 231 754.00 | 100.00% | 390 539 532.00 | 100.00% | 345 268 127.00 | 100.00% |
| | 营业总成本 | 431 787 740.00 | 96.34% | 406 998 091.00 | 96.60% | 384 300 314.00 | 97.23% | 379 694 484.00 | 97.22% | 336 983 625.00 | 97.60% |
| | 营业成本 | 416 155 400.00 | 92.85% | 392 122 847.00 | 93.07% | 369 762 304.00 | 93.56% | 357 576 629.00 | 91.56% | 318 629 879.00 | 92.28% |
| | 营业开支 | 15 632 340.00 | 3.49% | 14 875 245.00 | 3.53% | 14 538 011.00 | 3.68% | 22 117 856.00 | 5.66% | 18 353 746.00 | 5.32% |
| | 净利润 | 11 700 558 | 2.61% | 13 053 473 | 3.10% | 10 669 716 | 2.70% | 9 476 238 | 2.43% | 8 159 100 | 2.36% |

注：只进行对比分析，故单位略。

在短短的 5 年内，莱宝高科的营业成本率从 2011 年的 49.94% 上升到 2015 年的 96.51%，毛利率从 50.06% 跌到了 3.49%，其波动犹如过山车。5 年内，鸿海精密的营业成本率最高为 93.56%、最低为 91.56%，毛利率最高为 8.44%、最低为 6.44%。虽然毛利率比较低，但是相当稳定。苹果公司在这 5 年间营业成本率最高为 62.38%、最低为 56.13%，毛利率最高为 43.87%、最低为 37.62%。毛利率很高，并且非常稳定，维持在 40% 左右。莱宝高科的销售净利率从 2011 年的 37.13% 跌到了 2015 年的 -25.12%；鸿海精密的销售净利率虽然比较低，但是稳定在 2%～3% 的水平；苹果公司的销售净利率则高高在上，稳定地高于 20%。

### 4. 同一行业不同竞争策略公司的分析结论

苹果公司的技术差异化竞争策略比较成功，并取得了较好的财务结果；鸿海精密的总成本领先竞争策略也比较成功；但是莱宝高科的策略则比较失败，并陷入了亏损的困境。

三家公司中，成功实施技术差异化策略的苹果公司的营业开支占总收入的比重要远远高于成功实施总成本领先策略的鸿海精密，而莱宝高科由于未能贯彻执行总成本领先策略而导致这一比例在三家公司中最高。莱宝高科和鸿海精密作为生产制造环节的公司，理应采取类似总成本领先策略，但两家公司的结果却存在重大差别。在表 4-7 中，鸿海精密的营业开支占总收入的比重逐年降低，可以看出该公司采取了总成本领先策略下要求的严格的费用控制措施，而莱宝高科的营业开支占总收入的比重逐年升高表明该公司未能贯彻执行总成本领先策略。

为什么苹果公司的毛利率和销售净利率都稳定在较高的水平，鸿海精密稳定在较低的水平，而莱宝高科则如过山车般从原来的高水平在短期内就下降到了亏损的地步？深层次的原因在于：苹果公司成功地运用了技术差异化策略，通过技术专利构筑了很高的竞争壁垒，其他企业根本无法模仿；鸿海精密成功地运用了总成本领先策略，通过精益管理等工具进行严格的成本费用控制，保证了其在生产制造环节的竞争优势；莱宝高科主要产品为触摸屏，进入门槛不高，竞争者众多而陷入价格战，同时，莱宝高科未能很好地执行总成本领先策略，导致在竞争中处于劣势而陷入了亏损。

要求莱宝高科成为类似苹果公司一样的技术差异化策略公司是不现实的，但是向鸿海精密学习运用总成本领先策略做好成本费用控制是一个比较现实的选择。

上述例子的资产结构和利润结构很好地阐释了中国公司目前在多数行业产业链中所处的地位及面临的竞争劣势。

综上所述，同一行业不同竞争策略公司的财报特征存在的差异如下。

（1）总成本领先策略公司的长期资产投入较大，为重资产公司；差异化策略公司的长期资产投入较少，为轻资产公司。

（2）总成本领先策略公司在上下游产业链中不具有谈判优势，应收账款、存货等营运资本的投入较大，现金周期较长；差异化策略公司在上下游产业链中具有较强的谈判优势，可以充分利用上下游的资金来满足营运资本需求，营运资本投入较少，现金周期较短甚至为负数。

（3）总成本领先策略公司的毛利率较低；差异化策略公司的毛利率较高。

（4）总成本领先策略公司受外部竞争者的影响较大，因此毛利率的波动性比较大；差异化策略公司取决于自身的核心竞争力，具有较好的竞争壁垒，因此毛利率相对稳定。

（5）总成本领先策略公司实施严格的费用控制，费用率较低；差异化策略公司需要投入较多的费用保持技术、品牌形象等的领先地位，费用率较高。

## 4.8　结论与启示

### 1. 结论

通过上述案例分析，我们将不同公司竞争策略的核心、适用情况以及所导致的重大不同财报特征总结如表4-8所示。

### 2. 启示

不同竞争策略公司的财报存在不同特征。成功实施差异化策略的公司通过技术专利、品牌形象等构筑了很高的竞争壁垒，一般的竞争者根本无法跨越竞争壁垒从而保证了其竞争优势，公司的毛利率、销售净利率等比较高并且稳定，盈利能力很强。总成本领先策略无法建立起竞争壁垒，进入门槛不高，没有特别核心的技术，对竞争者的要求主要集中在工艺上，新进入者进行追赶甚至替代老公司的难度相对较低，因此导致市场竞争日益激烈，最后往往只能陷入价格战，公司的毛利率、销售净利率等比较低并且波动性很大，甚至会陷入亏损的境地。

表 4-8　两种策略的核心、适用性与财报特征

| 项　　目 | | 总成本领先策略 | 差异化策略 |
|---|---|---|---|
| 竞争策略 | 1. 核心 | 对于成本和费用的控制，将不为客户带来附加价值的产品、服务予以简化 | 取得某种对顾客有价值的独特性 |
| | 2. 适用性 | 适合无法提供差异化产品或服务的行业 | 适合创新创意、品牌消费等行业 |
| 财报特征 | 1. 资产特征 | 以固定资产、无形资产（土地使用权）为主的重资产 | 以流动资产和金融资产为主的轻资产 |
| | 2. 资本特征 | 长期资产投入巨大，较高的财务杠杆 | 长期资产投入较少，较低的财务杠杆 |
| | 3. 资产周转 | 高速的重资产周转以降低单位固定成本，同时要做好营运资本管理 | 重点在于存货、应收账款和应付账款等营运资本的周转和管理 |
| | 4. 营运资本需求 | 在产业链中不具有谈判优势，营运资本投入较大，现金周期较长 | 在产业链中具有谈判优势，营运资本投入较少，现金周期较短甚至为负数 |
| | 5. 毛利率的高低 | 较低的毛利率 | 很高的毛利率 |
| | 6. 毛利率的稳定性 | 受竞争环境影响，毛利率波动性比较大 | 取决于自身的核心竞争力，毛利率比较稳定 |
| | 7. 费用率 | 严格的费用控制下较低的费用率 | 保持核心竞争力需要某一方面的较大支出，导致费用率较高 |

中国经济正处于转型的关键期，而宏观经济的转型成功有赖于企业的转型成功。由于差异化策略公司的财报特征在多个方面优于总成本领先策略公司，因此差异化竞争策略代表着未来企业转型的方向。应该看到，尽管要求我国企业均采取差异化竞争策略存在困难，但是中国宏观经济转型必然要求部分企业能从总成本竞争策略转型为技术、品牌等为核心的差异化竞争策略。当下，我国部分企业已经成功转型，比如案例中的海康威视。在新经济形势下，我国企业和企业家在未来发展中面临的一个重大命题是：如何采用差异化竞争策略，创造竞争壁垒，站到产业链的顶端，成为有核心竞争力的差异化策略公司。

# 第 5 章

# 财报项目之间的逻辑关系

在开始财报项目的具体分析之前，本章论述了各个财报项目之间的逻辑关系，有助于我们从总体上把握财报分析的核心问题及重点所在。本章的内容从公司战略入手，然后从投资活动现金流量、筹资活动现金流量开始传导到资产结构和资本结构，资产结构和资本结构传导到收入、成本费用以及资本成本，最后回归到经营活动产生的现金流量，构成了公司"现金—……—现金"的循环逻辑。

公司的价值目标就是"投入现金，收回更多的现金"。我们按照"公司战略+战略执行=财报结果"分析了公司战略与公司财报之间的关系。那么，公司战略执行与公司财报之间关系如何呢？公司战略对公司财报是宏观层面的影响，而战略执行则直接影响三张报表中的具体报表项目，并形成了三张报表之间的现金持续循环。绝大多数公司的现金持续循环模式是"公司战略—投资活动现金流量（以筹资活动现金流量来满足）—资产（机器设备、存货、应收账款等）—收入（成本费用）—经营活动现金流量—公司战略—投资活动现金流量—……"。我们以上述模式来描述公司战略执行和公司财报之间的关系。

（1）公司战略决定公司未来的方向。公司战略决定公司的命。公司要赚钱，首先要命好，也就是战略要合理。

（2）公司战略与现金流量表中的投资活动现金流量的关系：公司战略决定投资活动现金流量。公司的战略执行首先需要投资活动来实施。广义的投资活动，是指一家公司的资源配置，包括固定资产、无形资产、股权等长期资产和现金、存货、销售渠道和广告投入等营运资产进行的资源平衡配置。狭义的投资活动，是指现金流量表中界定的投资活动。投资活动现金流量的项目很多，可以分为两大类：一类是理财型投资活动现金流量，一类是战略型投资活动现金流量。理财型的金融资产投资对公司的长远发展影响不大。对于多数公司来说，体现长期战略的是购建活动（购建和处置固定资产、无形资产等）和并购活动（取得子公司和处置子公司）以及战略型联营公司与合营公司的股权投资。投资决策的标准是净现值、内含报酬率和投资回收期等。

（3）公司战略与现金流量表中的筹资活动现金流量的关系：**公司战略决定筹资活动现金流量。**公司战略需要通过投资活动来实现，投资活动需要资金，筹资活动是为了满足投资活动的资金需求。广义的筹资活动，是指一家公司的资本来源，包括股权筹资、债务筹资以及内源性筹资。其中，内源性筹资是指通过公司经济活动获取的超过初始现金投入的增量资金。狭义的筹资活动，是指现金流量表中界定的筹资活动。筹资活动现金流量的项目很多，可以分为两大类：一类是股权筹资活动现金流量，一类是债务筹资活动现金流量。筹资活动需要考虑资本成本、资金结构、融资顺序、融资期限、融资时机五大问题。

（4）投资活动与资产的关系：**投资活动决定资产的结构和资产的质量。**投资活动会形成不同的资产组合。一般公司的资产结构包括：金融资产（长期存在银行的固定数量的银行存款、交易性金融资产、持有至到期投资、可供出售金融资产、公允价值计量的投资性房地产等）；联营公司和合营公司的长期股权投资；公司的经营资产，包括长期经营资产（固定资产、在建工程、无形资产、研发支出、商誉、长期待摊费用等）和周转性经营投入（周转性经营资产减去周转性经营负债）。周转性经营投入包括短期的资金投入和长期的资金投入。传统观念里，周转性经营投入都是短期投入，但是在公司运作中这是错误的。绝大多数公司在应收账款和存货等周转性经营资产上都需要长期投入一笔资金。比如，原来的原材料领用了以后新的原材料马上补充到仓库里，多数公司的仓库总是长期储存了各种各样的东西，这就需要有一笔资金被长期占用。同理，周转性经营负债对于绝大多数公司来说就是一个长期资金来源。

（5）筹资活动与资本的关系：**筹资活动形成债务资本和股权资金，不同的筹资决策和活动会形成不同的资本结构和资本成本；现有的资本结构又会影响下一步的筹资决策和筹资活动。**资本结构包括短期债务、长期债务、股东权益，三者相加称为投入资本，后两者相加称为长期资本来源。

（6）**资产结构与资本结构之间的关系包括匹配型、激进型、保守型**。匹配型即长期资本来源满足资产的长期资金需求，短期资本来源满足资产的短期资金需求；保守型即长期资本来源不仅满足长期资金需求，还满足部分或者全部资产的短期资金需求；激进型即不仅用长期资本来源满足资产的长期资金需求，还用短期资本来源满足资产的长期资金需求，也就是短融长投。激进型的公司比较容易出现危机。

（7）**资产负债表和利润表的关系：资产结构和质量决定利润的结构、质量和多寡，资本结构决定资本成本**。金融资产带来税后金融收益，包括利息收入、短期投资收益、公允价值变动收益等，一般来说金融资产是低收益资产；长期股权投资带来联营公司和合营公司的投资收益；经营资产带来税后经营利润。经营利润需要结合战略和行业分析，判断其连续性和持续性。利润和资本成本比较，决定一家公司是否在为投资者创造价值。

（8）**利润表和经营活动现金流量的关系：利润表中的营业收入的质量决定经营活动现金流量**。营业收入对应经营活动现金流量中的销售商品提供劳务收到的现金。利润表中需要付现的成本对应购买商品接受劳务支付的现金、支付给职工以及为职工支付的现金。利润表中需要付现的费用（管理费用、销售费用、研发费用等）对应购买商品接受劳务支付的现金、支付给职工以及为职工支付的现金和其他经营活动支付的现金。

（9）经营活动现金流量和投资活动现金流量的关系：**经营活动现金流量的净额必须大于公司投资活动后长期经营资产所产生的折旧摊销和利息支出（相当于初始投资的分期本金），公司才可以持续发展**。长期经营资产投资包括保全性投资和扩张性投资。折旧摊销收回的现金流用于长期经营资产保全性投资；自由现金流可以用于长期经营资产扩张性投资，如果没有好的项目可以投资，则给予股东现金分红。由此，进入下一个投资决策和投资活动循环。现金进行投资，投资形成资产，资产转化为成本，成本带来收入，收入转化成更多的现金，持续循环，就是公司发展壮大的过程。

如果大家认为上述论述过于复杂的话，我们可以简化为：

**公司战略决定投资方向和活动，投资方向和活动决定资产结构和质量；筹资活动募集现金为了满足投资活动需求，筹资活动决定资本结构及资本成本；资产结构和资本结构的匹配程度决定公司的短期风险；资产结构和质量及营运活动效率决定利润结构、质量和多寡，利润与资本成本决定公司创造价值的程度及长期风险；营业收入、营业成本和利润决定经营活动现金流，经营活动现金流决定自由现金**

流，自由现金流决定公司价值。公司的一切活动，都是为更多的自由现金流的目标服务的！

我们把上述关系通过图 5-1 来表示。

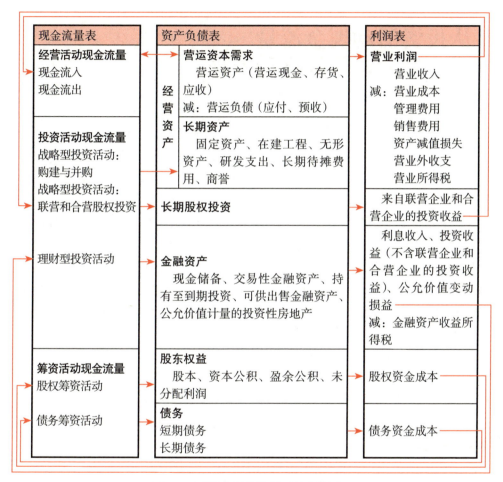

图 5-1　财报分析的逻辑：现金流循环

需要注意的是，公司战略执行和财报之间的关系，跟公司的商业模式有关。大多数工商公司适用上述分析。但是，银行等金融公司不适用，银行最主要的就是金融资产，其模式是"现金—经营活动（贷款）—更多的现金"，而无须跟一般公司一样购置机器设备等资产。再比如，阿里巴巴和腾讯，最主要的不是有多少固定资产，而是人才、客户和大数据资产。

# 第 6 章

# 从投资活动现金流量看一家公司的战略和未来

一家公司在确定战略后,需要通过其投资活动来贯彻和执行,做到知行合一。比如,华为提出"全球领先的信息与通信技术解决方案供应商"的战略,就要不断地在信息与通信技术领域进行投资,包括研发投资、生产投资、服务投资。再比如,中国交建提出"矢志成为全球知名的工程承包商、城市综合体开发运营商、特色房地产商、基础设施综合投资商、海洋重工与港口机械制造集成商",就要在五大领域开展投资。

一个流行的说法是:3年前的选择决定了你今天的结果,今天的选择决定了你3年后的成就。用到公司上面来就是:3年前的投资活动决定了公司今天的结果,今天的投资活动决定了公司3年以后的成就。因此,在公司管理中,衔接战略和财报的核心就是公司的投资活动。

本章从介绍投资活动现金流量的格式和项目开始,循序渐进,讲解如何通过投资活动现金流量来分析公司的战略和未来。投资活动现金流量中与公司战略执行密切相关的两大类项目为购建长期资产活动的现金流量和并购活动的现金流量。通过战略投资活动现金流量,我们可以判断一家公司是处于扩张战略、收缩战略还是维持战略,并预测其现金需求。对于公司高管来说,投资活动的决策应当围绕现金流,以净现值准则为决策标准。

## 6.1 投资活动现金流量的格式和项目

公司的大多数投资活动,体现在现金流量表中的投资活动现金流量中。因此,多数时候投资活动现金流量反映了一家公司的战略。

我们以万华化学公司为例,列示现金流量表中投资活动现金流量的格式和项目,如表 6-1 所示。

表 6-1 万华化学公司投资活动现金流量

单位:万元

| 投资活动产生的现金流量 | 2015-12-31 | 2014-12-31 | 2013-12-31 | 2012-12-31 | 2011-12-31 |
|---|---|---|---|---|---|
| 收回投资收到的现金 |  | 9 683.33 | 2 578.86 |  | 934.55 |
| 取得投资收益收到的现金 | 600.00 | 300.00 | 391.45 | 432.72 | 995.23 |
| 处置固定资产、无形资产和其他长期资产收回的现金净额 | 6 343.60 | 63.43 | 474.43 | 630.77 | 782.14 |
| 处置子公司及其他营业单位收到的现金净额 | 0.00 | 0.00 | 0.00 | 0.00 | 0.00 |
| 收到其他与投资活动有关的现金 | 487.95 | 0.00 | 0.00 | 2 166.57 | 1 192.00 |
| 投资活动现金流入小计 | 7 431.55 | 10 046.75 | 3 444.74 | 3 230.06 | 3 903.91 |
| 购建固定资产、无形资产和其他长期资产支付的现金 | 516 046.47 | 905 028.67 | 677 078.53 | 393 470.79 | 290 372.70 |
| 投资支付的现金 | 10 000.00 | 0.00 | 6 886.60 | 2 003.40 | 510.00 |
| 取得子公司及其他营业单位支付的现金净额 | 0.00 | 7 297.91 | 0.00 | 0.00 | 0.00 |
| 支付其他与投资活动有关的现金 | 3 845.69 | 303.22 | 1 126.75 | 0.00 | 0.00 |
| 投资活动现金流出小计 | 529 892.16 | 912 629.80 | 685 091.88 | 395 474.19 | 290 882.70 |
| 投资活动产生的现金流量净额 | -522 460.61 | -902 583.05 | -681 647.14 | -392 244.12 | -286 978.79 |

表 6-1 中的现金,指的是这家公司的现金和现金等价物。现金,是指公司库存现金以及可以随时用于支付的存款。现金等价物,是指公司持有的期限短、流动性强、易于转换为已知金额现金、价值变动风险很小的投资。现金等价物虽然不

是现金，但其支付能力与现金的差别不大，可视为现金。例如，公司为保证支付能力，手持必要的现金，为了不使现金闲置，可以购买短期债券，在需要现金时，随时可以变现。

投资活动现金流量包括投资活动现金流入和投资活动现金流出。

## 6.2 与公司战略关联度不大的投资活动现金流量项目

### 6.2.1 公司理财型投资活动现金流入和流出

根据公司会计准则的规定：收回投资收到的现金项目反映公司出售、转让或到期收回除现金等价物以外的交易性金融资产、持有至到期投资、可供出售金融资产、长期股权投资等而收到的现金，根据"交易性金融资产""持有至到期投资""可供出售金融资产""长期股权投资""现金""银行存款"等账户的记录分析填列。取得投资收益收到的现金项目反映公司因股权性投资而分得的现金股利、因债权性投资而取得的现金利息收入，根据"应收股利""应收利息""投资收益""库存现金""银行存款"等账户的记录分析填列。投资支付的现金项目反映企业进行权益性投资和债权性投资所支付的现金，包括企业取得的除现金等价物以外的交易性金融资产、持有至到期投资、可供出售金融资产而支付的现金，以及支付的佣金、手续费等交易费用，根据"交易性金融资产""持有至到期投资""可供出售金融资产""投资性房地产""长期股权投资""库存现金""银行存款"等账户的记录分析填列。通俗地说，上述三个项目大多数时候是由于公司储备的现金比较多，但是现金回报率太低，因此用现金进行交易性金融资产、持有至到期投资、可供出售金融资产、财务类长期股权投资等金融资产的投资并取得收益，而在公司需要现金时随时变现金融资产，因此相当于一家公司的现金蓄水池。购买金融资产时支付现金，出售金融资产或者收到利息和现金股利时收回现金。一般来说，这三个现金流项目与公司的战略关联度不是很大。

需要注意的例外事项是，在有些情况下，长期股权投资可能与公司的战略关联度比较高，尤其是占被投资公司股权比例不高但是被投资公司的经营业绩和发展前景非常好时，对公司可能会产生重大而长远的影响。比如，新希望在 2000 年只持有民生银行上市之初 7.98% 的股权，但是却构成了新希望此后非常重要的一部分资产和主要的利润来源，因此这一长期股权投资对新希望而言就具有了重要的战略意义。

### 6.2.2 公司其他投资活动现金流入和流出

收到的其他与投资活动有关的现金项目和支付的其他与投资活动有关的现金项目反映公司除了理财类投资活动和战略类投资活动外，收到的和支付的其他与投资活动有关的现金。

支付的其他与投资活动有关的现金包括：公司购买股票和债券时，实际支付的价款中包含的已宣告但尚未领取的现金股利或已到付息期但尚未领取的债券利息，应在"支付的其他与投资活动有关的现金"项目中反映（简言之，支付的这部分现金不是金融资产的本金，而是理财投资活动中附带发生的预付现金并且短期之内可以收回）；处置固定资产、无形资产和其他长期资产所收回的现金净额为负数，或者处置子公司及其他营业单位收到的现金净额为负数，也在"支付的其他与投资活动有关的现金"项目中反映。

收回购买股票和债券时支付的已宣告但尚未领取的现金股利或已到付息期但尚未领取的债券利息，应在"收到的其他与投资活动有关的现金"项目中反映（同理，收回的这部分现金不是金融资产的本金或者收益而是理财投资活动中的预付现金）。

一般来说，其他与投资活动有关的现金金额不大。如果价值较大，应单列项目反映。

## 6.3 充分反映公司战略的投资活动现金流量项目

投资拉动一家公司的未来增长。投资活动现金流量项目中对公司具有长远战略影响意义的是两大类投资决策和活动：一是购建和处置长期经营资产的投资决策和活动，二是取得和处置子公司的投资决策和活动。上述活动就反映在下面这些项目中。

### 6.3.1 购建和处置长期经营资产的投资决策和活动

这里所指长期经营资产，包括固定资产、在建工程、工程物资、无形资产、开发支出、长期待摊费用、生产性生物资产、使用权资产、油气资产等，可以参见表 8-2 的说明。长期经营资产是一家公司的生产资料，代表其生产能力和经营规模，需要经过比较长的时间才能收回初始投入的现金。

在投资活动现金流量中，购建固定资产、无形资产和其他长期资产支付的现金项目和处置固定资产、无形资产和其他长期资产收回的现金净额项目反映了一家公司购置和处置长期经营资产的结果。

购建固定资产、无形资产和其他长期资产支付的现金项目反映企业购买、建造固定资产，取得无形资产和其他长期资产（如投资性房地产）支付的现金，包括购买机器设备所支付的现金、建造工程支付的现金、支付在建工程人员的工资等现金支出。

处置固定资产、无形资产和其他长期资产收回的现金净额项目反映企业出售固定资产、无形资产和其他长期资产（如投资性房地产）所取得的现金，减去为处置这些资产而支付的有关费用后的净额。处置固定资产、无形资产和其他长期资产所收到的现金，与处置活动支付的现金，两者在时间上比较接近，以净额反映更能准确反映处置活动对现金流量的影响。

长期经营资产代表一家公司的生产经营能力和规模。比如，对于大型商场来说，长期经营资产很大程度上代表的是公司的商场经营面积。一家公司选择什么行业，就必须有与该行业相匹配的长期经营资产。比如，钢铁制造公司必须购建炼铁、炼钢、热轧、冷轧设备；中国建筑总公司必须购置工程施工机械；万华化学公司必须购建化学生产设备；等等。由于长期经营资产的专用属性，一旦公司购建了长期经营资产后很难将其用于其他行业和用途，因此一家公司的长期经营资产决定了未来一段时期内这家公司所处的行业及经营特征。从这个角度来说，购建长期经营资产的投资决策和活动对公司的长远发展具有重大的战略意义。在分析中，需要注意的是，对于轻资产公司来说，代表其生产经营能力和规模的可能不是财务报表中的长期经营资产，而可能是人才、专利、网络、品牌等其他无法在会计上确认的资源。比如，耐克公司没有工厂，但是却是最大的体育用品公司；贵州茅台虽然酒厂资产重要，但是"贵州茅台"这四个字更加重要。

在分析购建和处置长期经营资产的现金流量时，要关心以下两个问题。

一是公司进入的行业。不同行业的资产带来未来回报的能力存在着差异，这个问题需要结合前面不同行业的财报特征来分析和判断。

二是购建和处置长期经营资产后，公司经营规模和生产能力的扩张程度。这个可以通过如下三个指标来反映。

长期经营资产净投资额 = 购建长期经营资产支付的现金 −

处置长期经营资产收回的现金

长期经营资产扩张性资本支出 = 长期经营资产净投资额 − 保全性资本支出

长期经营资产扩张性资本支出比例 = 长期经营资产扩张性资本支出 ÷

长期经营资产期初净额 ×100%

第一个指标的含义是：当期新购建的长期经营资产减去当期处置的长期经营资产，代表一家公司是买进来的长期经营资产多还是卖出去的长期经营资产多。比如，A 航空公司当期新购建了 50 架飞机，同时处置了 10 架飞机（如转让给其他航空公司），则当期从购建和处置角度而言 A 航空公司增加了 40 架飞机的经营规模。

第二个指标的含义是：长期经营资产净投资额减去长期经营资产生产能力减少程度后的扩张性投资额，代表一家公司实际增加的经营规模和生产能力，反映一家公司扩张的绝对程度。一家公司经营能力的降低，除了处置长期资产，还包括使用过程中长期经营资产由于资产减值、折旧、摊销、到期退役、使用不当报废等引起的生产能力的减少，即保全性资本支出。比如，上述 A 航空公司当期除处置 10 架飞机以外，因为折旧等而影响到了相当于 8 架飞机的运营能力（比如飞机变旧后维修保养时间延长），则 A 航空公司当期实际增加了 32 架飞机的经营规模和能力。公司内部管理人员做分析时可以得到准确的保全性资本支出金额，而外部分析人员则只能采用近似的替代数字——当期长期经营资产减值、折旧及摊销金额以及长期经营资产处置损失金额来替代。折旧摊销在财务上的意义是一家公司的经营资产在长期使用过程中被消耗的程度，因此需要把折旧、摊销的金额用来持续更新其生产设备等长期经营资产以维持公司的经营规模。同理，长期经营资产减值在财务上的意义是公司长期经营资产在未来带来现金流入的能力的减少，因此需要投入相等金额的长期经营资产以弥补公司在未来规模的减小。长期经营资产扩张性资本支出这一指标表明一家公司的自我扩张情况。<mark>有很多读者在我的微信公众号后台留言，询问减值、折旧、摊销的金额如何查找。原始的方法是翻阅公司年度报告，比较现成的数据来源就是 Wind、同花顺等数据库。</mark>

第三个指标长期经营资产扩张性资本支出比例，代表一家公司当期新增加的经营规模和生产能力占前期经营规模和生产能力的比重，反映一家公司扩张的相对速度。长期经营资产期初净额代表的是一家公司期初的经营规模和生产能力，包括固定资产、无形资产、在建工程、研发支出、使用权资产、商誉等期初净额，其具体计算请读者参见表 8-3 的内容。

如果一家公司的长期经营资产扩张性资本支出远远大于零，则这家公司采取了扩张战略。如果一家公司的长期经营资产扩张性资本支出远远小于零，则这家公司采取了收缩战略。如果一家公司的长期经营资产扩张性资本支出接近于零，则这家公司采取了维持战略。

我们以前面万华化学公司为例进行分析，如表 6-2 所示。

从表 6-2 中可以看出，万华化学公司在 2011～2015 年采取了扩张战略，从 2011 年开始连续 5 年进行了巨大金额的长期经营资产购建活动。2011 年 12 月 31 日，万华化学公司的长期经营资产净额为 79 亿元，到了 2015 年 12 月 31 日增长为 315 亿元，每年以极高的长期经营资产扩张性资本支出比例在扩张。最后，5 年之内万华化学公司的经营规模和生产能力增加到了原来的 4 倍左右。由于万华化学公司购建长期经营资产的周期比较长，截至 2015 年上述生产能力尚未发挥。但是可以预期的是，随着未来生产能力的增加，其未来的收入和经营活动现金流量也会增加。

我们根据表 6-3 来分析大秦铁路的战略。大秦铁路在 2011～2015 年采取了维持战略，从 2011 年开始连续 5 年长期经营资产购建活动的扩张性资本支出比例接近于零。2011 年 12 月 31 日，大秦铁路的长期经营资产净额为 723 亿元，到了 2015 年 12 月 31 日为 720 亿元，5 年之内大秦铁路的经营规模和生产能力几乎没有变化。因此我们可以预期，大秦铁路未来的收入和经营活动现金流量会稳定在一个范围之内，不可能有大幅度的上升。

上述分析中的例外情况是：有一些公司的长期经营资产在很长一段时间内无须更新，计提的折旧、摊销不必持续投入长期经营资产购建，在此类情况下我们分析时需要做判断和调整。比如表 6-4 中的白云机场就是这种情况。在 2010～2014 年中，长期经营资产扩张性资本支出除了 2010 年为 9.8 亿元和 2011 年为 1.6 亿元，其他三个年份都为负数，长期经营资产净额从 88 亿元下降到 72 亿元。表面上看起来，白云机场的经营能力在下降，但是我们需要注意白云机场经营的特殊性。其无须像一般生产制造企业不断更新机器设备，因为白云机场的长期经营资产主要是航站楼和跑道，一旦航站楼和跑道建好，长期内不必再次投入大量现金进行长期经营资产的购建。因此，在 2010～2014 年，虽然白云机场的长期经营资产净额减少，但是经营规模没有变化，采取的是维持策略。

表 6-2 万华化学公司投资活动现金流量分析

金额单位：万元

| 投资活动产生的现金流量 | 2015-12-31 | 2014-12-31 | 2013-12-31 | 2012-12-31 | 2011-12-31 |
|---|---|---|---|---|---|
| (1) 处置固定资产、无形资产和其他长期资产收回的现金净额 | 6 343.60 | 63.43 | 474.43 | 630.77 | 782.14 |
| (2) 购建固定资产、无形资产和其他长期资产支付的现金 | 516 046.47 | 905 028.67 | 677 078.53 | 393 470.79 | 290 372.70 |
| (3) 长期经营资产净投资额 (=(2)-(1)) | 509 702.87 | 904 965.24 | 676 604.10 | 392 840.02 | 289 590.56 |
| (4) 固定资产折旧、油气资产折耗、生产性生物资产折旧 | 147 283.57 | 93 410.51 | 84 613.47 | 73 144.68 | 66 203.01 |
| (5) 无形资产摊销 | 7 317.79 | 4 452.57 | 2 104.77 | 1 185.67 | 909.57 |
| (6) 长期待摊费用摊销 | 0.00 | 1 013.21 | 1 001.86 | 766.52 | 472.29 |
| (7) 处置固定资产、无形资产和其他长期资产的损失 | 16 002.01 | 22 280.25 | 2 943.74 | 16 982.18 | 1 387.00 |
| (8) 固定经营资产报废损失 | 0.00 | 0.00 | 0.00 | 0.00 | 0.00 |
| (9) 长期经营资产扩张性资本支出 (=(3)-(4)-(5)-(6)-(7)-(8)) | 339 099.50 | 783 808.70 | 585 940.26 | 300 760.97 | 220 618.69 |
| (10) 期初长期经营资产净额 | 3 151 290.18 | 2 261 402.90 | 1 398 641.31 | 963 849.84 | 792 009.56 |
| (11) 长期经营资产扩张性资本支出比例 (=(9)/(10)×100%) | 10.76% | 34.66% | 41.89% | 31.20% | 27.86% |

表6-3 大秦铁路投资活动现金流量分析

金额单位：万元

| 投资活动产生的现金流量 | 2015-12-31 | 2014-12-31 | 2013-12-31 | 2012-12-31 | 2011-12-31 |
|---|---|---|---|---|---|
| (1) 处置固定资产、无形资产和其他长期资产收回的现金净额 | 3 285.14 | 4 996.63 | 1 905.69 | 2 379.58 | 791.99 |
| (2) 购建固定资产、无形资产和其他长期资产支付的现金 | 581 168.05 | 551 537.83 | 473 804.57 | 394 346.46 | 398 752.48 |
| (3) 长期经营资产净投资额（=(2)-(1)） | 577 882.91 | 546 541.20 | 471 898.88 | 391 966.88 | 397 960.49 |
| (4) 固定资产折旧，油气资产折耗、生产性生物资产折旧 | 502 057.95 | 481 734.09 | 471 016.21 | 436 951.57 | 398 370.94 |
| (5) 无形资产摊销 | 11 426.22 | 11 405.27 | 11 031.52 | 10 913.59 | 10 479.66 |
| (6) 长期待摊费用摊销 | 3 512.78 | 3 564.58 | 3 152.08 | 3 124.27 | 192.47 |
| (7) 处置固定资产、无形资产和其他长期资产的损失 | 14 714.90 | 4 451.56 | 7 326.38 | 1 036.42 | 2 580.41 |
| (8) 固定资产报废损失 | 0.00 | 0.00 | 0.00 | 0.00 | 0.00 |
| (9) 长期经营资产扩张性资本支出（=(3)-(4)-(5)-(6)-(7)-(8)） | 46 171.06 | 45 385.70 | -20 627.31 | -60 058.97 | -13 662.99 |
| (10) 期初长期经营资产净额 | 7 208 380.49 | 7 268 897.23 | 7 187 804.63 | 7 093 506.42 | 7 231 764.02 |
| (11) 长期经营资产扩张性资本支出比例（=(9)/(10)×100%） | 0.64% | 0.62% | -0.29% | -0.85% | -0.19% |

表 6-4　白云机场投资活动现金流量分析

金额单位：万元

| 投资活动产生的现金流量 | 2014-12-31 | 2013-12-31 | 2012-12-31 | 2011-12-31 | 2010-12-31 |
|---|---|---|---|---|---|
| （1）处置固定资产、无形资产和其他长期资产收回的现金净额 | 93.33 | 55.80 | 27.49 | 70.95 | 30.12 |
| （2）购建固定资产、无形资产和其他长期资产支付的现金 | 9 688.48 | 8 967.75 | 36 134.44 | 84 614.19 | 160 508.67 |
| （3）长期经营资产净投资额（=（2）-（1）） | 9 595.15 | 8 911.95 | 36 106.95 | 84 543.24 | 160 478.55 |
| （4）固定资产折旧、油气资产折耗、生产性生物资产折旧 | 66 934.19 | 67 056.20 | 68 531.92 | 66 849.88 | 60 337.07 |
| （5）无形资产摊销 | 74.84 | 90.16 | 190.38 | 192.40 | 491.65 |
| （6）长期待摊费用摊销 | 359.41 | 456.92 | 399.06 | 459.29 | 1 238.82 |
| （7）处置固定资产、无形资产和其他长期资产的损失 | 3 596.63 | 5 582.40 | 11 171.39 | 219.49 | 0.00 |
| （8）固定资产报废损失 | 0.00 | 0.00 | 0.95 | 0.00 | 28.26 |
| （9）长期经营资产扩张性资本支出（=（3）-（4）-（5）-（6）-（7）-（8）） | -61 369.92 | -64 273.73 | -44 186.75 | 16 822.18 | 98 382.75 |
| （10）期初长期经营资产净额 | 726 173.52 | 796 096.04 | 863 625.03 | 902 892.94 | 887 216.38 |
| （11）长期经营资产扩张性资本支出比例（=（9）/（10）×100%） | -8.45% | -8.07% | -5.12% | 1.86% | 11.09% |

### 6.3.2 取得和处置子公司的投资决策和活动

除了自我购建长期经营资产，一家公司的战略还取决于其并购活动。投资活动现金流量中取得子公司及其他营业单位支付的现金净额项目和处置子公司及其他营业单位收到的现金净额项目，即反映一家公司的兼并收购活动情况。

取得子公司及其他营业单位支付的现金净额项目，反映企业取得子公司及其他营业单位购买出价中以现金支付的部分，减去子公司或其他营业单位持有的现金和现金等价物后的净额。

处置子公司及其他营业单位收到的现金净额项目，反映企业处置子公司及其他营业单位所取得的现金，减去子公司或其他营业单位持有的现金和现金等价物以及相关处置费用后的净额。

在分析公司并购活动的现金流量时，要关心以下两个问题。

一是公司通过并购活动进入的行业，对该行业的情况进行分析。

二是并购规模所带来的扩张程度，以及并购价格是否合理、并购对象未来经营情况的预期判断和分析。并购规模可以通过如下指标来反映。

净合并额 = 取得子公司支付的现金 - 处置子公司收回的现金

净合并额大于零，表明公司通过并购活动在扩张；净合并额小于零，表明公司通过出售子公司在收缩；净合并额接近于零，表明公司没有并购活动，维持原有状态。

在万华化学公司的投资活动现金流量中，万华化学公司2011年、2012年、2013年和2015年的净合并额为零，没有进行并购活动，2014年的净合并额为7297.91万元。从这些数据中可以看出，万华化学公司很少通过并购进行扩张。

我们以蓝色光标为例分析并购扩张情形下的投资活动现金流量。蓝色光标自上市以来，不断通过并购活动进行扩张，其投资活动现金流量如表6-5所示。从中可以看出，蓝色光标2011~2015年每年取得子公司及其他营业单位支付的现金净额都很大，最高的2015年多达16亿元。

我们再以上海家化为例来看处置子公司采取收缩策略的投资活动现金流量。上海家化被视为日化行业品牌龙头，在2012年、2013年上海市国资委出让股权给平安集团后，一度陷入资方和管理层的矛盾风波中。2013年，以葛文耀为代表的原管理层离开上海家化，平安集团引入职业经理人谢文坚。2014年，谢文坚发布上海家化5年发展战略；2018年营收突破120亿元，同时跻身中国日化行业市场份额前5名，并且向投资者解释称："120个亿的销售包括了企业自身品牌目标100亿，另外20亿来自并购。"但是，从上海家化投资活动现金流量来看，2013年以来上海家化不仅没有并购活动，反而在2015年出售了一家子公司，即说一套做一套，做的和说的不一样，业绩也没有达到战略预期，最终导致谢文坚在2016年黯然下台。对一家公司来说，不仅要战略正确，还要实际执行到位。2015年8月4日晚间，上海家化公告以23.3亿元的价格，向中国中药（00570.HK）出售江阴天江药业有限公司23.837 8%的股权，与此同时将带来约17.9亿元的投资收益。上海家化称此举是为了更好地实施日化行业的发展战略，交易完成后将不再持有天江药业的股权。上述运作后，上海家化2015年的投资活动现金流量如表6-6所示，净合并额为-19亿多元。我们要思考的一个问题是：到底是收回现金后持有大量现金好，还是持有一个有发展前途的公司的股权好？现金是低收益资产，在没有好的投资项目的情况下，毫无疑问是持有股权好。因此，上海家化出售天江药业股权的决策是一个有损公司利益的决策。

表6-5　蓝色光标投资活动现金流量分析

单位：万元

| 投资活动产生的现金流量 | 2015-12-31 | 2014-12-31 | 2013-12-31 | 2012-12-31 | 2011-12-31 |
|---|---|---|---|---|---|
| 处置子公司及其他营业单位收到的现金净额 | 5 147.36 | 0.00 | 9.31 | 0.00 | 0.00 |
| 取得子公司及其他营业单位支付的现金净额 | 163 681.52 | 124 855.62 | 15 116.93 | 12 291.59 | 14 153.42 |
| 净合并额 | 158 534.16 | 124 855.62 | 15 107.62 | 12 291.59 | 14 153.42 |

表6-6　上海家化投资活动现金流量分析

单位：万元

| 投资活动产生的现金流量 | 2015-12-31 | 2014-12-31 | 2013-12-31 |
|---|---|---|---|
| 处置子公司及其他营业单位收到的现金净额 | 191 688.81 | 720.43 | 0.00 |
| 取得子公司及其他营业单位支付的现金净额 | 0.00 | 0.00 | 0.00 |
| 净合并额 | -191 688.81 | -720.43 | 0.00 |

### 6.3.3 战略投资活动的规模扩张分析

在上述分析基础上,我们可以通过合并计算购建活动的扩张性资本支出和并购活动的现净合并额,来判断一家公司的总体规模扩张情况。

战略投资活动的总体规模扩张 = 长期经营资产扩张性资本支出 + 并购活动净合并额

我们以万华化学公司为例进行上面这些数据的分析和计算,结果如表6-7所示。

表6-7 万华化学公司战略投资活动总体规模扩张

单位:万元

| 投资活动产生的现金流量 | 2015-12-31 | 2014-12-31 | 2013-12-31 | 2012-12-31 | 2011-12-31 |
| --- | --- | --- | --- | --- | --- |
| (1)长期经营资产扩张性资本支出 | 339 099.50 | 783 808.70 | 585 940.26 | 300 760.97 | 220 618.69 |
| (2)并购活动净合并额 | 0.00 | 7 297.91 | 0.00 | 0.00 | 0.00 |
| (3)战略投资活动总体规模扩张 | 339 099.50 | 791 106.61 | 585 940.26 | 300 760.97 | 220 618.69 |

## 6.4 特别说明

有一些公司的购建和并购决策及活动可能不涉及现金流量,最典型的情况包括以下两种。

一是公司发行股份购买资产。发行股份购买资产就是公司以股份作为支付对价的方式来购买资产,实践中是上市公司进行资产重组最常用的一种方式。由于公司以股份支付而非以现金支付,在公司财报中不会体现到公司的投资活动现金流量中,而是直接增加资产负债表中的资产,同时增加资产负债表中的股东权益。对于上市公司发行股份购买资产,按照规定要发布发行股份购买资产公告。我们根据公告进行分析时,要关注资产的定价是否合理,资产的未来收益情况如何,等等。

二是公司融资租赁长期资产或以债务购入长期资产。融资租赁是指出租人根据承租人(公司)对租赁物件的特定要求和对供货人的选择,出资向供货人购买租赁物件,并租给承租人(公司)使用,承租人(公司)则分期向出租人支付租金,在租赁期内租赁物件的所有权属于出租人所有,承租人(公司)拥有租赁物件的使用权。融资租赁中,公司取得了资产的长期使用权,但是并没有一次性支付现金,而是分期支付租金。因此在财报中，不会体现在公司的投资活动现金流量中，而是直接增加资产负债表中的资产，同时增加资产负债表中的负债。融资租赁租入的资产可以在现金流量表的附注中和资产负债表中分析得到。以债务购入长期资产与融资租赁原理相同。

上述情况中，如果涉及的资产金额比较大，就会对公司未来的发展具有战略意义。比如，2016年5月26日，三湘股份向Impression Creative Inc.等发行股份及支付现金购买资产后，持有了观印象艺术发展有限公司100%的股权。观印象艺术发展有限公司的资产为《印象·刘三姐》《印象·丽江》《印象西湖》《印象海南岛》《印象大红袍》《印象普陀山》《印象武隆》《又见平遥》《又见五台山》，以及王潮歌和樊跃两位导演各自新完成的后续演出项目。三湘股份从原来的单一房地产主业转为房地产和文化旅游双主业，并更名为"三湘印象"。

最后需要注意的例外情况是：劳动密集型行业或者资本密集型行业的扩张或收缩可能无法通过投资活动现金流量进行判断。比如劳动密集型的建筑施工企业，工程机械往往通过经营租赁方式使用，增加了建筑工人扩张规模，但是支付给工人和为工人支付的现金只体现在经营活动现金流量中，而不涉及投资活动现金流量；再比如资本密集型的银行业，没有增加实体网点建设，增加了存款总额和贷款总额扩张规模，但是存贷款只体现在经营活动现金流量中，而不涉及投资活动现金流量。

## 6.5 公司投资活动的决策标准

前文分析了投资活动现金流量项目与公司战略的关系。与公司战略密切相关的是购建决策和并购决策。那么，如何判断和分析一家公司的投资决策是否合理呢？在财务管理中，我们根据相关性原则和安全边际原则，对一家公司投资决策及活动采用净现值、内含报酬率和投资回收期进行分析和判断。

净现值（net present value，NPV）是指一个项目预期实现的现金流入的现值与实施该项计划的现金支出的现值的差额。净现值为正值的项目可行，可以为股东创造价值；净现值为负值的项目不可行，会损害股东价值。从理论上来说，如果一个公司由若干个项目组成，那么这些项目的净现值之和就是公司为股东创造的价值。

内含报酬率（internal rate of return，IRR），也称为内部收益率，是指能够使未来现金流入现值等于未来现金流出现值的贴现率，或者说是使投资项目净现值为零的贴现率。内含报酬率法是根据项目本身内含报酬率来评价方案优劣的一种方法。内含报酬率大于资本成本率则项目可行，可以为股东创造价值，且内含报酬率越高，投资项目越优，为股东创造的价值越多。

投资回收期是指从投资项目的投建之日起，用项目现金流量净额弥补初始投资现金流出金额所需要的年限。投资回收期分为静态投资回收期与动态投资回收期两种。静态投资回收期是在不考虑资金时间价值的条件下，以投资项目的现金流量净额回收其全部初始投资现金金额所需要的时间。动态投资回收期是把投资项目各年的现金流量净额按资本成本率折成现值之后，再来推算投资回收期。动态投资回收期就是净现金流量累计现值等于零时的年份。它与静态投资回收期的根本区别是需要考虑货币时间价值。

上市公司在进行重大项目投资时，都会发布相应的公告并在公告中提示项目的 NPV、IRR 等指标。比如，白云机场在扩建二号航站楼的公告中提到："经测算，本项目税前内部收益率为 11.35%，税前静态回收期为 13.64 年（包括建设期），具有较好的经济效益。"我们要关注的是，这些指标计算的假设和过程是否合理，是否符合股东的预期回报要求。

关于 NPV 和 IRR 的原理及其计算问题，我们放到后面的股票估值中进行详细论述。

# 第 7 章

# 从筹资活动现金流量看一家公司的资本管理能力

一家公司通过投资活动去执行和贯彻战略，就必须解决投资活动所需的资金来源问题，这就是筹资活动现金流量。筹资是为了满足投资的需求。本章介绍如何分析公司的现金缺口，如何通过筹资活动满足公司的资金需求，以及筹资活动现金流量分析的五个关键问题。筹资活动现金流量分析的五个关键问题包括资本成本、资本结构、资金期限、筹资顺序和筹资时机。

## 7.1 筹资渠道

按照筹资渠道，筹资活动分为内源筹资和外源筹资。内源筹资是指公司的自有资金和在生产经营过程中的资金积累部分，相当于股东获得收益后的继续投入。外源筹资即公司的外部资金来源部分，包括股权筹资和债务筹资。股权筹资是指公司进行的首次公开发行（initial public offering，IPO）、配股和增发等股权融资活动。债务筹资是指公司资金来自银行、非银行金融机构的贷款等融资活动。内源筹资保密性好，公司不必向外支付额外的筹资成本，因而风险很小，但筹资数额与公司自有资金以及资金积累能力有关。随着技术的进步和生产规模的扩大，单纯依靠内源筹资往往很难满足公司的资金需求，外源筹资成为公司获取资金的重要渠道。外源筹资体现为公司的筹资活动产生的现金流量。

## 7.2 如何分析公司的现金缺口

在现金流量表中，经营活动现金流量净额反映一家公司资金的自我积累能力。我们可以通过现金自给率，来判断一家公司通过经营活动现金流量满足公司战略投资需求的能力。如果现金自给率高于1，则意味着这家公司的战略投资活动现金可以全部来自公司的经营活动而无须额外的融资；反之，如果现金自给率低于1，则意味着这家公司的经营活动现金流量无法完全满足战略投资活动现金需求，而需要动用公司存量资金或者外源筹资。现金自给率持续高于1的公司，其规模的扩张来自我造血功能，即我们常说的自我内涵式发展；反之则为外延式发展。

现金自给率 = 经营活动现金流量净额 ÷ 战略投资活动综合现金需求 ×100%

战略投资活动综合现金需求 = 长期经营资产净投资额 + 并购活动净合并额

万华化学公司现金自给率分析如表 7-1 所示。

表 7-1 万华化学公司现金自给率分析

金额单位：万元

| 项 目 | 2015-12-31 | 2014-12-31 | 2013-12-31 | 2012-12-31 | 2011-12-31 |
|---|---|---|---|---|---|
| （1）经营活动产生的现金流量净额 | 460 239.37 | 402 051.49 | 386 926.30 | 380 617.87 | 201 243.34 |
| （2）战略投资活动综合现金需求 | 509 702.87 | 912 263.15 | 676 604.10 | 392 840.02 | 289 590.56 |
| 其中：长期经营资产净投资额 | 509 702.87 | 904 965.24 | 676 604.10 | 392 840.02 | 289 590.56 |
| 并购活动净合并额 | 0.00 | 7 297.91 | 0.00 | 0.00 | 0.00 |
| （3）现金自给率（=（1）÷（2）×100%） | 90.30% | 44.07% | 57.19% | 96.89% | 69.49% |

从表 7-1 中可以看出，万华化学公司 2011～2015 年的战略投资活动综合现金需求金额巨大，并且 5 年中经营活动现金流量净额均不能满足投资的需求。现金自给率最高的为 2012 年的 96.89%，最低的为 2014 年的 44.07%，存在着较大的差距。我们可以结合公司的存量资金计算公司的新增筹资需求，计算公式如下。如果筹资需求为负数，则表明存在着现金缺口，需要增加外源筹资；如果为正数，则无须新增筹资。

筹资需求 = 期初金融资产 + 经营活动现金流量净额 − 战略投资活动综合现金需求

上式中，我们以期初金融资产作为公司的存量资金。金融资产的界定和计算在后面第 8 章表 8-3 中有详细的论述。以金融资产作为公司存量资金的理由是：把公司的现金和现金等价物以及理财型投资的金融产品视同为公司的现金蓄水池。

我们仍旧以万华化学公司为例分析，如表 7-2 所示。从表 7-2 中可以看出，万华化学公司 2011 年现金自给率只有 69.49%，不过期初金融资产比较多，因此不存在现金缺口。但是万华化学公司考虑到战略扩张的需要，依然通过筹资活动新增了 17.51 亿元的现金。2012 年现金自给率为 96.89%，加上期初金融资产，万华化学公司无须新增融资。因此 2012 年在给股东分配现金股利后，筹资活动现金流量净额为 −2.92 亿元。2013 年现金自给率为 57.19%，存在 14.15 亿元的资金缺口。考虑到 2014 年的投资需求，万华化学公司大幅增加外源筹资，筹资活动现金流量净额为 26.07 亿元。2014 年现金自给率为 44.07%，存在 40.37 亿元的资金缺口，因此万华化学公司增加外源筹资，筹资活动现金流量净额为 50.01 亿元。2015 年现金自给率为 90.30%，考虑期初金融资产，不存在资金缺口。但是为了保持公司一定的现金余额和弹性以满足公司营运需求，公司增加外源筹资，筹资活动现金流量净额为 17.56 亿元。

表 7-2 万华化学公司筹资需求分析

金额单位：万元

| 项　　目 | 2015-12-31 | 2014-12-31 | 2013-12-31 | 2012-12-31 | 2011-12-31 |
| --- | --- | --- | --- | --- | --- |
| （1）经营活动产生的现金流量净额 | 460 239.37 | 402 051.49 | 386 926.30 | 380 617.87 | 201 243.34 |
| （2）战略投资活动综合现金需求 | 509 702.87 | 912 263.15 | 676 604.10 | 392 840.02 | 289 590.56 |
| （3）现金自给率（=（1）÷（2）×100%） | 90.30% | 44.07% | 57.19% | 96.89% | 69.49% |
| （4）期初金融资产（注意，后述资产资本表中每年年初的数据） | 105 223.52 | 106 518.24 | 148 124.70 | 191 224.70 | 111 108.06 |
| （5）筹资需求（=（1）+（4）−（2））（负数为缺口） | 55 760.02 | −403 693.52 | −141 553.10 | 179 002.55 | 22 760.84 |
| （6）筹资活动产生的现金流量净额 | 175 628.10 | 500 121.12 | 260 745.68 | −29 233.16 | 175 073.07 |

## 7.3 筹资活动现金流量分析：如何通过外源筹资解决现金缺口

如果一家公司在战略投资活动中存在现金缺口，需要通过筹资活动来予以解决。以万华化学公司为例，筹资活动产生的现金流量格式及项目如表 7-3 所示。

表 7-3　万华化学公司筹资活动现金流量

单位：万元

| 筹资活动产生的现金流量 | 2015-12-31 | 2014-12-31 | 2013-12-31 | 2012-12-31 | 2011-12-31 |
|---|---|---|---|---|---|
| 吸收投资收到的现金 | 3 037.50 | 18 912.50 | 16 000.00 | | |
| 其中：子公司吸收少数股东投资收到的现金 | 3 037.50 | 18 912.50 | 16 000.00 | | |
| 取得借款收到的现金 | 2 766 282.59 | 1 914 578.11 | 1 315 739.97 | 946 792.41 | 738 724.11 |
| 收到其他与筹资活动有关的现金 | | | | | |
| 发行债券收到的现金 | | 100 000.00 | | 100 000.00 | 85 000.00 |
| 筹资活动现金流入小计 | 2 769 320.09 | 2 033 490.61 | 1 331 739.97 | 1 046 792.41 | 823 724.11 |
| 偿还债务支付的现金 | 2 405 564.70 | 1 243 954.63 | 820 885.84 | 877 557.50 | 515 420.64 |
| 分配股利、利润或偿付利息支付的现金 | 186 630.65 | 285 145.73 | 249 112.14 | 197 965.13 | 132 338.56 |
| 其中：子公司支付给少数股东的股利、利润 | 13 905.75 | 39 921.00 | 46 976.10 | 29 608.82 | 42 390.73 |
| 支付其他与筹资活动有关的现金 | 1 496.65 | 4 269.13 | 996.32 | 502.94 | 891.85 |
| 筹资活动现金流出小计 | 2 593 691.99 | 1 533 369.49 | 1 070 994.30 | 1 076 025.57 | 648 651.05 |
| 筹资活动产生的现金流量净额 | 175 628.10 | 500 121.12 | 260 745.68 | −29 233.16 | 175 073.07 |

虽然筹资活动产生的现金流量项目比较多，但是我们可以按三类进行分析：第一类是与股东之间的筹资活动事项，第二类是与债权人之间的筹资活动事项，第三类是其他筹资活动事项。一家公司的筹资活动事项主要是前两类，第三类事项的金额一般不大。

### 1. 与股东之间的筹资活动事项

这类事项包括"吸收投资收到的现金"项目和"分配股利、利润或偿付利息支付的现金"项目。

"吸收投资收到的现金"项目，反映公司以发行股票方式筹集资金实际收到的款项净额（发行收入减去支付的佣金等发行费用后的净额）。以发行股票等方式筹集资金而由公司直接支付的审计、咨询等费用，在"支付的其他与筹资活动有关的现金"项目中反映。

"分配股利、利润或偿付利息支付的现金"项目，反映公司实际支付的现金股利、支付给其他投资单位的利润或用现金支付的借款利息、债券利息。这个项目中，与股东有关的是分配给股东的股利和利润。这个项目在设计上存在很大的不足之处，它把分配给股东的股利、利润和支付给债权人的利息混淆到了一起，但是股东和债权人明显不是同一类投资者。为了得到分配给股东的股利、利润的准确信息，我在分析中要去查阅上市公司的股利分配公告（股利分配的金额、股利发放的时间等）。我建议会计主管部门能够在现金流量表设计中把分配股利、利润支付的现金和偿付利息支付的现金分开列示，以利于分析师进行分析。美国上市公司的现金流量表中，即把分配股利、利润和偿付利息支付的现金单列出来。

由于现金流量表中无法直接得到分配股利、利润支付的现金，我们只能从公司的公告中查找上市公司支付给上市公司股东的股利、利润的现金分红公告，然后加上子公司支付给少数股东的股利、利润来计算。需要特别说明的是：子公司支付给少数股东的股利、利润在现金流量表中可以直接查到，该项目包括在分配股利、利润支付的现金中，但是并非上市公司给股东的现金分红中。举个例子，A公司是上市公司，B公司是A公司持股70%的控股子公司，其余30%的股份由与A公司无任何关联关系的其他股东持有，这些其他股东就是少数股东。当B公司给股东进行现金分红时，给了少数股东30%的现金股利，这些与上市公司股东无关的现金股利包括在合并现金流量表中，并单列了出来。

我们可以根据上述项目计算股东筹资净额如下。

股东筹资净额＝吸收投资收到的现金－分配股利、利润支付的现金
　　　　　　＝吸收投资收到的现金－（支付给上市公司股东的股利、利润＋子公司支付给少数股东的股利、利润）

股东筹资净额为正，说明公司股东追加投入；股东筹资净额为负，说明公司给予股东分红回报或者公司股东减资。

万华化学公司历年现金分红的数据如表7-4所示（可查阅年度现金股利公告。

注意，这里采用的是实际现金分红的数据。按照一般上市公司惯例，2010年的现金分红总额在2011年度实际派发，依此类推）。

表7-4  万华化学公司历年现金分红明细

单位：万元

| 年　　度 | 归母公司净利润 | 现金分红总额 |
| --- | --- | --- |
| 2014-12-31 | 241 936.64 | 64 870.04 |
| 2013-12-31 | 289 141.23 | 151 363.43 |
| 2012-12-31 | 234 887.95 | 151 363.43 |
| 2011-12-31 | 185 390.03 | 129 740.08 |
| 2010-12-31 | 153 020.83 | 66 533.38 |

万华化学公司在2011～2015年的股东筹资金额如表7-5所示。万华化学公司在2011～2015年，股东筹资净额均为负数。在2013～2015年有少量的吸收投资收到的现金，但是远远低于给股东的现金分红。可见，虽然公司处于战略扩张阶段，但是依然每年给股东进行现金分红——这与我国证券监管部门强制上市公司必须进行现金分红的政策有关。至于这一政策是否合理，上市公司自有判断，我们在后面的自由现金流部分也会进行详细分析。

表7-5  万华化学公司与股东之间的筹资活动事项

单位：万元

| 项　目 | 2015-12-31 | 2014-12-31 | 2013-12-31 | 2012-12-31 | 2011-12-31 |
| --- | --- | --- | --- | --- | --- |
| （1）吸收投资收到的现金 | 3 037.50 | 18 912.50 | 16 000.00 | 0.00 | 0.00 |
| （2）上市公司分配股利、利润支付的现金 | 64 870.04 | 151 363.43 | 151 363.43 | 129 740.08 | 66 533.38 |
| （3）子公司支付给少数股东的股利、利润 | 13 905.75 | 39 921.00 | 46 976.10 | 29 608.82 | 42 390.73 |
| （4）股东筹资净额=（1）-（2）-（3） | -75 738.29 | -172 371.93 | -182 339.53 | -159 348.90 | -108 924.11 |

## 2. 与债权人之间的筹资活动事项

这类事项包括"借款收到的现金""发行债券收到的现金"（现行财务报表格式已经取消了该项目，合并纳入了"借款收到的现金"）、"偿还债务所支付的现金"

和"分配股利、利润或偿付利息支付的现金"项目。

"借款收到的现金"项目反映公司举借各种短期、长期借款而收到的现金，以及发行债券实际收到的款项净额（发行收入减去直接支付的佣金等发行费用后的净额）。

"偿还债务所支付的现金"项目反映公司以现金偿还债务的本金，包括归还金融公司的借款本金、偿付公司到期的债券本金等。公司偿还的借款利息、债券利息，在"分配股利、利润或偿付利息支付的现金"项目中反映。

"分配股利、利润或偿付利息支付的现金"项目反映公司实际支付的现金股利，支付给其他投资单位的利润或用现金支付的借款利息、债券利息。这个项目中与债权人有关的是偿付利息支付的现金。如前，偿付利息支付的现金在筹资活动现金流量中无法直接得到，必须自己计算。

我们可以根据上述项目计算一家公司的债务筹资净额。

债务筹资净额 = 借款收到的现金 + 发行债券收到的现金 −
偿还债务支付的现金 − 偿付利息支付的现金

其中，偿付利息支付的现金有两种计算方法。

偿付利息支付的现金 = 分配股利、利润或偿付利息支付的现金 −（支付给上市公司股东的股利、利润 + 子公司支付给少数股东的股利、利润）

或者

偿付利息支付的现金 = 期初应付利息 + 当期利息支出总额 − 期末应付利息

第一种计算方法的相关数据来源已经在前面说明。在第二种计算方法中，期初应付利息、期末应付利息的数据源于资产资本表，当期利息支出总额的数据来自报表附注中的"财务费用"项目。从理论上来说，这两种计算方法得出的结果应该是一模一样的。但是，根据我自己的计算，两种方法存在细微的差异。该差异虽然从分析的角度不具有重要性，属于可接受的范围，但是对于有"数据洁癖"的人来说，显然不是一件令人愉快的事情。在表 7-6 中，我采用了第一种计算方法。

从表 7-6 可以看出，万华化学公司在 2011 ～ 2015 年，其债务筹资净额均为大额的正数。结合前述万华化学公司和股东之间筹资活动事项分析，可以看出万华化学公司在 2011 ～ 2015 年，主要以债务筹资方式来解决战略投资的资金需求。

表 7-6　万华化学公司与债权人之间的筹资活动事项

单位：万元

| 项　　目 | 2015-12-31 | 2014-12-31 | 2013-12-31 | 2012-12-31 | 2011-12-31 |
|---|---|---|---|---|---|
| （1）取得借款收到的现金 | 2 766 282.59 | 1 914 578.11 | 1 315 739.97 | 946 792.41 | 738 724.11 |
| （2）发行债券收到的现金 | 0 | 100 000.00 | 0 | 100 000.00 | 85 000.00 |
| （3）偿还债务支付的现金 | 2 405 564.7 | 1 243 954.63 | 820 885.84 | 877 557.5 | 515 420.64 |
| （4）分配股利、利润或偿付利息支付的现金 | 186 630.65 | 285 145.73 | 249 112.14 | 197 965.13 | 132 338.56 |
| （5）分配股利、利润支付的现金 | 64 870.04 | 151 363.43 | 151 363.43 | 129 740.08 | 66 533.38 |
| （6）子公司支付给少数股东的股利、利润 | 13 905.75 | 39 921.00 | 46 976.10 | 29 608.82 | 42 390.73 |
| （7）偿付利息支付的现金（=（4）-（5）-（6）） | 107 854.86 | 93 861.30 | 50 772.61 | 38 616.23 | 23 414.45 |
| （8）债务筹资净额（=（1）+（2）-（3）-（7）） | 252 863.03 | 676 762.18 | 444 081.52 | 130 618.68 | 284 889.02 |

### 3. 其他筹资活动事项

在现金流量表中，其他筹资活动事项包括"收到的其他与筹资活动有关的现金"和"支付的其他与筹资活动有关的现金"项目。

"收到的其他与筹资活动有关的现金"项目，反映公司除上述各项目外，收到的其他与筹资活动有关的现金。其他与筹资活动有关的现金，如果价值较大，应单列项目反映。

"支付的其他与筹资活动有关的现金"项目，反映公司除上述各项目外，支付的其他与筹资活动有关的现金，如以发行股票、债券等方式筹集资金而由公司直接支付的审计、咨询等费用，融资租赁各期支付的现金，以分期付款方式购建固定资产、无形资产等各期支付的现金，支付的筹资保证金，等等。其他与筹资活动有关的现金，如果价值较大，应单列项目反映。

其他筹资活动事项一般金额不大，对公司没有很大的影响。如果金额较大，我们应当另做分析，在此就不再赘述。

## 7.4 筹资活动现金流量分析的五大内容

在筹资活动中,我们要考虑如下方面的分析与决策。

### 7.4.1 资本成本

资本成本是指公司为筹集和使用资金而付出的代价,包括资金筹集费用和资金使用费用两部分。一家公司的资金来自股东的权益资本和债权人的债务资本。不同来源的资金其资本成本也不同,一般来说,债务资本成本低于权益资本成本。我们把一家公司的债务资本成本和权益资本成本按照其权重加权平均后可以计算出这家公司的加权平均资本成本率。对于公司来说,在筹资活动中要考虑如何获得足够的资金的同时,尽最大努力降低加权平均资本成本率。在投资决策中我们讲到了内含报酬率,一家公司投资项目的内含报酬率超过加权平均资本成本率的部分,就是这家公司为股东创造的价值。因此内含报酬率越高,加权平均资本成本率越低,则公司为股东创造的价值越多。

**1. 债务资本成本及其分析**

债务资本包括短期借款、长期借款、应付债券、长期应付款等。多数债务利率在筹资期限内不变,利息费用可以于税前列支,因而,利息可产生节税效应。债务的资本成本包含筹资过程中发生的相关筹资费用,以及后续期间支付的利息费用。相关筹资费用包括:①公证机构对抵押品及担保的公证费,②律师签证费,③银行所要求的手续费,④抵押设定的各种费用,等等。

例如,某公司 2016 年 1 月 1 日向银行借款 100 万元,年利息率为 5% 且每年末付息,期限 5 年。另附房产抵押权,房产资产评估费用、银行手续费等相关筹资费用率为 1%,公司所得税税率为 25%。该长期借款第一年的资本成本率 =(5%+1%)×(1−25%)=4.5%。

在财报分析中,我们可以根据一家公司的利息支出和平均债务余额来计算分析其债务资本成本。万华化学公司 2011~2015 年的税前债务资本成本如表 7-7 所示。

表 7-7 中的利息支出在公司年度报告财务费用附注中取数,有息债务按后续资产负债表分析中的口径。债务资本成本 =(1)÷ 平均有息债务余额 ×100%,平

均债务余额=(年末数+年初数)÷2。上述计算过程为简单加权平均,跟公司实际债务资本成本可能会有差异,但不影响大致分析判断。我们可以从表7-7中得出,万华化学公司2015年的税前债务资本成本在4.52%左右,税后债务资本成本在3.39%。

**表7-7 万华化学公司的债务资本成本**

金额单位:万元

| 项　目 | 2015-12-31 | 2014-12-31 | 2013-12-31 | 2012-12-31 | 2011-12-31 |
|---|---|---|---|---|---|
| (1)利息支出 | 107 545.53 | 95 107.24 | 50 947.98 | 40 232.49 | 25 578.25 |
| (2)有息债务 | 2 565 020.41 | 2 193 244.31 | 1 399 820.79 | 930 332.12 | 760 473.06 |
| (3)税前债务资本成本 | 4.52% | 5.27% | 4.32% | 4.72% | 4.19% |
| (4)税后债务资本成本(=(3)×(1−25%)) | 3.39% | 3.95% | 3.24% | 3.54% | 3.14% |

### 2. 股权资本成本及其分析

债务资本成本非常好理解,就是公司承担的利息支出。债务利息支出是刚性的,股东现金分红则没有硬性约束,因此有些人认为股权资本可以没有成本——不给股东现金分红就没有成本。

天下没有免费的午餐,股权资本一定是需要成本的。我在课堂上经常问:股权资本是否需要成本?当有人回答不需要时,我就开玩笑说:郭老师今天去注册一个公司,请你投入资金成为公司的股东,今后不给你任何回报,你愿意吗?当然没有一个人愿意把钱无偿投入郭老师的公司了。

怎么理解股权资本成本呢?我们认为,股权资本成本就是股东的最低预期回报率,这一预期回报率是上市公司为了维持其市场价值和吸引所需资金所必须达到的报酬率,或者是为了使其股票价格保持不变而必须获得的报酬率。

经济学家吴敬琏曾在2001年称中国股市很像一个赌场。[⊖]在2014年搜狐财经变革力峰会上,他进一步称中国股市不仅很像一个赌场,而且还是一个没有规矩的赌场。为什么中国的资本市场被认为是赌场,不能有效发挥资源配置的作用,其中一个重要的原因就是很多上市公司认为股权资本不需要资本成本。任何一个负责任的企业家,在拿到资金——不论是债务资本还是股权资金,思考的第一个问

---

⊖ 参见吴敬琏于2001年提出的中国股市"赌场论"。

题就应该是：如何给投资者带来预期的回报！

一般情况下，债权人会获取稳定的利息回报和收回本金，而股东则需要承受公司亏损甚至破产的风险。在破产清算时，需要先偿还债权人的本金和利息，股东的利益放在最后。因此，股东承担的风险要比债务人高，股权资本成本要高于债务资本成本，也就是说股东要求的预期回报率通常要比债权人要高。

在经典的教科书中，根据资本资产定价模型，在确定无风险利率、市场风险溢价和一家公司的风险系数（贝塔系数）后计算该公司的股权资本成本。我们在估值部分会对股权资本成本展开详细论述。在此之前，我们采用8%作为股权资本成本进行案例中的计算。其含义是：股东要求万华化学公司每年最低创造8%的预期回报率，如果低于这一回报率，则股东会选择用脚投票卖出股票，导致公司股价下跌，并且也无法吸引股东新增投入资金。

### 3. 加权平均资本成本及其分析

我们以万华化学公司为例计算其加权平均资本成本，如表7-8所示。

表7-8 万华化学公司的加权平均资本成本

金额单位：万元

| 项目 | 2015-12-31 | 2014-12-31 | 2013-12-31 | 2012-12-31 | 2011-12-31 |
|---|---|---|---|---|---|
| （1）有息债务 | 2 565 020.41 | 2 193 244.31 | 1 399 820.79 | 930 332.12 | 760 473.06 |
| （2）债务资本比例（=（1）÷（5）） | 63.38% | 62.28% | 54.30% | 48.59% | 47.42% |
| （3）股东权益 | 1 482 323.44 | 1 328 567.57 | 1 178 095.55 | 984 281.01 | 843 092.73 |
| （4）股权资本比例（=（3）÷（5）） | 36.62% | 37.72% | 45.70% | 51.41% | 52.58% |
| （5）投入资本合计（=（1）+（3）） | 4 047 343.85 | 3 521 811.88 | 2 577 916.34 | 1 914 613.13 | 1 603 565.79 |
| （6）投入资本合计比例 | 100.00% | 100.00% | 100.00% | 100.00% | 100.00% |
| （7）税后债务资本成本 | 3.39% | 3.95% | 3.24% | 3.54% | 3.14% |
| （8）股权资本成本 | 8% | 8% | 8% | 8% | 8% |
| （9）加权平均资本成本（=（2）×（7）+（4）×（8）） | 5.08% | 5.48% | 5.42% | 5.83% | 5.69% |

表 7-8 中的投入资本按照后续资产负债表分析中的口径计算，加权平均资本成本按下面的公式计算：

加权平均资本成本 =（有息债务 ÷ 投入资本）× 税后债务资本成本 +
（股东权益 ÷ 投入资本）× 股权资本成本

万华化学公司的加权平均资本成本长期在 5%～6%，其含义是：万华化学公司在进行投资项目决策时，投资项目的税后投资收益率必须高于加权平均资本成本，否则将降低公司的价值，损害股东的利益。

### 7.4.2 资本结构

从资本成本分析中，我们可以发现不同来源的资金，其资本成本不同。债务资本成本低，且其利息支出可以在税前抵扣，因此债务资本成本低于股权资本成本。那么，我们是否可以无限制地在资本结构中增加债务资本的比重来降低加权平均资本成本呢？这就涉及资本结构问题。

资本结构是指公司全部资金来源中股权资本与债务资本之间的比例关系。一家公司的最优资本结构的标准包括：有利于最大限度地增加股东财富，能使公司价值最大化；公司加权平均资本成本最低。

在学术研究中，有非常多的文献对最优资本结构进行了论述。资本结构理论是财务理论的重要组成部分之一，经历了旧资本结构理论和新资本结构理论两个阶段。

旧资本结构理论是基于一系列严格假设进行研究的，包括传统理论、MM 理论和权衡理论等。主要的研究成果包括：①在理想条件下，MM 理论得出资本结构与公司价值无关的结论；②存在公司所得税条件下，MM 理论得出公司价值随负债的增加而增加的结论；③存在破产成本的条件下，权衡理论得出实现公司价值最大化要权衡避税利益和破产成本的结论。

新资本结构理论是基于非对称信息进行研究的，包括代理理论、控制权理论、信号理论和啄序理论等。主要的研究成果就是分析了在非对称信息条件下资本结构的治理效应及对公司价值的影响。

如果一家公司在资本结构中不断增加债务资本的比重，当资本结构中债务率超过 50% 时，破产风险增加，可能导致公司信用评级下降，债权人会要求提高利率以弥补风险，随着公司的财务风险增加股东会提升预期回报率要求，从而导致公司加权平均资本成本不降反升。最优资本结构理论很多，但是在公司管理中，需要把复杂问题简单化。因此实践中，我们的最优资本结构为：50% 来自股权资金，50% 来自债务资本。

我们来计算分析万华化学公司的资本结构，如表 7-9 所示。其债务资本比例在 2015 年为 63.38%，偏高了一些。

表 7-9 万华化学公司的资本结构

金额单位：万元

| 项目 | 2015-12-31 | 2014-12-31 | 2013-12-31 | 2012-12-31 | 2011-12-31 |
| --- | --- | --- | --- | --- | --- |
| （1）有息债务 | 2 565 020.41 | 2 193 244.31 | 1 399 820.79 | 930 332.12 | 760 473.06 |
| （2）债务资金比例（=（1）÷（5）） | 63.38% | 62.28% | 54.30% | 48.59% | 47.42% |
| （3）股东权益 | 1 482 323.44 | 1 328 567.57 | 1 178 095.55 | 984 281.01 | 843 092.73 |
| （4）股权资金比例（=（3）÷（5）） | 36.62% | 37.72% | 45.70% | 51.41% | 52.58% |
| （5）投入资本合计（=（1）+（3）） | 4 047 343.85 | 3 521 811.88 | 2 577 916.34 | 1 914 613.13 | 1 603 565.79 |
| （6）投入资本合计比例 | 100.00% | 100.00% | 100.00% | 100.00% | 100.00% |

### 7.4.3 资本期限

在分析筹资活动现金流量时，我们还需要关注一家公司的资本期限。根据资本期限可以把公司筹资划分为短期筹资和长期筹资。

短期筹资是指期限在 1 年以内的筹资，是为了满足公司临时性短期资金需要而进行的筹资活动。短期筹资一般是短期债务筹资，比如银行短期借款。

长期筹资是指筹集和管理可供公司长期（一般为 1 年以上）使用的资本。长期筹资的资本主要用于公司新产品、新项目的开发与推广，生产规模的扩大，设备的更新与改造等，因此这类资本的回收期较长。长期筹资包括股权筹资和债务筹资。股权资金不需要归还，公司可以长期使用，属于长期资金。净利润是属于股东的，应该分配给他们，留存一部分收益而不将其分给股东，实际上是向现有股东筹集权益资本。长期借款和长期债券称为长期债务资本，虽然需要归还，但是可以持续使用较长时间，也属于长期资本。

筹资的目的是满足公司资产投资的需要，筹集多少长期资金，应根据前述战略投资的长期资金需要量确定，两者应当匹配。在投资活动决策中，我们需要考虑投资回收期；在筹资活动决策中，我们要考虑资本来源的期限和投资回收期的匹配程度。按照投资持续时间结构去安排筹资时间结构，有利于降低利率风险和偿债风险。如果资本期限与资产期限错配，比如使用短期债务支持固定资产购置等战略性投资的资金需求，短期债务到期时公司可能要承担出售固定资产偿债的风险。

以万华化学公司为例，在 2011～2015 年通过筹资活动用了短期债务资本来满足长期战略性投资的资金需求，导致：一是资本债务率连续上升；二是存在着资本期限和投资回收期不匹配导致资本结构和资产结构错配的风险。

### 7.4.4 筹资顺序

公司的筹资顺序是指公司为新项目融资时对融资方式选择的一种优先次序安排。

一家公司采用不同筹资渠道和筹资方式，就会产生不同的资本成本。一般来说，内源筹资的资本成本比较低，无须资金筹集费用；外源筹资中，债务筹资的资本成本比较低，股权筹资的资本成本比较高。美国财务学家梅耶斯和马基卢夫于 1984 年提出了融资优序理论，其核心思想是：公司筹资首选内源筹资，其次为外源筹资，在外源筹资中又首选债务筹资，其次才是股权筹资。

当前，我国多数公司的筹资顺序体现了与梅耶斯和马基卢夫融资优序理论不同的特点。内部筹资所占比重偏低，严重依赖外部筹资，在公司的外部筹资中又明显地偏好股权筹资。为什么现在有很多公司在排队 IPO？我们不能用国外的融资优序理论进行简单的分析，债务筹资以股权资金为基础，如果一家公司没有股权资金则无法采取债务筹资；并且 IPO 以后，带给公司的不仅是股权资金，还包括公司品牌形象等无形的收益。因此我们认为：我国当前的筹资活动特征与我国多数公司所处的发展阶段有关。公司在创业初期筹资势必要通过外源筹资来完成资本的原始积累这一过程。当公司发展到成长期阶段，公司的技术等资源优势已经确立，产品也开始进入市场，如果市场对产品的反映积极的话，需要进一步扩大市场规模，这就需要大量的资金。由于公司的规模也在迅速扩大，可供抵押的资产也随之增加，为采取债务筹资创造了条件。因此，这一时期举债（短期债务、长期债务）就成了首选。进入公司发展的成熟阶段，公司要适应规模发展和创新的需要，增加其竞争力，寻找新的发展机会，还需投入大量资金。由于前期阶段的发展，公司的经济水平已有了一定基础，实行长期债务筹资和内部筹资成为首选。

以万华化学公司为例，万华化学公司在经过初期原始积累发展后，在 2011～2015 年进行了战略性扩张，筹资顺序以内源融资和债务融资为主，在资本债务率上升后 2016 年考虑股权融资，与经典的融资优序理论相符。

我们认为：当一家公司的筹资活动符合融资优序理论时，该公司即步入了良性发展的阶段。

### 7.4.5 筹资时机

筹资时机要考虑公司的内部资金需求和外部市场时机两个方面的问题。

首先，公司需要根据公司的战略以及投资确定内部资金需求并预先安排好资金来源。公司的筹资活动相对内部资金需求，应当有一定的提前量，而不能临时抱佛脚。

其次，公司在选择筹资方式时应当考虑市场时机因素。在股价较高时选择股权筹资，在股价较低时选择债务筹资，以利用较低的筹资成本优势。当一家公司在股价被严重低估时选择股权筹资，将极大损害现有股东的利益。当前我国很多公司采取在交易价格基础上给予一定折扣的方式进行定向增发，就是对现有股东利益的侵蚀。从这个意义上讲，给现有股东配股筹资要比折扣价定向增发对现有股东更加公平和有利。我们可以通过筹资时机分析来判断一家公司的管理层是否认真对待股东的利益，是否真正是负责任的管理层。

以万华化学公司为例，其筹资活动具有一定的提前量，能满足公司资金需求。但是，在 2015 年和 2016 年股价比较低迷时，而没有在股价合理时提出股权筹资，显然没有很好地把握住市场时机。

# 第 8 章

# 资产和资本分析

公司的投资活动形成资产,公司的筹资活动形成资本。由于标准资产负债表存在缺陷,本章为此重构标准资产负债表为资产资本表。在此基础上,进行资产的分析、资本的分析以及资产资本的综合分析。

## 8.1 资产负债表的重构

### 8.1.1 标准资产负债表的缺陷

在第 1 章中,我们列示了标准资产负债表的格式。在标准资产负债表中,资产部分划分为流动资产和非流动资产,负债和股东权益部分划分为流动负债、非流动负债和股东权益。

上述格式按照会计准则中规定的资产和负债的流动性强弱来进行划分。其缺陷是会计准则对流动性进行了武断主观的判断,对公司的经济活动逻辑和管理的需要考虑不够充分,同时也无法与现金流量表之间建立清晰的关系,具体如下。

#### 1. 资产分类问题

在标准资产负债表中,资产按流动性分类的缺陷有两个。

资产按流动性分类的第一个缺陷是比较武断主观,没有真正考虑资产的变现能力问题。

按照《企业会计准则第 30 号——财务报表列报》的规定,资产满足下列条件之一的，应当归类为流动资产：①预计在一个正常营业周期中变现、出售或耗用。②主要为交易目的而持有。③预计在资产负债表日起一年内（含一年，下同）变现。④自资产负债表日起一年内，交换其他资产或清偿负债的能力不受限制的现金或现金等价物。正常营业周期，是指企业从购买用于加工的资产起至实现现金或现金等价物的期间。正常营业周期通常短于一年。因生产周期较长等导致正常营业周期长于一年的，尽管相关资产往往超过一年才变现、出售或耗用，仍应当划分为流动资产。正常营业周期不能确定的，应当以一年（12个月）作为正常营业周期。流动资产以外的资产应当归类为非流动资产，并应按其性质分类列示。

上述归类主观性很强，比如"预计""目的"等都需要人为判断。实务中，一般把现金、存货、应收票据、应收账款、合同资产、其他应收款、预付账款等列入流动资产，而不管存货、应收款项等项目到底何时能真正变现，也不管资产的真正变现能力，只是机械地进行资产的归类。例如，假设一家公司有较多的现金，该公司为了提高现金的收益率进行了理财型投资，购买了上市公司的股票或国家发行的国债等。按照会计处理，这些投资所形成的资产可以计入交易性金融资产、衍生金融资产、持有至到期投资、可供出售金融资产项目，而计入何项目取决于公司的"预计"和"目的"——如果预计短期交易，则计入交易性金融资产；持有至到期，则计入持有至到期投资；不知何时交易，则计入可供出售金融资产。交易性金融资产归为流动资产，持有至到期投资和可供出售金融资产归为非流动资产。问题在于：到底是存货的变现能力和流动性好，还是持有至到期投资和可供出售金融资产的变现能力和流动性好？现实中，在多数情况下，持有至到期投资的债券和可供出售金融资产的股票存在活跃的交易市场，其变现能力和流动性比存货更好。在一家公司需要使用现金时，出售金融资产往往比出售存货更加容易。但是，在标准资产负债表中，我们把存货归类为流动资产，却把持有至到期投资和可供出售金融资产归类为非流动资产，实则大谬矣！

资产按流动性分类的第二个缺陷是无法与现金流量表之间建立清晰的关系。我们经常讲报表之间的钩稽关系，按照现在的分类及格式，除了财务会计人员可以自娱自乐外，一般企业管理人员无法理解现金流量表和资产负债表之间的关系。

## 2. 负债的划分问题

标准资产负债表将负债划分为流动负债和非流动负债。负债满足下列条件之一的，应当归类为流动负债：①预计在一个正常营业周期中清偿。②主要为交易目的而持有。③自资产负债表日起一年内到期应予以清偿。④企业无权自主地将清偿推迟至资产负债表日后一年以上。企业对资产和负债进行流动性分类时，应当采用相同的正常营业周期。企业正常营业周期中的经营性负债项目即使在资产负债表日后超过一年才予清偿的，仍应当划分为流动负债。经营性负债项目包括应付账款、应付职工薪酬等，这些项目属于企业正常营业周期中使用的营运资金的一部分。流动负债以外的负债应当归类为非流动负债，并应当按其性质分类列示。

上述负债分类的缺陷有以下两个。

**一是没有考虑公司的经济活动与财报之间的逻辑关系**。应付票据、应付账款、应付职工薪酬等负债来自经营活动，短期借款等来自筹资活动，公司对于经营活动和筹资活动的决策及执行来自不同的部门和业务。显然，将经营活动形成的负债（以下简称营运负债）与经营活动需要投入的资产（以下简称营运资产）结合起来，进行日常营运管理和决策更加符合公司的实际。

**二是没有考虑负债是否需要资本成本**。营运负债往往是不需要承担资本成本的，即使有，也基本上可以忽略不计；而短期借款、长期借款、应付债券等债务需要承担资本成本。对于一个有竞争力的公司，通常可以利用上下游供应链中的优势地位占用较多的其他公司资金。在公司营运正常的情况下，这类负债可以节约公司的资本成本，因此反而越多越好。当然，陷入经营困境的公司，另当别论。

### 8.1.2 资产负债表的重构：资产资本表

为了分析和后续估值，我们按照现金流量表中的活动分类对资产负债表进行重构。筹资活动对应公司的资本总额，即公司从股东和债权人处筹集的资金总额；投资活动和经营活动对应公司的资产总额，即公司在不同的资产项目上投入的资金总额。

**重构后，资产不再按照流动性分类，而是按照带来经济利益的方式分类，分为金融资产、经营资产（含周转性经营投入和长期经营资产）、长期股权投资三类；资本按其来源和期限分为股东权益和债务（含短期债务和长期债务）。**

**通过重构，我把现金流量表中的各类活动和资产资本表中的项目建立了更加清晰的逻辑关系：经营活动现金流量对应周转性经营投入；投资活动现金流量分析中的理财型投资活动形成资产资本表中的金融资产，战略型投资活动形成资产资**

本表中的长期经营资产和长期股权投资；筹资活动现金流量分析中的债务筹资对应资产资本表中的短期债务和长期债务，股权筹资对应资产资本表中的股东权益。

我们把上述重构后的资产负债表称为资产资本表，具体如图 8-1 所示。

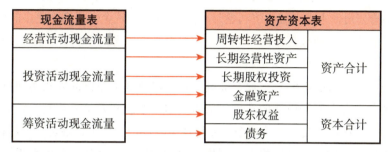

图 8-1 公司经济活动基础上的资产资本表

"资产资本表"采用"资产＝资本"的等式。该等式为恒等式，资本表明公司的资金来源，资产表明公司的资金使用。一家公司可以使用的资本总额一定是其来源的资本总额。同理，一家公司资本来源的总额一定被投入到了不同的资产项目上面，因此等于其使用的资产总额。

我们以万华化学公司 2015 年 12 月 31 日的标准资产负债表为基础，调整资产资本表简表，如表 8-1 所示。

表 8-1 万华化学公司 2015 年度资产资本简表

单位：万元

| 项　　目 | 金　　额 |
| --- | --- |
| 金融资产 | 208 636.18 |
| 长期股权投资 | 18 612.81 |
| 周转性经营投入 | 189 781.72 |
| 其中：营运资产 | 920 808.77 |
| 营运负债 | 731 027.05 |
| 长期经营资产 | 3 630 313.13 |
| **资产合计** | 4 047 343.84 |
| 短期债务 | 1 222 590.89 |
| 长期债务 | 1 342 429.52 |
| 股东权益 | 1 482 323.44 |
| **资本合计** | 4 047 343.85 |

注：资产合计＝资本合计，小数点尾差来自计算过程中的四舍五入。

## 1. 资产按照带来经济利益的方式分类

公司投资活动和经营活动的目的是，在保证资本本金安全的前提下，投入现金形成资产，通过资产收回更多的现金。因此，按照会计上比较拗口的说法是"资产预期能够给公司带来未来的经济利益"，简单点就是"现金—资产—更多的现金"。

按照资产实现现金流量的方式，我们可以把资产分为三类：金融资产、长期股权投资、经营资产。

金融资产通过收取利息、现金股利、租金以及资本差价的方式实现更多的现金。金融资产有点不劳而获的意思，依靠资本的孳息和差价来获利。广义的金融资产包括银行存款、其他货币资金、交易性金融资产、衍生金融资产、债权投资、其他债权投资、持有至到期投资、可供出售金融资产、其他权益工具投资、投资性房地产等。狭义的金融资产只包括非现金资产以外的交易性金融资产、持有至到期投资、可供出售金融资产等金融资产。我们后续分析中提到的金融资产，均采用广义金融资产的含义，视同为一家公司的现金蓄水池。非金融行业的公司，金融资产是低收益资产，其收益大多时候低于公司资本的资本成本，我们要关注和分析金融资产获取收益能力的情况；金融行业的公司主要就是金融资产，但是由于金融牌照的许可，其往往可以以较低的资本成本获得资本来源，因此金融资产具有了较好的增值能力，比如银行可以以很低的存款利率吸收储蓄存款但是可以以较高的贷款利率发放贷款。非金融行业公司的金融资产的典型特征是按照公允价值或者摊余成本进行计量，因此，其估值比较简单，往往按照报表中列示的金额数字确定其价值即可；金融行业公司的金融资产估值要另行考虑。

长期股权投资通过按持股比例享有被投资公司的经济活动赚取的利益的方式实现更多的现金。此处的长期股权投资和上面金融资产中的股票投资的不同之处在于：长期股权投资指的是投资联营公司和合营公司的股权，对于投资方公司来说往往不是出于简单地赚取孳息和差价的财务目的，而是具有战略目的，比如为稳定合作关系的上游或者下游公司的股权投资、新业务的初期投资等。从严格意义上来说，对长期股权投资的估值，应该按照本书的方法和程序对被投资公司进行分析后再做出估值，但如此估值的成本很高，并且有时候无法得到被投资公司的相关数据。因此，对于绝大多数非投资类公司，长期股权投资往往金额不大，按照其收益回报率做简单的分析即可。在简化估值中，长期股权投资的收益回报率高于股东预期回报，则其价值有所增值而高于账面价值；反之，则有所贬值而低于账面价值。

经营资产通过公司自身开展的各类经济活动，包括投资活动、研发设计、采购、生产制造、销售、售后服务等，赚取经营收益以实现更多的现金。经营资产包括长期经营资产和周转性经营投入。其中，长期经营资产包含固定资产、无形资产、商誉等变现周期较长的资产，周转性经营投入是指公司在生产经营活动过程中需要投入的营运资产（存货、应收款项、预付款项等）扣减生产经营活动过程中形成的营运负债（应付款项、应付税费、预收款项等）后的净额。

在此需要强调一下本书中的周转性经营投入定义与一般教材中的营运资本定义之间存在的差异。在一般教材中以及百度百科等网络词典中，营运资本也称为营运资金，是指一个公司投放在流动资产上的资金；狭义的营运资金是指在某一时点公司的流动资产与流动负债的差额。我们认为，周转性经营投入应该是一个公司用于其经营活动的资本，上述定义未对流动资产和流动负债是否与经营活动有关进行区分，比如流动资产中的交易性金融资产、存放在金融机构长期未使用的银行存款等就与经营活动无关，流动负债中的短期借款、交易性金融负债也不是公司的经营活动导致的结果。为了更准确地反映公司经营活动情况，我们对周转性经营投入进行了重新定义和界定：营运循环中的营运资产减去营运负债的净额，不包括未投入循环的金融资产以及和营运活动无关的短期债务。

在财报分析中，由于经营资产获取收益的过程比较复杂，在估值中要运用经营资产获取的自由现金流，因此经营资产的分析和估值成为财报分析和公司估值的核心与重点。

### 2. 资本按照来源和期限分类

我们把营运负债放到周转性经营投入中考虑后，资本资产表中的债务资本就只包括需要承担资本成本的短期债务和长期债务，股权资本保持不变。与筹资活动现金流量保持一致，债务筹资活动对应债务资本，股权筹资活动对应股权资本。

在筹资活动分析中，我们提到要考虑资本期限。在此，我们按照资本的期限，将其划分为短期资本和长期资本。短期债务为短期资本来源，长期债务和股权资本为长期资本来源。

### 3. 资产资本表与资产负债表的对应关系

为了方便大家运用标准资产负债表分析时的取数，我们将资产资本表和标准资产负债表项目归类之间的对应关系总结到了表 8-2 中，其中突出显示的项目为现行财务报表格式中新增加的项目。

**表 8-2 标准资产负债表和资产资本表项目对应关系**

| 标准资产负债表项目 | 备注说明 | 资产资本表归类 |
|---|---|---|
| **资产：** 货币资金、交易性金融资产、衍生金融资产、发放贷款及垫款、可供出售金融资产、持有至到期投资、投资性房地产、应收股利、应收利息、买入返售金融资产、债权投资、其他债权投资、其他权益工具投资、持有待售资产、其他非流动金融资产、金融资产递延所得税资产（减金融资产递延所得税负债） | 金融资产是指为了提高资产收益率而开展的理财类型的投资所形成的资产。如果投资性房地产采用公允价值计量准则更佳，股利和应收利息作为金融资产处理，金融资产产生的递延所得税影响需要具体计算 | **资产：** 金融资产 |
| **营运资产：** 应收票据、应收账款、应收款项融资、预付款项、存货（含消耗性生物资产）、合同资产、其他流动资产、长期应收款、营运递延所得税资产 **营运负债：** 应付票据、应付账款、预收款项、合同负债、应付手续费及佣金、应付职工薪酬、长期应付职工薪酬、应交税费、递延收益、其他流动负债、营运递延所得税负债、非流动负债——一年内到期的非流动负债 | 营运资产是指在经营活动中需要投入的周转性资产。营运负债是指在经营活动中产生的周转性负债。长期应收款是指公司为了销售提供给客户的融资服务，跟营运密切相关，归为营运资产。其他流动资产和其他流动负债是否归为营运资产中与经营有关的预缴税金、理财型资产则归为金融资产，理财型资产则归为金融资产需要具体分析，比如其他流动资产中与经营有关的预缴税金、理财型资产则归为金融资产。递延收益是政府为了支持公司运营而给予的资金补助，公司必须满足政府的政策规定，营运递延所得税影响需要具体计算 | 周转性经营投入 = 营运资产 – 营运负债 |
| 其他应收款、一年内到期的非流动资产 | 需要按是否与营运有关进行具体分析的项目，比如一年内到期的非流动资产如果为金融投资收益率，在估值中可以用利润表中的投资收益率来计算投资收益率 | 金融资产或营运资产 |
| 长期股权投资 | 长期股权投资采用权益法核算，在估值中可以用利润表中的投资收益核算，合营企业投资回报率采用预期投资收益率，在估值中，对上市联营企业，合营企业投资回报率采用预期投资收益率，在估值中，对上市公司的长期股权投资采用市价作为计算 | 长期股权投资 |

| 项目 | 说明 | 分类 |
|---|---|---|
| 固定资产、在建工程、工程物资、固定资产清理、生产性生物资产、油气资产、无形资产、使用权资产、开发支出、商誉、长期待摊费用、其他非流动资产、长期经营资产的递延所得税资产 | 用于经营活动的长期经营资产通过生产产品或者提供劳务来获得回报。长期经营资产的递延所得税资产应当根据附注进行调整。商誉是企业获得超额收益能力的长期经营资产 | 长期经营资产 |

**资本：**

**负债：**

| 项目 | 说明 | 分类 |
|---|---|---|
| 短期借款、交易性金融负债、衍生金融负债、应付短期债券、一年内到期的非流动负债 | | 短期债务 |
| 有待售金融负债、应付利息 | 应付利息作为债务处理 | 短期债务 |
| 其他应付款、其他流动负债、预计负债 | 需要按是否与营运有关进行具体分析的项目，比如金融资产或债务引起的未决诉讼的预计负债归为短期债务，公司产品担保准备金引起的预计负债归为营运负债 | 短期债务或营运负债 |
| 长期借款、应付债券、租赁负债、长期应付款 | | 长期债务 |
| 专项应付款（现行财务报表格式已经取消该项目） | 该项目比较特殊，绝大多数公司已经没有发生额。如果有，则由政府为特定目的给予子公司的无偿投入，建议归入营运负债，理由是该等政府投入是为了补贴公司的营运活动 | 营运负债 |
| 其他非流动负债 | 具体分析，如果与营运相关则归为营运负债，如果与筹资有关则归为长期债务 | 长期债务 |
| 实收资本（或股本）、其他权益工具、资本公积金、专项储备、盈余公积金、一般风险准备、未分配利润、库存股（作为减项）、应付股利、外币报表折算差额、未确认的投资损失 | 应付股利在发放之前其实是股东在公司的投入，因此在现金发放之前应计入股东权益中 | 股东权益 |

有很多人会问，递延所得税资产和递延所得税负债到底应该归为哪一类？我的基本观点是：看这两个项目的具体形成原因。与经营资产有关的就归为经营资产，与金融资产有关的就归为金融资产，与长期资产有关的就归为长期资产。比如，A公司计提了500万元的存货跌价准备，未来在真正发生损失时可以减少缴纳所得税，形成了递延所得税资产125万元（500万元 × 适用税率25%），则该项递延所得税资产就是经营递延所得税资产；A公司计提了固定资产减值准备400万元，形成了递延所得税资产100万元（400万元 × 适用税率25%），则该项递延所得税资产就是长期资产递延所得税资产；A公司可供出售金融资产公允价值上升了1000万元，以后真正实现收益时需要缴纳所得税，形成了递延所得税负债250万元（1000万元 × 适用税率25%），则该项递延所得税负债就是金融资产递延所得税负债。对于金融资产和长期资产引起的递延所得税资产和负债不多的公司，我们可以简化处理，作为经营资产的递延所得税资产和负债。

按上述对应关系编制的万华化学公司2015年的资产资本表详细内容如表8-3所示。

表8-3 万华化学公司2015年度资产资本表

单位：万元

| 项　　目 | 2015-12-31 | 2014-12-31 |
|---|---|---|
| 资产结构 | | |
| 金融资产： | | |
| 　货币资金 | 206 636.18 | 102 467.44 |
| 　交易性金融资产 | 0.00 | 756.08 |
| 　划分为持有待售的资产 | 0.00 | 0.00 |
| 　一年内到期的非流动资产 | 0.00 | 0.00 |
| 　发放贷款及垫款 | 0.00 | 0.00 |
| 　可供出售金融资产 | 2 000.00 | 2 000.00 |
| 　持有至到期投资 | 0.00 | 0.00 |
| 　投资性房地产 | 0.00 | 0.00 |
| 　应收股利 | 0.00 | 0.00 |
| 　买入返售金融资产 | 0.00 | 0.00 |
| 　应收利息 | 0.00 | 0.00 |
| 　金融资产合计 | 208 636.18 | 105 223.52 |
| 长期股权投资 | 18 612.81 | 8 874.00 |

（续）

| 项　　目 | 2015-12-31 | 2014-12-31 |
|---|---|---|
| 经营资产： | | |
| 周转性经营投入： | | |
| 　应收票据 | 122 403.45 | 234 764.63 |
| 　应收账款 | 121 387.80 | 134 157.95 |
| 　预付款项 | 37 099.07 | 34 784.73 |
| 　其他应收款 | 14 215.49 | 12 846.19 |
| 　存货 | 419 385.31 | 300 999.25 |
| 　其他流动资产 | 181 531.41 | 154 876.78 |
| 　长期应收款 | 24 786.24 | 19 440.50 |
| 　营运资产小计 | 920 808.77 | 891 870.03 |
| 　应付票据 | 222 125.05 | 204 451.59 |
| 　应付账款 | 340 045.71 | 261 512.89 |
| 　预收款项 | 71 121.56 | 76 374.62 |
| 　应付手续费及佣金 | 0.00 | 0.00 |
| 　应付职工薪酬 | 20 597.08 | 22 541.16 |
| 　应交税费 | 23 277.28 | 27 054.15 |
| 　其他应付款 | 27 569.72 | 22 512.83 |
| 　长期应付职工薪酬 | 0.00 | 0.00 |
| 　预计负债 | 0.00 | 0.00 |
| 　递延收益——流动负债 | 0.00 | 0.00 |
| 　递延收益——非流动负债 | 26 290.65 | 20 617.34 |
| 　专项应付款 | 0.00 | 0.00 |
| 　其他流动负债 | 0.00 | 0.00 |
| 　其他非流动负债 | 0.00 | 381.28 |
| 　营运负债小计 | 731 027.05 | 635 445.86 |
| 周转性经营投入合计 | 189 781.72 | 256 424.17 |
| 长期经营资产： | | |
| 　固定资产 | 2 004 629.20 | 1 519 470.61 |
| 　在建工程 | 1 240 918.25 | 1 172 495.21 |
| 　工程物资 | 28 891.86 | 165 154.06 |
| 　固定资产清理 | 0.00 | 0.00 |
| 　生产性生物资产 | 0.00 | 0.00 |
| 　油气资产 | 0.00 | 0.00 |
| 　无形资产 | 225 200.04 | 161 164.44 |

(续)

| 项　　目 | 2015-12-31 | 2014-12-31 |
|---|---|---|
| 开发支出 | 0.00 | 0.00 |
| 商誉 | 27 751.86 | 27 751.86 |
| 长期待摊费用 | 0.00 | 3 335.57 |
| 递延所得税资产（营运类） | 33 754.06 | 28 956.26 |
| 减：递延所得税负债（营运类） | 2 070.82 | 1 950.82 |
| 其他非流动资产 | 71 238.68 | 74 912.99 |
| 长期经营资产合计 | 3 630 313.13 | 3 151 290.18 |
| 经营资产合计 | 3 820 094.85 | 3 407 714.35 |
| 资产总额 | 4 047 343.85 | 3 521 811.87 |
| 资本结构 | | |
| 短期债务： | 1 222 590.89 | 708 951.64 |
| 　短期借款 | 963 786.14 | 449 644.33 |
| 　应付利息 | 7 525.22 | 7 699.15 |
| 　交易性金融负债 | 0.00 | 409.40 |
| 　划分为持有待售的负债 | 0.00 | 0.00 |
| 　一年内到期的非流动负债 | 251 279.53 | 251 198.76 |
| 　应付短期债券 | 0.00 | 0.00 |
| 长期债务： | 1 342 429.52 | 1 484 292.67 |
| 　长期借款 | 1 144 023.70 | 1 283 751.58 |
| 　应付债券 | 198 000.00 | 200 000.00 |
| 　长期应付款 | 405.82 | 541.09 |
| 有息债务合计 | 2 565 020.41 | 2 193 244.31 |
| 所有者权益（或股东权益）： | | |
| 实收资本（或股本） | 216 233.47 | 216 233.47 |
| 其他权益工具 | 0.00 | 0.00 |
| 其他权益工具：优先股 | 0.00 | 0.00 |
| 资本公积金 | 4 834.46 | 4 834.41 |
| 减：库存股 | 0.00 | 0.00 |
| 其他综合收益 | 401.51 | -1 252.63 |
| 专项储备 | 0.00 | 69.66 |
| 盈余公积金 | 157 931.07 | 157 931.07 |
| 一般风险准备 | 0.00 | 0.00 |
| 未分配利润 | 777 696.78 | 681 592.46 |
| 应付股利 | 0.00 | 0.00 |

(续)

| 项　目 | 2015-12-31 | 2014-12-31 |
|---|---|---|
| 外币报表折算差额 | 0.00 | 0.00 |
| 未确认的投资损失 | 0.00 | 0.00 |
| 股东权益差额（特殊报表科目） | 0.00 | 0.00 |
| 股权权益差额（合计平衡项目） | 0.00 | 0.00 |
| 归属于母公司所有者权益合计 | 1 157 097.29 | 1 059 408.44 |
| 少数股东权益 | 325 226.15 | 269 159.13 |
| 所有者权益合计 | 1 482 323.44 | 1 328 567.57 |
| **资本总额** | 4 047 343.85 | 3 521 811.87 |

## 8.2　资产结构分析

资产结构分析是要判断一家公司的资产构成是否合理。一家公司的资产结构将决定其收入和利润结构以及创造价值的能力。

按照资产带来经济利益的方式，资产分为金融资产、长期股权投资和经营资产三类，其中经营资产包括长期经营资产和周转性经营投入；按照资产的变现回收期限，资产分为长期资产和短期资产。长期资产包括长期经营资产和长期股权投资，短期资产包括金融资产和周转性经营投入。

### 8.2.1　资产类别结构分析

我们可以对一家公司的资产按照金融资产、长期股权投资和经营资产来分析资产类别结构。非金融公司以经营资产为主，金融资产、长期股权投资占资产的比例不会太高。

对于非金融公司来说，金融资产往往属于低收益资产，在整体结构中占比不宜过高。如果一家非金融公司的金融资产比例过高，将会降低整个公司的资产总额收益率，此时公司的重点是要考虑如何将金融资产转化为高收益率的资产——结合公司战略和投资活动分析该公司是否有很好的项目规划以及实施。如果没有好的投资项目，按照经典的财务理论，公司应该将多余的金融资产归还给股东——给予股东现金分红。我国有很多业绩很好的上市公司，持有大量现金和其他金融资产，极大地降低了公司的资产收益率和股东权益回报率，也损害了公司股东的价值。对于此类公司，应当考虑股票回购或者加大现金分红比例。当然，如果一家公司的金融资产金额过低，我们则需要注意这家公司的短期偿债需求，即风险。我们还需要分析金融资产中银行存款、其他货币资金、交易性金融资产、持有至到期投资等的具体构成情况。

绝大多数实体经济公司的长期股权投资占资产的比例比较低。如果所占比例很高，则该公司很可能是投资型公司。在分析中，我们要关注被投资公司是主业相关还是非主业相关、对公司主业是否有协同效应等。

实体经济公司的经营资产占资产的比例比较高，以满足公司经营活动的需求。经营资产中周转性经营投入和长期经营资产需要进行经营资产类别结构分析。

以万华化学公司 2015 年年底的数据为例，计算分析如表 8-4 所示。

表 8-4 万华化学公司 2015 年资产类别结构分析

金额单位：万元

| 项　　目 | 金　　额 | 占资产合计的比例 |
| --- | --- | --- |
| 金融资产 | 208 636.18 | 5.15% |
| 长期股权投资 | 18 612.81 | 0.46% |
| 周转性经营投入 | 189 781.72 | 4.69% |
| 其中：营运资产 | 920 808.77 | 22.75% |
| 　　　营运负债 | 731 027.05 | 18.06% |
| 长期经营资产 | 3 630 313.13 | 89.70% |
| 资产合计 | 4 047 343.84 | 100.00% |

从表 8-4 可以看出，万华化学公司在 2015 年 12 月 31 日长期经营资产为 3 630 313.13 万元，占资产总额的 89.70%；周转性经营投入为 189 781.72 万元，占资产总额的 4.69%，两者合计占 94.39%。因此万华化学公司的资产主要是经营资产，是典型的实体经济公司。

金融资产为 208 636.18 万元，占资产总额的 5.15%。结合万华化学公司的扩张战略，适当的金融资产储备是必要的。

长期股权投资为 18 612.81 万元，占资产总额的 0.46%。对于万华化学公司的发展来说，这影响不大。

在资产类别结构分析中，对于一般工商企业要特别关注经营资产内部结构分析。经营资产包括周转性经营投入和长期经营资产。在分析中，要结合行业和公司战略关注两者之间的结构是否匹配。比如，固定资产规模、结构与存货规模、结构之间的匹配性，存货规模、结构与销售收款规模、结构之间的匹配性。如果匹配不协调，一是可能存在财务舞弊，二是可能管理存在缺陷甚至重大错误。有些公司的匹配不协调，导致财务报表项目之间的比例关系畸形。打个比方，一位个子高1.60米的女士长了一只跟姚明一样长的胳膊，就会显得很奇怪。比如，早期资本市场比较有名的舞弊案例银广夏在出事前应收款项项目的金额如滚雪球一般越来越多，远远超过其他项目的变化；再比如，中银绒业和獐子岛的存货的金额与其他项目比较，就显得有点畸形。当然，除财务舞弊以外，还有一些公司是由于管理层决策失误导致财务报表项目关系畸形。

周转性经营投入和长期经营资产的结构比例在很大程度上会影响营业成本的结构。如果周转性经营投入占比很高，那么营业成本中原材料、人工成本等变动成本所占的比重较高；如果长期经营资产占比很高，那么营业成本中折旧摊销等固定成本所占的比重较高。

在制定公司战略的过程中，实务上有轻资产战略和重资产战略之分。对于轻资产战略和重资产战略，学术上并没有严格意义的界定和普遍接受的概念。我认为，可以从一个公司的资产结构上来做区分。如果在经营资产中，以周转性经营投入为主且占比较高，则为轻资产公司；以长期经营资产为主且占比较高，则为重资产公司。重资产公司的固定成本比较高，轻资产公司的变动成本比较高，因此，轻资产公司的经营杠杆系数相对重资产公司的经营杠杆系数要低。因为重资产公司的经营杠杆系数比较高，所以对销售规模的增长要求非常高，销售规模略有下滑，将引起重资产公司净利润的更大幅度下滑。

以万华化学公司为例，其经营资产结构如表8-5所示。在经营资产中，万华化学公司的长期经营资产占比为95.03%，周转性经营投入占比为4.97%，因此，万华化学公司是典型的重资产公司。

表8-5 万华化学公司2015年经营资产结构

金额单位：万元

| 项目 | 金额 | 占比 |
| --- | --- | --- |
| 周转性经营投入 | 189 781.72 | 4.97% |
| 其中：营运资产 | 920 808.77 | 24.10% |
| 营运负债 | 731 027.05 | 19.14% |
| 长期经营资产 | 3 630 313.13 | 95.03% |
| 经营资产合计 | 3 820 094.85 | 100.00% |

对于周转性经营投入，我们要具体分析应收款项的账龄结构、存货的结构、应付款项是否逾期等。

对于长期经营资产，我们首先要关心固定资产、无形资产、商誉等的构成比例是否合理。其次，要具体分析固定资产中房屋建筑物、运输类设备、机器设备等的具体构成是否合理；在建工程是否进展顺利并如期转成固定资产投入使用；无形资产中土地使用权、专利权、著作权等的具体构成情况；研发支出的会计处理标准是否合理；商誉是否符合市场情况；等等。固定资产的分析相对来说比较简单，其规模代表的是一家公司的产能。但是，越来越多的公司，其创造价值的源泉已经不再限于传统的加工制造，而是源于技术、品牌、商誉等。因此，研发支出的投入，是否能够带来预期的价值？并购中产生的商誉，是否能够产生对应的预期超额收益？这已经成为公司财务报表分析和股票估值中的难点问题。由于研发支出和商誉在上市公司中的地位越来越重要，因此我重点讲解如何分析长期经营资产中的研发支出和商誉的问题。

### 1. 如何分析研发支出

研发投入不仅仅是为了技术，更重要的是通过技术带来排他性从而形成定价权（竞争壁垒或者说护城河），从而带回更多的现金流。任何资产的价值，一定是通过未来高于期初的现金投入的现金回报来体现的，概莫能外。

我们可以把研发投入的效果从技术独占性的角度，分为表 8-6 中的六种情形。

表 8-6 研发投入的效果

| 研发投入的效果 | 很多人有 | 少数人有 | 其他人没有 |
| --- | --- | --- | --- |
| 我有 | 研发投入效果差，价格战（弱有效） | 研发投入效果比较好，寡头垄断（半强） | 研发投入效果非常好，护城河，超额溢价（强有效） |
| 我没有 | 研发投入效果差，追赶，即使成功，也无法获得竞争优势（无效） | 研发投入效果比较好，一旦成功，寡头溢价（半强） | 无人区，研发投入有风险，但一旦成功，可享受超额溢价（强有效） |

如果一家公司的研发投入，主要是投入"我没有，很多人有"的技术研发中，那么，即使投入的金额再多，也是无效的。无效不是指对企业自身没有意义，而是指无法在竞争中形成任何优势。打个比方，当就业市场上全都是大学毕业生时，一个人小学阶段的学习对于他自身来说是有意义的，但是小学阶段的投入是无法

在就业市场形成任何优势的。

如果一家公司的研发投入，主要是投入"我有，很多人有"的技术研发中，那么，研发活动属于弱有效活动。"我有，其他人没有"的研发投入，则是强有效活动。

### 2. 如何分析商誉

从 2016 年年报开始，上市公司商誉减值的案例已经屡见不鲜。由于商誉减值地雷频发，导致投资者对商誉金额较高的上市公司的厌恶之情油然而生。我认为，并非所有的公司商誉金额较高都不好，问题是，应该如何分析判断商誉的含金量。在现实中，对商誉进行定价是非常困难的。打个简单的比方，我们花 8000 万元钱买了一个净资产公允价值为 5000 万元的公司，在合并会计里就把多花的 3000 万元计入了商誉——我们往往无法区分这到底是应该多支付的钱还是花的冤枉钱，反正把多支付的钱全部计入商誉中。

商誉毫无疑问构成了收购方的成本——收购的价格。未来的经营成本就越高，资产收益率就越低。旧的会计准则规定，商誉要在不超过 20 年的期限内摊销计入公司的成本。但是新的会计准则对此进行了修改：商誉不进行摊销，只需要每年年底进行减值测试——看看是不是还值这么多钱。这个修改理论很完美，但问题在于：减值测试的主观性太强，反而成了很多公司调节报表的手段。因为会计准则的修改，我国越来越多的上市公司通过并购形成巨额商誉——溢价商誉无须摊销，不增加成本，并购可以增加公司利润表中的净利润，表面看起来公司业绩改善，而实质可能并非如此。可以说，部分上市公司在并购时，所持的态度是："今朝有酒今朝醉"，商誉那是若干年以后的事情了，到时候谁还会记得有这一茬呀。

但是，商誉对于有些公司来说，却又是确确实实的存在，这就像人的精神一样，虽然摸不着但真实存在，所以，也不能一刀切，把商誉一棍子打死，视商誉为坏事物。在现实世界里，商誉本无罪。一些用心险恶的人借着商誉的名义做坏事——商誉无罪，有罪的是恶人之心。因此，我们要做的事情是：用我们的火眼金睛去识别哪些是真正的商誉。

我们在分析商誉时，只要思考商誉的实质：商誉是否带来了真正的超额收益？这个问题可以让"恶人之心"所产生的商誉原形毕露。那么，市场上那么多上市公司的商誉，到底如何分析上述实质问题呢？

按照并购协同商誉和超额收益能力商誉的解释，我认为，可以从被并购公司的产品、业务性质和被并购公司的经营历史来进行分类，帮助我们做出更好的判断，从而防范"恶人之心"的商誉。

**（1）根据产品、业务性质分析。**

一般来说，在差异化产品、业务方面取得成功的公司比较容易产生超额收益，因此，商誉相对来说比较容易接近实际；标准化产品、业务要产生超额收益则难度很大，因此，商誉相对来说可能不太可靠。

先讲个故事：当年某企业董事长出事，主要原因是高价收购了山西的三个煤矿。当地一集团公司去收购，经过评估，愿意出价28亿元；而该企业收购出价80亿元，最后收入囊中。如果28亿元是公允价值，那么多付的52亿元编报表时在哪里反映呢？就在商誉里反映。问题是：卖煤炭能卖出商誉来吗？以后我也去开个煤矿，刻个"某某公司"的章，在挖出来的煤上面盖上章，人家卖100元一吨，我卖150元一吨，这时候我就有商誉了。可是对于以含热量来表示的标准化的煤，挖煤挖出商誉简直是天方夜谭。

再比如，某航空公司资产负债表中的商誉为90.28亿元，其附注中说明："于2015年12月31日及于2014年12月31日，商誉的账面价值为本公司吸收合并上航股份时所产生的商誉。商誉主要体现为增加本公司的竞争力，通过资源整合实现协同效应以及促进上海国际航运中心的建设。"问题来了：一是这90.28亿元的商誉，能够增加商誉所对应的航空公司的营业收入吗？答案是否定的，只要计算该航空公司、南方航空、中国国航的长期经营资产周转率就可以发现，该航空公司的长期经营资产周转率是最低的，因为虚高的商誉拉低了其资产带来收入的能力——如果剔除商誉的影响，三家公司的长期经营资产周转率大致相当。第二个问题是：这90.28亿元的商誉能带来超额收益，比如更高的毛利率吗？答案又是否定的，航空公司想把机票卖得比别人贵，太难了。所以，我们分析后可以说，90.28亿元商誉只是会计意义上，而不是经济意义上的——为了会计报表平衡的"商誉"，而不是超额收益的"商誉"。

又比如，以水泥为主业的某建材公司2017年年末资产负债表的商誉为446.82亿元，问题在于：卖水泥能卖出商誉来吗？标准化产品的水泥，是无法带来超额收益商誉的。我们把该建材公司和海螺水泥一对比就知道了。正是因为商誉的虚高，导致该建材公司的净资产收益率远远低于海螺水泥,并且在可以预见的未来,其资产收益能力也无法赶上海螺水泥——高价并购巨额商誉的影响是长远的。

**(2)根据经营历史分析。**

商誉是否能带来超额收益需要一定的时间来验证,因此,经营历史比较长久的被并购公司的商誉相对来说比较可靠,而经营历史很短的被并购公司的商誉则往往比较可疑。以我的分析经验,被并购公司有 5 年以上的稳定经营历史,并购中产生的商誉的质量比较容易判断:被并购公司经营成功,有超额收益能力或者能产生协同效应,那么商誉是高质量的;否则,商誉是低质量的。

2015 年,曾经有影视类上市公司以 7.56 亿元的高价收购刚刚成立 1 天的公司,而溢价则记入了商誉。类似这样的商誉,其质量是值得警惕的。2016 年年底,某游戏类公司以 20 亿元的高价收购当年刚成立的游戏公司。这也很容易陷入商誉地雷中。

**(3)商誉分析的两个维度综合考虑。**

我们可以从产品、业务性质和经营历史两个维度对商誉予以综合分析判断,具体如表 8-7 所示。

表 8-7 从两个维度分析商誉

| 维度 | 经营时间 5 年以上 | 经营时间 2～5 年 | 经营时间短于 2 年 | 经营时间短于 1 年 |
|---|---|---|---|---|
| 标准化产品、业务 | 经营历史表明并购公司与被并购公司具有明显的低成本优势,商誉质量比较好;否则商誉不成立 | 经营历史偏短,财务数据容易受到操纵。并购公司与被并购公司在该期间内具有明显的低成本优势,商誉质量有待观察;如没有明显优势,商誉不成立 | 经营历史过短,不足以判断低成本优势是否长期成立,对商誉质量无法表示意见。不排除洗钱的嫌疑 | 商誉没有任何财务基础,建立在"沙滩"之上,商誉的风险很大,甚至有很大的洗钱的嫌疑 |
| 差异化产品、业务 | 经营历史表明被并购公司具有成功的稳定的差异化优势,比如很高的毛利率,商誉质量比较好;否则商誉不成立 | 经营历史偏短,需要考虑差异化产品、业务的护城河——高毛利率,护城河足够宽,商誉质量比较高;否则,商誉质量比较差 | 经营历史偏短,无法判断差异化产品、业务的可持续性,商誉风险较大。不排除洗钱的嫌疑 | 商誉没有任何数据基础,属于空中楼阁,商誉的风险很大,甚至有很大的洗钱的嫌疑 |

## 8.2.2 资产期限结构分析

按照资产的变现回收周期，我们把资产分为长期资产和短期资产。以万华化学公司 2015 年年底的财务报表为例，资产期限结构分析如表 8-8 所示，短期资产合计占 9.84%，长期资产合计占 90.16%。

表 8-8　万华化学公司 2015 年资产期限结构分析

金额单位：万元

| 项　　目 | 金　　额 | 占　　比 |
| --- | --- | --- |
| 金融资产 | 208 636.18 | 5.15% |
| 周转性经营投入 | 189 781.72 | 4.69% |
| 其中：营运资产 | 920 808.77 | 22.75% |
| 营运负债 | 731 027.05 | 18.06% |
| 短期资产合计 | 398 417.90 | 9.84% |
| 长期股权投资 | 18 612.81 | 0.46% |
| 长期经营资产 | 3 630 313.13 | 89.70% |
| 长期资产合计 | 3 648 925.94 | 90.16% |
| 资产总计 | 4 047 343.84 | 100.00% |

## 8.3　资本结构分析

资本按来源分为债务资本和股权资本；按期限分为短期资本和长期资本。在资本结构分析中，传统的财务分析通过资产负债率等指标进行，注重资本来源结构分析，但是忽略了资本期限结构分析。在此，我们首先分析资本来源结构，然后分析资本期限结构。

### 8.3.1　资本来源结构分析

在分析资本来源结构时，我们可以计算有息债务率、股权资本比率、财务杠杆倍数等有关财务指标。

所谓有息债务率，是指公司资本总额中债务资本所占的比例。在一般财务分析教材中更为常见的类似指标为资产负债率。如前所述，资产负债率没有考虑负债的来源、是否需要资本成本等问题，因此存在一定缺陷——有息债务越少越好，但是预收账款、应付账款等经营负债在正常经营情况下则越多越好。为了与资产负债率做出区别，我们在这里采用有息债务率指标。有息债务率的计算公式为：

$$有息债务率 = 有息债务 \div 资本总额 \times 100\%$$
$$= (短期债务 + 长期债务) \div 资本总额 \times 100\%$$

股权资本比率，亦可称为权益比率，是指公司资本总额中股权资本所占的比例，其计算公式为：

$$股权资本比率 = 股权资本 \div 资本总额 \times 100\%$$

对于财务杠杆倍数有各种各样的理解和概念。本书中的财务杠杆倍数，是指公司股权资本的撬动和放大效应，即股权资本利用杠杆扩大了多少倍的资本总额，其计算公式为：

$$财务杠杆倍数 = 资产总额 \div 股东权益 = 资本总额 \div 股东权益$$

我们仍旧以万华化学公司为例，计算上述财务指标，如表8-9所示。

表 8-9　万华化学公司 2015 年资本来源结构分析

金额单位：万元

| 项　　目 | 2015-12-31 | 2014-12-31 | 2013-12-31 | 2012-12-31 | 2011-12-31 |
|---|---|---|---|---|---|
| 短期债务 | 1 222 590.89 | 708 951.64 | 510 060.82 | 485 274.83 | 518 104.51 |
| 长期债务 | 1 342 429.52 | 1 484 292.67 | 889 759.97 | 445 057.29 | 242 368.55 |
| 债务资本合计 | 2 565 020.41 | 2 193 244.31 | 1 399 820.79 | 930 332.12 | 760 473.06 |
| 有息债务率 | 63.38% | 62.28% | 54.30% | 48.59% | 47.42% |
| 股东权益 | 1 482 323.44 | 1 328 567.57 | 1 178 095.55 | 984 281.01 | 843 092.73 |
| 股权资本合计 | 1 482 323.44 | 1 328 567.57 | 1 178 095.55 | 984 281.01 | 843 092.73 |
| 股权资本比率 | 36.62% | 37.72% | 45.70% | 51.41% | 52.58% |
| 资本总额 | 4 047 343.85 | 3 521 811.88 | 2 577 916.34 | 1 914 613.13 | 1 603 565.79 |
| 财务杠杆倍数 | 2.73 | 2.65 | 2.19 | 1.95 | 1.90 |

从表 8-9 中可以看出，万华化学公司在 2015 年 12 月 31 日这一时点，有息债务率为 63.38%，股权资本比率为 36.62%，在其资本来源中债务资本超过了股权资本。再从过去 5 年的趋势来看，万华化学公司的财务杠杆倍数从 2011 年的 1.90 到 2015 年的 2.73，逐年上升；有息债务率从 47.42% 逐步提高到 63.38%。这与我们前面对万华化学公司的投资活动和筹资活动现金流量进行分析得出的结论保持一致：万华化学公司采取扩张策略，不断投资，投资所需的资金大部分源于外部债务筹资；债务筹资比例超过了公司股权筹资和内源性筹资，导致公司财务杠杆倍数和有息债务率升高，股权资本比率下降。

财务杠杆是一柄双刃剑。债务资本成本一般来说低于股权资本成本，举债可以降低公司的综合资本成本，但是如果财务杠杆倍数过高会加大公司的财务风险，公司的资产收益率低于债务资本成本时，将损害公司股东的利益，甚至导致公司无法偿还到期债务而陷入破产清算。对投资者而言，公司的财务杠杆倍数最好控制在 2 以内。

### 8.3.2 资本期限结构分析

资本按照期限分为短期资本和长期资本。一般来说，一年及一年内到期的资本为短期资本；一年以上到期的资本为长期资本。因此，短期债务为短期资本，长期债务和股东权益为长期资本。

万华化学公司 2015 年资本期限结构分析如表 8-10 所示。

表 8-10　万华化学公司 2015 年资本期限结构分析

金额单位：万元

| 项　　目 | 2015-12-31 | 2014-12-31 | 2013-12-31 | 2012-12-31 | 2011-12-31 |
| --- | --- | --- | --- | --- | --- |
| 短期债务 | 1 222 590.89 | 708 951.64 | 510 060.82 | 485 274.83 | 518 104.51 |
| 短期资本合计 | 1 222 590.89 | 708 951.64 | 510 060.82 | 485 274.83 | 518 104.51 |
| 短期资本比例 | 30.21% | 20.13% | 19.79% | 25.35% | 32.31% |
| 长期债务 | 1 342 429.52 | 1 484 292.67 | 889,759.97 | 445 057.29 | 242 368.55 |
| 股东权益 | 1 482 323.44 | 1 328 567.57 | 1 178 095.55 | 984 281.01 | 843 092.73 |
| 长期资本合计 | 2 824 752.96 | 2 812 860.24 | 2 067 855.52 | 1 429 338.30 | 1 085 461.28 |
| 长期资本比例 | 69.79% | 79.87% | 80.21% | 74.65% | 67.69% |
| 资本总额 | 4 047 343.85 | 3 521 811.88 | 2 577 916.34 | 1 914 613.13 | 1 603 565.79 |

从表 8-10 中可以看出，在万华化学公司的资本期限结构中，2015 年长期资本占比为 69.79%，短期资本占比为 30.21%，以长期资本为主。

## 8.4　从资产结构、资本结构和周转性经营投入看公司的流动性风险

### 8.4.1　传统财务指标的缺陷

在财务分析中，通常用流动比率和速动比率来分析一家公司的流动性，但是

这两个指标存在很大的缺陷。

流动比率（current ratio）等于标准资产负债表中流动资产与流动负债之比，其计算公式如下：

$$流动比率 = 流动资产 / 流动负债$$

把流动比率加以修正，从流动资产中减去流动性不太强的存货和预付账款，剩下的现金和应收账款叫速动资产。修正后的比率叫速动比率（quick ratio）：

$$速动比率 = （现金 + 应收账款）/ 流动负债$$

按照传统财务分析的解释，流动比率和速动比率越高，流动性越强。流动比率至少应大于1，理想值为2；速动比率的理想值为1。其背后的含义是：必要时，公司可以卖掉流动资产抵补流动负债。出于这种考虑，流动资产必须大于流动负债。流动比率和速动比率的缺陷在于：对流动性的分析停留在短期经营决策的观点上，而不是从战略决策角度来考虑，因此并不是流动性分析的可靠指标。

试想：如果流动比率和速动比率提高，流动性就提高，那么我们为什么不鼓励顾客尽可能晚地付款以增加应收账款？为什么不尽可能多地持有存货？为什么不尽可能早地付款给供应商？前两种经济活动会增加公司的流动资产，后一种经济活动会减少流动负债。这样，公司的流动比率就会得到提高。但是，上述做法真的提高流动性了吗？当然没有！上述做法不仅没有提高流动性，而且违背了公司管理的常识和创造价值的目标，公司管理层和非财务部门也无法理解这么做的理由。如果财务人员要求公司这么做，实为大谬，将成为公司管理的笑话。脱离了公司实际运作过程，是流动比率和速动比率最大的缺陷。

可能有人认为，流动比率和速动比率对于公司债权人非常重要，银行在其公司信用等级评价体系里把流动比率和速动比率列为重要的财务指标。其实，"流动"二字的含义，不在于存量的多少，而在于是否能够流转运动起来，如果不能流转运动起来，则再多的存量也无济于事——堆在仓库里无法出售的存货，挂在账上无法回收的应收款项，有何用处？我想，没有一家银行希望贷款给公司以后，在公司无法偿还贷款时把仓库里的存货收过来作为抵债资产进行拍卖，而只想顺利地收回贷款本金和利息。因此，应当着重考察公司的资产流动能力，而非机械地计算流动比率和速动比率。

## 8.4.2 传统营运资本

在传统的财务分析中，不考虑流动资产和流动负债是否与营运有关，营运资本等于流动资产减去流动负债。为了降低流动性风险，一般要求公司的营运资本为正，即流动资产应该大于流动负债——营运资本越多，说明不能偿还短期负债的风险越小。因此，营运资本的多少可以反映偿还短期债务的能力。按此标准，那么，一家公司储备的现金越多，营运资本越多，则流动性风险越低。

一般情况下，上述观点是对的。但是，上述观点没有考虑不同公司的商业模式和竞争能力的影响，在有些情况下不一定成立。

具有强大竞争优势的公司，在上下游产业链中具备很强的谈判能力，营运资本就极有可能是负数。如果上游多家供应商的客户只有一家公司，则该公司对供应商具有很强的谈判能力，可以获得较低的价格和较长的信用期，从而在报表中形成了较多的应付账款；同时下游的众多客户只能从该公司采购，则该公司对下游客户具有很强的定价能力，可以用较高的价格和较短的信用期进行销售，甚至是采用预收货款的方式进行销售。在这种情况下，公司的营运资本无须自己投入，可能会形成负数。此时的负数，不仅不是陷入财务危机的表现，反而是公司竞争优势的体现。

### 8.4.3 现实错了还是教材错了

我们以沃尔玛和万华化学公司两家公司的财报数据来进一步演示上述财务指标存在的缺陷。

我们先来看看沃尔玛6个财年（2010～2015年）标准资产负债表中的数据并计算流动比率、速动比率和传统营运资本，如表8-11所示。

从表8-11中可以看到，沃尔玛在上述多个年份，流动比率都低于1，最低仅为0.83；速动比率则远远低于1；传统营运资本则为负数，最多为-118.78亿美元。是不是与教材里一直强调的流动比率和速动比率理想值差很远？沃尔玛在上述年份遇到营运困难了吗？破产清算了吗？没有！不仅没有破产清算，沃尔玛还一直是世界500强前列的公司。我们为了提高这些财务指标，是不是应该建议沃尔玛赶快支付供应商的货款？这个建议是傻的还是聪明的？这个建议会让人笑话。那么，是沃尔玛做错了，还是教材写错了？答案不言自明，不是沃尔玛错了，而是教材错了。

我们再以万华化学公司标准资产负债表中的财报数据计算流动比率等财务指标，如表8-12所示。

表 8-11 沃尔玛的流动比率、速动比率及传统营运资本

金额单位：万美元

| 项目 | 2016-10-31 | 2016-01-31 | 2015-01-31 | 2014-01-31 | 2013-01-31 | 2012-01-31 | 2011-01-31 |
|---|---|---|---|---|---|---|---|
| **流动资产：** | | | | | | | |
| 现金及现金等价物 | 593 900 | 870 500 | 913 500 | 728 100 | 778 100 | 655 000 | 739 500 |
| 交易性金融资产 | | | | | | | |
| 其他短期投资 | | | | | | | |
| 应收账款合计 | 764 000 | 706 500 | 900 200 | 858 600 | 835 600 | 762 200 | 804 900 |
| 应收账款及票据 | 534 400 | 562 400 | 677 800 | 667 700 | 676 800 | 593 700 | 508 900 |
| 其他应收款 | 229 600 | 144 100 | 222 400 | 190 900 | 158 800 | 168 500 | 296 000 |
| 存货 | 4 982 200 | 4 446 900 | 4 514 100 | 4 485 800 | 4 380 300 | 4 071 400 | 3 631 800 |
| 其他流动资产 | | | | 46 000 | | 8 900 | 13 100 |
| 流动资产合计 | 6 340 100 | 6 023 900 | 6 327 800 | 6 118 500 | 5 994 000 | 5 497 500 | 5 189 300 |
| **流动负债：** | | | | | | | |
| 应付账款及票据 | 4 299 000 | 3 848 700 | 3 841 000 | 3 741 500 | 3 808 000 | 3 660 800 | 3 355 700 |
| 应交税金 | 45 900 | 306 500 | 361 300 | 352 000 | 506 200 | 116 400 | 15 700 |
| 交易性金融负债 | | | | | | | |
| 短期借贷及长期借贷当期到期部分 | 789 700 | 600 400 | 668 900 | 1 208 200 | 1 271 900 | 634 800 | 602 200 |
| 其他流动负债 | 2 278 400 | 1 706 300 | 1 656 000 | 1 632 800 | 1 595 700 | 1 818 000 | 1 874 800 |
| 流动负债合计 | 7 413 000 | 6 461 900 | 6 527 200 | 6 934 500 | 7 181 800 | 6 230 000 | 5 848 400 |
| 流动比率（＝流动资产／流动负债） | 0.86 | 0.93 | 0.97 | 0.88 | 0.83 | 0.88 | 0.89 |
| 速动比率（＝（流动资产－存货－其他流动资产）／流动负债） | 0.18 | 0.24 | 0.28 | 0.23 | 0.22 | 0.23 | 0.26 |
| 传统营运资本（＝流动资产－流动负债） | −1 072 900 | −438 000 | −199 400 | −816 000 | −1 187 800 | −732 500 | −659 100 |

表 8-12　万华化学公司的流动比率、速动比率和传统营运资本

金额单位：万元

| 项　　目 | 2015-12-31 | 2014-12-31 | 2013-12-31 | 2012-12-31 | 2011-12-31 |
|---|---|---|---|---|---|
| **流动资产：** | | | | | |
| 　　货币资金 | 206 636.18 | 102 467.44 | 98 892.24 | 137 260.69 | 178 885.85 |
| 　　交易性金融资产 | | 756.08 | | 2 790.45 | 2 523.69 |
| 　　应收票据 | 122 403.45 | 234 764.63 | 330 983.05 | 352 711.20 | 257 904.06 |
| 　　应收账款 | 121 387.80 | 134 157.95 | 106 255.03 | 94 836.27 | 61 067.72 |
| 　　预付款项 | 37 099.07 | 34 784.73 | 47 679.63 | 42 257.58 | 124 020.44 |
| 　　其他应收款 | 14 215.49 | 12 846.19 | 8 622.81 | 6 929.31 | 5 605.02 |
| 　　存货 | 419 385.31 | 300 999.25 | 226 500.19 | 199 486.33 | 133 787.87 |
| 　　其他流动资产 | 181 531.41 | 154 876.78 | | | |
| 　流动资产合计 | 1 102 658.70 | 975 653.06 | 818 932.95 | 836 271.81 | 763 794.65 |
| **流动负债：** | | | | | |
| 　　短期借款 | 963 786.14 | 449 644.33 | 375 211.82 | 376 473.36 | 325 871.37 |
| 　　交易性金融负债 | | 409.40 | | | |
| 　　应付票据 | 222 125.05 | 204 451.59 | 199 363.06 | 145 415.05 | 34 147.59 |
| 　　应付账款 | 340 045.71 | 261 512.89 | 229 893.86 | 88 127.19 | 49 418.86 |
| 　　预收款项 | 71 121.56 | 76 374.62 | 72 790.39 | 46 437.88 | 41 082.17 |
| 　　应付职工薪酬 | 20 597.08 | 22 541.16 | 25 614.82 | 14 698.47 | 5 638.68 |
| 　　应交税费 | 23 277.28 | 27 054.15 | −27 524.76 | 16 410.70 | 988.30 |
| 　　应付利息 | 7 525.22 | 7 699.15 | 6 453.21 | 6 277.85 | 4 661.58 |
| 　　应付股利 | | | | | 21 530.32 |
| 　　其他应付款 | 27 569.72 | 22 512.83 | 18 358.48 | 11 041.35 | 4 787.10 |
| 　　一年内到期的非流动负债 | 251 279.53 | 251 198.76 | 128 395.79 | 102 523.62 | 102 571.56 |
| 　　其他流动负债 | | | 15 580.00 | 15 300.00 | 85 000.00 |
| 　流动负债合计 | 1 927 327.29 | 1 323 398.89 | 1 044 136.67 | 822 705.47 | 675 697.54 |
| 流动比率 | 0.57 | 0.74 | 0.78 | 1.02 | 1.13 |
| 速动比率 | 0.26 | 0.39 | 0.57 | 0.77 | 0.93 |
| 传统营运资本 | −824 668.59 | −347 745.83 | −225 203.72 | 13 566.34 | 88 097.11 |

从表 8-12 中可以看到，万华化学公司在 2011～2015 年流动比率和速动比率持续下降，传统营运资本由正转负，并且负数金额越来越大。这到底是好事还是坏事？按这些指标的解释，万华化学公司的流动性在变差。那么，如何改善呢？是否应该抓紧支付供应商的应付货款、延长客户的收款期限、备更多的货，增加流动资产或减少流动负债？我们无法从对这些指标的分析中提供行之有效的营运建议。

为了弥补上述财务指标的缺陷，我们增加了应收账款周转次数（天数）、存货周转次数（天数）、应付款项付款次数（天数）等周转性指标做进一步分析。这些周转性指标我们将在后面详细论述。但是，我们往往会遇到自相矛盾的分析结论，让人无所适从。比如，流动比率、速动比率提高看起来是好事，但是同时应收账款周转次数和存货周转次数下降看起来是坏事。那么，这到底是好事还是坏事呢？

如果我们经典的流动比率、速动比率和传统营运资本无法得出有效的财务分析结论和管理建议，那么我们应该如何分析一家公司的流动性呢？我们认为，流动性取决于三个因素：资产结构、资本结构和营运效率。

## 8.4.4 从资产结构、资本结构和周转性经营投入分析公司的流动性风险

前面我们对标准资产负债表和资本资产表的结构做了比较。两种报表在流动资产和流动负债的处理方法上有所区别：在标准资产负债表中，流动负债作为全部负债的一部分；在资产资本表中，营运负债作为营运资产的减项，以确定周转性经营投入。周转性经营投入加上长期经营资产构成经营资产，经营资产加上金融资产和长期股权投资构成资产总额。负债栏中剩下的部分就是资本：短期债务、长期债务和股东权益，三者合计为资本总额。

### 1. 周转性经营投入分析

资产方需要资金投入，故产生资金需求。长期经营资产和长期股权投资的变现周期较长，为长期资本需求，金融资产为短期资本需求；资本方提供资金来源，短期债务为短期资本来源，长期债务和股东权益为长期资本来源。上述内容都很简单明了，需要特别分析的是周转性经营投入的资本需求问题。

### （1）周转性经营投入是短期资本需求还是长期资本需求？

资产总额中的周转性经营投入是短期资本需求还是长期资本需求？表面上看，这个问题似乎一目了然，周转性经营投入是营运资产减营运负债构成，营运资产和营运负债的变现周期比较短，因此是短期资本需求。但是，请大家注意，在公司经济活动管理中，不能这么简单地看，周转性经营投入的变现周期和周转性经营投入的资金需求其实是两个问题——尽管按照会计准则的规定，营运资产和营运负债的变现期限都在一年或者一个营运周期内，但多数营运资产和营运负债需要不断更新、持续循环发生，具有长期周转性的特征，否则公司的经济活动在一个营运周期后就将停止。只要公司存在，周转性经营投入就存在，除非公司彻底停业清算。因此，**周转性经营投入从资产的变现周期角度看是短期资产，但是从其资金投入需求角度看则是长期资本需求。**

如果再仔细分析，周转性经营投入可以分为稳定的长期周转性经营投入和波动性短期周转性经营投入（比如季节性、项目性周转性经营投入），因此部分周转性经营投入在本质上是长期资本需求，部分周转性经营投入则是短期资本需求。比如，啤酒类公司的周转性投入跟季节关系很大，夏天的存货和应收账款会比较多，其他季节则存货和应收账款会少一些，一年四季都需要投入的周转性经营投入是长期资本需求，仅有夏天需要投入的周转性经营投入则是短期资本需求。

在具体分析中，当我们无法准确区分长期周转性经营投入和短期周转性经营投入时，由于大多数公司的长期周转性经营投入占周转性经营投入总额的绝大部分，因此我们近似地将所有周转性经营投入视同为长期周转性经营投入。在后续分析举例中，不再做特别说明。

为了加深大家对周转性经营投入长期资本需求的印象，我们可以思考一下以下问题。

很多公司用流动资金贷款满足周转性经营投入，流动资金贷款到期后怎么办？续贷！续贷再到期怎么办？再续贷。如果不续贷，公司的营运周转就会出现问题。因此，流动资金贷款表面是短期的，其实质是持续长期贷款，我们用持续长期贷款来满足周转性经营投入的长期资本需求。

还有，制造业企业的库存什么时候会彻底清空？这只有两种情况：一是通过管理效率的提升，基本做到了及时制管理下的零库存，不过这样的企业少之又少；二是该企业进行终止经营的清算。只要企业持续经营，前面的存货被领用或者销售出去以后，马上就会有新的存货补充到仓库里。因此，仓库里永远堆着东西，就成了长期的资本投入。在财务和会计的角度，所有的东西都是钱，库存也是钱。仓库里堆满东西，就相当于仓库里堆了很多钱。

**（2）周转性经营投入的三个决定因素。**

一家公司的周转性经营投入应该多少比较合适呢？周转性经营投入的多少取决于公司所处的行业、营运效率和销售增长。周转性经营投入看起来是财务数字，但是财务数字的后面，反映的是公司的供应链管理和产品竞争力。

第一是行业特征。

在一定的销售额下，首先公司所处的行业特征、技术特点和细分市场决定着周转性经营投入。例如，要完成相同的销售额，机械制造企业就比百货连锁店需要更多的周转性经营投入。行业特点决定了百货连锁店与机械制造企业相比，没有多少应收账款和存货。前面也提到，一些大型超市公司，如沃尔玛，其周转性经营投入是负值。在这种情况下，公司的运营不仅不占用现金而且能产生现金。选择同一行业的一些公司作为样本，计算出周转性经营投入占销售额的比率的平均值，就可以衡量行业因素对周转性经营投入的影响，其计算公式为：

周转性经营投入占营业收入的比例 = 周转性经营投入 ÷ 营业收入 × 100%

第二是营运效率。

营运效率越高，需要的存货、应收账款就越少，周转性经营投入的资本需求也就相应减少。绝大多数公司都需要投入资金满足周转性经营投入，但是有一些营运效率高的公司，利用自身的采购谈判能力要求上游供应商给予信用期，通过应付款项占用上游供应商资金；同时，利用自身的销售定价能力要求下游客户预付货款，通过预收款项占用下游客户资金，此时这类公司的周转性经营投入就可能为负数。正的周转性经营投入需要公司投入，而负的周转性经营投入则是公司的一个资金来源。提高营运效率最重要的是两个问题：供应链管理和产品竞争力。通过财务报表的分析，可以看出一家公司在整个供应链的生态圈里处在什么样的地位，以及产品竞争力是否具有优势。供应链管理的核心是产品，产品在财务报表中体现为存货。存货连接着供应商和客户。一家公司从供应商那里采购原材料，原材料就是存货；为了采购原材料，公司会给供应商付款，或者以应付票据和应付账款的形式欠着供应商的款。公司采购原材料之后生产为产成品，生产过程需要固定资产或者专利技术。原材料通过固定资产和无形资产变成了产成品，产成品销售给客户，公司就会得到营业收入并从客户那里收到现金，或者如果收不到现金就形成应收账款或者应收票据。

我们可以通过应收票据、应收账款和预收账款分析一家公司的产品是否有竞争优势。比如贵州茅台，如果经销商要采购，只能向贵州茅台公司提前打款，所以贵州茅台有巨额的预收账款，在2015年12月31日有82.62亿元。

类似的，我们也可以通过应付票据、应付账款和预付账款分析一家公司对于上游供应商的付款安排能力。如果上游只有极少数供应商甚至是垄断，则公司采购时只能预付账款；如果上游有足够多的供应商，则公司处于有利的谈判地位，可以有较多的应付票据和应付账款。表8-13是格力电器2011～2015年的周转性经营投入数据。从表8-13的数据我们可以看到，格力电器的周转性经营投入从2011年的约−35.69亿元到2015年的约−723.74亿元，营运环节产生的现金流入越来越多，这是因为格力电器对上游供应商具有很强的谈判能力。2015年12月31日的数据显示，格力的应付票据在2015年年末时约74.28亿元，应付账款约247.94亿元，预付款项约8.48亿元，存货约94.74亿元。因为应付票据、应付账款和预付款项可能跟在建工程有关，仔细查看公司2015年年报附注发现，应付票据、应付账款和预付款项主要用于存货的购买。存货约94.74亿元，应付票据＋应付账款－预付款项≈313.74亿元，因此格力电器占用了大量供应商的资金。结合格力电器的销售收款，应收票据＋应收账款－预收款项－其他应付款（主要是经销商保证金）≈75.32亿元，应付货款约313.74亿元超过了存货和应收货款的总额。可见，格力电器是在整个供应链里非常强势的一家公司，一方面对供应商有很强的付款安排能力，另一方面对客户也有很强的收款安排能力。

在利用供应链优势降低周转性经营投入时，我们需要注意，有一些公司欠付供应商的货款是由于公司出现了支付危机，而不是由于公司管理效率的提升。比如，如表8-14所示，乐视网从2012年到2016年第三季度，其流动比率和速动比率虽然提高了，但依然出现了支付危机，说明这两个比率存在很大缺陷。乐视网一直通过充分利用供应链优势占用上游供应商的资金降低周转性经营投入，但是在2015年度、2016年度周转性经营投入成为巨额负数并非管理优势的结果，而是因为资产资本结构错配，长期资本无法支撑资产的长期资本需求，在无法支付应付款项情况下导致周转性经营投入被动地成为巨额负数。

表 8-13  格力电器的周转性经营投入

金额单位：万元

| 项目 | 2015-12-31 | 2014-12-31 | 2013-12-31 | 2012-12-31 | 2011-12-31 |
|---|---|---|---|---|---|
| 周转性经营投入 | -7 237 439.08 | -3 700 937.60 | -2 798 367.61 | -1 718 604.06 | -356 894.82 |
| 周转性经营投入变动 | -3 536 501.48 | -902 569.99 | -1 079 763.55 | -1 361 709.24 | 496 998.61 |
| 周转性经营投入占营业收入的比例 | -71.97% | -26.43% | -23.31% | -17.17% | -4.27% |
| 应收票据 | 1 487 980.55 | 5 048 057.14 | 4 629 724.23 | 3 429 216.90 | 3 366 509.00 |
| 应收账款 | 287 921.21 | 266 134.76 | 184 927.53 | 147 487.30 | 122 679.38 |
| 预付款项 | 84 792.91 | 159 148.74 | 149 864.97 | 173 971.39 | 231 561.55 |
| 其他应收款 | 25 401.66 | 38 059.85 | 34 641.97 | 29 035.64 | 63 447.62 |
| 存货 | 947 394.27 | 859 909.81 | 1 312 273.04 | 1 723 504.26 | 1 750 310.73 |
| 其他流动资产 | 168 483.35 | 55 837.89 | 10 085.39 | 13 724.30 | 11 048.90 |
| 长期应收款 | 0.00 | 0.00 | 0.00 | 0.00 | 0.00 |
| 营运资产合计 | 3 001 973.95 | 6 427 148.19 | 6 321 517.13 | 5 516 939.79 | 5 545 557.18 |
| 应付票据 | 742 763.58 | 688 196.31 | 823 020.82 | 798 358.12 | 1 064 412.12 |
| 应付账款 | 2 479 426.84 | 2 678 495.25 | 2 743 449.47 | 2 266 501.16 | 1 563 636.33 |
| 预收款项 | 761 959.80 | 642 772.24 | 1 198 643.37 | 1 663 011.32 | 1 975 269.37 |
| 应付手续费及佣金 | 0.00 | 0.00 | 0.00 | 0.00 | 0.00 |
| 应付职工薪酬 | 169 728.26 | 155 049.82 | 164 015.56 | 135 767.24 | 72 942.90 |
| 应交税费 | 297 780.15 | 830 887.21 | 615 748.66 | 252 210.04 | -67 956.94 |
| 其他应付款 | 260 760.19 | 254 637.73 | 479 377.85 | 544 161.49 | 333 643.59 |
| 长期应付职工薪酬 | 12 751.85 | 10 671.62 | 0.00 | 0.00 | 0.00 |
| 预计负债 | 0.00 | 0.00 | 0.00 | 0.00 | 0.00 |
| 递延收益——流动负债 | 0.00 | 0.00 | 0.00 | 0.00 | 0.00 |
| 递延收益——非流动负债 | 13 457.17 | 8 844.32 | 0.00 | 0.00 | 0.00 |
| 专项应付款 | 0.00 | 0.00 | 0.00 | 0.00 | 0.00 |
| 其他流动负债 | 5 500 785.19 | 4 858 531.29 | 3 091 636.95 | 1 574 387.51 | 958 899.49 |
| 其他非流动负债 | 0.00 | 0.00 | 3 992.06 | 1 146.97 | 1 605.14 |
| 营运负债合计 | 10 239 413.03 | 10 128 085.79 | 9 119 884.74 | 7 235 543.85 | 5 902 452.00 |

表 8-14　乐视网的流动比率、速动比率和周转性经营投入

金额单位：万元

| 项目 | 2016-09-30 | 2015-12-31 | 2014-12-31 | 2013-12-31 | 2012-12-31 | 2011-12-31 | 2010-12-31 |
|---|---|---|---|---|---|---|---|
| 流动资产 | 1 414 655.69 | 911 179.62 | 358 487.84 | 208 634.71 | 89 140.63 | 66 373.23 | 67 366.30 |
| 速动资产 | 1 229 858.87 | 797 300.88 | 285 135.14 | 193 972.09 | 86 474.59 | 65 844.36 | 67 001.09 |
| 流动负债 | 1 023 623.80 | 745 251.86 | 440 387.54 | 250 660.15 | 111 356.04 | 65 228.04 | 9 295.88 |
| 流动比率 | 1.38 | 1.22 | 0.81 | 0.83 | 0.80 | 1.02 | 7.25 |
| 速动比率 | 1.20 | 1.07 | 0.65 | 0.77 | 0.78 | 1.01 | 7.21 |
| 长期资本 | 1 426 941.41 | 605 025.22 | 342 534.72 | 251 372.35 | 177 973.26 | 112 210.67 | 93 866.23 |
| 长期资产 | 1 277 826.82 | 770 433.88 | 524 614.49 | 293 397.79 | 200 974.33 | 111 065.48 | 35 795.80 |
| 周转性经营投入 | −264 242.82 | −265 677.37 | −52 518.06 | 25 052.86 | 23 359.14 | 21 805.35 | 10 735.08 |

第三是销售增长水平。

**销售增长会要求周转性经营投入增加**。假设某公司明年销售额将增长 10%。如果管理效率不变（相同的存货周转率、相同的收款和付款期），周转性经营投入将怎样变化呢？即使效率不变，销售增长也会引起周转性经营投入的增长，因为需要更多的存货、应收账款、应付账款以支持增加的销售额。初步估计，可以认为周转性经营投入增长幅度与销售额一样，也是 10%。因此，意想不到的销售增长会导致流动性问题。

如果公司严格控制，可以节省周转性经营投入。管理能把经营循环活动所需资金压缩到什么程度呢？越来越多的公司采取精益生产⊖的方式建立"零周转性经营投入"的目标。减少周转性经营投入有两点好处：第一，节约存货和应收账款的资金占用，加速现金流通；第二，增加收益。像所有投资一样，周转性经营投入也有现金成本，所以，减少周转性经营投入就意味着节约成本。另外，节约周转性经营投入迫使公司加速生产和运输，超过竞争者，占领新的市场，并因此收取订单过满的额外收入。没有存货，就不必建仓库，不必雇用叉车司机负责内部运输，不必提前做生产计划。"零周转性经营投入"的关键是速度。目前，许多公司都煞费苦心地对销售做长期预测，提前几周或几个月就开始生产，创造了大批存货，最终它们不得不增加筹资以满足周转性经营投入的需要。削减周转性经营投入就

---

⊖ 詹姆斯·P 沃麦克，丹尼尔·T 琼斯. 精益思想（白金版）[M].沈希瑾，张文杰，李京生，译.北京：机械工业出版社，2015.

必须打破这种系统。废弃预测，按订单即时生产，最好是建立一套针对订单的即时生产和送货系统。这种需求导向的管理体制与即时存货的原理相似，但范围更广。大多数公司都在一两个领域实现了即时管理，比如即时采购、即时送货，但是要保证及时、迅速，还必须持有大量存货，仍需要提前生产。到生产部门，生产马上开始，产成品随即装货运走。制造公司也给供应商施压减少存货，因为存货占压资金越少，原材料价格就越低。半成品、产成品、零部件不是积压在仓库中，而是在生产线上有序转移，速度越快，周转性经营投入占压就越少。由此可知，为什么周转性经营投入水平是衡量生产效率的标准。

### 2. 从资产结构、资本结构和周转性经营投入分析公司的流动性

流动性分析首先是看一家公司的资产结构和资本结构，然后是看周转性经营投入中来自长期资本部分所占的比例。

资产结构和资本结构的管理存在三种策略，即匹配策略、稳健策略和激进策略。激进策略比较容易出现流动性危机；匹配策略和稳健策略的公司不存在短期流动性风险，不过过于稳健（储备过多现金）则有可能降低公司的资产回报能力，因此很多公司会采取匹配策略。

匹配策略，即资产中的长期资本需求由长期资本支持，短期资本需求由短期资本支持，让资本期限与资产期限相匹配。通过资产寿命和资本来源期限的匹配，减少不协调导致的流动性风险。以一项有效期为5年的设备为例：购买时，可用5年的贷款（匹配战略），也可用1年的可延期贷款（不匹配）。两者利率相等，哪一种风险更大呢？不匹配的战略风险大，原因有两点：第一，利率，即资本成本会变化；第二，资金的可持续性不保险，甚至会导致公司不得不卖掉资产以还债。这两类风险分别叫作利率风险和流动性风险，匹配战略会大大降低这两种风险。但是，让资金结构与资产有效期的结构完全匹配并不是所有公司在所有时间的最佳策略。有时如果预期短期利率会下降，那么一些公司可能愿意冒利率风险和偿债风险。此外，如果一些公司非常保守，就会让贷款期限比资产期限长许多。

匹配策略是最常见的一种，可是一些公司会根据它们各自所愿承担的风险大小不同而采用其他战略：如果想减小风险，可选择稳健战略（Conservative Strategy）；如果准备接受较大的风险，可采用激进战略（Aggressive Strategy）。下面，以一个销售既呈整体增长又随季节波动的公司为例，分析三种不同的策略。

一家公司，如果销售随季节波动，那么周转性经营投入也呈季节性波动，而且与销售同向变化。周转性经营投入的变化趋势可分为长期持续增长部分和短期季节波动部分，它是与销售额有直接联系的投资项目。长期资产净值、金融资产、长期股权投资需求有连续性，不随销售额明显变化。接下来要分析的资产资本结构图中，左侧所示为季节性和连续性的资本需求，右侧为筹资策略的两大部分：长期资本（权益资本和长期债务）及短期资本。

图 8-2 所示为匹配策略下的资产资本结构，用长期资本支持资产连续、持久的长期资本需求；用短期资本支持短期季节性周转性经营投入和金融资产投资，目的是最大限度地降低（但不是消除）不匹配的流动性风险。

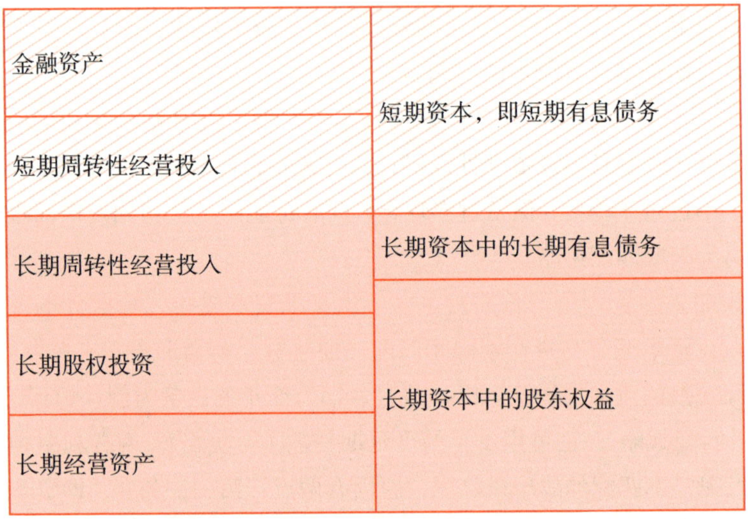

| 金融资产 | 短期资本，即短期有息债务 |
|---|---|
| 短期周转性经营投入 | |
| 长期周转性经营投入 | 长期资本中的长期有息债务 |
| 长期股权投资 | 长期资本中的股东权益 |
| 长期经营资产 | |

**图 8-2　匹配策略下的资产资本结构**

图 8-3 所示为稳健策略下的资产资本结构，用长期资本支持资产的全部长期资本需求以及季节性短期周转性经营投入和部分金融资产投资，而短期资本仅用于支持一部分短期资本需求。在这一结构下，公司可能有一些富余的现金作为"安全边际"，可以应付突然的现金需求，而在匹配战略下只能临时筹集短期借款。有些上市公司的资产资本结构在稳健的基础上极度保守，没有一分钱的有息债务，所有的资金需求都用股东权益资本来满足，我称之为"极度保守型"的资产资本结构。"极度保守型"的结构加上很高的股东权益回报率（年度股东权益回报率长期保持在 15% 以上）的公司，是投资传奇巴菲特的最爱。

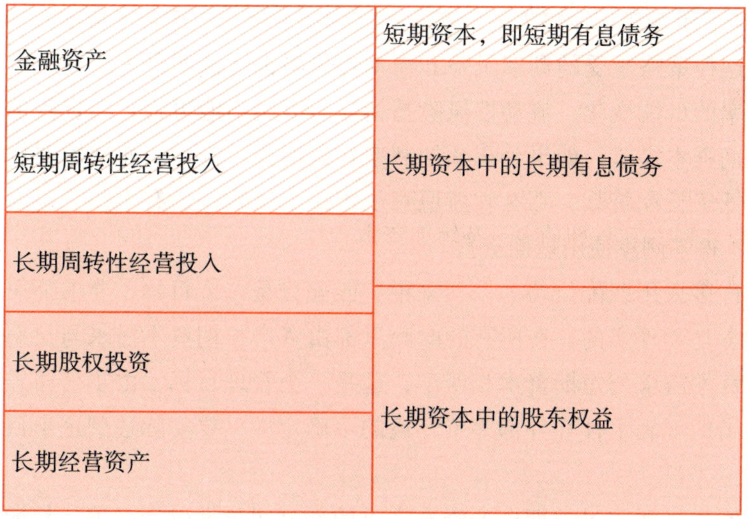

| 金融资产 | 短期资本，即短期有息债务 |
| 短期周转性经营投入 | 长期资本中的长期有息债务 |
| 长期周转性经营投入 | |
| 长期股权投资 | 长期资本中的股东权益 |
| 长期经营资产 | |

图 8-3　稳健策略下的资产资本结构

| 金融资产 | |
| 短期周转性经营投入 | 短期资本，即短期有息债务 |
| 长期周转性经营投入 | |
| 长期股权投资 | |
| 长期经营资产 | 长期资本：长期有息债务 |
| | 长期资本：股东权益 |

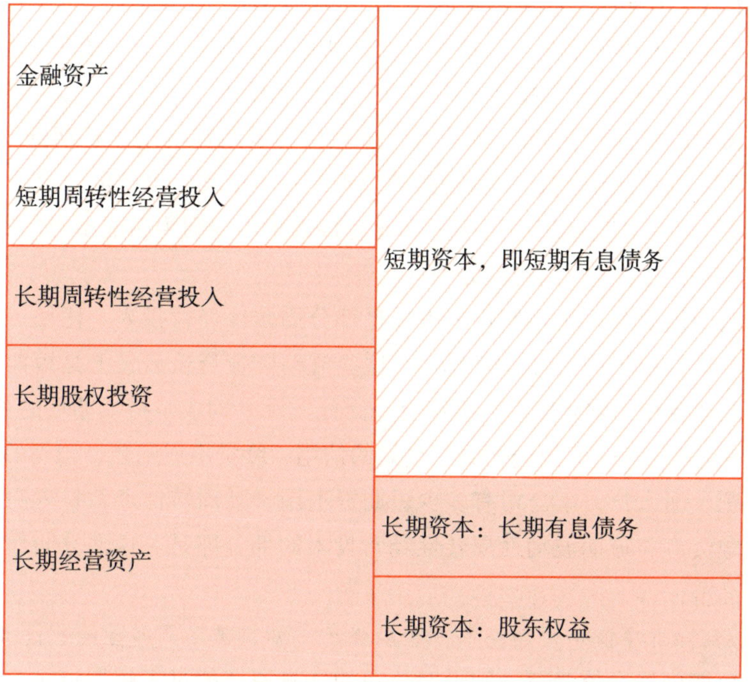

图 8-4　激进策略下的资产资本结构

图 8-4 所示为激进策略下的资产资本结构：一部分长期资产资本需求靠短期贷款支持。这种策略承受的利率风险和流动性风险都比前两种大。利率风险源于投资期内利率的可能变化，流动性风险是指公司可能不能再将短期贷款延期来支持资产的长期资本需求。如果公司预期利率在近期会下降，从而使短期贷款的平均资本成本低于长期贷款，那么它就愿意承担这一风险。还有一些公司因为筹资能力有限，不得不侧重使用短期贷款。

对于许多采用匹配策略的公司来说，匹配只是一个目标，要求公司每天都达到匹配状态是不现实的。在所有的时间里都由资产长期资本需求与长期资本相匹配，短期资本需求与短期资本相匹配，这是一个管理目标。由于公司经营活动现金流入流出的不确定性和外部筹资环境的不确定性，要实际达到这个目标可能是不容易的。

长期资本来源超过长期资产资本需求的部分叫长期融资净值。长期融资净值是长期资本中用作短期波动性周转性经营投入和金融资产的部分。长期融资净值的公式如下：

长期融资净值 = 长期资本 − 长期资产 = 长期债务 + 股东权益 − 长期经营资产 − 长期股权投资 − 长期周转性经营投入

如果长期融资净值为负，则说明公司存在将短期资本用于长期资产的现象，即我们通常说的"短融长投"，就是激进型资产资本结构。这样的公司非常容易陷入财务困境。如果长期融资净值等于零或者接近于零，则为匹配型资产资本结构。如果长期融资净值为正，则为稳健型资产资本结构。

大多数公司都会采用短期资本来满足部分周转性经营投入。比如，很多公司有流动资金贷款用于周转性经营投入。这些流动资金贷款名义上是短期贷款，但是一般来说都会在贷款到期后办理续贷，因此实际上构成了持续循环的长期贷款，成为长期资金来源——只要公司具有良好的信用，续贷不成问题，公司的资金周转就没有问题。那么，一家公司有多少短期资本用于其周转性经营投入呢？短期资本超过金融资产和短期波动性周转性经营投入的部分即是。这部分叫作短期融资净值。

短期融资净值 = 短期资本 − 金融资产 − 短期波动周转性经营投入

如果短期融资净值为负，则说明公司的金融资产超过了短期资本，现金储备充足，就是上述稳健型资产资本结构。短期融资净值为正，则为激进型资产资本结构。短期融资等于零或者接近于零，则为匹配型资产资本结构。

我们以沃尔玛和万华化学公司为例，分析这两家公司的资产资本结构及其流动性。

以沃尔玛2010～2015年财报的标准资产负债表数据为基础，调整后的资产资本表主要数据以及长期融资净值和短期融资净值如表8-15所示。

表8-15 沃尔玛的资产资本结构

单位：万美元

| 项目 | 2015-01-31 | 2014-01-31 | 2013-01-31 | 2012-01-31 | 2011-01-31 | 2010-01-31 |
|---|---|---|---|---|---|---|
| 金融资产 | 870 500 | 913 500 | 728 100 | 778 100 | 655 000 | 739 500 |
| 周转性经营投入 | −708 100 | −444 000 | −335 900 | −694 000 | −752 700 | −796 400 |
| 营运资产 | 5 153 400 | 5 414 300 | 5 390 400 | 5 215 900 | 4 842 500 | 4 449 800 |
| 营运负债 | 5 861 500 | 5 858 300 | 5 726 300 | 5 909 900 | 5 595 200 | 5 246 200 |
| 长期经营资产 | 13 202 100 | 13 162 300 | 13 554 900 | 13 555 200 | 1 3056 900 | 12 208 800 |
| 资产总额 | 13 364 500 | 13 631 800 | 13 947 100 | 13 639 300 | 12 959 200 | 12 151 900 |
| 短期债务 | 600 400 | 668 900 | 1 208 200 | 1 271 900 | 634 800 | 602 200 |
| 长期债务 | 4 403 000 | 4 369 200 | 4 455 900 | 4 141 700 | 4 707 900 | 4 384 200 |
| 股东权益 | 8 361 100 | 8 593 700 | 8 283 000 | 8 225 700 | 7 616 500 | 7 165 500 |
| 资本总额 | 13 364 500 | 13 631 800 | 13 947 100 | 13 639 300 | 12 959 200 | 12 151 900 |
| 长期融资净值 | 270 100 | 244 600 | −480 100 | −493 800 | 20 200 | 137 300 |
| 短期融资净值 | −270 100 | −244 600 | 480 100 | 493 800 | −20 200 | −137 300 |

从表8-15中我们可以看到，沃尔玛在上述年份的周转性经营投入为负数，如前所述，这代表沃尔玛在营运环节不仅不需要现金投入，反而可以产生持续的现金流入并成为长期资本来源；2010年、2011年、2014年和2015年沃尔玛的长期融资净值为正数，2012和2013年为负数，总体上来说，这是一个以匹配为目标的策略，即偏激进时进行稳健微调回到匹配、偏稳健时进行激进微调回到匹配。

表8-16是万华化学公司的相关数据。

从表8-16中可以看出，万华化学公司采取了激进型的资产资本结构策略。在2011～2015年，该公司的长期融资净值均为负数，并且金额越来越大，短期融资净值则呈相反变化。这是因为万华化学公司在规模扩张的过程中，在运用内源性筹资增加股东权益的同时，更多地采用了债务筹资，并且用短期债务筹资来满足公司规模扩张过程中的长期资本需求，存在一定程度的"短融长投"。从

2011～2015年的数据来看，短融长投的金额越来越大，如果这一趋势延续下去，将增加公司的财务成本负担，同时将加大公司的流动性风险。正因为此，万华化学公司在2015年和2016年都提出了发行股票增加股权融资的计划，以降低流动性风险。

表8-16 万华化学公司的资产资本结构

单位：万元

| 项目 | 2015-12-31 | 2014-12-31 | 2013-12-31 | 2012-12-31 | 2011-12-31 |
| --- | --- | --- | --- | --- | --- |
| 金融资产 | 208 636.18 | 105 223.52 | 106 518.24 | 148 124.70 | 191 224.70 |
| 长期股权投资 | 18 612.81 | 8 874.00 | 11 205.30 | 4 517.35 | 2 509.44 |
| 周转性经营投入 | 189 781.72 | 256 424.17 | 198 789.88 | 363 329.81 | 360 981.84 |
| 长期经营资产 | 3 630 313.13 | 3 151 290.18 | 2 261 402.90 | 1 398 641.31 | 963 849.84 |
| 资产总额 | 4 047 343.85 | 3 521 811.88 | 2 577 916.34 | 1 914 613.13 | 1 497 035.47 |
| 短期债务 | 1 222 590.89 | 708 951.64 | 510 060.82 | 485 274.83 | 518 104.51 |
| 长期债务 | 1 342 429.52 | 1 484 292.67 | 889 759.97 | 445 057.29 | 242 368.55 |
| 股东权益 | 1 482 323.44 | 1 328 567.57 | 1 178 095.55 | 984 281.01 | 843 092.73 |
| 资本总额 | 4 047 343.85 | 3 521 811.88 | 2 577 916.34 | 1 914 613.13 | 1 603 565.79 |
| 长期融资净值 | −1 013 954.70 | −603 728.11 | −403 542.56 | −337 150.17 | −263 410.16 |
| 短期融资净值 | 1 013 954.71 | 603 728.12 | 403 542.58 | 337 150.13 | 241 879.81 |

注：长期融资净值与短期融资净值之和应该等于0，结果略有差异是由于计算过程中四舍五入的影响。

## 8.5 周转性经营投入长期化率

长期融资净值和短期融资净值是绝对数指标。那么，是否可以采取类似于流动比率、速动比率的相对指标来衡量一家公司的流动性呢？

流动比率和速动比率的缺陷在于：流动和速动本身是动态的概念，但是我们却用静态的时点数据来计算。为了能体现出"动"的含义，在此我们介绍一个新的测算流动性的财务指标——周转性经营投入长期化率。该指标侧重分析周转性经营投入的资本来源结构，更准确地说，就是周转性经营投入中来自长期资本部分的比例，其计算公式如下：

周转性经营投入长期化率 =（长期资本－长期经营资产－长期股权投资）/ 周转性经营投入

上式中，分子为长期资本在满足长期经营资产和长期股权投资的资金需求后用于满足周转性经营投入的部分；分母为周转性经营投入。总的来说，在其他条件不变的情况下，周转性经营投入中的长期资本比重越大，公司的流动能力越强；周转性经营投入"动"得越快、投入越少，公司的流动能力越强。

流动性由什么决定？怎样提高流动性？第一个问题的答案可由公式中的周转性经营投入长期化率得到：流动性由资本资产结构（分子）和周转性经营投入（分母）的决策决定。如果这个比率提高，公司的流动性状况就会改善。

根据公式，有以下几种情况可改善流动性状况：①在资本规模不变的情况下，改变资本期限结构，增加长期资本；②在不影响经营规模的情况下，提升资产效率，改变资产结构，减少长期资产净值的投入；③提升营运效率，减少周转性经营投入。在下列情况下，长期资本会增加：①申请长期贷款；②提高权益资本（发行新股）；③增加留存收益（减少股利）。如果公司在保证经营规模的前提下，充分发挥长期资产的产能和使用效率，降低长期资产的闲置程度，则长期资产的投入就会减少。影响公司周转性经营投入的决策是营运管理决策。这些决策决定着应收账款、存货、预付账款、应付账款和预收账款等在财报中的数额。要控制好周转性经营投入，就要弄清楚影响其规模的因素：应收账款、存货、预收账款、应付账款和预付账款。这五项的多少又取决于前面已经论述过的三个方面：①公司所在行业的特点；②公司管理营业循环的效率；③销售增长水平。

周转性经营投入长期化率这个指标的缺陷在于：周转性经营投入为负数的行业和公司，无法使用这个指标来简单评价流动性风险。我们无法用该指标来分析沃尔玛——除了破产清算、停止营业等特殊情况，在正常经营情况下，周转性经营投入为负数的公司往往是在产业链和供应链中具有竞争优势的公司，因此不会存在流动性风险。

我们可以计算万华化学公司的周转性经营投入长期化率，如表8-17所示。

从表8-17中可以看到，在该期间周转性经营投入逐步压缩，营运效率逐渐提高，这是好的一方面。然而，公司在扩张过程中，长期资本的增加速度赶不上长期资产的快速增加，导致周转性经营投入中长期资本所占的比重降低，并且到后面3年长期资本比长期资产的资金需求都少，出现了短融长投，导致周转性经营投入长期化率为负数。这意味着资产期限结构和资本期限结构出现了错配，流动性风险很大。

表 8-17　万华化学公司的流动比率、速动比率和周转性经营投入长期化率

金额单位：万元

| 项　　目 | 2015-12-31 | 2014-12-31 | 2013-12-31 | 2012-12-31 | 2011-12-31 |
|---|---|---|---|---|---|
| （1）流动资产 | 1 102 658.70 | 975 653.06 | 818 932.95 | 836 271.81 | 763 794.65 |
| （2）速动资产 | 683 273.39 | 674 653.81 | 592 432.76 | 636 785.48 | 630 006.78 |
| （3）流动负债 | 1 927 327.29 | 1 323 398.89 | 1 044 136.67 | 822 705.47 | 675 697.54 |
| （4）流动比率（=（1）/（3）） | 0.57 | 0.74 | 0.78 | 1.02 | 1.13 |
| （5）速动比率（=（2）/（3）） | 0.35 | 0.51 | 0.57 | 0.77 | 0.93 |
| （6）周转性经营投入 | 189 781.72 | 256 424.17 | 198 789.88 | 363 329.81 | 445 981.84 |
| （7）长期股权投资 | 18 612.81 | 8 874.00 | 11 205.30 | 4 517.35 | 2 509.44 |
| （8）长期经营资产 | 3 630 313.13 | 3 151 290.18 | 2 261 402.90 | 1 398 641.31 | 963 849.84 |
| （9）长期债务 | 1 342 429.52 | 1 484 292.67 | 889 759.97 | 445 057.29 | 242 368.55 |
| （10）股东权益 | 1 482 323.44 | 1 328 567.57 | 1 178 095.55 | 984 281.01 | 843 092.73 |
| （11）长期资本合计（=（9）+（10）） | 2 824 752.96 | 2 812 860.24 | 2 067 855.52 | 1 429 338.30 | 1 085 461.28 |
| （12）周转性经营投入长期化率（=（（11）-（7）-（8））/（6）×100%） | -434.27% | -135.44% | -103.00% | 7.21% | 26.71% |

但是，万华化学公司在 2011～2015 年的流动比率、速动比率指标也一直下降，按这些指标的解释就是流动性在下降、风险上升，因此周转性经营投入长期化率的结论与传统财务指标的结论是一致的，未能体现周转性经营投入长期化率指标的有效性。

我们以金风科技为例，可以更好地比较流动比率、速动比率、传统营运资本等财务指标和长期融资净值、短期融资净值、周转性经营投入长期化率之间的有效性问题（见表 8-18）。

在表 8-18 中，金风科技的流动资产、速动资产和流动负债等数据来自标准的资产负债表，金风科技的长期资本、长期资产和周转性经营投入则是按照资产资本表的要求调整计算得出。从表 8-18 中可以看出，在 2011～2015 年，金风科技的传统营运资本、流动比率和速动比率均有所下降，流动性变差。但是按照我们

所定义的周转性经营投入长期化率来看，金风科技从 2011 年的 127.46% 上升到了 2015 年的 293.24%，得到了显著改善，流动性不仅没有变差，反而在提升；周转性经营投入从 2011 年的约 71.41 亿元下降到 2015 年的约 22.41 亿元，是金风科技营运循环效率提升、营运资产加速流动的结果。

表 8-18 金风科技传统财务指标和周转性经营投入长期化率的比较

金额单位：万元

| 项 目 | 2015-12-31 | 2014-12-31 | 2013-12-31 | 2012-12-31 | 2011-12-31 |
| --- | --- | --- | --- | --- | --- |
| （1）流动资产 | 2 528 664.19 | 2 809 488.95 | 1 929 280.58 | 2 312 037.08 | 2 488 423.58 |
| （2）速动资产 | 2 224 944.17 | 2 444 530.45 | 1 629 032.92 | 1 960 874.48 | 1 973 600.00 |
| （3）流动负债 | 2 095 889.12 | 2 231 976.01 | 1 153 779.56 | 1 181 343.04 | 1 523 035.59 |
| （4）传统营运资本 | 432 775.07 | 577 512.94 | 775 501.02 | 1 130 694.04 | 965 387.99 |
| （5）流动比率（=（1）/（3）） | 1.21 | 1.26 | 1.67 | 1.96 | 1.63 |
| （6）速动比率（=（2）/（3）） | 1.06 | 1.10 | 1.41 | 1.66 | 1.30 |
| （7）长期资本 | 2 906 460.84 | 2 191 477.59 | 2 159 452.41 | 1 924 618.60 | 1 584 325.41 |
| （8）长期资产 | 2 249 207.31 | 1 416 255.97 | 1 304 468.10 | 820 860.92 | 674 096.61 |
| （9）周转性经营投入 | 224 131.79 | 339 501.25 | 416 291.40 | 510 672.77 | 714 126.31 |
| （10）周转性经营投入长期化率（=（（7）-（8））/（9）×100%） | 293.24% | 228.34% | 205.38% | 216.14% | 127.46% |

结合表 8-19 中金风科技的周转效率指标，可以进一步验证我们的分析结论。金风科技在 2011～2015 年期间，应收款项和存货的周转次数提升而应付款项的周转次数下降，说明其营运环节管理得到了改善。周转性经营投入长期化率指标和周转效率指标的分析结论一致，而不像流动比率、速动比率等指标经常会与周转效率指标之间发生分析结论的矛盾。

综上，流动比率和速动比率的优点在于计算简单，普及程度高，并且在一些情况下与周转性经营投入长期化率指标分析结果一致，比如上文中万华化学公司的例子。周转性经营投入长期化率指标需要调整有关数据，计算相对复杂，但是它比传统的流动比率和速动比率更加真实有效地反映一家公司的流动性，并且与其他财务指标可以更好地保持分析的一致性。

表 8-19　金风科技周转性经营投入周转效率

金额单位：万元

| 项　目 | 2015-12-31 | 2014-12-31 | 2013-12-31 | 2012-12-31 | 2011-12-31 |
|---|---|---|---|---|---|
| （1）营业收入 | 3 006 209.96 | 1 770 421.80 | 1 230 847.66 | 1 132 418.90 | 1 284 312.79 |
| （2）应收款项－预收款项 | 1 263 698.78 | 859 439.92 | 899 353.86 | 940 004.10 | 923 674.39 |
| （3）应收周转率(=(1)/(2)) | 2.38 | 2.06 | 1.37 | 1.20 | 1.39 |
| （4）营业成本 | 2 209 301.32 | 1 291 845.85 | 970 231.58 | 958 417.99 | 1 071 435.91 |
| （5）存货 | 303 720.02 | 364 958.50 | 300 247.66 | 351 162.60 | 514 823.58 |
| （6）存货周转率(=(4)/(5)) | 7.27 | 3.54 | 3.23 | 2.73 | 2.08 |
| （7）应付款项－预付款项 | 1 380 689.72 | 983 275.06 | 846 171.21 | 771 506.75 | 685 363.90 |
| （8）应付周转率(=(4)/(7)) | 1.60 | 1.31 | 1.15 | 1.24 | 1.56 |

# 第 9 章

# 股权价值增加值分析

资产带来收益，资本带来资本成本。标准利润表无法体现资产和收益、资本和资本成本的逻辑关系，为此，本章将标准利润表重构为股权价值增加表。在此基础上，进行金融资产收益、长期股权投资收益、经营利润、实际所得税税率、债务资本成本和股权价值增加值的分析。公司盈利能力分析，包括营业收入、营业成本、毛利和毛利率、营业费用以及经营利润等多方面的分析，其中经营利润是公司盈利能力分析的重点。

## 9.1 基于资产资本表的利润表重构：股权价值增加表

### 9.1.1 标准利润表的缺陷

标准利润表按照分步式计算公司的净利润和综合收益。但是，在公司管理分析和决策、投资者分析和决策时，标准利润表存在着无法解决的缺陷。

一是标准利润表无法与标准资产负债表或资产资本表之间建立起清晰的逻辑联系，导致决策者无法建立分析和决策的逻辑基础。资产概念的核心是可以带来未来的经济利益，但是按照标准利润表，我们不知道哪些收入和利润是哪些资产所产生的。

二是标准利润表只是考虑扣减债务资本成本，而没有考虑股权资本成本，导致决策者无法根据标准利润表分析和判断一家公司是否真正创造了价值。一家公司是否创造价值，必须对该公司的收益和资本成本进行全面对比才能得出判断。

三是标准利润表内部自身存在混乱。按照会计准则规定，必须对公司利润和其他综合收益考虑所得税情况从而产生递延所得税资产和递延所得税负债的核算，因此其他综合收益显然已经考虑了所得税费用的问题。但是按照现行标准利润表，在利润总额后面减去所得税费用得出净利润，会误导大家认为利润总额与所得税费用之间存在对应关系，从而忽略和不考虑其他综合收益与所得税费用之间的关系。

### 9.1.2 利润表的重构：股权价值增加表

我们按照现金流量表中公司的经济活动重构了标准资产负债表后形成了资产资本表。那么，资产资本表和利润表之间又是什么关系呢？我认为，资产在使用的过程中转换为成本费用同时带来收入，其中金融资产所产生的收益称为金融资产收益，长期股权投资所产生的收益称为股权投资收益，经营资产所产生的收益称为经营利润；资本在使用的过程中需要回报即资本成本，其中股东权益对应股权资本成本，债务对应债务资本成本。因此，我们按照资产资本表重构利润表，可以让资产资本表和利润表之间的逻辑关系更加清楚，同时更加全面地考虑公司的资本成本。重构后的利润表我们称为股权价值增加表。资产资本表和股权价值增加表之间的逻辑关系如图 9-1 所示。

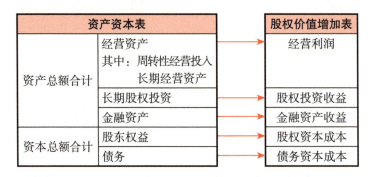

图 9-1 资产资本表和股权价值增加表之间的逻辑关系

我以 2020 年现行财务报表格式中的利润表为基础，重构出股权价值增加表，其具体格式如表 9-1 所示。

表 9-1 股权价值增加表

公司名称：　　　　　　　　　　年度　　　　　　　　　　单位：

| 编 号 | 项 目 | 计算过程 | 本期发生额 | 上期发生额 |
|---|---|---|---|---|
| （1） | 营业收入 | | | |
| （2） | 营业成本 | | | |
| （3） | 营业成本率 | =（2）/（1）×100% | | |
| （4） | 毛利 | =（1）-（2） | | |
| （5） | 毛利率 | =（4）/（1）×100% | | |
| （6） | 税金及附加 | | | |
| （7） | 税金及附加率 | =（6）/（1）×100% | | |
| （8） | 销售费用 | | | |
| （9） | 销售费用率 | =（8）/（1）×100% | | |
| （10） | 管理费用 | | | |
| （11） | 管理费用率 | =（10）/（1）×100% | | |
| （12） | 研发费用 | | | |
| （13） | 研发费用率 | =（12）/（1）×100% | | |
| （14） | 经营资产减值损失 | | | |
| （15） | 信用减值损失 | | | |
| （16） | 资产减值损失率 | =（(14)+（15））/（1）×100% | | |
| （17） | 资产处置收益 | | | |
| （18） | 其他收益 | | | |
| （19） | 营业外收入 | | | |
| （20） | 营业外支出 | | | |
| （21） | 营业外收支及其他占营业收入的比例 | =（(17)+（18）+（19）-（20））/（1）×100% | | |
| （22） | 息税前经营利润 | =（1）-（2）-（6）-（8）-（10）-（12）-（14）-（15）+（17）+（18）+（19）-（20） | | |
| （23） | 经营利润所得税 | =（22）×（47） | | |
| （24） | 息前税后经营利润 | =（22）-（23） | | |
| （25） | | | | |
| （26） | 短期投资收益 | | | |
| （27） | 利息收入 | | | |

(续)

| 编　号 | 项　目 | 计算过程 | 本期发生额 | 上期发生额 |
|---|---|---|---|---|
| （28） | 净敞口套期收益 | | | |
| （29） | 公允价值变动净收益 | | | |
| （30） | 汇兑净收益 | | | |
| （31） | 其他综合收益 | | | |
| （32） | 息税前金融资产收益 | =（26）+（27）+（28）+（29）+（30）+（31） | | |
| （33） | 金融资产收益所得税 | =（32）×（47） | | |
| （34） | 息前税后金融资产收益 | =（32）-（33） | | |
| （35） | | | | |
| （36） | 长期股权投资收益 | | | |
| （37） | | | | |
| （38） | 息税前利润总额 | =（22）+（32）+（36） | | |
| （39） | 息前税后利润总额 | =（24）+（34）+（36） | | |
| （40） | | | | |
| （41） | 真实财务费用 | | | |
| （42） | 财务费用抵税效应 | =（41）×（47） | | |
| （43） | 税后真实财务费用 | =（41）-（42） | | |
| （44） | | | | |
| （45） | 税前利润 | =（38）-（41） | | |
| （46） | 减：所得税 | | | |
| （47） | 实际所得税税率 | =（46）/((45)-（36））×100% | | |
| （48） | 净利润 | =（45）-（46） | | |
| （49） | 股权资本成本 | | | |
| （50） | 股权价值增加值 | =（48）-（49） | | |

股权价值增加表中的若干概念需要特别说明一下，以免引起误解。

资产减值损失，要分析是哪一类资产。金融资产的减值损失归为金融资产收益，经营资产的减值损失归为经营利润，长期股权投资的减值损失归为对联营企业和合营企业的股权投资收益。如果一家公司的金融资产和长期股权投资金额不大，我们可以简化处理，将资产减值损失作为经营利润。

息税前利润是指扣除公司债务利息和企业所得税前的利润，简言之，就是一家公司在偿付利息、缴纳税金之前的利润。

息前税后经营利润、息前税后金融资产收益是指该类资产取得的收益扣除应承担的企业所得税后的金额，息前税后利润是指公司资产总额取得的收益扣除企业所得税后的金额，均没有扣除相应的债务利息。为什么要计算息前税后利润项目的数字呢？其意义在于：这是一家公司拿着股东和债务人投入的资金在扣除税金后所赚取的利润。在我们的分析框架中，把公司赚取的税后的利润和要承担的税后的资本成本进行比较，来判断公司是否创造价值——债务利息构成了资本成本的组成部分，而不是经营成本的组成部分，因此需要计算息前税后利润。当息前税后利润大于资本成本时，公司创造价值；反之，公司毁灭价值。

短期投资收益为标准利润表中投资收益扣除对联营企业和合营企业的股权投资收益后的金额，主要来自短期的理财型投资活动。

税前利润，也可以说是息后税前利润，是指息税前利润扣除债务利息后的利润。

真实财务费用，是指标准利润表中的财务费用加上财报附注中的利息收入。利息收入在标准利润表财务费用中被作为抵减项扣除，但是利息收入的本质应当作为金融资产的收益。

净利润，也可以说是息税后利润，是指扣除债务利息和企业所得税后的利润。净利润在股权价值增加表中有两种计算方法，结果相同：一是息税前利润减去真实财务费用和所得税；二是息前税后利润减去税后财务费用。债务利息有抵税效应，税后财务费用＝财务费用×（1－企业实际所得税税率）。

企业实际所得税税率，是指企业实际承担的企业所得税负担，其计算公式为：企业实际所得税税率＝企业所得税费用÷（经营利润＋金融资产收益）×100%＝企业所得税费用÷（税前利润总额－长期股权投资收益）×100%。为什么在分母中没有包括"对联营企业和合营企业的股权投资收益"呢？因为按照我国税法的规定，企业所得税是无须重复缴纳的，也就是说，被投资企业缴纳企业所得税后，股东企业不需要再次缴纳企业所得税，故没有企业所得税费用。

股权价值增加值，是指扣除股东预期回报后公司额外为股东创造的价值。

在股权价值增加表中，如果税前利润为负数，其含义为无法满足债权人的预期回报；如果价值增加值为负数，则无法满足股东的预期回报，不仅没有为股东创造价值，反而给股东带来价值损毁。

在按照上述格式编制股权价值增加表时，有一些项目不能直接从标准利润表中取数，需要进行分拆，比如资产减值损失需要在不同类别资产之间进行分拆。如果公司管理人员进行内部分析和决策，则可以按照具体情况进行分拆以得到更加精确的分析结论。外部投资者进行分析和决策，有大致的判断即可。因此，建议外部分析人员对股权价值增值表做出简化以方便直接从标准利润表中取数，比如可以把财务费用近似地作为公司的债务资本成本而不进行更加详细的分拆。但是需要提醒大家注意的是：简化处理有时候会影响分析的准确性。比如，在财务费用简化处理的情况下，如果利息收入的金额比较大，则会低估金融资产收益和债务资本成本（财务费用是利息支出减去利息收入）。

我们以万华化学公司 2015 年度的标准利润表为基础，编制其股权价值增加表，如表 9-2⊖所示。

表 9-2　万华化学公司 2015 年度股权价值增加表

金额单位：万元

| 项　　目 | 2015-12-31 | 2014-12-31 |
|---|---|---|
| （1）营业收入 | 1 949 238.29 | 2 208 836.85 |
| 减：（2）营业成本 | 1 361 996.54 | 1 526 963.97 |
| （3）毛利（=（1）-（2）） | 587 241.75 | 681 872.88 |
| （4）毛利率（=（3）/（1）×100%） | 30.13% | 30.87% |
| 减：（5）营业税金及附加 | 9 565.02 | 10 771.98 |
| （6）营业税金及附加率（=（5）/（1）×100%） | 0.49% | 0.49% |
| 减：（7）销售费用 | 84 726.97 | 70 042.83 |
| （8）销售费用率（=（7）/（1）×100%） | 4.35% | 3.17% |
| 减：（9）管理费用 | 128 151.56 | 135 889.25 |
| （10）管理费用率（=（9）/（1）×100%） | 6.57% | 6.15% |
| 减：（11）经营资产减值损失 | -835.33 | 7 426.63 |
| （12）经营资产减值损失占营业收入的比率（=（11）/（1）×100%） | -0.04% | 0.34% |
| 加：（13）营业外收入 | 30 231.28 | 26 499.02 |
| 减：（14）营业外支出 | 16 287.69 | 24 177.64 |
| （15）营业外收支净额（=（13）-（14）） | 13 943.59 | 2 321.38 |
| （16）营业外收支净额占营业收入的比率（=（15）/（1）×100%） | 0.72% | 0.11% |

⊖ 现行报表格式中新增项目的处理在前面已经有说明，此处采用了万华化学公司 2015 年的财务报告，因此表 9-2 与前述现行格式下的股权价值增加表略有差异，但是其原理和逻辑是一致的。

(续)

| 项 目 | 2015-12-31 | 2014-12-31 |
|---|---|---|
| （17）总费用率（=（6）+（8）+（10）+（12）-（16）） | 10.65% | 10.04% |
| （18）息税前经营利润（=（1）-（2）-（5）-（7）-（9）-（11）+（15）） | 379 577.12 | 460 063.57 |
| （19）息税前经营利润率（=（18）/（1）×100%） | 19.47% | 20.83% |
| （20）经营利润所得税（=（18）×（38）） | 86 148.71 | 104 628.45 |
| （21）息前税后经营利润（=（18）-（20）） | 293 428.41 | 355 435.12 |
| （22）对联营企业和合营企业的股权投资收益（不承担所得税费用） | -261.25 | -332.11 |
| （23）公允价值变动净收益 | -346.68 | 346.68 |
| （24）财务费用中的利息收入 | 1 228.10 | 3 038.44 |
| （25）短期投资收益 | 600.00 | 206.40 |
| （26）财务费用中的汇兑收益 | 0.00 | 0.00 |
| （27）其他综合收益 | 1 654.14 | 972.32 |
| （28）息税前金融资产收益（=（23）+（24）+（25）+（26）+（27）） | 3 135.56 | 4 563.84 |
| （29）金融资产收益所得税（=（28）×（38）） | 711.65 | 1 037.92 |
| （30）息前税后金融资产收益（=（28）-（29）） | 2 423.91 | 3 525.92 |
| （31）息税前利润（=（18）+（22）+（28）） | 382 451.43 | 464 295.30 |
| （32）息前税后利润（=（21）+（22）+（30）） | 295 591.06 | 358 628.93 |
| （33）财务费用 | 85 352.40 | 46 470.24 |
| （34）财务费用税收抵减（=（33）×（38）） | 19 371.56 | 10 568.34 |
| （35）税后财务费用（=（33）-（34）） | 65 980.84 | 35 901.90 |
| （36）税前利润（=（31）-（33）） | 297 099.03 | 417 825.06 |
| 减：（37）所得税费用 | 67 488.80 | 95 098.02 |
| （38）实际所得税率（=（37）/（（36）-（22））×100%） | 22.70% | 22.74% |
| （39）净利润（=（36）-（37）） | 229 610.23 | 322 727.04 |
| 减：（40）股权资本成本（按股东权益×8%计算） | 118 585.88 | 106 285.41 |
| （41）股权价值增加值（=（39）-（40）） | 111 024.35 | 216 441.63 |

注：表中数据在计算过程中有四舍五入。

表9-2中，除了按"净利润=税前利润-所得税费用"的公式计算外，也可以按照"净利润=息前税后经营利润+对联营企业和合营企业的股权投资收益+息前税后金融资产收益-税后财务费用"的顺序进行计算，两者的结果是一样的。读者也可以计算两者是否一致，来判断表9-2中的数字逻辑是否正确。

从表 9-2 中可以看出，万华化学公司的净利润在扣除 8% 的股权资本成本后，股权价值增加值在 2014 年为 216 441.63 万元、2015 年为 111 024.35 万元，这是在满足债权人和股东的预期回报之后，万华化学公司连续为股东创造的额外回报。

## 9.2 股权价值增加表分析：营业收入分析

### 9.2.1 营业收入历史增长情况

从一家公司多个年度的营业收入增长情况，可以判断该公司的成长性。营业收入逐年快速增长的公司，可以称为成长型公司；营业收入逐年下降的公司，则为衰退型公司；营业收入各年间保持稳定的公司，则为成熟型公司。

以万华化学公司为例，我们计算了万华化学公司 2009～2015 年的营业收入环比增长情况，如表 9-3 所示。

表 9-3 万华化学公司 2009～2015 年营业收入分析

金额单位：万元

| 年度 | 2015 年 | 2014 年 | 2013 年 | 2012 年 | 2011 年 | 2010 年 | 2009 年 |
|---|---|---|---|---|---|---|---|
| 营业收入 | 1 949 238 | 2 208 837 | 2 023 797 | 1 594 213 | 1 366 231 | 942 978 | 649 292 |
| 环比 | −11.75% | 9.14% | 26.95% | 16.69% | 44.88% | 45.23% | — |

从表 9-3 中可以看出，万华化学公司的营业收入从 2009 年的约 64.93 亿元增长到 2015 年的约 194.92 亿元，其中最高为 2014 年的约 220.88 亿元，7 年增长到原来的 3 倍左右。从环比来看，除了 2015 年为负增长，其余年份均为正增长，最高环比增长为 45.23%。如果结合万华化学公司的扩张战略，2016 年开始营业收入进入增长轨道是大概率事件。根据以上数据，我们可以把 2009～2015 年的万华化学公司归为成长型公司。

我们再来看看宝钢股份 2009～2015 年的营业收入情况，如表 9-4 所示。

表 9-4 宝钢股份 2009～2015 年营业收入分析

金额单位：万元

| 年度 | 2015 年 | 2014 年 | 2013 年 | 2012 年 | 2011 年 | 2010 年 | 2009 年 |
|---|---|---|---|---|---|---|---|
| 营业收入 | 16 378 954.85 | 18 741 364.01 | 18 968 837.97 | 19 113 553.68 | 22 250 468.47 | 20 214 915.24 | 14 832 636.39 |
| 环比 | −12.61% | −1.20% | −0.76% | −14.10% | 10.07% | 36.29% | — |

从表 9-4 中可以看出，宝钢股份的营业收入 2009 年为约 1 483 亿元，2015 年为约 1 638 亿元，2010 年和 2011 年为正增长，2012～2015 年均为负增长。因此，从收入的角度来说，2009～2015 年的宝钢股份为成熟型公司，在未来则可能进入缓慢衰退期。

最后，我们来看一下川化股份 2009～2015 年的营业收入的情况，如表 9-5 所示。

表 9-5　川化股份 2009～2015 年营业收入分析

金额单位：万元

| 年　　度 | 2015 年 | 2014 年 | 2013 年 | 2012 年 | 2011 年 | 2010 年 | 2009 年 |
| --- | --- | --- | --- | --- | --- | --- | --- |
| 营业收入 | 31 962.94 | 84 214.71 | 181 091.99 | 211 982.08 | 198 701.84 | 200 577.38 | 225 132.53 |
| 环　　比 | -62.05% | -53.50% | -14.57% | 6.68% | -0.94% | -10.91% | -14.79% |

从表 9-5 中可见，川化股份的营业收入在 2009～2015 年除了 2012 年为正增长，其余年份均为负增长，负增长最多为 -62.05%，因此川化股份为快速衰退型公司，如果不进行重组转型，则只能是死路一条。对川化股份的小股东们来说，幸运的是，四川省国资委作为川化股份的控股股东有极大可能以非市场化的手段伸出援手进行重组。乌鸡变凤凰的故事屡次在资本市场上演。

## 9.2.2　营业收入未来增长空间判断

营业收入是一个总额数字。多数公司的营业收入是由多项不同业务的收入加总后得出的。我们需要对公司的不同业务进行详细分析，以判断其未来的增长空间。营业收入的分析包括如下两个方面。

一是结合公司业务规划，分析营业收入的构成，并判断公司在未来是否存在新的业务增长点。

二是就具体业务的营业收入进行深入分析，某项具体业务的营业收入计算公式为：

$$营业收入 = 销量 \times 单位价格$$

从上述公式可以得出，一家公司要提高营业收入有两个途径：一是扩大销量；二是提高销售价格。

从扩大销量的角度来看，我们需要对公司业务的未来增长空间做一个大致的预测和判断。比如，中国石化和中国石油在我国的市场占有率非常高，如果行业空间本身没有增长，那么这两家公司在未来扩大销量的空间就有可能受到限制。再比如，生产小家电的苏泊尔，在小家电的市场中占有率比较低，那么理论上来说其未来扩大销量的空间会比较大。

从提高销售价格的角度来看，需要分析公司是否具有定价权。如果没有定价权，则提高销售价格必然导致销量的下滑。

### 9.2.3 营业收入分析的特殊问题：收入的确认问题

收入的确认是指收入入账的时间和金额。收入的确认应解决两个问题：一是何时，二是计量。何时是指收入在什么时候记入账册，比如商品销售（或长期工程）是在售前、售中，还是在售后确认收入；计量则指以什么金额登记，比如是按总额法还是按净额法。

由于收入需要计入不同的期间，因此有些公司会运用收入在确认条件上存在的自主判断空间，操纵收入的确认，影响营业收入的金额，从而影响当期利润。

2017年，我国财政部发布了新的收入准则，采用了合同义务法，具体规定如下。

企业应当在履行了合同中的履约义务，即在客户取得相关商品控制权时确认收入。取得相关商品控制权，是指能够主导该商品的使用并从中获得几乎全部的经济利益。当企业与客户之间的合同同时满足下列条件时，企业应当在客户取得相关商品控制权时确认收入：①合同各方已批准该合同并承诺将履行各自义务；②该合同明确了合同各方与所转让商品或提供劳务（简称转让商品）相关的权利和义务；③该合同有明确的与所转让商品相关的支付条款；④该合同具有商业实质，即履行该合同将改变企业未来现金流量的风险、时间分布或金额；⑤企业因向客户转让商品而有权取得的对价很可能收回。

收入的确认问题是一个非常专业的问题，需要财务会计人员进行职业判断。收入确认是否恰当会影响年度之间的财报数字，有些公司会出于某些目的在不同年度之间进行跨期调节和粉饰。但是从一个足够长的时间来看，这种调节和粉饰并不会影响这一期间的收入总额。比如，A公司在2011～2012年间，2011年应当确认10亿元的收入，财报只确认2亿元，其中8亿元转到以后年度确认；2012年本来应当确认收入12亿元，2011年的8亿元收入在2012年确认，导致2012年财报确认的收入为20亿元；不管如何调节和粉饰，2011年和2012年应当确认的收入总额为22亿元。但是经过粉饰后，2012年的收入大幅增加，会给财报使用者带来误导。

收入确认中，比较可怕的事情是有些公司可能会存在完全虚构的收入，即没有任何真实业务发生，完全就是收入造假。遇到这类公司时，我们要结合后面的现金流分析来规避：虚构收入往往无法带来真实的现金流。

## 9.3　股权价值增加表分析：营业成本分析

营业成本是公司为客户生产商品或者提供服务发生的原材料、直接人工、水电煤等制造费用、固定资产的折旧和无形资产的摊销等。营业成本是公司为了取得营业收入所付出的代价。因此，营业成本必须低于营业收入，否则公司将得不偿失，陷入亏损。

### 9.3.1　成本性态分析：亏损的业务是否就应该停产

我曾经在课堂上问过很多人：如果一家企业的单位产品成本为1 000元、销售价格为800元，那么这家企业还要不要生产这个产品？大多数人会摇头，表示要停产。但现实情况是非常多的亏损企业在继续生产，说明这个答案在现实中是错误的。

在企业管理中，成本费用按性态划分为固定成本费用、变动成本费用、半变动或半固定成本费用。固定成本是指成本总额在一定时期和一定业务量范围内，不受业务量增减变动影响而保持不变的成本，比如企业的固定资产折旧；变动成本是指那些成本总额在相关范围内随着业务量的变动而成正比例变动，但单位产品的耗费则保持不变，比如产品的原材料或者零部件就是典型的变动成本。固定成本一般是沉没成本，也就是说不管我们做还是不做，成本照样发生；变动成本一般是相关成本，如果我们不做就不会发生。

会计上单位产品成本的计算过程为：固定成本分摊＋单位变动成本＝（资本性资产摊销折旧总额＋固定人工成本总额＋固定制造费用总额＋其他固定成本费用总额）÷总产量＋（单位产品原材料成本＋单位产品水电煤成本＋计件制人工成本＋其他单位变动成本）。如果一个企业的固定成本费用总额是

100 000 元，单位产品变动成本是 500 元，企业的总产量为 200 件产品，则总成本为 100 000+500×200=200 000（元），单位产品成本为 100 000÷200+500=1 000（元）；企业总产量增加到 400 件产品，则总成本为 100 000+500×400=300 000（元），单位产品成本为 100 000÷400+500=250+500=750（元）。因此，固定成本总额不变，单位产品固定成本则随产量增加分摊额会减少；变动成本总额随产量成正比例变动，单位产品变动成本则保持不变。

企业的固定成本首先就是固定资产的折旧和无形资产的摊销，这些都是巨额的先期投资的资产所带来的。从企业管理的角度来说，这些先期投资是沉没成本——如果企业停产清算，这些前期投资都将打水漂。企业的固定成本除了重资产所带来的折旧摊销，还有人工成本——其中的大部分是固定成本，还有一部分是跟绩效挂钩或者产量挂钩的变动成本。只要没有裁员，企业就必须支付职工基本工资、缴纳五险一金等固定的金额。从理论上来说，在企业困难时，裁员是一个不错的选择，也有一些企业确实这么做了，但是考虑社会稳定、职工就业等因素，大规模的裁员也存在较大的难度。再说，裁员需要的大笔买断工龄的资金对很多企业来说也是一个很大的压力。

企业的变动成本主要是原材料、辅助材料、生产用水电煤等。

如果一家企业的固定成本费用总额为 100 000 元，产品总量为 200 件，单位产品变动成本为 500 元，单位产品固定成本为 500 元，单位产品成本总额为 1 000 元、销售价格为 800 元，那么该企业还要不要继续生产？答案如表 9-6 所示。

表 9-6 营业成本性态与公司决策

单位：元

| 情形 | 单位价格（1） | 单位成本 | | 单位边际贡献（4)(=(1)-(3)) | 单位利润（5）(=(1)-(2)-(3)) | 是否停产 |
| | | 单位固定成本（2） | 单位变动成本（3） | | | |
|---|---|---|---|---|---|---|
| 一 | 800 | 100 | 900 | -100 | -200 | 停产，亏损固定成本 100 元 |
| 二 | 800 | 900 | 100 | 700 | -200 | 不停产。停产亏损固定成本 900 元 |
| 三 | 800 | 500 | 500 | 300 | -200 | 不停产。停产亏损固定成本 500 元 |

情形一为轻资产企业，成本费用中主要是变动成本。在行业不景气时停止生产，变动成本不发生，只有少量的固定成本，也就是说轻资产行业的产能退出壁垒非常低，停产的话最多就是亏损不太多的固定成本和前期资本性资产支出；而一旦行业景气，企业马上又可以投产。从表9-6中可以看出，情形一停产单位产品损失100元，不停产损失200元，因此正确的选择就是停产。

情形二为重资产企业，成本费用中主要是固定成本。在行业不景气时停产，只有少量的变动成本不发生，而巨额的固定资产照样发生，因此重资产行业的产能退出壁垒很高，停产的话将带来巨额的固定资产和前期资本性资产支出的损失。从表9-6中可以看出，情形二停产单位产品亏损900元，不停产亏损200元，因此，不停产才是正确的选择。

上述情形一和二分别是极端的轻资产和极端的重资产情形，我们假设在现实生活中可能更常见的情形三：成本中一半是固定成本，一半是变动成本。从表9-6中可以看出，情形三停产单位产品亏损500元，不停产亏损200元，因此企业还是不能停产。

我们把上述分析总结为一句话：边际贡献为正的业务应该继续进行！边际贡献=单位销售价格-单位变动成本，其意思是说我们在做决策时只需考虑相关成本也就是变动成本，而无须考虑沉没成本也就是固定成本。

## 9.3.2 经营资产结构决定营业成本结构

成本费用中的很大一部分是由企业的资产结构决定的。在会计准则中，我们定义资产为"企业过去的交易或者事项形成的、由企业拥有或者控制的、预期会给企业带来经济利益的资源"。带来经济利益的前提是资产被使用掉，即资产要转化为成本。因此，资产结构在很大程度上决定企业的成本费用性态。

不知道大家发现没有，产能过剩的行业都是重资产行业。重资产、轻资产是有一段时间很多企业都谈得不亦乐乎的战略话题。其实，对于重资产、轻资产并没有权威定义，只是大家约定俗成的说法而已。从财务的角度来说，什么是重资产、轻资产呢？最简单地说，在资产负债表的资产部分，长期资产占资产总额的比重超过60%就已经是重资产了，70%甚至更高比重那毫无疑问就是重资产了；反之，如果金融资产和周转性经营投入占资产总额的比重超过60%是轻资产，如果比重更高那毫无疑问就更是轻资产了。

我国目前产能过剩的行业基本都是充分竞争的重资产行业，背后的原因是什么呢？这是由重资产行业的竞争格局和成本结构所决定的。

首先，行业竞争格局的问题。如果行业充分竞争，就意味着有足够多的竞争者，在竞争中由于经济学中所说的个体理性导致集体非理性就可能引起产能过剩。如果不是充分竞争的行业，由少数几个企业说了算，也就不会发生严重的产能过剩的问题。假设有一个产品全球只有一个生产厂家（类似于英特尔公司的电脑芯片），需求多它就多生产，需求少它就少生产，就可以避免产能过剩；少数几个企业的寡头垄断也会尽力保持理性，避免恶性竞争。我国当前的绝大多数重资产行业都是竞争者众多，竞争相当充分。

其次，重资产的高额固定资产折旧和无形资产摊销引起的高固定成本，需要大规模大批量生产才能具有竞争优势。假设大家在钢铁企业工作，在亏损的情况下，领导要求我们想方设法控制和降低成本。我们到底是降低变动成本还是固定成本？课堂上90%以上的学员都不假思索地认为应该降低变动成本。大家再好好仔细地想一想，变动成本真的那么容易降下来吗？回到变动成本的概念上来，变动成本是指单位产品耗费不变的成本——钢铁企业生产每吨钢所需的铁矿石、水电煤的耗费量能不能减少？这些原材料以及动力的单价能不能降低？答案不言自明，耗费量是企业的生产工艺决定的，短期之内根本不可能有大的改变，而它们的单价则取决于市场，企业内部也无法发挥大的主观能动作用。企业要降低变动成本，唯一能做的就是堵住跑冒滴漏，把原来可能存在的采购中的油水挤一挤、管理中的吃拿卡要挤一挤——降低变动成本要求企业从"干毛巾里面挤水分"。

因此，绝大多数企业在降低成本时，不仅是降低变动成本，更重要的是扩大产量来降低单位产品固定成本——不仅要满产最好要超产，因为产量上去了，固定成本总额不变，则单位产品的固定成本就下降了。如果行业内的其他企业都扩大产能，我们不扩大产能，那么我们不仅市场份额会缩小，并且我们的产品成本也会比别人高，我们在竞争中就会处于不利地位，因此我们的选择也只能是被动地扩大产能。这其实就是博弈论里最简单的囚徒困境（见表9-7）。这个博弈唯一可能达到的纳什均衡是所有竞争者都进行产能扩张，这是所有竞争者最理性的选择——这也是国家宏观部门一直在进行产能控制，但是最后依然造成产能过剩的原因。

表 9-7　行业产能过剩的解释

|  | 竞争者甲产能不变 | 竞争者甲产能扩张 |
|---|---|---|
| 行业内其他竞争者产能不变 | 行业利润均衡 | 竞争者甲利润最大化，其他竞争者受损 |
| 行业内其他竞争者产能扩张 | 其他竞争者利润最大化，竞争者甲受损 | 行业产能过剩，行业亏损 |

在目前行业产能过剩，甚至全行业亏损的情况下，行业的理智选择应该是限产，但是单个竞争者的理智选择是扩产——这也是经济学中所说的个体理性导致集体非理性。上文中情形三的假设下，如果我们的固定成本总额不变，产量翻倍，那么成本结构就变为：单位变动成本 500 元、单位固定成本 250 元、单位产品成本 750 元，如果单价仍旧为 800 元，那么我们就可以赚取单位产品 50 元的利润。这 50 元的利润我们真的能赚到手吗？非也。在充分竞争的市场中，我们需要考虑竞争者动态信息——我们的策略往往也是竞争者的策略，我们扩张产能，竞争对手也扩张产能的情况下，整个行业的产能上升，在供给增加而需求没有增加甚至减少的情况下，只能导致产品降价；价格下降导致亏损，我们需要进一步满产降低单位固定成本，行业产量上升；价格下降……从而陷入了恶性循环，直到边际贡献为负，才有可能停止这种循环。

从上述分析中我们可以看出，如果一个充分竞争的行业的固定成本比较高而变动成本比较低，很容易导致激烈的价格战（见表 9-8）。如果我们前文假设的单价 800 元下降到 700 元，那么企业要不要继续生产？因为单位边际贡献为 200 元，生产亏损 300 元，停产亏损 500 元，答案依然是生产；价格下降到 600 元亦然；只有价格下降到 500，这个时候生产或者停产的亏损是一样的，但是绝大多数企业依然会选择继续生产，因为停产以后重新启动生产的成本很高。在这种情况下，只有行业中部分企业现金流彻底断流退出后，才能恢复到纳什均衡状态。

轻资产行业则由于固定成本比较低，一旦竞争对手进行恶性竞争，我们可以选择彻底退出，从而相对来说出现产能过剩的情况会少得多。

对于进入重资产行业的公司来说，要通过差异化竞争策略把自己跟其他公司区别开来，才能避免陷入价格战以及周期性的产能过剩。从宏观层面，对于充分竞争的重资产行业，需要有总量的管理和控制，这就是我国的"供给侧改革"。

表 9-8 　重资产行业的价格战

单位：元

| 单位价格（1） | 单位成本 | | 单位边际贡献（4）(=(1)-(3)) | 单位利润（5）(=(1)-(2)-(3)) | 是否停产 |
|---|---|---|---|---|---|
| | 单位固定成本（2） | 单位变动成本（3） | | | |
| 800 | 500 | 500 | 300 | -200 | 不停产。停产亏损固定成本500元 |
| 700 | 500 | 500 | 200 | -300 | 不停产。停产亏损固定成本500元 |
| 500 | 500 | 500 | 0 | -500 | 停产和生产均可。亏损固定成本500元 |

### 9.3.3　营业成本控制能力分析

营业成本必须低于营业收入，否则公司将陷入亏损。与营业收入相对应，多数公司的营业成本是由多项不同业务的成本加总后得出的。我们需要对公司的不同业务进行详细分析，以判断公司的营业成本控制能力。

就某一项业务的营业收入来说，其计算公式为：

营业成本 = 销量 × 单位成本

= 销量 ×（单位固定成本 + 单位变动成本）

从上述公式可以得出，一家公司要控制营业成本有两个途径：一是控制单位固定成本；二是控制单位变动成本。

从控制单位固定成本的角度来看，我们需要对公司业务规模做一个大致的预测和判断。在固定成本总额不变的情况下，业务规模越大，则单位固定成本越低。

从控制单位变动成本的角度来看，需要分析公司内部管理的精细化程度，比如采购管理、精益生产方式等。

### 9.3.4　营业成本分析的特殊问题：成本与收入匹配原则

在公司营运活动中，公司投入原材料，加上人工和生产设备及其他各种生产要素，生产出产品，然后进行销售，取得营业收入。

在会计上，营业成本的确认必须遵循匹配原则。所谓匹配原则，是指一家公司在某个会计期间或某个会计对象所取得的营业收入应与为取得该收入所发生的营业成本相匹配，以正确计算在该会计期间的营业利润。

公司尚未销售出去的产品或服务，在财报中列入存货项目或者合同资产项目。已经销售的产品或服务在确认收入的同时要结转相应的营业成本。存货转入营业成本的方法有先进先出法、加权平均法、个别计价法。

在分析中，我们需要注意的问题是：有些公司为了操纵利润，在某些年度少结转营业成本，导致虚增公司利润的同时虚增公司的存货，此时我们要结合公司的毛利率以及存货周转率等指标来分析和判断公司是否存在财报舞弊。

## 9.4　营业收入和营业成本的综合分析：毛利和毛利率

毛利和毛利率的计算公式如下：

毛利 = 营业收入 − 营业成本 = 销量 ×（单位价格 − 单位成本）

毛利率 = 毛利 ÷ 营业收入 × 100%

　　　　 =（销量 ×（单位价格 − 单位成本））÷（销量 × 单位价格）× 100%

　　　　 =（单位价格 − 单位成本）÷ 单位价格 × 100%

毛利等于营业收入减去营业成本。需要注意：营业成本不包括销售费用（市场营销费用、广告费、差旅费等）、管理费用（行政管理人员工资等）、研发费用，只包括生产商品和提供服务的直接人工成本、原材料以及相关的水电煤等制造成本。销售费用、管理费用等期间费用在后面分析。毛利反映一家公司营业获利的总额。**如果要提高毛利，需要扩大销量，提高价格，降低成本。**

毛利率反映一家公司产品和服务的获利程度。如果要提高毛利率，就要提高单位价格，降低单位成本。扩大销量、提高价格、降低成本三者之间又会互相影响，比如，提高价格可能影响客户购买意愿而降低销量，降低成本可能影响质量而降低销量和削减价格。能否扩大销量、提高价格、降低成本，则取决于公司的行业特征、竞争策略及其核心竞争力。世界上最牛的企业，就是上游有无数的供应商，下游有无数的客户，中间只有自己独家，这类企业的毛利率一般高达50%以上，甚至更高。

巴菲特一再强调护城河，即竞争壁垒。**在财报中，多数时候，一家公司毛利率的高低就是反映其是否具有护城河的指标——毛利率越高越稳定，护城河越深。**

### 9.4.1　毛利分析

毛利分析主要看以下几个方面。

首先，要看一家公司的毛利总额。毛利总额越高越好，大于零则是最低要求。如果毛利总额低于零，则公司的收入无法弥补营业成本，更不用说期间费用的开支了。

其次，分析一家公司的毛利历史增长情况。有发展前景的公司，营业收入应该逐年增长，同时营业成本也会有所增长但增长幅度应该低于营业收入，因此毛利应该逐年与营业收入保持同幅度增长或者更大幅度的增长。反之，如果营业收入逐年增长，但营业成本增幅超过营业收入，则公司增收不增利；如果营业收入下降，营业成本下降，则公司陷入衰退境地。

我们以万华化学公司为例计算相关数据，如表9-9所示。

从表9-9中可以发现，万华化学公司在2009～2015年，除2009年和2015年以外，其他年份营业收入、营业成本和毛利都呈正增长，有些年份营业收入和毛利增幅超过营业成本，有些年份营业收入和毛利增幅低于营业成本。

### 9.4.2　毛利率分析

毛利率主要分析两个方面：一是毛利率高低，二是毛利率稳定性。

毛利率的高低和稳定性与多个因素相关，包括公司所处行业、公司竞争策略、公司管理效率等。

首先，公司所处行业对毛利率会产生影响。不同行业之间毛利率的高低和稳定性存在差异，其根源在于不同行业的竞争格局：如果行业门槛比较低，竞争者众多，产品和服务同质化，价格竞争激烈，那么毛利率就比较低，稳定性也比较差；如果行业门槛比较高，竞争者较少，不出现恶性竞争，那么毛利率就比较高，稳定性也比较好。

其次，公司竞争策略对毛利率会产生影响。公司的竞争策略包括低成本策略和差异化策略。公司所处行业也会对竞争策略产生影响，有些成熟的重资产行业比较适合低成本策略，而轻资产行业更适合差异化策略。一般来说，低成本策略的公司毛利率比较低且稳定性比较差，差异化策略成功的公司由于产品和服务的独特性保证了其毛利率比较高且稳定性比较好。

表 9-9 万华化学公司毛利分析

金额单位：万元

| 项　　目 | 2015 年 | 2014 年 | 2013 年 | 2012 年 | 2011 年 | 2010 年 | 2009 年 |
|---|---|---|---|---|---|---|---|
| 营业收入 | 1 949 238.29 | 2 208 836.85 | 2 023 797.32 | 1 594 212.65 | 1 366 230.73 | 942 977.69 | 649 291.97 |
| 营业收入增长率 | −11.75% | 9.14% | 26.95% | 16.69% | 44.88% | 45.23% | −15.72% |
| 营业成本 | 1 361 996.54 | 1 526 963.97 | 1 358 294.92 | 1 038 186.95 | 948 866.48 | 704 150.99 | 460 676.59 |
| 营业成本增长率 | −10.80% | 12.42% | 30.83% | 9.41% | 34.75% | 52.85% | −12.98% |
| 毛利 | 587 241.75 | 681 872.88 | 665 502.40 | 556 025.70 | 417 364.25 | 238 826.70 | 188 615.38 |
| 毛利增长率 | −13.88% | 2.46% | 19.69% | 33.22% | 74.76% | 26.62% | — |

最后，公司管理效率对毛利率也会产生影响。在同一个行业，由于管理效率不同，因此不同的公司之间毛利率也会有高有低。管理效率高的公司的毛利率会高于管理效率低下的公司。比如，采购管理良好的公司的原材料成本会低于采购管理混乱的公司，生产制造管理良好的公司的制造费用会低于生产制造管理混乱的公司，销售管理良好的公司的销售价格会高于销售管理混乱的公司，等等。

进行毛利率分析时，我们可以提出以下问题：①公司的销售毛利率与公司提出的竞争战略一致吗？例如，产品差异化战略通常比低成本战略带来更高的销售毛利率。②公司的销售毛利率有所改变吗？为什么会发生这种改变？潜在的经营原因是什么？是由于竞争地位发生了变化，投入成本发生了变化，还是由于制造费用管理差？③公司对制造成本和费用管理得怎么样？这些成本由哪些经营活动产生？这些经营活动是必要的吗？

毛利率作为一个非常重要的财务指标，有助于我们选择投资方向，分析公司的核心竞争力。一般而言，毛利率长期低于15%的行业属于过度竞争的行业；毛利率长期在15%～25%的行业属于高度竞争的行业；毛利率长期在25%以上的行业属于竞争格局比较好的行业；毛利率波动性比较大的行业受外部因素如宏观经济形势、上下游供应链等影响比较大。就具体公司而言，一般情况下，毛利率持续稳定地长期高于25%的公司，具有核心竞争力。

表9-10是中国几大施工建筑公司的毛利率情况。

表9-10 中国施工建筑公司的毛利率

| 公　　司 | 2015年 | 2014年 | 2013年 | 2012年 | 2011年 | 2010年 | 2009年 |
| --- | --- | --- | --- | --- | --- | --- | --- |
| 中国建筑 | 12.44% | 12.58% | 11.87% | 12.19% | 12.04% | 12.09% | 12.15% |
| 中国铁建 | 11.45% | 10.85% | 10.15% | 10.62% | 10.50% | 8.83% | 9.31% |
| 中国交建 | 15.20% | 13.61% | 13.03% | 13.83% | 未上市 | 未上市 | 未上市 |

从表9-10中可以看出，中国施工建筑行业是一个充分竞争的行业，毛利率在10%～15%，公司管理效率高则毛利率略高，管理效率低则毛利率略低。

公司所处行业对一家公司的毛利率的影响非常大，甚至在行业逐渐衰退甚至消失时可以决定一家公司的生死。但是，在国计民生需要并且充分竞争的行业，是否行业完全决定了一家公司的毛利率呢？非也。在没有衰退的充分竞争行业，竞争者众多的含义是其市场空间巨大。此时，作为有竞争力的公司，需要考虑如何才能在众多竞争者中脱颖而出，因此公司的竞争策略选择和管理效率对毛利率的影响程度更大。

比如，在充分竞争的化工行业，我们认为其毛利率比较低，但万华化学公司的历史毛利率情况则是一个反例，如表9-11所示。

从表9-11中可以看出，在2006～2015年长达10年的时间内，万华化学公司的毛利率一直高于25%，基本上稳定在30%以上，表明万华化学公司在这一段时间内，具有较好的核心竞争力。这是因为万华化学公司在重化工行业采取了适当的差异化策略，依靠核心技术取得竞争优势，加上良好的管理，形成了其持续稳定的较高毛利率的结果。

再比如，"民以食为天"，餐饮行业竞争非常充分，满大街都是饭店，市场空间巨大，因此竞争策略和管理效率就成了核心问题。很多人认为餐饮行业的毛利率很高，因为我们到饭店就餐时，发现一盘上汤娃娃菜就30元，自己到菜市场买原材料可能只需要6元，但是饭店的营业成本除了原材料，还有人工工资（厨师、服务员）、场地租金、折旧摊销、水电煤等。一般餐饮行业原材料成本占营业收入的20%～30%，人工工资占10%～20%，水电煤占8%～10%，场地租金占10%～15%，折旧摊销占5%～10%，因此真实的毛利率在15%～50%。在这个充分竞争的行业里，大多数小饭店都没有很高的毛利，并且没办法做大形成规模，赚不了多少钱。但是，麦当劳、肯德基非常赚钱！我们来看一下麦当劳的历史毛利和毛利率数据（见表9-12）。

从表9-12中可见，麦当劳通过品牌、标准，在餐饮行业形成了自己的竞争优势，毛利率稳定在35%以上，目前每年毛利在100亿美元左右。不过，从历史数据来看，当前麦当劳面临成长瓶颈的问题，成长性不够。至于未来是否能有所成长，则需要结合麦当劳的发展策略、未来人口趋势、消费习惯等做进一步分析。与麦当劳和肯德基类似的国内公司，就是近几年崛起的海底捞。

表 9-11 万华化学公司的毛利率

金额单位：万元

| 项目 | 2015年 | 2014年 | 2013年 | 2012年 | 2011年 | 2010年 | 2009年 | 2008年 | 2007年 | 2006年 |
|---|---|---|---|---|---|---|---|---|---|---|
| 营业收入 | 1 949 238 | 2 208 837 | 2 023 797 | 1 594 213 | 1 366 231 | 942 978 | 649 292 | 770 439 | 780 358 | 494 633 |
| 营业成本 | 1 361 997 | 1 526 964 | 1 358 295 | 1 038 187 | 948 866 | 704 151 | 460 677 | 529 420 | 465 170 | 317 771 |
| 毛利 | 587 242 | 681 873 | 665 502 | 556 026 | 417 364 | 238 827 | 188 615 | 241 020 | 315 188 | 176 862 |
| 毛利率 | 30.13% | 30.87% | 32.88% | 34.88% | 30.55% | 25.33% | 29.05% | 31.28% | 40.39% | 35.76% |

表 9-12 麦当劳的毛利和毛利率

金额单位：万美元

| 项目 | 2016年 | 2015年 | 2014年 | 2013年 | 2012年 | 2011年 | 2010年 | 2009年 | 2008年 | 2007年 |
|---|---|---|---|---|---|---|---|---|---|---|
| 营业收入 | 2 462 190 | 2 541 300 | 2 744 130 | 2 810 570 | 2 756 700 | 2 700 600 | 2 407 460 | 2 274 470 | 2 352 240 | 2 278 660 |
| 营业成本 | 1 441 720 | 1 562 380 | 1 698 560 | 1 720 300 | 1 675 070 | 1 631 940 | 1 443 730 | 1 395 290 | 1 488 320 | 1 488 140 |
| 毛利 | 1 020 470 | 978 920 | 1 045 570 | 1 090 270 | 1 081 630 | 1 068 660 | 963 730 | 879 180 | 863 920 | 790 520 |
| 毛利率 | 41.45% | 38.52% | 38.10% | 38.79% | 39.24% | 39.57% | 40.03% | 38.65% | 36.73% | 34.69% |

## 9.5 股权价值增加表分析：营业费用分析

### 9.5.1 营业费用的范围

营业费用是指与公司经营活动相关但是无法归入产品或者服务的费用，包括税金及附加、销售费用、管理费用、研发费用、资产减值损失、其他收益、信用减值损失、营业外收入和营业外支出。营业成本是指构成产品或者服务的成本。营业费用无法归入具体的产品或者服务，而是与发生的期间挂钩，计入发生当期的财报，因此也称为期间费用。

请注意，上述营业费用的分类与标准利润表存在差异。标准利润表中营业费用包括税金及附加、销售费用、管理费用、研发费用和财务费用。我们认为，财务费用与公司筹资活动关系更加密切，而与公司经营活动关系不大，因此把财务费用放到息税前利润后面作为资本成本来分析。资产减值损失包括经营资产减值损失（应收账款坏账准备、存货跌价准备、固定资产减值准备、无形资产减值准备、商誉减值准备等）、长期股权投资减值损失和金融资产减值损失。经营资产减值损失是由于公司在经营活动中所形成的，比如固定资产减值损失往往是因为公司在使用过程中操作不当或最初购置决策失误引起减值，坏账损失往往是因为公司在销售时对客户资信管理出现失误而引起的，存货跌价损失往往是因为公司在销售、生产、采购环节出问题而引起的，等等，因此经营资产减值损失作为营业费用的组成部分比较合理。经营管理良好的公司，经营资产减值损失会比较小。从分析准确性来讲，长期股权投资减值损失和金融资产减值损失最好能够分拆出来，从对应的对联营企业和合营企业的股权投资收益与金融资产收益中扣减掉。但是金额不大时，不影响分析的大致结论的话，不分拆也是可以的。我自己做财报分析的目的，不是要得出精确的结论，而是要得到模糊的正确，在分析中避免陷入过于烦琐的细节中而忘记了初心，因此多数时候把资产减值损失全部作为经营资产减值损失处理。

容易引起争议的是营业外收入和营业外支出，因为大家往往认为这两个项目与经营活动无关。与一般的观点不同，我认为，营业外收入和营业外支出一般由经营活动所导致，比如固定资产处置、无形资产处置、对外捐赠等，应当归为营业收入和营业费用，理由是：资产处置实际上是企业经营决策和活动的结果，对外捐赠是为了树立良好的企业形象以开展各类经营活动，总之，几乎所有与营业外收支有关的事项，其实质都与企业的经营活动有关。如果营业外收入和营业外支出是由于长期股权投资和金融资产所导致的结果，则应当归入长期股权投资收益和金融资产收益。由于多数公司营业外收支净额不大，因此直接归入营业费用也可以。如果营业外收入和营业外支出金额巨大，则应详细分析归类。经营管理良好的公司，不必要、不合理的营业外支出会比较少。

其他收益主要是企业获得的政府补助，这是因为企业开展了政府鼓励的经营活动的结果，所以也作为经营利润来处理。其他收益应当归为营业活动的典型例子是航空公司的政府补助收入。我国航空公司家家有政府补贴收入。开通航线带动地方招商引资和旅游，是地方政府补贴航空公司的重要原因。航空公司与各通航城市机场合作，可以给当地带来大量增量客源，促进干支线机场吞吐量，获得当地机场起降费减免、航线补贴等多种方式支持。开通航线是航空公司的经营活动，而政府补贴与开通航线挂钩，否则航空公司会取消航线，因此实质上政府补贴收入是经营收入的一部分。如果政府补助收入具有与经营活动相关的连续性和稳定性，在分析时归入营业收入，显然更加合理和有意义。

### 9.5.2 营业费用分析的重点

赚钱的前提是要学会花钱，营业费用分析的重点不在于费用总额是否有所下降，而在于花出去的钱是否赚回来更多的收入，因此需要把费用跟收入进行比较——费用率是否稳定或者有所下降。

费用率的计算公式如下：

$$营业税金及附加率 = 营业税金及附加 / 营业收入 \times 100\%$$

$$销售费用率 = 销售费用 / 营业收入 \times 100\%$$

$$管理费用率 = 管理费用 / 营业收入 \times 100\%$$

$$研发费用率 = 研发费用 / 营业收入 \times 100\%$$

$$资产减值损失占营业收入的比率 = 经营资产减值损失 / 营业收入 \times 100\%$$

$$营业外收支及其他占营业收入的比率 = 营业外收支净额及其他 / 营业收入 \times 100\%$$

$$总费用率 = (营业税金及附加 + 销售费用 + 管理费用 + 研发费用 + 资产减值损失 - 营业外收支及其他) / 营业收入 \times 100\%$$

营业税金及附加率反映一家公司在营运环节所承担的税费负担,一般应该与国家税法规定的税率相当。由于税法对不同行业的税费及附加规定不同,因此该比率会存在明显的行业特征。比如,白酒行业需要缴纳消费税,因此营业税金及附加率比较高,通常在营业收入的 10% 以上;钢铁行业的营业税金及附加率比较低,通常在营业收入的 1% 以下。

销售费用率反映一家公司销售费用与营业收入之间的比例关系。对于多数优秀公司而言,会有比较稳定的销售政策和销售渠道,因此销售费用率比较稳定或呈略有下降的趋势。如果该比率显著上升,需要详细分析是不是公司本身销售效率下降或者市场竞争激烈所致。在市场竞争激烈的情况下,销售费用上升,可能意味着整个行业形势的格局转变或恶化。销售费用是公司销售商品和材料、提供劳务的过程中发生的各种费用,包括保险费、包装费、展览费和广告费、商品维修费、预计产品质量保证损失、运输费、装卸费等以及为销售公司商品而专设的销售机构(含销售网点、售后服务网点等)的职工薪酬、业务费、折旧费、修理费等经营费用。

管理费用率反映一家公司在总部管理方面的绩效。管理费用是公司为组织和管理生产经营所发生的费用,包括公司及其分支机构、网点在筹建期间发生的开办费、董事会和行政管理部门在公司的经营管理中发生的或者应由公司统一负担的经费(包括行政管理部门职工工资及福利费、物料消耗、低值易耗品摊销、办公费和差旅费等)、工会经费、董事会费(包括董事会成员津贴、会议费和差旅费等)、聘请中介机构费、咨询费(含顾问费)、诉讼费、业务招待费、房产税、车船使用税、土地使用税、印花税、技术转让费、矿产资源补偿费、研究费用、排污费等。管理费用中的多数项目呈比较稳定状态,比如行政管理部门经费、工会经费、董事会费等。总体而言,好公司的管理费用率表现应该是比较稳定的。如果管理费用率上升,需要详细分析到底是哪些原因引起的,并考虑上升到底是好事还是坏事。比如,优秀管理人员增加引起的管理费用上升,可能是公司积极发展的信号。

现行财务报表格式中,单列了研究费用项目。多数公司的研究开发政策是按照营业收入的一定比例来规划的,比如华为公司的研究开发费用为营业收入的 14% 左右,英特尔公司的研究开发费用为营业收入的 20% 左右。很多人认为财务报表分析不适用于高科技企业,这是因为传统财务分析很难识别研发费用对企业未来的影响。财务报表中把研发费用作为当期的费用从收入中扣除掉,但是,我认为：传统行业的投入体现为财务报表中的机器设备、土地厂房等固定资产和无形资产，而成长型科技股公司的主要投入体现为财务报表中的研发费用（出于研发费用化的税收加计扣除政策，绝大多数科技股公司会将研发投入费用化，会计准则中的费用化和资本化处理只是文本规定）。成长型科技股公司的研发费用，跟传统行业公司的机器设备、土地厂房投入，从对企业长远发展的影响性质上来说，是一样的。因此，在分析科技型企业的自由现金流时，要对研发费用进行调整。有关研发费用调整的问题，参见"16.21 科技股估值中自由现金流的调整问题"。

公司的销售费用、管理费用和研发费用受到执行竞争战略所必须采取的经营活动的影响。执行产品差异化战略的公司与单纯低成本策略公司相比，会有更高的研究和开发支出，形成较高的研发费用率。同样，与通过仓储零售商或直接邮寄销售且不提供客户支持的公司相比，试图建立品牌形象、通过全方位服务零售商销售产品以及为消费者提供重要服务的公司拥有更高的销售和管理费用率。销售费用、管理费用和研发费用还受公司管理经营活动效率的影响。对以低成本为基础参与竞争的公司而言，营业费用的控制尤为重要。即使对产品差异化战略执行者而言，评估具有独特性的产品的开发和销售费用是否与在市场上获得的高价格相称也很重要。

经营资产减值损失占营业收入的比率反映一家公司在营运活动中为带来营业收入所需承担的减值损失程度，体现该公司在营运活动中的管理能力。资产减值损失是指企业在资产负债表日，经过对资产的测试，判断资产的可收回金额低于其账面价值而计提资产减值损失准备所确认的相应损失，包括"坏账准备""存货跌价准备""长期股权投资减值准备""持有至到期投资减值准备""固定资产减值准备""在建工程——减值准备""工程物资——减值准备""生产性生物资产——减值准备""无形资产减值准备""商誉——减值准备""贷款损失准备""抵债资产——跌价准备""损余物资——跌价准备"等。在计算经营资产减值损失时，上述减值损失中的长期股权投资、持有至到期投资等非经营资产减值损失应予以扣除。一般认为经营资产减值损失是由公司的意外偶发事件引起的一次性损失，但是我认为经营资产减值损失是公司为了获得经营利润而必须承担的损失。需要注意的是，管理优秀的公司，经营资产减值损失占营业收入的比率比较低并且稳定；对于这个比率在某几个年份大幅度上升的公司，往往是这些公司为了特殊目的操纵利润，而在某几个年度突然大比例计提资产减值损失形成的，俗称"财务洗澡"。

营业外收支及其他占营业收入的比率反映一家公司对营业外业务和其他事项的管理能力。虽然一般认为营业外收支与一家公司的营运活动不直接相关，但是我认为，营业外收支中的多数业务和事项的本质取决于公司营运活动，或者至少间接相关。比如，固定资产和无形资产的处置取决于公司对这些资产在经营活动中是否能发挥效用并带来价值的判断，多数政府补助取决于公司是否能按照国家规定开展经营活动，等等。一般而言，正常的公司都是常规经营活动为主，营业外收支占营业收入的比率都非常低；如果过高，则要详细分析是否合理以及是否会持续发生。

我们以万华化学公司为例，分析该公司的营业费用管理情况，如表9-13所示（案例中财务报表格式沿用了其原有格式，未按现行报表格式调整）。

表9-13 万华化学公司营业费用管理

金额单位：万元

| 项 目 | 2015-12-31 | 2014-12-31 | 2013-12-31 | 2012-12-31 | 2011-12-31 |
|---|---|---|---|---|---|
| （1）营业税金及附加 | 9 565.02 | 10 771.98 | 12 498.78 | 8 820.31 | 6 057.01 |
| （2）营业税金及附加率 | 0.49% | 0.49% | 0.62% | 0.55% | 0.44% |
| （3）销售费用 | 84 726.97 | 70 042.83 | 59 584.93 | 48 641.68 | 38 672.64 |
| （4）销售费用率 | 4.35% | 3.17% | 2.94% | 3.05% | 2.83% |
| （5）管理费用 | 128 151.56 | 135 889.25 | 138 819.20 | 105 419.93 | 85 172.90 |
| （6）管理费用率 | 6.57% | 6.15% | 6.86% | 6.61% | 6.23% |
| （7）经营资产减值损失 | −835.33 | 7 426.63 | 2 691.06 | 3 512.85 | −494.24 |
| （8）经营资产减值损失占营业收入的比率 | −0.04% | 0.34% | 0.13% | 0.22% | −0.04% |
| （9）营业外收支净额 | 13 943.59 | 2 321.38 | 16 477.51 | −4 802.08 | 8 442.97 |
| （10）营业外收支净额占营业收入的比率 | 0.72% | 0.11% | 0.81% | −0.30% | 0.62% |
| （11）总费用率（=（2）+（4）+（6）+（8）−（10）） | 10.65% | 10.04% | 9.74% | 10.74% | 8.85% |

注：表中数据在计算过程中有四舍五入。

从表9-13中可以看出，万华化学公司在2011～2015年这一期间，营业税金及附加率、销售费用率、管理费用率、经营资产减值损失占营业收入的比率、总费用率都非常稳定，总费用率大致在营业收入的10%左右。

我们再从表9-14来看一下蓝色光标的相关数据（案例中财务报表格式沿用了

其原有格式，未按现行报表格式调整）。

表 9-14　蓝色光标营业费用管理

金额单位：万元

| 项　目 | 2015-12-31 | 2014-12-31 | 2013-12-31 | 2012-12-31 | 2011-12-31 |
| --- | --- | --- | --- | --- | --- |
| 营业税金及附加 | 3 263.98 | 2 966.00 | 1 952.19 | 3 533.63 | 5 320.07 |
| 营业税金及附加率 | 0.39% | 0.50% | 0.54% | 1.62% | 4.20% |
| 销售费用 | 93 277.98 | 65 563.43 | 42 771.85 | 29 307.17 | 16 709.08 |
| 销售费用率 | 11.17% | 10.97% | 11.93% | 13.47% | 13.20% |
| 管理费用 | 76 046.30 | 41 510.01 | 22 811.98 | 12 696.06 | 8 104.78 |
| 管理费用率 | 9.11% | 6.94% | 6.36% | 5.84% | 6.40% |
| 资产减值损失 | 98 310.67 | 613.96 | 1 128.14 | 411.59 | −1 084.04 |
| 经营资产减值损失占营业收入的比率 | 11.78% | 0.10% | 0.31% | 0.19% | −0.86% |
| 营业外收支净额 | 57 806.83 | 3 646.87 | 8 350.28 | 4 103.52 | 1 467.27 |
| 营业外收支净额占营业收入的比率 | 6.93% | 0.61% | 2.33% | 1.89% | 1.16% |
| 总费用率 | 25.53% | 17.90% | 16.83% | 19.24% | 21.79% |

注：表中数据在计算过程中有四舍五入。

根据表 9-14，我们需要关注蓝色光标的营业税金及附加率逐年下降的原因是什么。这里需要查询蓝色光标使用的税种和税率以及征税方法是否有所变化。销售费用率在这一期间比较稳定，管理费用率、资产减值损失占营业收入的比率和营业外收支净额占营业收入的比率在 2015 年大幅上升，需要分析其背后原因。尤其是资产减值损失占营业收入的比率达到 11.78%，说明公司的经营资产管理出现了重大问题。结合公司历年公告，我们可以发现因为蓝色光标在前期并购活动中对标的公司定价过高，产生巨额商誉，最后导致商誉减值损失，进而引起了 2015 年度的巨额经营资产减值损失——根源在于公司的并购决策和管理出现了重大失误。

## 9.6　股权价值增加表分析：利润分析

### 9.6.1　息税前经营利润、息前税后经营利润和息前税后营业收入利润率

息税前经营利润、息前税后经营利润和息前税后营业收入利润率的计算公式如下：

息税前经营利润＝营业收入－营业成本－营业费用

息前税后经营利润＝息税前经营利润×（1－企业实际所得税税率）

息前税后营业收入利润率＝息前税后经营利润÷营业收入×100%

息税前经营利润和息前税后经营利润反映一家公司通过营业活动获取收益的绝对金额；息前税后营业收入利润率反映一家公司通过经营活动获取收益的相对能力。息前税后经营利润和息前税后营业收入利润率与毛利和毛利率一样，在一定程度上反映公司经营活动的核心竞争力。

在标准利润表中，与营业收入利润率类似的指标是营业利润率，但是标准利润表中的营业利润包括投资收益、公允价值变动收益等很多与公司经营活动无关的项目，导致该指标反映公司经营活动获利能力的意义大打折扣。

对于一家有发展前景的公司，息前税后经营利润应该稳步上升，息前税后营业收入利润率保持稳定或者略有上升；反之，则表明公司发展前景堪忧。

以万华化学公司为例，其2006～2015年的相关数据如表9-15所示。

根据表9-15，万华化学公司的息前税后经营利润呈波浪式上升，息税前经营利润率则基本稳定在20%～30%。

## 9.6.2 长期股权投资收益分析

长期股权投资收益分析的重点在于其持续性和增长性。长期股权投资收益跟息税前经营利润和息税前金融资产收益的不同之处在于：前者在被投资单位已经缴纳过企业所得税，因此对于公司（投资方）来说一般无须再次重复缴纳企业所得税；后两者则对于公司来说需要缴纳企业所得税。

在会计核算上，长期股权投资收益是按照所谓的权益法计算得出的，即公司持股比例乘以被投资单位的净利润。长期股权投资收益源于被投资单位，本质在于被投资单位经营的好坏。因此，从严格意义上来说，长期股权投资收益的分析应当是在对被投资单位的财报分析基础之上。对于投资者而言，如果上市公司投资了很多被投资单位的话，分析每一家被投资单位的财报不太可能：一是成本太高，二是很多信息无法得到，因此，多数时候仅仅是分析长期股权投资收益总额及其趋势。如果长期股权投资收益总额巨大的话，最好是能够充分收集、整理被投资单位信息进行详细分析。

表 9-15　万华化学公司息前税后经营利润和息前税后营业收入利润率

金额单位：万元

| 项　目 | 2015年 | 2014年 | 2013年 | 2012年 | 2011年 | 2010年 | 2009年 | 2008年 | 2007年 | 2006年 |
|---|---|---|---|---|---|---|---|---|---|---|
| （1）营业收入 | 1 949 238.29 | 2 208 836.85 | 2 023 797.32 | 1 594 212.65 | 1 366 230.73 | 942 977.69 | 649 291.97 | 770 439.30 | 780 358.36 | 494 633.07 |
| （2）息前税前经营利润 | 379 577.12 | 460 063.57 | 468 385.94 | 384 828.85 | 296 398.91 | 178 415.86 | 147 497.38 | 207 243.33 | 239 203.58 | 130 571.19 |
| （3）息前税前经营利润率（=（2）/（1）） | 19.47% | 20.83% | 23.14% | 24.14% | 21.69% | 18.92% | 22.72% | 26.90% | 30.65% | 26.40% |
| （4）实际所得税税率 | 22.70% | 22.74% | 14.92% | 15.37% | 15.27% | 10.84% | 11.75% | 13.21% | 31.64% | 27.04% |
| （5）息前税后经营利润（=（2）×（1−（4））） | 293 428.41 | 355 435.12 | 398 510.73 | 325 665.90 | 251 137.12 | 159 082.06 | 130 164.94 | 179 869.30 | 163 521.50 | 95 269.95 |
| （6）息前税后经营利润率（=（5）/（1）） | 15.05% | 16.09% | 19.69% | 20.43% | 18.38% | 16.87% | 20.05% | 23.35% | 20.95% | 19.26% |

注：实际所得税税率的计算，在后面说明。

以万华化学公司为例，如表 9-16 所示，长期股权投资收益对于该公司利润总额而言，没有重大影响。

表 9-16　万华化学公司长期股权投资收益

单位：万元

| 项　　目 | 2015-12-31 | 2014-12-31 | 2013-12-31 | 2012-12-31 | 2011-12-31 |
|---|---|---|---|---|---|
| 对联营企业和合营企业的股权投资收益 | -261.25 | -332.11 | -198.64 | 4.50 | -0.56 |

### 9.6.3　金融资产收益分析

金融资产收益包括公允价值变动净收益、利息收入、短期投资收益、汇兑收益和其他综合收益。对于多数上市公司来说，金融资产投资并非其创造价值的主要手段，而是辅助手段——在资金宽裕时进行金融资产投资，在经营活动需要资金时卖出金融资产。

金融资产收益一般来说波动性比较大，因此分析时需要关注其稳定性及其占息税前经营利润总额的比例。

### 9.6.4　从息税前利润结构看利润的质量

资产带来收入和利润。与资产划分为金融资产、长期股权投资和经营资产相对应，利润包括金融资产收益、长期股权投资收益和经营利润。

利润的质量，是指利润的稳定性和持续性。不同来源的利润，其质量存在差异。

金融资产收益包括公允价值变动净收益、利息收入、短期投资收益、净敞口套期收益、汇兑收益和其他综合收益。这些收益取决于公司的理财能力，但是总体而言风险较大，稳定性不够，经常会大起大落，因此这部分收益的质量不高。当然，对于保险公司，金融资产收益构成了其利润的最重要部分，因此，投资能力是分析保险公司价值的核心——巴菲特收购保险公司并且取得成功，是以其超常的投资能力为基础的。

长期股权投资收益主要是公司按照股权比例所享有的联营企业和合营企业净利润的份额，取决于被投资企业的利润质量。一般而言，相对于金融资产收益，长期股权投资收益的稳定性和持续性要更高一些，因此长期股权投资收益的质量高于金融资产收益。在一家公司中，如果长期股权投资收益占了利润的主要部分，则该公司为投资型公司。

经营利润是一般工商企业最主要的利润来源。一般而言，经营利润的稳定性和持续性比金融资产收益和长期股权投资收益要高，因此经营利润构成了一般工商企业的核心利润。在会计假设中，持续经营假设即是以一家公司的经营业务活动持续稳定为前提的。

万华化学公司在 2013～2015 年的息税前利润结构如表 9-17 所示。

表 9-17 万华化学公司的息税前利润结构

金额单位：万元

| 项目 | 2015-12-31 | | 2014-12-31 | | 2013-12-31 | |
| --- | --- | --- | --- | --- | --- | --- |
| | 金额 | 占比 | 金额 | 占比 | 金额 | 占比 |
| 息税前经营利润 | 379 577.12 | 99.25% | 460 063.57 | 99.09% | 468 385.94 | 99.71% |
| 对联营企业和合营企业的股权投资收益 | −261.25 | −0.07% | −332.11 | −0.07% | −198.64 | −0.04% |
| 息税前金融资产收益 | 3 135.56 | 0.82% | 4 563.84 | 0.98% | 1 573.05 | 0.33% |
| 息税前利润 | 382 451.43 | 100.00% | 464 295.30 | 100.00% | 469 760.35 | 100.00% |

从表 9-17 中可以看出，万华化学公司息税前利润中以经营利润为主，占比在 99% 以上；股权投资收益为小额负数，对息税前利润影响不大；金融资产收益虽然波动性比较大，但是占比不到 1%，因此对息税前利润整体影响不大。万华化学公司的息税前利润结构非常符合一般工商企业的情况。

## 9.7 不要仅仅为银行打工：财务费用和债务资本成本分析

我们前面分类对息税前利润进行了分析。接下来分析财务费用和债务资本成本。

一般印象中，财务费用是一家公司由于债务融资所引起的费用，因此财务费用是公司的债务资本成本。但是，如果仔细分析的话，可以发现：财务费用包含的内容很多，一些明细项目并非债务资金引起。同时，有一些债务资本成本并没有体现在财务费用中。

按照会计准则的规定，财务费用包括如下内容。

（1）利息支出，指公司短期借款利息、长期借款利息、应付票据利息、票据贴现利息、应付债券利息、长期应付款利息等利息支出（除资本化的利息外）减去银行存款等的利息收入后的净额。在这里需要注意以下两个问题。

一是标准利润表中的财务费用里的利息支出实际上指的是利息支出净额，即利息支出减去利息收入，但是利息收入是资产的收益而不是债务资本成本，因此我们应该把利息收入归为金融资产的收益，把利息支出总额作为债务资本成本。

二是标准利润表中的财务费用不包含资本化的利息。所谓资本化的利息，是指按照会计准则规定计入资产的利息。比如，用于在建工程的银行贷款的利息，计入在建工程；用于研发项目的银行贷款的利息，计入研发支出；等等。这些利息构成了债务资本成本，但是被剔除在财务费用之外，可见，并非所有债务资本成本都包括在财务费用中。

（2）汇兑损益，指公司因向银行结售或购入外汇而产生的银行买入、卖出价与记账所采用的汇率之间的差额，以及月度（季度、年度）终了，各种外币账户的外币期末余额按照期末规定汇率折合的记账人民币金额与原账面人民币金额之间的差额等。

我认为，汇兑损失是否构成债务资本成本需要具体分析。如果汇兑损益是由于公司筹集外币债务资金所引起的，则构成债务资本成本；如果汇兑损益是由于公司在经营活动中的外币应收款项和外币应付款项所引起的，则应当归为营业费用；如果汇兑损益是由于公司持有外币金融资产所引起的，则归入金融资产收益。如果汇兑损益的金额不大，则可以简化处理，全部作为债务资本成本。

（3）相关的手续费，指发行债券所需支付的手续费（需资本化的手续费除外）、开出汇票的银行手续费、调剂外汇手续费等，但不包括发行股票所支付的手续费等。这些手续费中，与债务资金筹集相关的手续费属于债务资本成本的范围，与营业活动有关的手续费应当归为营业费用。在实际分析中，相关的手续费可以全部作为筹集债务资金手续费处理。

（4）其他财务费用，包括融资租入固定资产发生的融资租赁费用等。其他财务费用需要具体分析，与筹资相关的费用是债务资本成本。

综上，一家公司完整的债务资本成本应当包括利息支出总额（含资本化利息）、外币债务汇兑损益、债务筹资手续费、其他债务筹资费用（如融资租赁的财务费用）。

根据一家公司的债务资本成本总额和债务资本平均数，可以计算债务资本成本率，公式如下：

债务资本成本率＝债务资本成本总额/债务资本平均金额×100%

债务资本平均金额＝（期初债务资本＋期末债务资本）/2

我们以万华化学公司2015年年度报告中财务费用的附注为例来分析万华化学公司2014年度和2015年度的债务资本成本。表9-18是万华化学公司2015年度报告财务费用的附注。

表9-18　万华化学公司2015年财务费用

单位：元

| 项　　目 | 本期发生额 | 上期发生额 |
| --- | --- | --- |
| 利息支出 | 1 075 455 285.26 | 951 072 385.88 |
| 减：已资本化的利息费用 | 463 578 813.76 | 556 291 993.06 |
| 减：利息收入 | 12 281 019.83 | 30 384 408.38 |
| 汇兑差额 | 288 777 536.95 | 31 096 222.16 |
| 减：已资本化的汇兑差额 | 101 899 115.10 | 3 744 552.15 |
| 其他 | 54 769 113.09 | 42 570 352.19 |
| 减：已资本化的手续费 | 0.00 | 0.00 |
| 合计 | 841 242 986.61 | 434 318 006.64 |

2014年度和2015年度万华化学公司债务资本成本的计算分析如表9-19所示。

表9-19　万华化学公司债务资本成本分析

单位：万元

| 项　　目 | 2015年 | 2014年 |
| --- | --- | --- |
| （1）利息支出总额 | 107 545.52 | 95 107.24 |
| （2）汇兑损益 | 28 877.75 | 3 109.62 |
| （3）其他筹资费用 | 5 476.91 | 4 257.04 |
| （4）债务资本成本总额（=（1）+（2）+（3）） | 141 900.18 | 102 473.90 |
| （5）有息债务期末数 | 2 565 020.41 | 2 193 244.31 |
| （6）有息债务加权平均数（=（期末＋期初）÷2） | 2 379 132.36 | 1 796 532.55 |
| （7）债务资本成本率（=（4）/（6）） | 5.96% | 5.70% |
| （8）债务资本成本率（只考虑利息支出）（=（1）/（6）） | 4.52% | 5.29% |

注：表中数据在计算过程中有四舍五入。

如果我们假设万华化学公司 2015 年度报告财务费用附注中的汇兑损益和其他财务费用都是为了公司债务资金筹集所发生，把三者相加后可以计算得出债务资本成本总额（在这一假设下，会有所高估，汇兑损益和其他财务费用中有一部分并非为了筹资目的而发生，比如出口销售的应收账款的汇兑损益、购销活动中开具银行票据的手续费等）。根据万华化学公司资产资本表中的有息债务期初数和期末数，按简单加权平均方法可以计算得出有息债务加权平均数。按上述假设，万华化学公司 2014 年的债务资本成本率为 5.70%，2015 年为 5.96%。

如果我们采取保守的估计，债务资本成本只考虑利息支出，汇兑损益和其他财务费用都归为经营活动费用，则税前债务资本成本率最低值大概为 2014 年 5.29%、2015 年 4.52%。

综上，万华化学公司的债务资本成本率 2014 年在 5.29%～5.70%，2015 年在 4.52%～5.96%。

当然，财务费用中对部分利息支出采取了资本化处理，这是会计上权责发生制的具体应用和体现之一，具有一定的道理：购建长期资产的目的是以后期间获得更大的收益，那么购建长期资产所发生的利息支出也需要以后期间来弥补，因此应当计入资产的价值。在对一家公司某一年度的绩效进行衡量和评价时，权责发生制比现金收付制更加合理。因此，在股权价值增加表中，我们依然采用权责发生制对债务资本成本项目进行相应调整。

真实财务费用 = 标准利润表中的财务费用 + 利息收入

由于标准利润表中的财务费用已经包含了利息支出、汇兑损益、手续费、其他财务费用等明细项目，因此我们不再对这些费用进行进一步的详细分析和归类。

我们可以通过计算财务成本负担率来分析一家公司的财务成本负担情况，其计算公式如下：

财务成本负担率 = 真实财务费用 / 息税前利润 =（息税前利润 − 税前利润）/ 息税前利润 = 1− 税前利润 / 息税前利润

税前利润 = 息税前利润 − 真实财务费用

财务成本负担率指标的含义是：一家公司的息税前利润中，有多少比例用于支付利息。这一比率越低，则息税前利润用于支付利息的就越少，公司的财务成本负担越轻；反之，则用于支付利息的就越多，公司的财务成本负担越重。

万华化学公司 2011～2015 年的财务成本负担率如表 9-20 所示。

表 9-20　万华化学公司财务成本负担率分析

金额单位：万元

| 项　　目 | 2015-12-31 | 2014-12-31 | 2013-12-31 | 2012-12-31 | 2011-12-31 |
|---|---|---|---|---|---|
| 息税前利润 | 382 451.43 | 464 295.30 | 469 760.35 | 385 229.97 | 292 334.56 |
| 税前利润 | 297 099.03 | 417 825.06 | 442 144.06 | 355 135.04 | 274 737.90 |
| 财务成本负担率 | 22.32% | 10.01% | 5.88% | 7.81% | 6.02% |

万华化学公司在 2011～2015 年财务成本负担率呈逐年攀升趋势，与该公司加大举债金额有关。2015 年，万华化学公司的财务成本负担率为 22.32%，也就是说，万华化学公司每 100 元的息税前利润中有 22.32 元用于支付利息。由于财务成本负担率上升，因此万华化学公司随后计划增发股票增加股权融资，并在 2017 年年初完成了增发。

有些公司的财务成本负担率非常高，达到 80% 甚至 90% 以上，通俗地说，就是整个公司都在给银行打工。比如，湖北宜化 2011～2015 年的财务成本负担率如表 9-21 所示。

表 9-21　湖北宜化 2011～2015 年的财务成本负担率

金额单位：万元

| 项　　目 | 2015-12-31 | 2014-12-31 | 2013-12-31 | 2012-12-31 | 2011-12-31 |
|---|---|---|---|---|---|
| 息税前利润 | 118 173.82 | 154 337.85 | 143 107.54 | 244 255.00 | 213 861.20 |
| 税前利润 | 9 307.73 | 10 805.75 | 31 908.16 | 160 402.20 | 149 422.21 |
| 财务成本负担率 | 92.12% | 93.00% | 77.70% | 34.33% | 30.13% |

从表 9-21 中可以看出，湖北宜化在 2011～2015 年的财务成本负担率逐年上升，2014 年为 93%，2015 年为 92.12%。以 2015 年的 92.12% 为例，其含义是：湖北宜化每 100 元的息税前利润中，92.12 元用于利息支出，只有 7.88 元形成了税前利润。因此，我们说湖北宜化在为银行打工一点儿都不为过。

对于湖北宜化这样的公司，应当考虑：一是如何改善资本结构，比如增加股权融资，降低财务成本负担；二是如何提高营运效率，加强成本控制，提升获利能力。当然，从根源上来讲，需要从竞争策略上做出改进——行业的选择以及竞争格局的改变。

## 9.8 实际企业所得税负担分析

通过计算一家公司的实际所得税税率可以分析该公司的实际所得税负担。实际所得税税率的计算公式为：

实际所得税税率＝所得税费用/（税前利润－对联营企业和合营企业的股权投资收益）×100%

上述计算中，考虑到我国税法规定，公司无须对联营企业和合营企业的股权投资收益重复纳税，因此，我们做了计算调整（对联营企业和合营企业的股权投资收益包括在税前利润和净利润中，但不再承担所得税费用，故需要扣减）。

在财务比率设计时，一定要注意分子和分母之间是否存在因果关系。从表面看，财务比率就是一个数值除以另一个数值，从算术角度看就是简单的除法。但是，单纯的除法计算在财务分析中是没有任何解释价值的，当分子分母具有因果关系时，财务比率就可以用来解释各类现象和问题了。根据分析的目的，大家去找出这种因果关系，就可以自行设置各类财务比率指标了，而不必机械地拘泥于某些成规。有读者建议我写一本有关财务比率指标说明的书，而我认为财务比率指标应当活学活用，灵活设计，因此一直没写此类书。本书中的很多财务指标，在常见的财务分析书中并不多见，甚至很多财务指标都是我自行设置的。

实际企业所得税税率的含义是：一家公司的税前利润中有多少比例用于缴纳企业所得税。该比率越低，则企业税前利润中用于缴纳企业所得税的金额越少。

万华化学公司 2011～2015 年实际企业所得税税率情况如表 9-22 所示。

表 9-22　万华化学公司 2011～2015 年实际企业所得税税率

金额单位：万元

| 项　　目 | 2015-12-31 | 2014-12-31 | 2013-12-31 | 2012-12-31 | 2011-12-31 |
|---|---|---|---|---|---|
| （1）税前利润 | 297 099.03 | 417 825.06 | 442 144.06 | 355 135.04 | 274 737.90 |
| （2）对联营企业和合营企业的股权投资收益 | −261.25 | −332.11 | −198.64 | 4.5 | −0.56 |
| （3）所得税费用 | 67 488.80 | 95 098.02 | 65 990.00 | 54 597.87 | 41 954.03 |
| （4）实际所得税税率 | 22.70% | 22.74% | 14.92% | 15.37% | 15.27% |
| （5）净利润 | 229 610.23 | 322 727.04 | 376 154.06 | 300 537.17 | 232 783.87 |

根据表 9-22，万华化学公司在 2011～2013 年的实际企业所得税税率在 15% 左

右，在这三个年度万华化学公司应该享受了高新技术企业的所得税优惠政策。2014年和2015年实际企业所得税税率上升，与高新技术企业所得税优惠政策到期有关。

## 9.9　净利润、股权资本成本和股权价值增加值分析

每年岁末年初，"利润"一词的曝光率骤然上升。所有的股东、企业家、经理人将开始评价过去一年的利润，也纷纷开始规划下一年度的利润计划。但是，"利润"一词却几乎是公司经营领域中最滥用的词语。利润本身有诸多相互冲突的定义，这些定义对于经营管理来说往往是一种误导。其中，最容易令人迷惑的就是会计报表上的利润数字。

$$净利润 = 税前利润 - 所得税费用$$

或者，按照股权价值增加表的格式，也可以计算如下：

$$净利润 = 息前税后经营利润 + 对联营企业和合营企业的股权投资收益 + \\ 息前税后金融资产收益 - 税后财务费用$$

尽管会计利润的发展在一定程度上为公司相关人员提供了比较充分和准确的经营信息，但是，如果不能客观地认识到会计利润的局限性，会计利润将是一枚"烟幕弹"。

我们将通过"战略性利润"（见图9-2）来为准确而客观地评价利润、务实而高效地提升利润提供富有实效的策略图景。

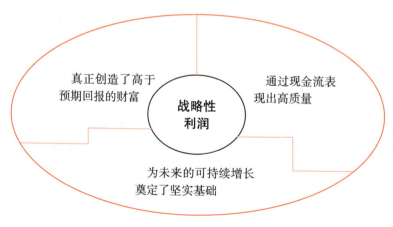

图 9-2　战略性利润

## 9.9.1 净利润与股权价值增加值

净利润归股东所有。在净利润分析中,重点在于分析净利润的增长趋势。

万华化学公司在 2011 ~ 2015 年,净利润呈现先增长后下降的形态,不是非常理想。具体的数据如表 9-23 所示。

表 9-23 万华化学公司 2011 ~ 2015 年净利润情况

单位:万元

| 项　　目 | 2015-12-31 | 2014-12-31 | 2013-12-31 | 2012-12-31 | 2011-12-31 |
| --- | --- | --- | --- | --- | --- |
| 净利润 | 229 610.23 | 322 727.04 | 376 154.06 | 300 537.17 | 232 783.87 |
| 环比增长 | −28.85% | −14.20% | 25.16% | 29.11% | 30.43% |

很多公司的销售和资产规模不断扩张,净利润也在不断增加,他们通过会计报表谱写了一个个"乌鸡变凤凰"的动听故事。然而,在净利润的数字背后,这些公司是否真的提高了营运效率,创造了真正的财富?

在计算净利润的过程中,以利息费用的形式反映债务融资成本,但这却忽略了股权资本的成本。在标准利润表中,股东的股权资本投入对公司来说是无成本的。净利润"股权资本免费"的幻觉,造成很多公司的经营者根本不重视资本的有效配置,以至于不断出现投资失误、重复投资、投资低效等决策行为。正如著名的管理学大师彼得·德鲁克在 1995 年《哈佛商业评论》上撰文指出的:"我们通常所说的利润,其实并不是真正意义上的利润。如果一家企业未能获得超出资本成本的利润,那么它就处于亏损状态。"因此,公司需要获取足够利润并超过其所投入的资本成本,才真正为股东创造了财富,这就是"股权价值增加值"——这是迄今为止对利润最准确的定义。从股东的角度看,股权价值增加值才是真正的财富。

股权价值增加值 = 净利润 − 股权资本 × 股东预期回报率

股东的预期回报就是股权资本成本。多数教材中会采用资本资产定价模型来计算股权资本成本。关于股权资本成本的问题,我们在后面估值部分详细论述,在此以 8% 作为股东的预期回报简化处理。

股权价值增加值的原理与经济增加值(economic value added,EVA)一致。国务院国资委在《中央企业负责人经营业绩考核暂行办法》中采用了 EVA,由于净利润没有考虑股权资本成本,因此以 EVA 作为经营业绩考核指标比净利润更加合理,是国务院国资委考核办法的重大进步。在该办法中以 5.5% 作为加权平均资本成本率简化处理。

从股东的角度，5.5% 的预期回报略微偏低，因此我们在计算中采用 8% 的股东预期回报。需要注意的是：股权价值增加值和 EVA 计算并不完全相同。EVA 的资本包括股权资本和债务资本，而股权价值增加值的资本只包括股权资本；EVA 对研究开发费用、在建工程等进行了调整，股权价值增加值未进行此类调整。

股权价值增加值的意义在于：如果股权价值增加值为负，则即使净利润为正数，公司也没有给股东创造价值，反而在损毁价值；如果股权价值增加值接近于零的范围，则公司为股东创造了预期回报；只有在股权价值增加值为正数的情况下，公司才为股东创造了超预期回报。

以万华化学公司为例，2011～2015 年的股权价值增加值具体情况如表 9-24 所示。

表 9-24　万华化学公司股权价值增加值分析

单位：万元

| 项　　目 | 2015-12-31 | 2014-12-31 | 2013-12-31 | 2012-12-31 | 2011-12-31 |
| --- | --- | --- | --- | --- | --- |
| 净利润 | 229 610.23 | 322 727.04 | 376 154.06 | 300 537.17 | 232 783.87 |
| 减：股权资本成本 | 118 585.88 | 106 285.41 | 94 247.64 | 78 742.48 | 65 724.99 |
| 股权价值增加值 | 111 024.35 | 216 441.63 | 281 906.42 | 221 794.69 | 167 058.88 |

根据表 9-24，万华化学公司在 2011～2015 年，为股东创造了超预期回报。但是，2014 年和 2015 年股权价值增加值略有下降。

### 9.9.2　利润和股权价值增加值的局限性

如果一家公司的股权价值增加值很高，那么是否就意味着该公司具有广阔的发展远景呢？这并不一定。

原因之一是，股权价值增加值是基于净利润调整而来的，而净利润可以通过"利润操纵"进行调整。所谓利润操纵就是公司管理当局为了达成某种目的，通过选择最有利的会计政策控制应计项目，甚至通过编造、变造、伪造等手法做假账，掩盖公司真实经营成果，使净利润达到某种期望水准。不考虑假账的情况，也有很多种会计准则允许的利润调整方法，比如延迟或缩短长期资产的折旧摊销年限，利用会计职业判断空间少提或多提各类资产减值准备，推迟完工的在建工程转入固定资产（减少折旧成本和财务费用），提前或者推迟收入和成本费用的确认，等等。我国证券监管部门规定，上市公司连续亏损两年要做 ST 处理，有些公司循环亏损一年、盈利一年，以避免 ST，盈利这年的利润又有什么意义呢？识别这种短期调整行为的最好方法，就是在分析公司的利润时拉长时间窗口到 5～10 年甚至更长周期。

原因之二是，利润和现金流量之间具有差异性。如果某公司收入是 100 元，而成本费用为 80 元，则利润为 20 元。如果上述收入都是现金性收入，成本费用都是付现性项目，则利润 20 元与现金净流量 20 元是等值的。但是，如果因为竞争激烈，该公司为了扩大销售而采用了大量的赊销政策，使得收入并不全部是现金收入，而只有 80% 是现金收入，其余的 20% 则表现为具有风险性的应收账款。这样，现金性收入不是 100 元而是 80 元，会计利润仍为 20 元，但是现金净流量却变成了 0。这就是现金流量与利润间的差异性。

利润是通过会计准则编制而来的，即使排除利润操纵和做假账的因素，它也只是一个账面的结果。与此相反，现金是通过实实在在的现金流入量与流出量表现出来的，它不但表现在账面上，而且实实在在地表现在公司的银行账户中。由此可见，利润与现金的关系，既非常简单，又非常复杂。简单到一目了然，复杂到需要调整很多因素才能理解它们之间的数量关系。利润与现金的差异是公司经营状况的综合体现，也是深刻认识公司盈利能力的基本线索。因此，公司必须厘清利润和现金之间差异的表现形式及其根本原因后进行控制，提高利润的含金量，以避免有利润却没有现金的结局，让增长做到"有利润的收入增长，有现金的利润增长"。

我们将在后面对净利润和现金流之间的这种关系进行更加详细的分析。

### 9.9.3 利润可持续性的考量

如果一家公司的利润很高，同时现金流量也很多，那么是否就意味着该公司具有广阔的发展远景呢？答案还是不一定。

提高利润和现金流量的方法，无非是在提高收入和降低成本上下功夫。如果单纯追求短期的利润和现金流，公司可以只是片面地通过削减成本、压缩投资来提高利润和现金流量。比如，减少当期的研究开发费用、广告费投入，推迟各种安全劳保的支出，等等。如此这般，利润和现金流就会在短期内得到美化。但是，减少上述与长期发展有关的投入，公司在未来可能后继乏力，很快在竞争中处于劣势甚至出局，利润和现金流会断崖式下降。

真正优秀、追求卓越的高质量公司在追求"更好"和"更多"中寻求平衡，力图建立长期的竞争优势来保证盈利能力的持续提升。这些公司通过连续不断地巩固核心业务、创建新兴业务和创造未来业务保持增长活力。尽管长期发展的投入或投资会暂时影响利润和现金流量的"漂亮"度，但是这些公司是行业的领导者，而不是简单的追随者，不断引领未来的趋势。这些公司对利润和现金流的持续上升的解释是"我们正在改变市场"，而那些单纯的短期利润和现金流追求型公司对利润和现金流的下降的解释则是"我们的市场正在改变"。

对于很多公司来说，当前的利润和现金流量只能解释部分的公司价值，其他则要由利润的预期增长来决定，而尚未实现的利润又依赖于公司未来的增长。所以说，当前会计期间的利润和现金流，必须为公司的进一步增长做好准备，打下基础。在现金流量方面，有一个专业术语叫自由现金流量。该术语是指考虑保持公司经营规模后所剩余的现金流量。真正反映一家公司的盈利能力的不是一般的现金流量，而是自由现金流量。

综上所述，战略性利润认为，会计报表中的利润数字并不能说明任何东西，会计利润必须转化为股权价值增加值。同时，战略性利润还要求保障利润增长的可持续性。也就是说，会计报表的利润数字必须经过资本成本、现金流量和自由现金流量的三次技术性调整，才能反映一家公司名副其实的盈利能力。有关现金流量和自由现金流量的详细内容，将在第 11 章论述。

# 第 10 章

# 资产资本表和股权价值增加表的综合分析

本章在前述第 8 章资产和资本分析、第 9 章股权价值增加值分析的基础上，对两者做进一步的分析。由于本章的财务指标计算需要根据资产资本表和股权价值增加表之间的逻辑关系来同时使用两张报表的数据，因此我们称为资产资本表和股权价值增加表的综合分析。在本章，我们首先理解两者之间的关系，然后通过因素分解法在对股东权益回报率进行五个因素分解的基础上构建分析体系，接着具体分析每一个因素所产生的影响，最后对所有的财务指标进行总结并形成财务指标框架。

## 10.1 资产资本表和股权价值增加表之间的关系

资产带来收益，资本要求回报。资产和收益、资本和回报之间的逻辑关系如图 10-1 所示。

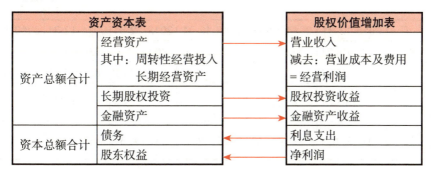

图 10-1 资产资本表和股权价值增加表之间的逻辑关系

如图 10-1 所示，经营资产带来经营利润，长期股权投资带来股权投资收益，金融资产带来金融资产收益。因此，我们需要分析一家公司的经营资产、长期股权投资和金融资产各自的管理效率和盈利能力。

公司为价值而生，需要为股东创造回报。我们需要分析一家公司是否能满足股东的回报要求。

## 10.2  股东权益回报率分析

公司应当为股东创造价值，股权价值增加表中的净利润即股东的回报。因此，我们计算股东权益回报率来分析公司为股东创造价值的能力。股东权益回报率的计算公式如下：

$$股东权益回报率 = 净利润/股东权益 \times 100\%$$

公式中的分子为股权价值增加表中的净利润（包括了标准利润表中的净利润和其他综合收益），分母股东权益可以用期初数、期末数或者期初和期末的平均数。如果在分析期间存在与股东之间的交易，比如股东增加资金投入或者给股东现金分红，则需要对股东权益进行相应调整，计算股东权益的加权平均数。

我们可以对股东权益回报率和股东的预期回报（股权资本成本率）进行比较，前者高于后者，公司创造了股东的超预期回报，则公司股权价值增加值为正数；反之，前者低于后者，公司没有满足股东的预期回报，则公司股权价值增加值为负数。

我们以万华化学公司为例，采用股东权益期初和期末平均数以及表 9-23 中的净利润，计算其股东权益回报率，如表 10-1 所示。

表 10-1  万华化学公司的股东权益回报率

金额单位：万元

| 项　　目 | 2015-12-31 | 2014-12-31 | 2013-12-31 | 2012-12-31 | 2011-12-31 | 2010-12-31 |
|---|---|---|---|---|---|---|
| 净利润 | 229 610.23 | 322 727.04 | 376 154.06 | 300 537.17 | 232 783.87 | — |
| 股东权益 | 1 482 323.44 | 1 328 567.57 | 1 178 095.55 | 984 281.01 | 821 562.41 | 715 521.93 |
| 股东权益回报率 | 16.34% | 25.75% | 34.79% | 33.28% | 30.29% | — |
| 股权价值增加值 | 111 024.35 | 216 441.63 | 281 906.42 | 221 794.69 | 167 058.88 | — |

从表 10-1 中可以看出，虽然万华化学公司的股东权益回报率最低为 16.34%，高于股东的预期回报，股权价值增加值为正数，但是万华化学公司的股东权益回报率在 2013～2015 年度有比较明显的下降。

那么，为什么股东权益回报率会发生上述变动呢？我们可以采用因素分解法做进一步分析。

股东权益回报率 = 净利润 / 股东权益 ×100%

= 息税前利润 / 营业收入 × 营业收入 / 资产总额 ×

税前利润 / 息税前利润 × 资产总额 / 股东权益 ×

净利润 / 税前利润 ×100%

= 息税前经营利润率 × 资产周转率 ×

财务成本效应比率 × 财务杠杆倍数 ×

企业所得税效应比率 ×100%

= 息税前资产回报率 × 财务杠杆效应 ×

企业所得税效应比率 ×100%

从上述公式中，我们可以得出：股东权益回报率受到息税前经营利润率、资产周转率、财务成本效应比率、财务杠杆倍数、企业所得税效应比率等五个因素三个方面活动的影响，这五个因素与公司创造价值的活动在逻辑上是一致的。息税前经营利润率和资产周转率反映公司的投资和经营活动效率，财务成本效应比率和财务杠杆倍数反映公司的筹资活动效率，企业所得税效应比率反映政府的税收以及公司的税务管理活动。很显然，上述比率越高，则股东权益回报率越高，给股东创造的价值就越高，因此，我们需要从上述五个因素着手来提升股东权益回报率。

我们以万华化学公司为例，计算分析万华化学公司股东权益回报率发生变动的原因，具体如表 10-2 所示。

从表 10-2 中可以看出，各个因素对万华化学公司 2013～2015 年股东权益回报率的影响：资产周转率、财务成本效应比率和企业所得税效应比率大幅下降导致股东权益回报率下降，财务杠杆效应上升则提升了股东权益回报率，而息税前经营利润率略有下降但影响不大。

表 10-2 万华化学公司股东权益回报率因素分析

| 项 目 | 2015-12-31 | 2014-12-31 | 2013-12-31 | 2012-12-31 | 2011-12-31 |
|---|---|---|---|---|---|
| 息税前经营利润率 | 19.47% | 20.83% | 23.14% | 24.14% | 21.69% |
| 资产周转率 | 0.48 | 0.63 | 0.79 | 0.83 | 0.85 |
| 息税前资产回报率 | 9.45% | 13.18% | 18.22% | 20.12% | 18.23% |
| 财务成本效应比率 | 0.78 | 0.90 | 0.94 | 0.92 | 0.94 |
| 财务杠杆倍数 | 2.88 | 2.81 | 2.38 | 2.10 | 2.06 |
| 企业所得税效应比率 | 77.28% | 77.24% | 85.08% | 84.63% | 84.73% |

注：表中计算财务杠杆倍数时，用期末的资本总额除以期末股东权益和期初股东权益的平均数，因此与前面章节直接除以期末股东权益存在差异。

## 10.3 投资和经营活动的管理效率及盈利能力分析

公司的投资和经营活动效率越高，盈利能力越强，则公司的股东权益回报率越高。资产周转率反映公司投资活动和经营活动的管理效率，息税前经营利润率反映公司资产的盈利能力，两者相乘我们称为息税前资产回报率。

息税前资产回报率 = 息税前利润 / 资产总额 ×100%

= 息税前利润 / 营业收入 × 营业收入 / 资产总额 ×100%

= 息税前经营利润率 × 资产周转率 ×100%

由于净利润受公司筹资决策及活动的影响，因此我们采用息税前利润来计算，以单独反映公司投资和经营活动管理决策的结果。

显然，息税前经营利润率和资产周转率越高，公司的息税前资产回报率就越高。获得较高的息税前经营利润率可通过以下两种途径或其中之一：① 提高价格或以快于营业支出增加的速度来提高销售量，从而使销售额上升；②以快于销售额减少的速度来压缩营业开支。另外，可通过提高资产周转率来有效地管理用于经营活动的资产净值。例如，提高存货周转速度、缩短应收账款回收期以及减少销售占用的长期资产数都是对资产的有效管理。

既然较高的息税前经营利润率和资产周转率是提高息税前资产回报率的关键，那么获得这些较高指标的深层原因又是什么呢？根据有关研究，不考虑公司具体竞争市场的特殊性（存货与技术变革水平、供给及购买能力、市场成长速度），深层原因有三：①公司的竞争地位，即相对于竞争对手的市场占有率；②公司提供的产品和服务的相对质量；③公司成本和资产的结构，即资产的构成及主导成分、成本构成、纵向一体化及资本利用程度。研究结果表明，较高的市场份额和高质量的产品一般会提升营业获利能力，而大量的投资和过高的固定成本会降低营业获利能力。

我们以万华化学公司的数据为例，计算该公司的息税前资产回报率，如表10-3所示。

表 10-3 万华化学公司的息税前资产回报率

金额单位：万元

| 项　目 | 2015-12-31 | 2014-12-31 | 2013-12-31 | 2012-12-31 | 2011-12-31 |
|---|---|---|---|---|---|
| （1）息税前利润 | 382 451.43 | 464 295.30 | 469 760.35 | 385 229.97 | 292 334.56 |
| （2）营业收入 | 1 949 238.29 | 2 208 836.85 | 2 023 797.32 | 1 594 212.65 | 1 366 230.73 |
| （3）息税前经营利润率（=（1）/（2）） | 19.62% | 21.02% | 23.21% | 24.16% | 21.40% |
| （4）资产总额 | 4 047 343.85 | 3 521 811.88 | 2 577 916.34 | 1 914 613.13 | 1 603 565.79 |
| （5）资产周转率（=（2）/（4）） | 0.48 | 0.63 | 0.79 | 0.83 | 0.85 |
| （6）息税前资产回报率（=（3）×（5）） | 9.45% | 13.18% | 18.22% | 20.12% | 18.23% |

注：表中数据在计算过程中有四舍五入。

从表10-3中可以看出，万华化学公司的息税前资产回报率连续大幅下降，其中息税前经营利润率基本稳定，主要原因在于资产周转率下降过快，因此提升资产周转率成为关键的管理问题。

息税前资产回报由公司的资产所产生，而公司的资产包括经营资产、长期股权投资和金融资产，因此要提高息税前资产回报率，就必须提高各类资产的回报率。我们需要进一步详细分析经营资产、长期股权投资和金融资产的管理效率和盈利能力。

### 10.3.1 经营资产的管理效率分析

我们持有经营资产的目的是要带来营业收入，因此，我们将营业收入除以经营资产来衡量经营资产的管理效率。

经营资产周转率 = 营业收入 / 经营资产

一般来说，经营资产周转率越高，公司经营资产的管理效率就越高，其带来营业收入的能力就越强。如果经营资产周转率下降，则表明公司的经营资产管理效率出现了问题，此时我们需要进一步分析具体原因。

以万华化学公司的数据为例，我们计算其经营资产周转率，如表10-4所示。

表10-4　万华化学公司的经营资产周转率

金额单位：万元

| 项　　目 | 2015-12-31 | 2014-12-31 | 2013-12-31 | 2012-12-31 | 2011-12-31 |
| --- | --- | --- | --- | --- | --- |
| 营业收入 | 1 949 238.29 | 2 208 836.85 | 2 023 797.32 | 1 594 212.65 | 1 366 230.73 |
| 经营资产总额 | 3 820 094.85 | 3 407 714.35 | 2 460 192.78 | 1 761 971.12 | 1 409 831.68 |
| 经营资产周转率 | 0.51 | 0.65 | 0.82 | 0.90 | 0.97 |

从表10-4中可以看出，在2011～2015年，万华化学公司的经营资产周转率在逐年下降，需要分析其原因所在。

公司的经营资产由长期经营资产和周转性经营投入构成，因此我们可以进一步分析长期经营资产和周转性经营投入的管理效率。两者的财务指标如下：

长期经营资产周转率 = 营业收入 / 长期经营资产

周转性经营投入周转率 = 营业收入 / 周转性经营投入

我们以万华化学公司的数据为例，两指标的计算如表10-5所示。

表10-5　万华化学公司的长期经营资产周转率和周转性经营投入周转率

金额单位：万元

| 项　　目 | 2015-12-31 | 2014-12-31 | 2013-12-31 | 2012-12-31 | 2011-12-31 |
| --- | --- | --- | --- | --- | --- |
| 营业收入 | 1 949 238.29 | 2 208 836.85 | 2 023 797.32 | 1 594 212.65 | 1 366 230.73 |
| 长期经营资产 | 3 630 313.13 | 3 151 290.18 | 2 261 402.90 | 1 398 641.31 | 963 849.84 |
| 长期经营资产周转率 | 0.54 | 0.70 | 0.89 | 1.14 | 1.42 |
| 周转性经营投入 | 189 781.72 | 256 424.17 | 198 789.88 | 363 329.81 | 360 981.84 |
| 周转性经营投入周转率 | 10.27 | 8.61 | 10.18 | 4.39 | 3.78 |

从表10-5中可以得出，万华化学公司的周转性经营投入周转率在逐年提升，而长期经营资产周转率却逐年下降。因此万华化学公司经营资产周转率下降的根本原因在于长期经营资产周转率的下降。

## 10.3.2 长期经营资产的管理效率分析

我们通过长期经营资产周转率来衡量长期经营资产的管理效率。长期经营资产包括固定资产、在建工程、无形资产、研发支出、使用权资产、商誉、长期待摊费用、递延所得税资产等，因此要分析和改进长期经营资产管理效率就需要具体分析每一类资产的具体情况。

通常来说，在建工程、研发支出属于前期投入阶段，无法带来营业收入，因此我们不计算这些资产的周转率。这些资产在公司扩张阶段会造成长期经营资产周转率的下降。此时，我们需要关注这些前期投入的进展情况是否顺利，是否可以按期完成并转化为可以带来收入的经营资产。

固定资产一般通过生产各种商品带来收入，因此固定资产和营业收入之间存在非常密切的关系，因此我们会计算固定资产周转率。固定资产周转率也称固定资产利用率，是企业营业收入与固定资产净值的比率。固定资产周转率主要用于分析对厂房、设备等固定资产的利用效率。比率越高，说明利用率越高，管理水平越高。如果固定资产周转率与同行业平均水平相比偏低，则说明公司对固定资产的利用率较低，可能会影响公司的获利能力。其计算公式如下：

$$固定资产周转率 = 销售收入 / 平均固定资产净值$$

$$平均固定资产净值 = （期初净值 + 期末净值）/2$$

运用固定资产周转率指标时，我们需要注意一个问题：有些公司无力进行固定资产更新，固定资产净值越来越低，导致表面看起来固定资产周转率越来越高，其实公司已经陷入了经营困境。为了防止此类情形带来的误导，我们需要用固定资产成新率指标来加以辅助分析，其计算公式为：

$$固定资产成新率 = 平均固定资产净值 / 平均固定资产原值$$

固定资产成新率指标没有绝对标准，但是对于大多数公司来说，固定资产成新率应当保持在 50% 以上，一般在 70% 以上。如果一家公司的固定资产成新率低于 50%，通常表明该公司的固定资产已经严重老化。

我国公司的无形资产包括土地使用权、专利权、著作权、商标权等。土地使用权的含义代表了公司的营业规模和营业能力，与固定资产一样，因此在国际准则中通常称为"土地、厂房和设备"。因此，对于土地使用权的无形资产，我们可以计算无形资产（土地使用权）周转率。但是，专利权、著作权、商标权等无形资产并不是通过直接带来营业收入创造价值，而是通过价格上的溢价来体现其价值，因此我们通常不计算此类无形资产的周转率。同理，因为商誉也是通过价格溢价所产生的高毛利率来体现价值，所以商誉也很少计算商誉周转率。

此外，长期待摊费用和递延所得税资产等也多数与营业收入不存在直接的关系，因此我们也不计算这些长期资产的周转率。

可能很多人存在一个困惑：既然长期经营资产中除固定资产和土地使用权外，其他资产不计算周转率，那么计算长期经营资产周转率的意义何在？其意义在于，通过长期经营资产周转率的分析，来判断一家公司的长期经营资产结构是否合理，管理效率是得到了提升还是下降。

我们以万华化学公司的数据为例，计算并分析其长期经营资产周转率，如表10-6所示。

表10-6 万华化学公司的长期经营资产周转率和固定资产周转率

金额单位：万元

| 项 目 | 2015-12-31 | 2014-12-31 | 2013-12-31 | 2012-12-31 | 2011-12-31 |
|---|---|---|---|---|---|
| 长期经营资产 | 3 630 313.13 | 3 151 290.18 | 2 261 402.90 | 1 398 641.31 | 963 849.84 |
| 长期经营资产周转率 | 0.54 | 0.70 | 0.89 | 1.14 | 1.42 |
| 固定资产 | 2 004 629.20 | 1 519 470.61 | 858 174.25 | 733 146.64 | 690 492.64 |
| 固定资产周转率 | 0.97 | 1.45 | 2.36 | 2.17 | 1.98 |
| 在建工程 | 1 240 918.25 | 1 172 495.21 | 811 117.35 | 363 049.95 | 150 947.71 |
| 工程物资 | 28 891.86 | 165 154.06 | 155 222.12 | 7 495.44 | 9 032.07 |
| 固定资产清理 | 0.00 | 0.00 | 0.00 | 0.00 | 0.00 |
| 生产性生物资产 | 0.00 | 0.00 | 0.00 | 0.00 | 0.00 |
| 油气资产 | 0.00 | 0.00 | 0.00 | 0.00 | 0.00 |
| 无形资产 | 225 200.04 | 161 164.44 | 143 519.50 | 120 072.70 | 80 705.34 |
| 无形资产（土地使用权）周转率 | 7.95 | 8.66 | 13.71 | 14.10 | 13.28 |
| 开发支出 | 0.00 | 0.00 | 0.00 | 0.00 | 0.00 |
| 商誉 | 27 751.86 | 27 751.86 | 27 751.86 | 27 751.86 | 27 751.86 |
| 长期待摊费用 | 0.00 | 3 335.57 | 1 372.32 | 1 525.28 | 1 095.57 |
| 递延所得税资产（营运类） | 33 754.06 | 28 956.26 | 14 925.00 | 10 753.93 | 5 570.31 |
| 减：递延所得税负债（营运类） | 2 070.82 | 1 950.82 | 1 920.71 | 1 663.82 | 1 745.66 |
| 其他非流动资产 | 71 238.68 | 74 912.99 | 251 241.21 | 136 509.33 | 0.00 |

从表 10-6 中可以看出，万华化学公司的长期经营资产周转率在逐年下降，但是固定资产周转率的下降速度明显要低于长期经营资产周转率。我们再仔细查阅可以发现，万华化学公司长期经营资产周转率大幅下降的主要原因在于在建工程的巨额增加——在建工程不能产生营业收入，因此在建工程的增加降低了长期经营资产周转率。在建工程是公司扩张过程中不可避免的阶段。在不影响安全和质量的前提下，公司应当尽快完成在建工程并转化为固定资产投入使用，以保证公司长期经营资产的管理效率。

### 10.3.3　周转性经营投入的管理效率分析

长期经营资产本身不能产生营业收入和利润。运用这些资产创造营业收入和利润的活动就是公司的经营活动。这些经营活动需要公司在营运循环中以存货和应收账款等形式进行投资。图 10-2 是表示营业循环的方法。循环始于采购——获得原材料的行为，接下来是生产——原材料转化为产成品的过程，随后是销售。当从顾客手中收回现金时，循环结束。只要经营活动继续，循环就会再启动。

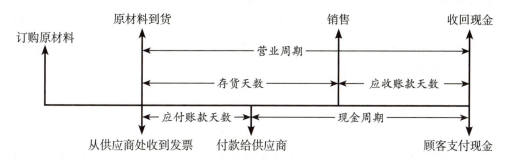

图 10-2　营业周期和现金周期

我们通过计算一家公司的营业周期和现金周期来判断一家公司的周转性经营投入管理效率。营业周期可以帮助我们判断哪一家公司的产品生产、销售的速度比较快，而现金周期可以帮助我们判断哪一家公司生产、销售并回收现金的速度比较快。一般来讲，同一行业中，营业周期和现金周期比较短的公司，其效率要高于其他公司，其周转性经营投入需求也比较少。营业周期和现金周期的计算公式如下：

营业周期 = 存货周转天数 + 应收账款周转天数

现金周期 = 存货周转天数 + 应收账款周转天数 − 应付账款周转天数

同一行业中不同企业的周转性经营投入需求与销售额之比可能不同。尽管它们可能面对相同的约束条件，但有些经营得好，有些经营得差。例如，某企业的存货管理水平和应收账款管理水平较差，其周转性经营投入需求与销售额之比就会高于同行业平均水平。

通过应收账款周转率、存货周转率、应付账款周转率等比率来评价公司对周转性经营投入需求的各组成项目的管理水平简便易行，可以作为不同时期纵向比较和同行业横向比较的依据。

公司的应收账款在周转性经营投入需求中具有举足轻重的地位。公司的应收账款如能及时收回，公司的资金使用效率便能大幅提高。应收账款周转率是反映公司应收账款周转速度的比率，它说明一定期间内公司应收账款转为现金的平均次数。用时间表示的应收账款周转速度为应收账款周转天数，也称平均应收账款回收期或平均收现期，它表示公司从获得应收账款的权利到收回款项、变成现金所需要的时间。一般来说，应收账款周转率越高越好，表明公司收账速度快，平均收账期短，坏账损失少，资产流动快，偿债能力强。与之相对应，应收账款周转天数则是越短越好。如果公司实际收回账款的天数超过了公司规定的应收账款天数，则说明债务人拖欠时间长，资信度低，增大了发生坏账损失的风险；同时也说明公司催收账款不力，使资产形成了呆账甚至坏账，造成了流动资产不流动，这对公司正常的生产经营是很不利的。其计算公式为：

应收账款周转率（次）= 赊销收入净额 / 平均应收账款

应收账款周转天数 = 计算期天数 / 应收账款周转率

= （平均应收账款 × 计算期天数）/ 赊销收入净额

注意，"平均应收账款"是指资产负债表中"应收账款"和"应收票据"的期初、期末金额的平均数之和。在实际计算时，由于从公司财务报表中无法获得赊销收入净额的数据，我们往往用销售收入来替代赊销收入净额。有时候为了计算的方便，在应收账款波动不大的情况下，我们也可以用期末应收账款来替代平均应收账款进行直接计算。另外，多数公司会存在预收账款，我们认为，预收账款是提前收到销售活动的现金，因此应当作为应收款项的抵减项目处理。

平均应收账款 =（（期初应收账款 + 期初应收票据 − 期初预收账款）+

（期末应收账款 + 期末应收票据 − 期末预收账款））/2

有一些因素会影响应收账款周转率和周转天数计算的准确性。首先，由于公司生产经营的季节性，使应收账款周转率不能正确反映公司销售的实际情况。其次，某些公司在产品销售过程中大量使用分期付款方式。再次，有些公司采取大量收取现金的方式进行销售。最后，有些公司年末销售量大幅增加或年末销售量大幅下降。这些因素都会对应收账款周转率或周转天数造成很大的影响。在分析这两个指标时，应将公司本期指标和公司前期指标、行业平均水平或其他类似公司的指标相比较，判断该指标的高低。

存货周转率是衡量和评价企业购入存货、投入生产、销售收回等各环节管理状况的综合性指标，它是销货成本除以平均存货得到的比率，其意义可以理解为一个财务周期内，存货周转的次数。用时间表示的存货周转速度就是存货周转天数。一般来讲，存货周转速度越快（存货周转率或存货周转次数越大，存货周转天数越短），存货占用水平越低，流动性越强，存货转化为现金或应收账款的速度就越快，表明企业的销售能力越强，周转性经营投入占用在存货上的金额也会越少。通过存货周转速度分析，有利于找出存货管理中存在的问题，尽可能降低资金占用水平。其计算公式为：

$$存货周转率（次数）= 销货成本 / 平均存货余额$$

其中：

$$平均存货余额 =（期初存货 + 期末存货）/2$$
$$存货周转天数 = 计算期天数 / 存货周转率（次数）$$
$$= 计算期天数 \times 平均存货余额 \div 销货成本$$

应付账款周转率反映的是企业应付账款的流动程度。合理的应付账款周转率来自同行业对比和公司历史正常水平。如果公司应付账款周转率低于行业平均水平，说明公司较同行可以更多占用供应商的货款，显示其重要的市场地位，但同时也要承担较多的还款压力。反之亦然。如果公司应付账款周转率较以前出现快速提高，说明公司占用供应商货款降低，可能反映上游供应商谈判实力增强，要求快速回款的情况，也有可能预示原材料供应紧俏甚至吃紧。反之亦然。应付账款周转率的公式：

$$应付账款周转率（次数）= 采购成本 / 平均应付账款$$

其中：

$$应付账款平均余额 =（期初应付账款 + 期初应付票据 - 期初预付账款 +$$
$$期末应付账款 + 期末应付票据 - 期初预付账款）/2$$

应付账款平均付账期（天数）= 计算期天数 / 应付账款周转率

采购成本需要我们根据有关资料进行计算。假设一家制造业企业的产成品的成本等于原材料的采购成本加上生产成本，把采购成本和生产成本加到期初存货账户上（含原材料、半成品、产成品）。当产成品卖出时，存货减去销售成本，得出期末存货：

期初存货 + 采购成本 + 生产成本 − 销售成本 = 期末存货

把上述公式变形，就得到采购成本计算公式：

采购成本 = 销售成本 + 期末存货 − 期初存货 − 生产成本

分析时，如果采购成本的信息无法取得，也可以简单地用销售成本来替代。

我们以万华化学公司的数据为例，采用营业收入和营业成本作为近似数字，除以相应项目的期末余额，计算上述财务指标，如表 10-7 所示。

表 10-7　万华化学公司的营业周期和现金周期

金额单位：万元

| 项　　目 | 2015-12-31 | 2014-12-31 | 2013-12-31 | 2012-12-31 | 2011-12-31 |
| --- | --- | --- | --- | --- | --- |
| 营业收入 | 1 949 238.29 | 2 208 836.85 | 2 023 797.32 | 1 594 212.65 | 1 366 230.73 |
| 应收账款 − 预收款项 | 172 669.69 | 292 547.96 | 364 447.69 | 401 109.59 | 277 889.61 |
| 应收账款周转率 | 11.29 | 7.55 | 5.55 | 3.97 | 4.92 |
| 营业成本 | 1 361 996.54 | 1 526 963.97 | 1 358 294.92 | 1 038 186.95 | 948 866.48 |
| 存货 | 419 385.31 | 300 999.25 | 226 500.19 | 199 486.33 | 133 787.87 |
| 存货周转率 | 3.25 | 5.07 | 6.00 | 5.20 | 7.09 |
| 应付账款 − 预付款项 | 525 071.69 | 431 179.75 | 381 577.29 | 191 284.66 | −40 453.99 |
| 应付账款周转率 | 2.59 | 3.54 | 3.56 | 5.43 | −23.46 |
| 营业周期 | 144.72 | 120.29 | 126.59 | 161.97 | 125.70 |
| 现金周期 | 4.01 | 17.22 | 24.06 | 94.72 | 141.27 |

从表 10-7 中可以看出，万华化学公司的应收账款周转率波动比较大，存货周转率下降，因此营业周期波动也比较大，并且营业周期有上升的趋势。不过，得益于万华化学公司延迟了对供应商的付款周期，万华化学公司的现金周期一直在下降。

### 10.3.4　经营资产回报率分析

经营资产所产生的营业收入还需要扣除营业成本才能形成经营资产的回报。因此，我们需要对经营资产是否带来令人满意的回报进行分析。息税前经营资产回报率的计算公式如下：

息税前经营资产回报率＝息税前经营利润/经营资产总额×100%

我们可以进一步分解为：

息税前经营资产回报率＝息税前经营利润/营业收入×

营业收入/经营资产总额×100%

＝息税前经营利润率×经营资产周转率×100%

我们以万华化学公司的数据为例，其计算如表10-8所示。

**表10-8 万华化学公司的经营资产回报率**

金额单位：万元

| 项　目 | 2015-12-31 | 2014-12-31 | 2013-12-31 | 2012-12-31 | 2011-12-31 |
|---|---|---|---|---|---|
| 息税前经营利润 | 379 577.12 | 460 063.57 | 468 385.94 | 384 828.85 | 296 398.91 |
| 经营资产总额 | 3 820 103.51 | 3 407 728.06 | 2 460 206.88 | 1 761 984.40 | 1 409 831.68 |
| 息税前经营资产回报率 | 9.94% | 13.50% | 19.04% | 21.84% | 21.02% |
| 营业收入 | 1 949 238.29 | 2 208 836.85 | 2 023 797.32 | 1 594 212.65 | 1 366 230.73 |
| 息税前经营利润率 | 19.47% | 20.83% | 23.14% | 24.14% | 21.69% |
| 经营资产周转率 | 0.51 | 0.65 | 0.82 | 0.90 | 0.97 |

注：表中数据在计算过程中有四舍五入。

从表10-8中可以看出，万华化学公司的息税前经营资产回报率在逐年下降，尤其在2013～2015年大幅下降。息税前经营利润率比较稳定，息税前经营资产回报率大幅下降的原因主要在于经营资产周转率大幅下降。结合我们前面的分析，由于万华化学公司处于扩张期，在建工程金额巨大，而这些在建工程目前无法带来回报，因此直接拉低了整个经营资产的回报率。对于万华化学公司来说，在建工程竣工投入使用成为其管理中的重点和关键问题。

### 10.3.5 长期股权投资的盈利能力分析

如前所述，长期股权投资的深入分析必须以被投资公司的经济活动和财务数据为基础。然而，由于数据的可获得性差以及分析成本过高，因此我们通常做简化的分析。我们可以计算长期股权投资收益率来分析判断长期股权投资的盈利能力。其计算公式如下：

长期股权投资收益率＝长期股权投资收益/长期股权投资×100%

一般来说，如果长期股权投资收益率高于公司的加权平均资本成本率，则长期股权投资实现了保值增值的目标；反之，如果长期股权投资收益率低于公司的加权平均资本成本率，则长期股权投资的价值需要打折。另外，长期股权投资还需要结合公司的战略安排来分析，有时候长期股权投资是为了保证公司上游供应商和下游渠道的稳定，则此时收益回报并非决定性因素。

我们以万华化学公司的数据为例，其计算如表 10-9 所示。

表 10-9  万华化学公司长期股权投资收益率

金额单位：万元

| 项 目 | 2015-12-31 | 2014-12-31 | 2013-12-31 | 2012-12-31 | 2011-12-31 |
| --- | --- | --- | --- | --- | --- |
| 长期股权投资收益 | −261.25 | −332.11 | −198.64 | 4.50 | −0.56 |
| 长期股权投资 | 18 612.81 | 8 874.00 | 10 205.30 | 4 517.35 | 2 509.44 |
| 长期股权投资收益率 | −1.40% | −3.74% | −1.77% | 0.10% | −0.02% |

从表 10-9 中可以看出，万华化学公司的长期股权投资收益率基本都是负数，因此其长期股权投资并不成功，其价值存在打折的情况。不过，万华化学公司的长期股权投资在其资产总额中所占的比例不大，因此对公司总体影响不大。

### 10.3.6　金融资产的盈利能力分析

在股权价值增加表中，我们在不考虑金融资产投入的情况下单独计算分析了金融资产收益。那么，金融资产的收益率如何呢？我们计算金融资产收益率来进行判断。其计算公式如下：

金融资产收益率＝金融资产收益/金融资产×100%

通常来说，金融资产为低收益资产。我们以万华化学公司的数据为例，其计算如表 10-10 所示。

从表 10-10 中可以看出，万华化学公司的税后金融资产收益率低于公司的加权平均资本成本率。公司持有金融资产的目的是应付经营活动的现金需求以及防范资金危机和投机性需求，但是对于非金融公司来说，不应该大量持有金融资产，一般占公司资产总额的 5%～10% 为宜。

表 10-10 万华化学公司的金融资产收益率

金额单位：万元

| 项 目 | 2015-12-31 | 2014-12-31 | 2013-12-31 | 2012-12-31 | 2011-12-31 |
|---|---|---|---|---|---|
| 息前税后金融资产收益 | 2 423.29 | 3 525.10 | 1 338.27 | 335.64 | -3 443.23 |
| 金融资产 | 208 636.18 | 105 223.52 | 106 518.24 | 148 124.70 | 191 224.70 |
| 货币资金 | 206 636.18 | 102 467.44 | 98 892.24 | 137 260.69 | 178 885.85 |
| 交易性金融资产 | 0.00 | 756.08 | 0.00 | 2 790.45 | 2 523.69 |
| 划分为持有待售的资产 | 0.00 | 0.00 | 0.00 | 0.00 | 0.00 |
| 一年内到期的非流动资产 | 0.00 | 0.00 | 0.00 | 0.00 | 0.00 |
| 发放贷款及垫款 | 0.00 | 0.00 | 0.00 | 0.00 | 0.00 |
| 可供出售金融资产 | 2 000.00 | 2 000.00 | 7 626.00 | 8 073.56 | 9 815.16 |
| 持有至到期投资 | 0.00 | 0.00 | 0.00 | 0.00 | 0.00 |
| 投资性房地产 | 0.00 | 0.00 | 0.00 | 0.00 | 0.00 |
| 应收股利 | 0.00 | 0.00 | 0.00 | 0.00 | 0.00 |
| 买入返售金融资产 | 0.00 | 0.00 | 0.00 | 0.00 | 0.00 |
| 应收利息 | 0.00 | 0.00 | 0.00 | 0.00 | 0.00 |
| 税后金融资产收益率 | 1.16% | 3.35% | 1.26% | 0.23% | -1.80% |

## 10.4 债务筹资对股东权益回报率的影响

财务杠杆倍数和财务成本效应比率反映公司的债务筹资活动对股东权益回报率的影响。

如果一家公司没有债务筹资，那么财务杠杆倍数为 1，同时税前利润和息税前利润相等（没有债务利息），财务成本效应比率也为 1，则筹资活动对股东权益回报率没有影响。

如果公司采用债务筹资，则债务筹资对股东权益回报率有两方面影响：首先，公司债务利息增加，税前利润减少（净利润也会减少），财务成本效应比率降低，这将会降低股东权益回报率，因为净利润是股东权益回报率的分子；其次，由于债务替代了部分股东权益，股东权益减少，财务杠杆倍数增加，这会使股东权益回报率增加，因为股东权益是股东权益回报率的分母。因此，债务筹资对股东权益回报率的影响是上述财务成本效应比率和财务杠杆倍数两方面共同作用的结果。其最终影响的方向则取决于两者的作用强度。如果财务成本效应比率比财务杠杆倍数影响弱，较高的财务杠杆会增加股东权益回报率，反之则会降低股东权益回报率。我们称两者的综合影响为财务杠杆效应。

### 10.4.1 财务杠杆效应分析

财务杠杆效应的计算公式如下：

$$财务杠杆效应 = 财务成本效应比率 \times 财务杠杆倍数$$

其中：

$$财务成本效应比率 = 税前利润 / 息税前利润$$
$$= (息税前利润 - 真实财务费用) / 息税前利润$$
$$= 1 - 财务成本负担率$$

$$财务杠杆倍数 = 资产总额 / 股东权益 = 资本总额 / 股东权益$$

从财务成本效应比率的计算公式可以看出，**财务成本效应比率越高，则公司的财务成本负担率越低，财务成本越少；财务成本效应比率越低，则公司的财务成本负担率越高，财务成本越多**。对财务成本负担率的计算及分析见本书 9.7 中的内容。随着公司债务增加（减少），会发生下列三种情况：①税前利润相对于息税前利润减少（增加）；②财务成本效应比率减小（增加）；③股东权益回报率降低（提高）。如果公司全部为股权筹资，则财务成本效应比率为 1，因为此时真实财务费用为 0，税前利润等于息税前利润。1 是该比值的最大值，只要公司存在债务，其值就会小于 1。

就财务杠杆倍数而言，对于固定规模的资本，当债务增加（减少）时会引起：①股东权益减少（增加）；②财务杠杆倍数增大（减小）；③股东权益回报率提高（降低）。如果公司的资本全部为股权筹资，即资本等于股东权益，则其财务杠杆倍数等于 1，这是最小值。理论上可以达到，但实际上大多数公司的资本总是有一定量的债务筹资。

财务杠杆效应越高，越有助于提升股东权益回报率；财务杠杆效应越低，则越会降低股东权益回报率。因此，提高财务杠杆效应，可以提高股东权益回报率。要提高财务杠杆效应，必须综合考虑合理改善财务成本效应比率和财务杠杆倍数——提高财务杠杆倍数会增加财务成本负担率从而降低财务成本效应比率，降低财务杠杆倍数则会降低财务成本负担率从而提高财务成本效应比率。

我们以万华化学公司为例，来计算其财务杠杆效应，如表 10-11 所示。

表 10-11　万华化学公司的财务杠杆效应

| 项　　目 | 2015-12-31 | 2014-12-31 | 2013-12-31 | 2012-12-31 | 2011-12-31 |
|---|---|---|---|---|---|
| 财务成本效应比率 | 0.78 | 0.90 | 0.94 | 0.92 | 0.94 |
| 财务杠杆倍数 | 2.88 | 2.81 | 2.38 | 2.10 | 2.06 |
| 财务杠杆效应 | 2.25 | 2.53 | 2.24 | 1.93 | 1.94 |

注：表中计算财务杠杆倍数时，采用的是期末资本总额除以期初和期末股东权益的平均数。

从表 10-11 中可以看出，万华化学公司在 2011～2015 年的财务杠杆倍数在逐年提高，引起财务成本负担增加，从而降低了财务成本效应比率。但两者综合产生的财务杠杆效应也基本上呈现上升趋势，也就是说财务杠杆倍数的影响比财务成本效应比率要大一些，财务杠杆效应在这一期间逐步提高了股东权益回报率，对股东权益回报率是正向作用。

## 10.4.2　财务杠杆的作用原理

我们来分析一下财务杠杆作用的过程。假设在 2017 年 1 月 1 日组建两家公司，它们拥有相同的资本 10 000 万元，但资本结构不同。其中，一家全部由股权筹资（非杠杆公司），另一家资本的一半 5 000 万元是股权资本，另一半是以 10% 的利率筹集的借款（杠杆公司）。为简便起见，假设它们不缴纳企业所得税（该假设不影响结论）。此时，企业所得税为 0，公司的息税前利润等于息前利润，息前利润扣除利息费用即净利润。

我们首先分析风险。两家公司在构建其资本结构时，并不知道 2017 年的息税前利润会如何，因此依据对 2017 年经济环境的不同期望设定了三个息税前利润水平。如果经济环境很好，息税前利润为 1 400 万元。如果一般，息税前利润可达 1 000 万元。若环境不佳，则息税前利润达到 800 万元。公司最后的效益究竟怎样，要到年底才可揭晓，这就是经营风险。公司面临经营风险是因为它不能确切预知投资活动和经营活动在未来的结果。公司的最佳选择是对息税前利润做多种可能的预期。

两家公司的投资和预期的息税前利润相同，所以它们的经营风险相同。那财务杠杆对获利能力的影响有什么不同呢？表 10-12 列出的是三种息税前利润下，两家公司的息税前资产回报率和股东权益回报率。

表 10-12 财务杠杆的作用原理

| 息税前利润（万元） | 非杠杆公司 | | 杠杆公司 | |
|---|---|---|---|---|
| | 息税前资产回报率 | 股东权益回报率 | 息税前资产回报率 | 股东权益回报率 |
| 1 400 | 14% | 14% | 14% | 18% |
| 1 000 | 10% | 10% | 10% | 10% |
| 800 | 8% | 8% | 8% | 6% |

先考虑非杠杆公司的情况，在不同情形假设下，该公司的息税前资产回报率分别为14%（1 400万元的息税前利润除以资产总额10 000万元）、10%和8%。它的股东权益回报率与息税前资产回报率相同，因为公司没有债务也不需要缴纳企业所得税。

那杠杆公司的获利能力如何呢？它的息税前资产回报率与非杠杆公司相同，因为两家公司的资产总额和营业利润相同。又因为公司没有税负，利息费用为500万元（5 000万元借款的10%），股东权益为5 000万元，所以股东权益回报率为：

$$股东权益回报率 = (息税前利润 - 利息费用) / 股东权益$$
$$= (息税前利润 - 500) / 5 000 \times 100\%$$

当息税前利润为1 400万元时，股东权益回报率等于18%（（1 400万元 -500万元）÷5 000万元），此时杠杆公司的股东权益回报率比非杠杆公司的高（18%大于14%）。尽管杠杆公司的利息费用使净利润减少到900万元，但因为它的股东权益基数比非杠杆企业小（5 000万元而不是10 000万元），所以股东权益回报率升高到18%。这种情况下财务杠杆对杠杆企业有利。

当息税前利润为1 000万元时，杠杆公司的股东权益回报率是10%。此时财务杠杆是中性的，因为杠杆公司与非杠杆公司的股东权益回报率相同。

最后，息税前利润为800万元时，杠杆公司的股东权益回报率为6%，此时，财务杠杆对公司不利，因为杠杆公司股东权益回报率比非杠杆公司的低（6%小于8%）。

财务杠杆（固定利率下的借款）对股东权益回报率的影响为：随着息税前利润的变动，非杠杆公司的股东权益回报率从14%降低到8%，而杠杆公司的权益回报率从18%降低到6%。两家公司面临的经营风险相同——息税前利润的变动相同，但杠杆公司的股东权益回报率变动范围要比非杠杆公司的大得多。换言之，采取杠杆（借款）增加了公司的整体风险。固定利率下的借款在公司已有的经营风险上又增添了财务风险，杠杆公司的股东既要面对经营风险又要面对财务风险，而非杠杆公司的股东只需承担经营风险。杠杆公司比非杠杆公司的风险大，并且风险随着借款的增加而增加。

造成这种现象的原因何在？答案其实很简单。在第一种情况下，公司以10%的利率借款筹集的资产创造了14%的回报（此时资产回报率为14%）。这不需要精通财务就应该认识到以10%的利率取得14%的回报是有利可图的，财务杠杆对公司的股东权益回报率有支持作用。第二种情况，借款成本和回报均为10%，财务杠杆中性，公司的股东权益回报率与不借款的情况是相同的。第三种情况，公司以10%的利率取得的借款仅取得了8%的息税前投入资本回报率，这显然是一种不利的处境，此时的借款是一个拙劣的决策。

我们可以用另一个公式来表示股东权益回报率：

$$股东权益回报率 = 息税前资产回报率 \times (1-t) + (息税前资产回报率 - 平均债务利率) \times 债务/股东权益 \times (1-t)$$

其中，"$t$"是公司的实际税率。对于任意给定的资本结构，若息税前资产回报率比借款成本高，则股东权益回报率大于息税前资产回报率；若息税前资产回报率与借款成本相等，则股东权益回报率等于息税前资产回报率；若息税前资产回报率比借款成本低，则股东权益回报率小于息税前资产回报率。

为说明这种关系，我们再看一下前面的例子。在股权筹资和债务筹资各占50%的公司中，债务对股东权益比率是1（5 000万元债务除以5 000万元股东权益），借款利率为10%，公司不缴纳税金（$t=0$）。股东权益回报率与息税前资产回报率之间有下列三种情况：

（1）当息税前资产回报率=14%时，股东权益回报率=14%+（14%-10%）×1=14%+4%=18%。

（2）当息税前资产回报率=10%时，股东权益回报率=10%+（10%-10%）×1=10%+0=10%。

（3）当息税前资产回报率=8%时，股东权益回报率=8%+（8%-10%）×1=8%-2%=6%。

我们可以得出这样的结论：公司若旨在提高股东权益回报率，那只要息税前资产回报率高于借款利率就应借款；当息税前资产回报率低于借款利率时，公司就应停止借款。在这个结论中，我们需要特别注意：我们在借款筹资时并不知道未来的资产回报率究竟是多少，而只能将借款利率与预期（风险性）资产回报率进行比较，但这个预期值最终可能达到，也可能达不到。在应用股东权益回报率公式时，风险是不可忽略的因素。

### 10.4.3 债权人的保障程度

当公司采用债务筹资时，对于债权人来说，必须考虑其本金以及利息的安全性。

对于债权人本金的安全性，我们通常用如下财务指标来衡量：

$$债务对股东权益比率 = (短期借款 + 长期借款) / 股东权益$$

该比率表明股东每投资 1 元，公司使用多少债务融资。对于债权人而言，这一比率最好低于 1，此时每 1 元债权至少有 2 元的资本来保障其安全程度。

对于债权人的利息保障程度，通过公司偿付利息的难易程度表明其风险大小，可以用利息保障倍数来衡量：

$$利息保障倍数 = 息税前利润 / 利息费用$$

需要注意：由于涉及利息费用资本化和费用化的选择以及金融资产利息收入抵减财务费用的影响，导致股权价值增加表或者标准利润表中的财务费用并不能完整反映公司需要支付的利息费用，因此公式中的利息费用应当另行计算，包含全部需要支付给债权人的利息。在接下来对万华化学公司的分析中，我们采用表 7-6 中偿付利息支付的现金作为利息费用的数据。

利息保障倍数最低应该高于 1，如果低于 1，则意味着公司无法保证债权人的利息支付。该比率越高，债权人的利息保障程度就越高。

我们以万华化学公司为例，计算上述财务指标，如表 10-13 所示。

从表 10-13 中可以看出，万华化学公司的债务对股东权益比率逐年上升，利息保障倍数逐年下降，可见其举债程度逐年增加，杠杆越来越高，公司债权人的风险在加大。

表 10-13　万华化学公司的债权人保障程度

金额单位：万元

| 项　　目 | 2015-12-31 | 2014-12-31 | 2013-12-31 | 2012-12-31 | 2011-12-31 |
|---|---|---|---|---|---|
| （1）债务资本 | 2 565 020.41 | 2 193 244.31 | 1 399 820.79 | 930 332.12 | 760 473.06 |
| （2）股东权益 | 1 482 323.44 | 1 328 567.57 | 1 178 095.55 | 984 281.01 | 843 092.73 |
| （3）债务对股东权益比率（=（1）/（2）） | 173.04% | 165.08% | 118.82% | 94.52% | 90.20% |
| （4）息税前利润 | 382 451.43 | 464 295.30 | 469 760.35 | 385 229.97 | 292 334.56 |
| （5）利息支出 | 107 854.86 | 93 861.30 | 50 772.61 | 38 616.23 | 23 414.45 |
| （6）利息保障倍数（=（4）/（5）） | 3.55 | 4.95 | 9.25 | 9.98 | 12.49 |

## 10.5　政府税收及公司税务管理活动分析

影响公司股东权益回报率的第三个方面是公司税收。税率越高，公司股东权益回报率越低。我们用企业所得税效应比率表示这种影响：

企业所得税效应比率 = 净利润 / 税前利润

= （税前利润 − 公司所得税费用）/ 税前利润

= 1 − 企业实际所得税税率

随着实际企业所得税税率的升高，企业所得税效应比率降低，则公司税前利润中的净利润占比减小，相应地，公司股东权益回报率降低。如表 10-14 所示，万华化学公司 2015 年的税前利润有 22.72% 用于纳税，因此，它的企业所得税效应比率为 77.28%。在 2011～2015 年，万华化学公司的企业所得税效应比率下降，对股东权益回报率起到了负面作用。

表 10-14　万华化学公司的企业所得税效应比率

| 项　　目 | 2015-12-31 | 2014-12-31 | 2013-12-31 | 2012-12-31 | 2011-12-31 |
|---|---|---|---|---|---|
| 企业实际所得税税率 | 22.72% | 22.76% | 14.92% | 15.37% | 15.27% |
| 企业所得税效应比率 | 77.28% | 77.24% | 85.08% | 84.63% | 84.73% |

## 10.6　综合分析的总结

前面我们介绍了影响股东权益回报率的五种比率：① 息税前经营利润率，

②资产周转率，③财务成本效应比率，④ 财务杠杆倍数，⑤ 企业所得税效应比率。以上比率与股东权益回报率之间的关系很容易理解。股东权益回报率就是这五种比率的简单乘积，其中前两者反映公司投资和经营活动对公司总体获利能力的影响，③和④则反映公司筹资活动对整体获利能力的影响，最后一个比率反映税收对股东权益回报率的影响。

图 10-3 表示了这五种比率及其逻辑关系。

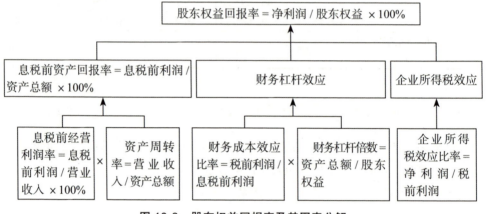

图 10-3　股东权益回报率及其因素分解

第 11 章

# 回归现金：经营活动现金流量分析

本章首先论述回归现金的意义，然后介绍经营活动产生的现金流量的格式和项目，接着分析这些项目和股权价值增加表项目之间的逻辑关系，最后分析经营活动产生的现金流量的五种状态，以及经营活动产生的现金流量进行现金股利分配对股权价值的影响。

## 11.1　回归现金

"不忘初心，方得始终"，前面写了一大篇资产资本表和价值增加表的分析以后，我们可能会忘了为什么要做这些分析了。好吧，稍微回顾一下我们的"初心"。

公司战略决定投资方向和活动，投资方向和活动决定资产结构和质量；筹资活动募集现金为了满足投资活动需求，筹资活动决定资本结构及资本成本；资产结构和资本结构的匹配程度决定公司的短期风险；资产转化为成本费用的同时带来收入并形成利润，因此资产结构和质量及营运活动效率决定利润结构、质量和多寡，利润与资本成本决定公司创造价值的程度及长期风险；营业收入、营业成本和利润要转化为经营活动现金流，经营活动现金流决定自由现金流，自由现金流决定公司价值。

也就是说，我们的"初心"是："现金—资产—更多的现金—更多的资产—更多更多的现金—……"当然，对于投资型公司会稍微简单一些，但是"初心"还是一样，即"投资—变现—更多的现金—更多的投资—……"我们一直围绕现金分析财报数字。前面的分析只是想帮助大家判断一家公司从"现金"到"更多的现金"的传导转化管道是否畅通：公司战略是否合理？公司投资活动是否高效？资产结构和质量是否合理？筹资活动是否满足投资需求并且资本结构和资本成本是否合理？资产结构和资本结构是匹配、保守还是激进？资产是否能带来足够多的收入？收入能否超过成本费用产生足够多的利润？利润是否满足甚至超过了债权人和股东的预期回报？我们的"终点"则在于"现金"：营业收入转化成经营活动产生的现金流入，需要付现的营业成本费用转化成现金流出，利润则转化为自由现金流。

在传统的财务分析课程中，现金流量分析并非重点，多数财务指标围绕资产负债表和利润表来设计。与此不同，我们认为：现金流量的分析在财务分析中居于核心地位，资产负债表和利润表是为现金流量表服务的——现金到资产负债表和利润表的项目再回到现金的过程中，现金流就像公司的"血液"，前述资产资本表和价值增加表的传导转化方式就像公司的"血管"，只让公司的"血液"顺畅循环，公司才能维持生存并健康成长。换言之，不管是资产、债务、股东权益、收入、费用，最终都要通过现金的流入和流出来体现。对于股东、银行以及职工等利益相关方来说，最终只有获得现金回报，才是真实的回报。我们在进行利润分配时，给予股东的不是计算得出的"利润"，而必须是实实在在的"现金"。

这些现金转化的结果，体现为现金流量表中经营活动产生的现金流量。下面，我们首先列示经营活动现金流量的格式和项目，然后分析经营活动现金流量项目与股权价值增加表中营业收入、营业成本费用和净利润之间的关系，接着分析如何计算自由现金流，最后分析自由现金流与投资活动、股利政策之间的关系。

## 11.2　经营活动现金流量的格式及项目

经营活动产生的现金流量分为现金流入和现金流出两部分。以万华化学公司为例，具体格式和项目如表 11-1 所示，上半部分是经营活动现金流入，下半部分是经营活动现金流出，经营活动现金流入减去经营活动现金流出，得到经营活动产生的现金流量净额。

表 11-1　万华化学公司经营活动产生的现金流量

单位：万元

| 经营活动产生的现金流量 | 2015-12-31 | 2014-12-31 | 2013-12-31 | 2012-12-31 | 2011-12-31 |
| --- | --- | --- | --- | --- | --- |
| 销售商品、提供劳务收到的现金 | 2 598 190.07 | 2 978 090.31 | 2 543 471.05 | 1 868 501.38 | 1 591 884.51 |
| 收到的税费返还 | 50 968.28 | 44 097.63 | 35 067.59 | 24 970.95 | 22 938.07 |
| 收到其他与经营活动有关的现金 | 39 735.94 | 35 584.75 | 21 969.53 | 33 366.95 | 14 208.63 |
| 经营活动现金流入小计 | 2 688 894.29 | 3 057 772.69 | 2 600 508.17 | 1 926 839.28 | 1 629 031.21 |
| 购买商品、接受劳务支付的现金 | 1 750 305.83 | 2 204 194.71 | 1 786 933.30 | 1 254 420.58 | 1 191 514.48 |
| 支付给职工以及为职工支付的现金 | 127 894.38 | 97 727.99 | 85 667.49 | 67 431.27 | 48 528.20 |
| 支付的各项税费 | 172 867.85 | 208 373.11 | 200 519.57 | 119 573.26 | 100 362.28 |
| 支付其他与经营活动有关的现金 | 177 586.87 | 145 425.40 | 140 461.51 | 104 796.29 | 87 382.91 |
| 经营活动现金流出小计 | 2 228 654.93 | 2 655 721.21 | 2 213 581.87 | 1 546 221.40 | 1 427 787.87 |
| 经营活动产生的现金流量净额 | 460 239.36 | 402 051.48 | 386 926.30 | 380 617.88 | 201 243.34 |

## 11.2.1　经营活动现金流入

### 1. 销售商品、提供劳务收到的现金

本项目反映公司销售商品、提供劳务实际收到的现金，包括销售收入和应向购买者收取的增值税销项税额，具体包括：本期销售商品、提供劳务收到的现金，以及前期销售商品、提供劳务本期收到的现金和本期预收的款项，减去本期销售本期退回的商品和前期销售本期退回的商品支付的现金。企业销售材料和代购代销业务收到的现金，也在本项目反映。本项目根据"库存现金""银行存款""应收票据""应收账款""应收款项融资""预收账款""主营业务收入""其他业务收入"等账户分析填列。

### 2. 收到的税费返还

本项目反映公司收到返还的各种税费，如收到的增值税、所得税、消费税、关税和教育费附加返还款等。

### 3. 收到其他与经营活动有关的现金

本项目反映公司除上述各项目外，收到的其他与经营活动有关的现金，如罚款收入、经营租赁固定资产收到的现金、投资性房地产收到的租金收入、流动资产损失中由个人赔偿的现金收入、除税费返还外的其他政府补助收入等。其他与经营活动有关的现金，如果价值较大，根据"库存现金""银行存款""管理费用""营业费用""营业外收入""其他收益"等账户分析填列。

## 11.2.2 经营活动现金流出

### 1. 购买商品、接受劳务支付的现金

本项目反映公司购买材料、商品、接受劳务实际支付的现金，包括支付的货款以及与货款一并支付的增值税进项税额，具体包括：本期购买商品、接受劳务支付的现金，以及本期支付前期购买商品、接受劳务的未付款项和本期预付款项，减去本期发生的购货退回收到的现金。为购置存货而发生的借款利息资本化部分，应在"分配股利、利润或偿付利息支付的现金"项目中反映。本项目可以根据"库存现金""银行存款""应付票据""应付账款""预付账款""合同资产""主营业务成本""其他业务支出"等账户分析填列。

### 2. 支付给职工以及为职工支付的现金

本项目反映公司实际支付给职工的现金以及为职工支付的现金，包括公司为获得职工提供的服务，本期实际发放的各种形式的报酬以及其他相关支出，如支付给职工的工资、奖金、各种津贴和补贴等，以及为职工支付的其他费用，不包括支付给在建工程人员的工资。支付给在建工程人员的工资，在"购建固定资产、无形资产和其他长期资产所支付的现金"项目中反映。

公司为职工支付的医疗、养老、失业、工伤、生育等社会保险基金、补充养老保险、住房公积金，公司为职工缴纳的商业保险金，因解除与职工劳动关系给予的补偿，现金结算的股份支付，以及企业支付给职工或为职工支付的其他福利费用等，应根据职工的工作性质和服务对象，分别在"购建固定资产、无形资产和其他长期资产所支付的现金"和"支付给职工以及为职工支付的现金"项目中反映。

### 3. 支付的各项税费

本项目反映公司按规定支付的各项税费，包括本期发生并支付的税费，以及

本期支付以前各期发生的税费和预缴的税金，如支付的增值税、消费税、所得税、教育费附加、印花税、房产税、土地增值税、车船使用税等。不包括本期退回的增值税、所得税。本期退回的增值税、所得税等，在"收到的税费返还"项目中反映。本项目可以根据"应交税费""库存现金""银行存款"等账户分析填列。

#### 4. 支付其他与经营活动有关的现金

本项目反映公司除上述各项目外，支付的其他与经营活动有关的现金，如罚款支出、支付的差旅费、业务招待费、保险费、经营租赁支付的现金等。其他与经营活动有关的现金，如果金额较大，应单列项目反映。本项目可以根据"库存现金""银行存款""管理费用""营业费用""营业外支出"等账户分析填列。

### 11.2.3 经营活动产生的现金流量净额

我们用经营活动现金流入减去经营活动现金流出后得到的经营活动产生的现金流量净额，反映一家公司通过经营活动获取现金的能力。这部分现金和筹资活动产生的现金流量净额一起构成了公司投资活动的现金来源。

## 11.3 经营活动现金流量项目和股权价值增加表项目之间的关系

### 11.3.1 营业收入现金含量

股权价值增加表的第一个项目为"营业收入"，经营活动产生的现金流量的第一个项目为"销售商品、提供劳务收到的现金"。按照惯常的理解，公司取得了多少营业收入，就应该收到多少现金。但是由于现代社会是信用社会，公司在出售商品或者提供劳务的同时，往往会给予客户信用期，也就是说不一定立即就收到现金。股权价值增加表对于营业收入的确认采用权责发生制，而现金流量表则采用收付实现制。权责发生制是指不管公司是否收到现金，只要取得收款的权利或者承担付款的义务，就应当确认相应的收入或成本费用；收付实现制以公司是否实际收到或支付现金为确认标准。

另外，需要注意税金对两个项目的影响：营改增后，我国公司需要缴纳增值税，增值税作为价外税，不包括在营业收入中；但是我们在向客户收取款项时，并不对营业收入和税金做出区分，全部作为销售商品、提供劳务收到的现金。

股权价值增加表对于收入的确认时点和现金流量表实际收到现金的时点存在差异,导致了"营业收入"和"销售商品、提供劳务收到的现金"之间的差异,具体来说,有如下几种情形。

情形一:股权价值增加表确认营业收入,公司同时收到了现金,此时销售商品、提供劳务收到的现金多于营业收入(考虑增值税的影响)。

情形二:股权价值增加表确认营业收入,公司尚未收到现金,此时营业收入多于收到的现金。

情形三:股权价值增加表尚未确认营业收入,公司预先收到现金,此时收到的现金多于营业收入。

回到我们以现金为核心的分析逻辑上,如果不考虑其他因素,很明显,情形一和情形三对于公司比较有利——收到现金的时间越早,现值越高。我们可以通过营业收入现金含量这一指标来分析营业收入的质量。该指标有两种不同的计算口径。

口径一:

营业收入现金含量 = 销售商品、提供劳务收到的现金 / 营业收入 ×100%

口径二:

营业收入现金含量 =(销售商品、提供劳务收到的现金 /(1+ 增值税销项税率))/ 营业收入 ×100%

口径一直接用销售商品、提供劳务收到的现金作为分子,该项目包括了收到的增值税销项税,因此一般情况下按照口径一计算的话,营业收入现金含量应该大于1。

口径二对分子进行了增值税销项税调整,比较理想的情况是营业收入现金含量等于1或者接近1。

营业收入现金含量指标反映公司的营业收入中实际收到现金的比例。从公司的成长过程来分析,在公司开始从事经营活动的初期或者快速扩张期,由于公司在销售中需要给予客户信用期而产生较大的应收账款,形成营业收入已经确认但是现金尚未收到的结果,从而有可能使公司在这一时期的营业收入现金含量小于1,这是公司在发展过程中不可避免的正常状态。但是,在公司的平稳经营阶段,剔除增值税的影响后,营业收入现金含量应该在1左右,否则,说明营业收入的含金量不够高,存在一些水分。

很多人觉得不可理解,认为公司存在应收账款,所以营业收入现金含量会小于1,怎么应该在1左右或者高于1呢?在平稳经营阶段,每年年底的应收账款应该差不多——我们假设一家公司2015年度销售收入规模为10亿元，年底的应收账款为6 000万元；2016年度销售收入的规模为11.01亿元，在信用政策不变的情况下，年底的应收账款应该大致在6 600万元左右，而不应该是1个亿；如果营业收入规模差不多，而应收账款大幅增加，则意味着公司放宽了信用政策，营业收入里掺了水分。

### 11.3.2 成本费用付现率

股权价值增加表中的营业成本、税金及附加、销售费用、管理费用、研发费用构成了经营活动的成本费用总额，现金流量表中采购商品、接受劳务支付的现金、支付给职工以及为职工支付的现金构成了经营活动中支付的现金总额。我们可以通过成本费用付现率测算公司成本费用中需要支付现金的比例：

成本费用付现率 =（采购商品、接受劳务支付的现金/（1+增值税进项税率）+

支付给职工以及为职工支付的现金）/（营业成本＋税金及附加＋

销售费用＋管理费用＋研发费用）×100%

该指标在公司开始从事经营活动的初期或者快速扩张期会高于1，此时的分析意义不大，原因有两个：一是由于公司需要先期支付现金购买原材料，生产为商品，但是尚未销售转入营业成本，导致付出的现金多于营业成本费用；二是由于公司在扩张期需要采购长期经营资产和支付建设安装的人工费用，该部分现金支出不构成当期的营业成本费用，导致付出的现金多于营业成本。在公司的平稳经营阶段，如果剔除增值税的影响后（采购商品、接受劳务支付的现金含增值税进项税额，但是营业成本不包含增值税进项税额，因此分析时需要调整），考虑到成本费用中包括无须付现的折旧摊销，成本费用付现率应该低于1。在公司平稳经营阶段，该指标可结合公司发展情况用于预测一家公司以后期间经营活动中所需支付的现金。

### 11.3.3 经营利润现金含量

股权价值增加表中，营业收入扣除营业成本费用和经营利润所得税后得出经营利润；现金流量表中，经营活动现金流入扣除经营活动现金流出后得出经营活动产生的现金流量净额。我们计算经营利润现金含量来分析一家公司息前税后经营利润的质量：

息前税后经营利润现金含量=经营活动产生的现金流量净额/息前税后经营利润

由于经营活动产生的现金流量净额中，减去了支付的各项税费，但是没有扣除支付的利息，因为支付利息的现金反映在筹资活动中，因此，为了保持分子分母口径的一致，分母为息前税后经营利润比较合理。在一家公司的金融资产收益和股权投资收益不多的情况下，我们也可以计算净利润现金含量：

净利润现金含量=经营活动产生的现金流量净额/净利润

**上述两个指标衡量一家公司的息前税后经营利润和净利润是不是真金白银的利润。对于成熟稳定的公司来说，该指标应该大于1，否则说明经营利润和净利润质量不高。**

为什么该指标一般情况下应该大于1呢？这要从经营活动产生的现金流量的编制方法开始分析。在现金流量表中，我们采用直接法来编制经营活动产生的现金流量；在现金流量表的附注中，我们对经营活动产生的现金流量采用间接法来编制。

直接法直接确定每笔涉及现金收支业务的属性，归入按现金流动属性分类形成经营、投资、筹资三部分的现金收支项目。三者的现金流入流出净额合计就得到一个单位整个期间的现金净流量。

间接法是将直接法中的一部分现金流通过间接的方法倒推出来，以分析这部分现金流在会计核算上的来龙去脉，即将直接法下的经营现金流量单独拿出来，以公司当期的净利润为起点根据不同的调整项目倒推出当期的经营活动现金净流量。将净利润调增为经营活动现金流量时，本质是剔除影响利润不影响现金收支的因素，如减值准备、折旧和摊销；剔除非经营活动的损益变动因素，如固定资产处置或报废损益；考虑不影响利润但是影响现金收支的经营活动因素，如存货变动、应收和应付变动等。

表11-2是万华化学公司2015年年度报告中现金流量表的附注。

上述专业语言的解释可能显得过于晦涩，我们还是用大白话来说说其中的原理。采用间接法时，我们要把影响利润但是不影响经营活动产生的现金流量的因素加回去：首先，我们在计算利润时扣除了固定资产折旧、无形资产摊销等，但是这些营业成本并不需要我们在当期支付现金（这些现金是在早前投资环节支付的），所以我们要把折旧摊销加回去；其次，减值准备虽然减少了利润，但是也无须支付现金，也要加回去；再次，财务费用减少了利润，但是财务费用属于筹资活动而不是经营活动，也要加回去；最后，存货、应收和应付项目的变动虽然不影响利润，但是会影响现金收付,需要调整。大家可以看到,调整过程就是净利润(经营利润)加上很多项目后得出经营活动产生的现金流量净额,因此在多数情况下,经营活动产生的现金流量净额应该大于经营利润和净利润。

表 11-2　万华化学公司 2015 年年度报告现金流量表附注

单位:元

| 补充资料 | 本期金额 | 上期金额 |
| --- | --- | --- |
| 将净利润调整为经营活动现金流量: | | |
| 净利润 | 2 279 560 788.51 | 3 217 547 108.41 |
| 加:资产减值准备 | -8 353 337.27 | 74 266 280.05 |
| 固定资产折旧、油气资产折耗、生产性生物资产折旧 | 1 472 835 738.37 | 934 105 052.57 |
| 无形资产摊销 | 73 177 887.93 | 44 525 724.49 |
| 长期待摊费用摊销 | | 10 132 085.16 |
| 处置固定资产、无形资产和其他长期资产的损失(收益以"-"号填列) | 160 020 095.77 | 222 802 522.16 |
| 固定资产报废损失(收益以"-"号填列) | | |
| 公允价值变动损失(收益以"-"号填列) | 3 466 833.57 | -3 466 833.57 |
| 财务费用(收益以"-"号填列) | 694 307 407.11 | 598 112 155.33 |
| 投资损失(收益以"-"号填列) | -3 387 514.80 | 1 257 102.12 |
| 递延所得税资产减少(增加以"-"号填列) | -47 978 062.85 | -143 538 922.99 |
| 递延所得税负债增加(减少以"-"号填列) | 1 199 959.91 | -2 902 030.37 |
| 存货的减少(增加以"-"号填列) | -1 188 361 869.19 | -745 905 658.18 |
| 经营性应收项目的减少(增加以"-"号填列) | 1 227 061 982.57 | 531 164 543.25 |
| 经营性应付项目的增加(减少以"-"号填列) | -61 156 183.71 | -717 584 265.60 |
| 其他 | | |
| 经营活动产生的现金流量净额 | 4 602 393 725.92 | 4 020 514 862.83 |

经营活动产生的现金流量净额小于净利润的例外情况有以下两种。

一是在公司从事经营活动的初期或者快速扩张期,公司在周转性经营投入方面需要在存货、应收款项等项目上有净投入,销售时先确认了营业收入和利润但是现金尚未收到,从而有可能使公司在这一时期的经营活动产生的现金流量净额小于经营利润和净利润。

二是公司的净利润中有比较多的对联营企业和合营企业的股权投资收益,而投资收益的现金流并不反映在经营活动产生的现金流量净额中,此时经营活动产生的现金流量净额会小于净利润。这种情况的典型例子是上汽集团，因为上汽集团的很大一部分净利润来自上海大众和上海通用这两家合营企业，但这两家企业的现金分红体现在投资活动产生的现金流量中。实际上，在分析这类联营企业和合营企业很多的集团公司时，考虑到联营企业和合营企业的实体经济经营的特点，我们可以按比例将联营企业和合营企业的现金分红调整为集团合并现金流量表中的经营活动中，以更好地反映经济实质。

我们以万华化学公司为例，计算上述指标，如表 11-3 所示。

表 11-3 万华化学公司价值增加表和经营活动现金流量分析

金额单位：万元

| 项　目 | 2015-12-31 | 2014-12-31 | 2013-12-31 | 2012-12-31 | 2011-12-31 |
| --- | --- | --- | --- | --- | --- |
| （1）销售商品、提供劳务收到的现金 | 2 598 190.07 | 2 978 090.31 | 2 543 471.05 | 1 868 501.38 | 1 591 884.51 |
| （2）营业总收入 | 1 949 238.29 | 2 208 836.85 | 2 023 797.32 | 1 594 212.65 | 1 366 230.73 |
| （3）口径一收入现金含量（=（1）/（2）） | 133.29% | 134.83% | 125.68% | 117.21% | 116.52% |
| （4）购买商品、接受劳务支付的现金 | 1 750 305.83 | 2 204 194.71 | 1 786 933.30 | 1 254 420.58 | 1 191 514.48 |
| （5）支付给职工以及为职工支付的现金 | 127 894.38 | 97 727.99 | 85 667.49 | 67 431.27 | 48 528.20 |
| （6）营业总成本 | 1 584 440.09 | 1 743 668.03 | 1 569 197.83 | 1 201 068.87 | 1 078 769.03 |
| （7）成本费用付现率（=（（4）/(1+17%)+（5））/（6）） | 102.49% | 113.65% | 102.79% | 94.88% | 98.90% |
| （8）经营活动产生的现金流量净额 | 460 239.37 | 402 051.49 | 386 926.30 | 380 617.87 | 201 243.34 |
| （9）息前税后经营利润 | 293 428.41 | 355 435.12 | 398 510.73 | 325 665.90 | 251 137.12 |
| （10）息前税后经营利润现金含量（=（8）/（9）） | 1.57 | 1.13 | 0.97 | 1.17 | 0.80 |
| （11）净利润 | 229 611.23 | 322 727.04 | 376 154.06 | 300 537.17 | 232 783.87 |
| （12）净利润现金含量（=（8）/（11）） | 2.00 | 1.25 | 1.03 | 1.27 | 0.86 |

从表 11-3 中可以看出，在 2011～2015 年：万华化学公司的营业收入现金含量基本高于 100%，也就是说万华化学公司的营业收入都是真金白银的收入，不是纸面富贵；万华化学公司的成本费用付现率很高，甚至高于 1，这与万华化学公司处于扩张期有关，采购设备以及在建工程的职工工资都包括在支付的现金中，但是不包括在营业成本费用中，因此该比率在公司扩张期高于 1 也属于合理，在万华化学公司进入平稳经营期后，该比率会下降到低于 1 的常态水平；万华化学公司的息前税后经营利润现金含量和净利润现金含量都很高，以 2015 年为例，息前税后经营利润现金含量为 1.57 表明万华化学公司有 1.57 元的现金净额对应 1 元的经营利润，净利润现金含量为 2.00 表明万华化学公司有 2 元的现金净额对应 1 元的净利润，这是因为收回的现金中包括了折旧摊销等因素，另外也表明了万华化学公司利润的质量比较高，是真实可靠的利润。

## 11.4　经营活动现金流量净额的五种状态

经营活动产生的现金流量净额从数值大小上来说，可以分为五种不同的状态，具体如下。

### 11.4.1　经营活动产生的现金流量净额小于零

这种情况意味着公司通过正常的商品购、产、销所带来的现金流入量，不足以支付因上述经营活动而引起的现金流出。

公司正常经营活动所需现金支付，通过以下几种方式解决：①消耗公司现存的现金积累；②挤占本来可以用于投资活动的现金，推迟投资活动的进行；③在不能挤占本来可以用于投资活动的现金的条件下，进行额外贷款融资以支持经营活动的现金需要；④在没有贷款融资渠道的条件下，只能采用拖延债务支付或加大经营活动引起的债务规模来解决。从公司的发展阶段来看，在公司发展初期，由于各项经营活动都处于"磨合"状态，为了开拓市场，公司需要投入较大资金，包括原材料、在产品、产成品、应收款项等，从而有可能使公司在这一时期的经营活动现金流量表现为"入不敷出"的状态。我们认为，如果是由于上述原因导致的经营活动现金流量净额小于零，是公司在发展过程中不可避免的正常状态。但是，如果公司在正常生产经营期间仍然出现这种状态，那么公司经营活动现金流量净额出现了严重问题,"现金—……—更多的现金"的传导转化管道存在着障碍,公司将很快陷入经营危机。打个比方,这就相当于人体的血液循环中某个地方出现了血栓,很可能会引起致命疾病。

## 11.4.2 经营活动产生的现金流量净额等于零或接近于零

这种情况意味着公司通过正常的商品购、产、销所带来的现金流入量,恰恰能够支付因上述经营活动而引起的现金流出。

在公司经营活动产生的现金流量净额等于零时,公司的经营活动现金流量处于"收支平衡"的状态。公司正常经营活动不需要额外补充流动资金,公司的经营活动也不能为公司的投资活动以及筹资活动贡献现金。但是,必须注意的是,在公司的成本消耗中,有相当一部分属于按照权责发生制原则的要求而确认的折旧和摊销成本(如无形资产摊销、长期待摊费用摊销、固定资产折旧、使用权资产摊销等),即非付现成本费用。显然,在经营活动产生的现金流量等于零时,公司经营活动产生的现金流量是不可能为这部分非付现成本的资源消耗提供现金补偿的。从长期来看,经营活动产生的现金流量净额等于零的状态,由于无法更新变旧的机器设备等长期经营资产而使公司难以为继。因此,我们认为,如果公司在正常生产经营期间持续出现经营活动现金流量净额为零的状态,公司在可以预见的未来亦将陷入经营困境。

## 11.4.3 经营活动产生的现金流量净额大于零,但不足以补偿当期的非付现成本

这种情况意味着公司通过正常的商品购、产、销所带来的现金流入量,不但能够支付因经营活动而引起的现金流出,而且还有余力补偿一部分当期的非付现成本。

公司虽然在现金流量的压力方面比前两种状态要好,但是,如果这种状态持续,则公司经营活动产生的现金流量从长期来看,还是无法维持公司现有的生产经营规模而将慢慢陷入衰退之中。因此,如果公司在正常生产经营期间持续出现这种状态,只是比第二种状态好一点,可以活得更长久一点,但是依然无法避免被淘汰的结局,所以不能给予这类经营活动现金流量净额较高评价。

### 11.4.4 经营活动产生的现金流量净额大于零，并恰能补偿当期的非付现成本

这种情况意味着企业通过正常的商品购、产、销所带来的现金流入量，不但能够支付因经营活动而引起的现金流出，而且还有余力补偿全部当期的非付现成本。

在这种状态下，公司已经摆脱在经营活动的现金流量方面的压力。如果这种状态持续，则公司经营活动产生的现金流量净额从长期来看，刚好能够维持公司经营活动的现有生产能力和经营规模，但是，公司无法发展壮大。

### 11.4.5 经营活动产生的现金流量净额大于零，并在补偿当期的非付现成本后仍有剩余

这种情况意味着公司通过正常的商品购、产、销所带来的现金流入量，不但能够支付因经营活动而引起的货币流出、补偿全部当期的非付现成本，而且还有余力为公司的投资等活动提供现金流量的支持。应该说，在这种状态下，公司经营活动产生的现金流量已经处于良好的运转状态。如果这种状态持续，则公司经营活动产生的现金流量净额将对公司经营活动的稳定与发展、公司投资规模的扩大起到重要的促进作用。

从上面的分析可以看出，公司经营活动产生的现金流量仅仅大于零是不够的。公司经营活动产生的现金流量净额要想对公司未来发展做出贡献，必须在上述第五种状态下运行。

我们以万华化学公司为例，分析其经营活动产生的现金流量净额的情况，如表 11-4 所示。

从表 11-4 中可以看出，万华化学公司的经营活动产生的现金流量净额远远高于非付现成本费用，现金流状态良好。

经营活动产生的现金流量净额，首先用于支付利息，然后用于公司规模扩张，最后有剩余的情况下给予股东现金分红，从而形成了如图 11-1 所示的"现金所有人—筹资活动现金流—公司—投资活动现金流—资产组合—收入成本费用—经营活动现金流—筹资活动现金流回报现金所有人和投资活动现金流扩大经营规模"的现金流可持续循环模式。在图 11-1 中，下端的筹资活动现金流量和投资活动现金

流量的箭头比较窄，上端的经营活动现金流量和筹资活动现金流量的箭头比较宽，其隐含的意义是：一个公司创造价值的模式就是"现金流出—更多的现金流入"，唯有如此，才能满足债权人和股东所要求的回报。债权人和股东投入现金以后，关心最后的结果是否实现了自己的心理预期，但是这一结果取决于公司的投资活动和经营活动的过程——对于外部投资者来说，这一过程并不透明，犹如黑箱，我们希望通过前面的投资活动、资产资本、盈利能力等的分析，帮助我们理解黑箱中"现金流出—更多现金流入"的传导转化管道是否顺畅。

表11-4 万华化学公司经营活动产生的现金流量净额

单位：万元

| 项　　目 | 2015-12-31 | 2014-12-31 | 2013-12-31 | 2012-12-31 | 2011-12-31 |
| --- | --- | --- | --- | --- | --- |
| （1）经营活动产生的现金流量净额 | 460 239.37 | 402 051.49 | 386 926.30 | 380 617.87 | 201 243.34 |
| （2）资产减值准备 | −835.33 | 7 426.63 | 2 691.06 | 3 512.85 | −494.24 |
| （3）固定资产折旧、油气资产折耗、生产性生物资产折旧 | 147 283.57 | 93 410.51 | 84 613.47 | 73 144.68 | 66 203.01 |
| （4）无形资产摊销 | 7 317.79 | 4 452.57 | 2 104.77 | 1 185.67 | 909.57 |
| （5）长期待摊费用摊销 | 0.00 | 1 013.21 | 1 001.86 | 766.52 | 472.29 |
| （6）处置固定资产、无形资产和其他长期资产的损失 | 16 002.01 | 22 280.25 | 2 943.74 | 16 982.18 | 1 387.00 |
| （7）非付现成本费用（=（2）+（3）+（4）+（5）+（6））| 169 768.04 | 128 583.17 | 93 354.90 | 95 591.90 | 68 477.63 |

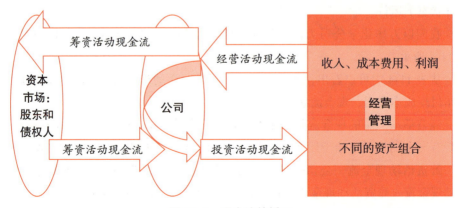

图11-1 现金流的循环

## 11.5　现金分红对股权价值的影响

### 11.5.1　我国关于上市公司分红的有关规定

我们在前面讲到,如果公司有足够多的经营活动产生的现金流量净额,可以对股东进行分配。上市公司现金分红是实现投资者投资回报的重要形式,对于培育资本市场长期投资理念、增强资本市场的吸引力和活力具有十分重要的作用。为此,2008年10月9日中国证券监督管理委员会(以下简称证监会)发布了《关于修改上市公司现金分红若干规定的决定》,2013年11月30日发布了《上市公司监管指引第3号——上市公司现金分红》。

多年来,证监会立足资本市场实情,从保护投资者合法权益、培育市场长期投资理念出发,多措并举引导上市公司完善现金分红机制,强化回报意识:一是要求上市公司在章程中明确现金分红政策,健全分红决策程序和机制,并予以充分披露。二是督促公司严格执行现金分红政策,规范现金分红行为,强化其现金分红承诺与执行的一致性。三是配合财政部、税务总局实施新的上市公司股息红利税收政策,按照投资者持股期限实行差别化税率,从健全政策机制入手,培育长期投资理念。随着各项政策推进,我国上市公司现金分红的稳定性、持续性有所改善。

上市公司现金分红是资本市场的一项基础性制度,也是属于公司自治范畴的事项。从金融理论和监管实践看,分红制度能有效增强资本市场投资功能和吸引力。现金分红作为投资者回报的重要方式,在成熟市场中往往占据主导地位。综观各国实践,成熟市场大多实施公司自治型分红政策,而新兴市场如巴西不同程度采用过强制性分红政策。我国上市公司现金分红因受经济、体制、金融环境等多方面因素影响,仍存在现金分红高度集中于少数优质公司、分红的连续性和稳定性不足、成长性企业分红水平总体高于成熟企业、分红回报方式较为单一、结构不够合理等问题。为此,证监会始终紧紧围绕保护中小投资者合法权益的工作重心,在充分尊重公司自治的基础上,结合上市公司规范运作水平,将现金分红作为资本市场一项重要基础制度建设,常抓不懈。关于现金分红的监管指引重点从以下几方面加强上市公司现金分红监管工作。

一是督促上市公司规范和完善利润分配的内部决策程序和机制,增强现金分红的透明度。证监会着力于公司章程和决策机制，鼓励上市公司在章程中明确现金分红在利润分配方式中的优先顺序，要求上市公司在进行分红决策时充分听取独立董事和中小股东的意见和诉求；督促上市公司进一步强化现金分红政策的合理性、稳定性和透明度，形成稳定回报预期。

二是支持上市公司采取差异化、多元化方式回报投资者。支持上市公司结合自身发展阶段并考虑其是否有重大资本支出安排等因素制定差异化的现金分红政策；鼓励上市公司依法通过发行优先股、回购股份等方式多渠道回报投资者，支持上市公司在其股价低于每股净资产的情况下回购股份。

三是完善分红监管规定，加强监督检查力度。加大对未按章程规定分红和有能力但长期不分红公司的监管约束，依法采取相应监管措施。

《上市公司监管指引第 3 号——上市公司现金分红》中非常核心的一个条款是第五条："上市公司董事会应当综合考虑所处行业特点、发展阶段、自身经营模式、盈利水平以及是否有重大资金支出安排等因素，区分下列情形，并按照公司章程规定的程序，提出差异化的现金分红政策：（一）公司发展阶段属成熟期且无重大资金支出安排的，进行利润分配时，现金分红在本次利润分配中所占比例最低应达到 80%；（二）公司发展阶段属成熟期且有重大资金支出安排的，进行利润分配时，现金分红在本次利润分配中所占比例最低应达到 40%；（三）公司发展阶段属成长期且有重大资金支出安排的，进行利润分配时，现金分红在本次利润分配中所占比例最低应达到 20%；公司发展阶段不易区分但有重大资金支出安排的，可以按照前项规定处理。"

## 11.5.2 现金分红对股权价值的影响

多余的现金流可以作为现金红利支付给股东，但是这部分现金红利是需要纳税的。

财政部、国家税务总局和证监会 2015 年 9 月 7 日发布的《关于上市公司股息红利差别化个人所得税政策有关问题的通知》中规定：个人从公开发行和转让市场取得的上市公司股票，持股期限超过 1 年的，股息红利所得暂免征收个人所得税；个人从公开发行和转让市场取得的上市公司股票，持股期限在 1 个月以内（含 1 个月）的，其股息红利所得全额计入应纳税所得额；持股期限在 1 个月以上至 1 年

（含 1 年）的，暂减按 50% 计入应纳税所得额；上述所得统一适用 20% 的税率计征个人所得税。

对于持股期限不到 1 年的股东而言，由于税收的影响，现金分红会减少其股权价值。举一个简单的例子，A 投资者 2017 年 2 月 1 日以每股 20 元的价格买入 X 公司股票；2 月 15 日股价为 22 元，分派现金股利每股 1 元，当天除权后 21 元卖出，则收益为 1 元的差价和 0.8 元的现金股利，0.2 元为个人所得税，如果不除权则为 2 元的收益，因此相当于减少了股权价值 0.2 元。如果继续持有至 4 月 1 日，股价依旧为 22 元，则收益为 1 元的差价和 0.9 元的现金股利，0.1 元的个人所得税，相当于减少 0.1 元的股权价值。持有超过 1 年以上则没有个人所得税的影响。现金股利对于短期股东而言其实是不利的，缴纳现金股利的个人所得税对股东来说是一件很痛苦的事情。此外，如果股东现在还没有花费现金股利的需要，他们就必须决定如何对这些现金股利进行再投资，这可能会带来额外的交易成本。

证监会的分红指引中，允许上市公司通过在公开市场回购股票的方式进行分红。其实回购股票的方式对股东而言更加有利。在美国，许多公司偏爱于用股票回购作为分配股利的渠道。发行在外的股份代表了对公司股权的求偿权，股票回购计划可以减少这些股份的数量。股票回购减少了发行在外的股票数量，从而可以提高股票的价格，使剩余的股票持有者获利。通过股票回购计划，股东可以实现税收负担最小化，同时公司也能够继续保持其现金分红的做法。

# 第12章

# 股票价格和股票价值

在日常购物中,我们通常会对要购买的商品有一个判断:是贵了还是便宜了?因此,我们是下意识地在对"价值"和"价格"做比较。价值是商品的内在属性,是从长期来看合理的价格;价格是在具体的某一次交易中交易双方认可的价值的外在表现。当商品的价格高于价值时,我们会感觉太贵;反之,当商品的价格低于价值时,我们会感觉便宜。在股票交易中,我们也需要对股票的价值和价格进行比较,判断到底是贵了还是便宜了。对于股东而言,财报分析的目的就是解决非常实际的问题:应该购买什么样的股票?对于股票 A,究竟是应该买入、卖出还是持有?本杰明·格雷厄姆和戴维·多德在《证券分析》一书中指出:**投资是指根据详尽的分析,本金安全和满意回报有保证的操作,不符合这一标准的操作就是投机。**为了达到投资的目的,对股票价值和价格的分析就成为关键。

## 12.1 短期股票价格与股票价值的偏离

本杰明·格雷厄姆和戴维·多德的《证券分析》中第 50 章"价格和价值的背离"和第 51 章"价格和价值的背离(续)"专门论述了价格和价值的背离问题。

价格有时候等于价值,但更多时候价格是偏离价值的。股票的价格不是精心计算的结果,而是市场参与者反应的总体效应,因此股票价格经常是不合理甚至是有错误的。本杰明·格雷厄姆作为证券分析之父,其编写的寓言故事"市场先生"，对几代人的投资行为产生了深远的影响。世界著名投资大师沃伦·巴菲特说："为了使自己的情绪与股票市场隔离开来，总是将'市场先生'这则寓言故事谨记在心。"本杰明·格雷厄姆的"市场先生"寓言故事说的是："设想你在与一个叫市场先生的人进行股票交易，每天市场先生一定会提出一个他乐意购买你的股票或将他的股票卖给你的价格。市场先生的情绪很不稳定，因此，在有些日子市场先生很快活，只看到眼前美好的日子，这时市场先生就会报出很高的价格；其他日子，市场先生却相当懊丧，只看到眼前的困难，报出的价格很低。另外，市场先生还有一个可爱的特点，他不介意被人冷落，如果市场先生所说的话被人忽略了，他明天还会回来，同时提出他的新报价。市场先生对我们有用的是他口袋中的报价，而不是他的智慧。如果市场先生看起来不太正常，你就可以忽视他或者利用他这个弱点。但是如果你完全被他控制，后果将不堪设想。"

以巴菲特为首的价值投资者奉行一个信条：价格是投资者付出的，而价值是投资者所得到的，投资者购买股票就像顾客在购买任何商品时都要进行检查一样，而不是盲从市场先生报出的价格。

由于股东从股票投资中得到的是未来现金流，因此需要预测未来现金流，以便确定目前的要价是否合理。保守的股东会比较谨慎地预测，以免在错误的价格进行交易。积极的股东利用基本面分析发现错误估价的股票，以期能从这种股票中获取额外收益。

我们在股票投资中，需要慎重考虑价格因素，在错误的价位上买入股票，其危害不亚于买错了股票品种——为了优秀的公司而支付过高的代价，无法让我们获取满意的回报，甚至长期陷于亏损的境地。巴菲特如此认为："当然即便是对于最好的公司，你也有可能买价过高。买价过高的风险经常会出现，而且我认为实际上现在对于所有股票，包括那些竞争优势必定长期持续的公司股票，这种买价过高的风险已经相当大了。投资者需要清醒地认识到，在一个过热的市场中买入股票，即便是一家特别优秀的公司的股票，他可能也要等待更长的一段时间后，公司所能实现的价值才能增长到与投资者支付股价相当的水平。"

我们需要牢记：股票价格是股票价值的外在反映，但是受到多种因素的影响，从短期看很多时候它并不完全等于价值。

## 12.2　长期股票价格向股票价值回归

既然价格在短期内很多时候并不完全等于价值，那我们分析价值的意义何在呢？尽管价格并不总是等于内在价值，但也不会长期相对于其价值有较大的偏离——长期而言，价格会向价值回归。

本杰明·格雷厄姆说："市场短期是一台投票机，但市场长期是一台称重机。"市场的短期表现，实际上是报价的结果，就好像在一群人的投票下，产生了"涨""跌"的结果。有"利多"或"利空"的消息，市场应声而上或应声而下，即体现了这种"投票"结果。市场从长期来看，则是一台称重机。股票价格从长期来看，还是会遵从价值的原则，价值就是股票的质量或者重量。股价短期可以过高或过低，但从长远看，不会离开其价值太远，它有多少价值，就有多少重量，就趋向于有多少的市场价格。

因此，我们研究价值和价格，是希望能在价格远低于价值时买入，并期待价格向价值的回归，来获取令人满意的回报。

我们需要牢记：随着时间的变化，股票价格将会围绕它的内在价值波动。这种观点与诸如巴菲特和彼得·林奇这样的成功投资者的信仰是一致的。

## 12.3　股票估值中历史证据的分析与未来发展的预测

为了股票估值比较合理，我们需要通过历史上已经发生的结果提供分析的证据，加上通过公司及行业的性质判断对未来做出预测。历史证据的分析加上未来发展的预测，构成了价值投资的基础。

历史的证据是指公司已有的各种统计数字和财报数字，未来发展是指行业的性质和前景、公司在行业中的地位、地理位置、公司高管的经营风格等。

对历史证据的分析要比对未来发展的预测容易得多。历史证据容易得到，而且更适于做出明确和可靠的结论。财务报表中的数字往往反映了许多历史的证据。历史证据的期限必须跨越不少于 5 年的时间，最好达到 7～10 年，甚至可以更长。

历史证据为我们的未来推测提供了做出假设的基础。即使承认过去记录不是未来变化的先行指标，上述原则也是有道理的。因为如果缺少这些以过去的记录为根据的检验，就无从确定股票价值的上界，这样投资活动必然迅速演变为投机，因此不合理的价值量度总比没有数量限制强。良好的历史记录能够为公司的前景提供比不良记录更为充分的保证。对比 100 家在过去 10 年每股收益平均达到 1 元的公司，和 100 家同期每股收益平均仅为 0.1 元的公司，我们有充分的理由相信在今后的 10 年中，前一组公司所获得的利润总额会高于后一组公司。形成这一判断的基本理由是：未来收益不完全是由运气和有效的管理技能决定的，资本、经验、声誉、贸易合同以及其他所有构成过去的盈利能力的因素，必定会对公司的未来形成相当大的影响。总的来说，实力雄厚的公司要比弱小的公司更安全，而且具有良好记录的公司要比业绩表现不佳的公司更有价值，即使充分考虑到未来的种种不确定性，这个结论的正确性也是难以被推翻的。诚然，任何一个具体的企业都可能从失败中复兴，或者由兴盛走向没落，但是如果以一组企业作为考察单位的话，实力雄厚的公司几乎都要比效益差和资产负债结构不良的企业更有前途。

虽然历史的证据给我们提供了很多有用的分析基础和假设，但是对未来发展的预测还是非常困难，诸如对公司业务的性质和未来的前景、管理的因素、未来收益的发展趋势等的分析很难做出明确和可靠的结论。

就公司业务的性质和未来的前景而言，我们应该尽量避免那些显著表明未来会大幅滑坡的行业及公司，而选择未来前景好的行业及公司。但对未来行业好坏的分析，却往往来自我们的臆测甚至是偏见。

对管理层的能力进行客观测试的方法很少，而且远不够科学。在大多数情况下，投资者的评判依据只是声誉。能够令人信服地证实管理是否优良的证据就是在过去一段时期内的经营业绩，但考察业绩又使我们变为考察历史的证据。

人们对公司收益的发展趋势非常重视。一个利润和现金流持续增长的记录无疑是有利的现象，但是试图通过套用过去的发展轨迹来推算公司未来的盈利情况，并将这一方法作为评估公司的基础之一，有可能会导致错误的判断。因为过去的是事实，而未来只能是推测。

如果对趋势给予压倒性的重视，将导致对股票价值的高估或低估。之所以会出现这种偏差，是因为任何人都无法准确地测算出趋势将延续的时间有多长，所以看似有数学根据的估值实际上只是出于心理的因素且随意性很强。于是我们把趋势作为一种定性的未来的因素来考虑，尽管它可能是以历史证据的形式出现的。

趋势实际上是以一种明确预测的形式表述对未来前景的看法。与之相似的是，关于某个公司的业务性质及管理层能力的结论之所以重要，主要也是因为它们与未来前景有关。当前景成为决定价值的主要基础时，由此得出的判断就不再受数学上的约束，几乎不可避免地会走向极端。分析所关心的应该是有事实支撑的价值，而不是以幻想为基础的价值。

对于历史证据的分析，我们最应重视的是公司的内在稳定性。稳定性是指过去结果的抗变动性。稳定性如同趋势一样，可以用数量的形式表达。例如，贵州茅台 2000～2010 年的每股收益从未低于 8 元每股。但是我们的观点是，稳定性实际上应该是一种定性的因素而不是数量的因素，因为决定稳定性的根源是公司的业务性质而不是其统计数据。比较稳定的历史记录可以显示该公司的业务具有内在的稳定性。

在股票估值中，我们要特别注意避免把股票市场作为分析因素之一——不能为反映股票市场行情的变化而调整股票价值的检验标准，也就是说，价值不能随着市场水涨船高或者水落船低，而是必须独立地得出一个较客观的价值标准。

我们要牢记：股票估值中对未来发展的预测是分析的关键和难点，对未来发展的预测分析再怎么强调都不过分。对于未来发展的预测分析得出了看似确定的结论，那么这种结论就可能存在误导的风险。

## 12.4 股票估值是一门艺术

我们认为，股票估值更接近于艺术，而不是科学。因为在实践中，内在价值是一个难以把握的概念。关键的一点是：我们进行股票估值的目的并不是要确定某一证券的内在价值到底是多少，而是只需搞清楚其内在价值是否足够——足以证明应该购买这种股票，内在价值是否比市场价格高或低。出于这种目的，一个大概的、近似的内在价值数字就足够了。打个比方，在日常生活中，要想知道一位女士是否肥胖并不需要打听出她的确切体重。

对于不同的情况，内在价值表现出不同程度的明确性，而明确性的程度则由一个"近似值的范围"来反映。即使是一个非常不明确的内在价值范围，如果该股票的当前市场价格仍大大超出这一范围，我们仍能得出明确的结论。

内在价值接近于艺术而不是科学的理由包括以下几项。

一是数据不足或者不准确。虽然很少有完全伪造数字的情况出现，但有些公司会使用某种会计手段调节数字的结果，以及隐瞒一些重要的信息。我们需要学会识破这些伎俩。

二是未来的不确定性。我们基于当前的事实和明确的发展方向做出预测，但任何新的发展都有可能使这种预测落空。由于影响股票未来发展的因素非常多，将分析技术应用于股票估值面临着各种固有的困难，因此对于股票的分析往往是没有定论和令人失望的——甚至可以这样说，只要这种分析得出了看似确定的结论，那么这种结论就可能存在误导的风险。我们面临着这样一个问题：股票分析究竟能在多大程度上预测未来的条件变化。在完成对分析过程中涉及的所有因素的讨论之前，我们不妨把这个问题暂时放在一边。未来的发展大部分是不可预测的，而股票分析的假设前提是：历史记录最起码可以用来粗略地指出未来的发展方向。对这个前提的怀疑越大，那么分析的价值就越低。因此，内在价值的计算分析对债券更加有用，因为债券比股票的变化可能性小得多。其对具有一贯稳定特性的行业的公司的股票也比较有效。

三是市场的非理性行为。市场与未来一样不可捉摸，这两者都不能预测或者控制，但分析的成功却有赖于这两个方面。当我们寻找那些价值被低估或者高估的股票时，就更关心市场价格了。我们最终的判断在很大程度上必须根据股票的市场价格做出。在股票市场中，价值投资的两个前提是：第一，市场价格经常偏离股票的内在价值；第二，当这种偏离发生时，市场会出现自我纠正的趋势。虽然在股票市场上有"市场的判断永远正确"和"股票的市场价格就是其价值，既不多也不少"的说法，但上述说法中的第一个无疑是正确的——价值和价格之间不存在必然关系，市场不是一台根据股票的内在品质而精确地、客观地记录其价值的计量器，而是汇集了无数人部分出于理性、部分出于感性的选择的投票机。

从理论上来说，第二个说法也同样是正确的，实际中市场价格会向价值缓慢回归。由于忽视或误解而导致的低估某一股票价值的情况经常会持续一段极长的时间，而过度狂热或人为刺激产生的高估某一股票价值的情况也会经久不退。正是这种拖延给股票分析带来了危险，因为在价格向发现的价值回归之前，新的决定因素可能取代旧的因素。换句话说，股票价格变动的同时，股票价值也会发生变动，当价格最终体现价值时，这个价值已经发生了变化，前期用以做判断的事实和理由都已经不再适用。我们应当尽最大可能规避这类风险，方法之一是在不大可能发生突然变化的环境中开展工作；方法之二是挑选那些比较吸引公众兴趣的股票，一旦被低估公众会及时做出反应；方法之三是根据总体的市场状况调整自己的工作，在宏观环境和市场都很平稳时注重寻找价值被低估的股票，当市场压力和不确定性增大时则应谨慎行事；方法之四是要不断跟踪目标公司的各类因素，一旦发生重大变动，则对股票价值进行调整。

我们需要牢记：股票价值只能取得近似的判断而非精确的判断。股票估值并非一成不变，世易时移，价格变动的同时，价值也会发生变动。

## 12.5 安全边际

正因为股票估值是一门艺术而非精确的科学，存在可能犯错误的空间，为了规避风险，安全边际原则就成为非常重要的原则。长期投资获得成功的要义是本金不能发生永久性损失，寻求安全边际的目的是即使出现一些未预料的情况也能保证本金不会发生永久性损失。也就是那些试图避免损失的投资者必须让自己在各种情况下存活下来，甚至实现繁荣。巴菲特提出"一不要亏损；二记住第一条"的投资信条，把安全边际渗透到了骨子里。

所谓安全边际，就是在我们做出的股票估值的基础上打一个折扣后买入，为未考虑到的事件（因为市场太复杂，总有些因素是我们没想到的）预留一些缓冲空间，起到类似于汽车的安全气囊的作用。确定安全边际的基础是股票估值，合理甚至保守的股票估值是我们获取安全边际的前提条件。

安全边际只有建立在一个客观的，而不是投资者心理的基础之上时，才是有用的。安全边际必须要有明确的、成熟的标准来定义，或者最起码指明何为安全边际。安全边际不是绝对的，而是在通常和可能的情况下可以免于遭受损失。

对于安全性的考察，需要考虑以下几项。

（1）股票的安全性不是以每股净资产来衡量的，而是以公司的未来自由现金流来衡量的。

（2）对于安全性的考察，应该更考虑到萧条期的情况，而不是繁荣期。没有一个行业能够完全避免经济萧条的打击。优质公司不可得并不是购买劣质公司股票的理由。

（3）舍安全而取收益得不偿失。收益与风险之间不存在数学关系。无论是理论还是实际操作，不同投资工具的预计风险的精确计算都是办不到的。有效地操作要求风险尽可能均匀，以减少运气的影响程度，并让概率法则发挥其最大作用。投资者可以通过分散投资做到这一点，但在经济萧条期间，许多风险投资可能同时崩溃，于是投资高收益工具的人们会在一段高收入期间之后经历一个突然的大幅蚀本。本金风险与收入回报是不可相互抵消的。更好的挑选程序是从能接受的最低安全等级开始，备选的股票至少都应该在这个底线之上。

（4）必须采用明确的安全标准。挑选优质股票的过程实质上是一个排除过程，所以应该引入非常明确的规则和标准，以剔除那些不够资格的公司，包括性质和区位、规模（"临界点"都是凭经验大约估计的，如果投资者认为更有道理，完全可以采用自己的标准）。适合投资的股票必须拥有一个能显示公司成功的经营和稳定的财务状况的记录，因此现金流贴现模型不适用于新公司和发生财务危机的公司。股息记录也许应该是考虑的因素之一，能够支付股息的公司从总体而言优于不能支付股息的公司，但这一事实本身却不能成为一概排斥那些不支付股息公司的股票的理由。

（5）安全性的考核期限。目前，证监会要求新股发行公司提供三年又一期的财务报告，这对于考察安全性来说显得过短。我认为，五年以上，一般来说七年，可能更合适些。以下因素可以认为是有利的：一个上升的利润趋势，非常好的当期表现，考核期内任何一年都有令人满意的高于预期的业绩。

## 12.6 成组购买可以形成一种投资操作

除了安全边际原则外，我们还需要通过组合投资来规避股票估值错误的风险。

我们从公司的历史证据出发，试图形成一个对公司未来前景的准确判断，并做出股票估值，同时通过分散化中和各项投资所面临的不可预知的未来变化所带来的结果。仅仅购买一只股票不能称为投资，购买一个多家公司组成的股票组合才有可能是一种投资。

成组地以有吸引力的价格购买仔细挑选的股票，符合投资的定义。符合标准的现期股息率通常是进行这样一种操作的前提条件，但它并不是一个绝对必要条件。如果内在价值远高于所支付的价格，并且内在价值呈现出日益增长的趋势，那么当我们从"令人满意的回报"角度考察购买决策的合理性时，可以更多地考虑到未来股息或是未来市场价值的增值因素，而不仅仅是现期股息率。相对现期股息率而言更重要的问题是，这种成组购买操作能否切实"保证本金的安全性"。

**我们必须时刻关注价格以及价格的变化。只有当价格远低于内在价值时，一只股票才是有吸引力的。对价格因素的考察是所有投资决策的重要环节。当价格上升到了与价值严重脱节的水平时，适时将它出售是明智的。**

从理论上来说，我们只需遵从低进高出的传统原则，但是说起来容易做起来难，高价格和低价格之间并没有像十字路口的红绿灯那样明显的区分标志。高和低不仅永远是两个相对的概念，而且往往只有在反思过去时才会出现。

**市场波动的幅度越大，在股票操作过程中保持投资的态度也就越困难。**像2015年这样的股票市场运行模式，大多数人都会陷入癫狂状态，能坚持理性投资的只是极少数人。为了把握未来，我们必须明确：股票市场是继续2015年的狂乱模式，还是以小幅波动的状态运行。只有在后一种情况下，才能够为股票价值投资奠定一个坚实的基础。基于中国的宏观政治和经济改革，我赞同的观点是：未来股票市场小幅波动的可能性，要远远高于2015年模式的可能性。所以，我们在设计一种股票价值投资的合理策略的问题上无须悲观。

# 第 13 章

# 常见的相对估值法

相对估值法，顾名思义，就是找到可以与即将估值的股票（以下简称"目标股票"）进行比较的可比股票，然后将两者进行比较。

相对估值法是最常见的股票估值方法。随便打开一份股票研究员的研究报告，最后的结论中都会有类似的描述："盈利预测和投资建议：预计某某公司2016、2017年EPS（earnings per share，每股收益）分别为1.62元和2.10元，以2月15日收盘价24.59元计算，对应PE分别为15.18倍和11.71倍，维持'买入'的投资评级。"上述建议中就采用了常用的市盈率（PE）估值法。

常见的相对估值法包括市盈率、市净率、市销率和市盈增长比率等方法。

## 13.1 相对估值法的应用过程

我们怎么找可比股票？找到以后又怎么比呢？我们可以试想一下，在平时买东西时，常常会"货比三家"，将两样或多样商品的价格放在一起进行比较。这些商品的属性、用途应该是相同或相近的。比如，我们会比较功能较为接近的长虹电视机和TCL电视机的价格，但是不会将电视机的价格和空调的价格做比较，因为后两者是不可比较的。同理，在股票市场上，我们也应当追求目标股票和可比股票在最大程度上具有相同的属性。

使用相对估值法进行股票估值一般分为以下四步。

#### 第一步 选取可比公司股票

可比公司是指与公司所处的行业、公司的主营业务或主导产品、资本结构、经营规模、市场环境、盈利能力以及风险度等方面相同或相近的公司。在实际估值中，我们在选取可比公司时，一般会先根据一定条件初步挑选可比公司，然后将初步挑选的可比公司分为两类：最可比公司类和次可比公司类。在使用时，我们往往主要考虑最可比公司类，尽管有时候最可比公司可能不多，只有2～3家。

比如，我们在对"中国建筑"（股票代码：601668）做估值时，首先初步挑选可比公司——选取我国A股市场上所有上市的建筑施工类公司，然后将这些公司分为两类：最可比类和次可比类。我国建筑施工类上市公司分为三类：大型国有控股建筑施工公司、地方国有控股建筑施工公司和民营控股建筑施工公司。中国建筑、中国铁建、中国电建和中国交建属于大型国有控股建筑施工公司，选取里面和中国建筑盈利能力（股东权益回报率等）相同或者接近的公司即为最可比类公司。

#### 第二步 计算可比公司的估值指标

常用的估值指标倍数主要包括市盈率、市净率、市销率、市盈增长比率等。

#### 第三步 计算适用于目标公司的可比指标

通常，我们选取可比公司的可比指标的平均值或者中位数（有时候需要剔除异常值）作为目标公司的指标值。需要注意的是，我们可以根据目标公司与可比公司之间的特点进行比较分析，对选取的平均值或中位数进行相应调整。比如目标公司实力雄厚、技术领先，盈利能力更好，是行业内的龙头企业，具有较强的竞争优势，则可以在选取的平均值或中位数的基础上，相应给予一定的溢价。

#### 第四步 计算目标公司的股票价值

用这个可比指标倍数乘以目标公司相应的财务指标，从而计算出目标公司的股票价值。

## 13.2 市盈率相对估值法

市盈率的计算公式为：

$$市盈率 = 每股价格 / 每股收益 = 股票市值 / 净利润$$

市盈率用一个公司股票的市场价格除以每股收益计算得出。市盈率对个股、类股及大盘都是很重要的参考指标。任何股票，若市盈率大大超出同类股票或是大盘，都需要有充分的理由支持，而这往往意味着该公司未来盈利将快速增长。一家公司市盈率非常高，说明投资人普遍相信该公司未来每股盈利将快速成长，以致数年后市盈率可降至合理水平。一旦盈利增长不理想，支撑高市盈率的力量无以为继，股价往往会大幅回落。

市盈率的倒数，其实就是我们用现在的股票价格进行投资，可以获得的年度收益率。假设某公司的每股收益为 0.6 元 / 股，投资者用 1 200 元购买该公司 100 股股票，即价格为 12 元 / 股，那么市盈率为 12/0.6=20。如果该公司未来每年的盈利保持当前水平，并且以每股收益代表投资该股票的收益，则投资者永久持有该公司股票的收益率为 1/20=5%。

市盈率法认为股权价值与净利润最为相关。在使用该方法估值时，一般先选择并计算一组可比公司股票平均市盈率或中间值，以该市盈率作为估值的倍数（可以根据目标公司和可比公司之间的差别对该市盈率进行调整），并使用下列公式计算：

$$每股价值 = 每股收益 \times 市盈率$$

或者

$$股权价值 = 净利润 \times 市盈率$$

比如，我们在 2017 年 3 月 8 日要对大商股份（600694，SH）进行估值，预测其 2017 年度每股收益为 2.9 元。我们首先收集整理所有国内百货商店行业的上市公司的市盈率数据，如表 13-1 所示。

我们考虑以市值规模和营业收入与大商股份比较接近的公司作为可比公司，从上述 48 家公司中筛选出如表 13-2 所示的公司。

可比公司的市盈率如表所示，计算可比公司市盈率的平均值作为大商股份的市盈率倍数：（27.07+25.44+14.83+24.25）/4=22.90。

$$大商股份的每股价值 =22.90 \times 2.9=66.40（元）$$

使用市盈率估值时，需要确定每股价格和每股收益。每股价格比较简单，我们采用最新的股价数据。但是每股收益中存在着两个关键问题：一是每股收益的口径，二是每股收益中净利润的调整。

表 13-1 百货商店行业的上市公司 2017 年 3 月 7 日市盈率

金额单位：亿元

| 序 号 | 代 码 | 简 称 | 日 期 | 市 值 | 市盈率 | 营业收入 |
|---|---|---|---|---|---|---|
| 1 | 000564.SZ | 供销大集 | 2017/3/7 | 545.51 | 2 327.91 | 87.84 |
| 2 | 600515.SH | 海航基础 | 2017/3/7 | 468.52 | 68.96 | 53.19 |
| 3 | 600682.SH | 南京新百 | 2017/3/7 | 411.34 | 106.21 | 97.51 |
| 4 | 000987.SZ | 越秀金控 | 2017/3/7 | 315.56 | 68.63 | 37.02 |
| 5 | 600701.SH | 工大高新 | 2017/3/7 | 162.56 | 212.27 | 16.51 |
| 6 | 000516.SZ | 国际医学 | 2016/12/2 | 155.71 | 59.9 | 28.09 |
| 7 | 600828.SH | 茂业商业 | 2017/3/7 | 149.3 | 32.71 | 60.95 |
| 8 | 000501.SZ | 鄂武商A | 2017/3/7 | 141.15 | 14.83 | 125.27 |
| 9 | 600856.SH | 中天能源 | 2017/3/7 | 133.62 | 27.64 | 21.41 |
| 10 | 002419.SZ | 天虹商场 | 2017/3/7 | 127.07 | 24.25 | 123.57 |
| 11 | 600859.SH | 王府井 | 2016/9/26 | 126.37 | 25.44 | 127.13 |
| 12 | 600694.SH | 大商股份 | 2017/3/7 | 122.89 | 18.22 | 216.14 |
| 13 | 000560.SZ | 昆百大A | 2016/9/1 | 121.7 | 154.05 | 13.67 |
| 14 | 600729.SH | 重庆百货 | 2017/3/7 | 113.34 | 27.07 | 338.47 |
| 15 | 002277.SZ | 友阿股份 | 2017/3/7 | 111.77 | 37.36 | 62.65 |
| 16 | 000889.SZ | 茂业通信 | 2017/3/7 | 109.5 | 51.82 | 13.02 |
| 17 | 600693.SH | 东百集团 | 2017/3/7 | 107.16 | 708 | 12.2 |
| 18 | 000882.SZ | 华联股份 | 2017/3/7 | 97.5 | 86.91 | 7.69 |
| 19 | 600280.SH | 中央商场 | 2017/3/7 | 96.57 | 468.18 | 45.06 |
| 20 | 601010.SH | 文峰股份 | 2017/3/7 | 95.54 | 56.94 | 48.23 |
| 21 | 600628.SH | 新世界 | 2017/3/7 | 89.07 | 156.27 | 21.76 |
| 22 | 600814.SH | 杭州解百 | 2017/3/7 | 87.59 | 45.73 | 35.97 |
| 23 | 600824.SH | 益民集团 | 2017/3/7 | 75.47 | 48.1 | 22.23 |
| 24 | 000417.SZ | 合肥百货 | 2017/3/7 | 72.69 | 26.39 | 73.57 |
| 25 | 002561.SZ | 徐家汇 | 2017/3/7 | 70.35 | 29.13 | 14.97 |
| 26 | 600723.SH | 首商股份 | 2017/3/7 | 67.95 | 21.56 | 74.03 |
| 27 | 600838.SH | 上海九百 | 2017/3/7 | 67.79 | 37.54 | ·0.54 |
| 28 | 600785.SH | 新华百货 | 2017/3/7 | 59.45 | 94.43 | 70.49 |
| 29 | 600891.SH | 秋林集团 | 2017/3/7 | 58.05 | 15.24 | 35.27 |
| 30 | 600712.SH | 南宁百货 | 2017/3/7 | 57.79 | 296.08 | 15.55 |
| 31 | 603123.SH | 翠微股份 | 2017/3/7 | 56.87 | 43.75 | 38.84 |

(续)

| 序号 | 代码 | 简称 | 日期 | 市值 | 市盈率 | 营业收入 |
|---|---|---|---|---|---|---|
| 32 | 603101.SH | 汇嘉时代 | 2017/3/7 | 56.5 | 57.5 | 19.13 |
| 33 | 600697.SH | 欧亚集团 | 2017/3/7 | 54.19 | 16.53 | 95.75 |
| 34 | 600858.SH | 银座股份 | 2017/3/7 | 53.57 | 201.99 | 96.46 |
| 35 | 600865.SH | 百大集团 | 2017/3/7 | 52.34 | 40.35 | 6.93 |
| 36 | 002187.SZ | 广百股份 | 2017/3/7 | 49.34 | 30.43 | 48.65 |
| 37 | 000419.SZ | 通程控股 | 2017/3/7 | 47.89 | 53.06 | 27.93 |
| 38 | 600821.SH | 津劝业 | 2017/3/7 | 47.16 | 1 332.39 | 2.05 |
| 39 | 000715.SZ | 中兴商业 | 2017/3/7 | 43.25 | 62.19 | 18.05 |
| 40 | 600857.SH | 宁波中百 | 2017/3/7 | 39.77 | 103.11 | 6.34 |
| 41 | 600774.SH | 汉商集团 | 2017/3/7 | 38.74 | 372.56 | 6.67 |
| 42 | 000593.SZ | 大通燃气 | 2017/3/7 | 38.19 | 424.03 | 3.52 |
| 43 | 600738.SH | 兰州民百 | 2017/3/7 | 36.96 | 59.19 | 10.27 |
| 44 | 000785.SZ | 武汉中商 | 2017/3/7 | 35.35 | −95.75 | 28.94 |
| 45 | 600778.SH | 友好集团 | 2017/3/7 | 35.26 | −17.67 | 42.87 |
| 46 | 600306.SH | *ST 商城 | 2017/3/7 | 28.98 | −19.35 | 6.95 |
| 47 | 834898.OC | 株百股份 | 2017/3/7 | 6.27 | 10.27 | 9.16 |
| 48 | 430689.OC | 摩登百货 | 2017/3/6 | 1.04 | −110.56 | 3.82 |

表 13-2　可比公司数据

金额单位：亿元

| 序号 | 代码 | 简称 | 日期 | 市值 | 市盈率 | 营业收入 |
|---|---|---|---|---|---|---|
| 1 | 600729.SH | 重庆百货 | 2017/3/7 | 113.34 | 27.07 | 338.47 |
| 2 | 600859.SH | 王府井 | 2016/9/26 | 126.37 | 25.44 | 127.13 |
| 3 | 000501.SZ | 鄂武商 A | 2017/3/7 | 141.15 | 14.83 | 125.27 |
| 4 | 002419.SZ | 天虹商场 | 2017/3/7 | 127.07 | 24.25 | 123.57 |

## 1. 每股收益的口径

基于不同的考虑，我们可能会采用不同口径的每股收益。它通常包括三种选择：一是最近一个完整会计年度的每股收益，二是最近 12 个月（Last Twelve Months，LTM）的每股收益，三是预测的年度每股收益。

不管采用哪一种口径，我们都要保证目标公司和可比公司在计算过程中，使用相同的标准。换句话说，如果可比公司计算指标是采用最近一个完整会计年度的每股收益，那么推算目标公司股价时也应采用最近一个完整会计年度的每股收益。

使用前两种口径的好处在于每股收益是已知的，很客观。但质疑历史数据的观点认为，股票价格是股票未来价值的体现，从这个角度出发，使用预测的年度每股收益更为合理。这种观点不无道理，因此在使用历史数据计算市盈率时，我们应尽可能使用最新公开的信息，使用最近12个月的每股收益，具体方法如下。

某公司在7月15日（会计年度的中间）发布了半年度报告。这时，合适的历史数据就不是上一年度的每股收益，而是最新的半年度报告的数据，因此就需要进行调整。调整的方法是：用上年的净利润扣除上年半年度的净利润，再加上本年半年度的净利润，就得到从公开数据中可获知的最近12个月的净利润。然后可根据该利润数据计算相应的最近12个月的每股收益和市盈率。

### 2. 每股收益计算中净利润的调整

目标公司和可比公司之间的利润构成可能存在着差异。我们对公司进行可比分析时，需要考虑净利润的持续性和稳定性，因此最好是对经营活动的可持续经营利润进行比较。但公司会计上的净利润受到金融资产收益、长期股权投资收益以及其他非经营活动的影响，可能不能完全真实反映公司经营活动的状况，因此应当将公司净利润中的这些因素以及相应产生的税收影响进行调整。

市盈率相对估值法在估值实践中得到了广泛的应用，其原因在于：市盈率是将股票价格与公司盈利状况联系在一起的直观的比率，容易理解，便于计算，使得股票之间的比较变得十分简单。但是市盈率相对估值法的局限性也非常明显：①有被误用的可能性。可比公司在本质上是主观的，同行业公司并不一定可比，因为同行业的公司可能在业务组合、风险程度和增长潜力方面存在很大的差异。比如，中国建筑、中国铁建、中国电建和中国交建虽然都是建筑施工行业的公司，但是其业务显然存在着较大的差异，因此采用市盈率相对估值法简单比较有可能会得出错误的结论。②当公司的收益或预期收益为负值时，无法使用该方法。③该方法使用短期收益作为参数，无法比较长期增长前景不同的公司。④该方法下不能区分经营资产创造的利润和非经营性资产创造的收益，降低了公司之间的可比性。

## 13.3　市净率相对估值法

市净率的计算公式：

$$市净率 = 每股价格 / 每股净资产 = 股票市值 / 净资产$$

市净率反映了股票的市场价值和财报里的净资产账面价值之间的比率关系。市净率相对估值法的逻辑在于：公司的净资产越高，则创造价值的能力越强，公司的股价就应该越高。

市场价值通常会与账面价值有显著差异，账面价值往往被看作是市场价值的一个底线。但是，由于资产的质量不同，对于一般工商企业类上市公司采用市净率来做价值分析很难得出明确的结论——市净率到底是低一点好还是高一点好。通常来说，市场价值高于账面价值时公司资产的质量较好，有发展潜力；反之，则资产质量差，没有发展前景。优质股票的市场价值都超出每股净资产许多。市场价值低于每股净资产的股票，就像售价低于成本的商品一样，属于"处理品"。当然，"处理品"也不是没有购买价值，问题在于该公司今后是否有转机，或者购入后经过资产重组能否提高获利能力。

相对于一般工商企业来说，市净率对于银行业具有更深刻的意义和更普遍的应用。由于银行的利润主要源于其贷款等生息资产，出于银行业特殊的公共性质和审慎的考虑，银行业往往面临着比其他行业更加严格的监管，这使得银行资产规模的扩张严格地受制于其资本的充足水平。此外，银行的大部分资产和负债为金融资产和金融负债，在计算时已按照市场价值计量。所以，对于银行来说，其价值和净资产之间有着比一般行业更加紧密的联系。市净率相对估值法是银行业中最常用的估值方法之一。

使用市净率相对估值法估值的步骤与市盈率相对估值法类似。我们先选择一组可比公司，计算其平均市净率或中间值，为了反映目标公司与可比公司在基本因素方面的差异，我们可能需要对计算出的平均值进行调整，以此作为估值公司的市净率，然后使用下述公式：

$$每股价值 = 每股净资产 \times 市净率$$

或者

$$股权价值 = 净资产 \times 市净率$$

采用市净率相对估值法进行估值存在的缺陷包括：一是可比公司的选择主观性比较大，二是忽略了不同公司的资产创造收益的能力差异对股权价值的影响。

## 13.4  市销率相对估值法

市销率的计算公式：

$$市销率 = 每股价格 / 每股营业收入 = 股票市值 / 营业收入$$

市销率反映了股票的市场价值和财报里的营业收入之间的比率关系。其逻辑在于：公司需要通过营业收入来创造价值，营业收入越高，则创造的价值越多，市场价值越高。

与市盈率、市净率相比，市销率的优点在于：首先，市销率可以适用于所有公司，而市盈率可能由于利润为负或者市净率可能由于净资产为负导致出现计算结果为负而毫无意义，因为公司只要还在经营就会有销售收入，因此市销率在任何时候都可以使用，甚至对于处于最困难时期的公司也是适用的；其次，市销率采用营业收入作为分母，不像市盈率和市净率受到折旧、存货、资产减值准备等会计政策和会计估计的影响，导致不同公司之间的比较存在口径上的差异；最后，营业收入比较稳定，因此估值也相对稳定。

但是，市销率存在的缺陷也非常明显，因为公司创造价值的能力不仅取决于营业收入，还取决于成本费用的控制能力，而市销率直接忽视了后者。在可比公司的成本费用控制能力存在显著差异的情况下，市销率相对估值法会高估或者低估公司的价值，甚至因为无法识别目标公司和可比公司成本、毛利率等方面的差别而得出极其错误的评价。

使用市销率相对估值法估值时，我们先选择一组可比公司，计算其平均市销率或中间值，为了反映目标公司与可比公司在基本因素方面的差异，我们可能需要对计算出的平均值进行调整，以此作为估值公司的市销率，然后使用下述公式：

$$每股价值 = 每股营业收入 \times 市销率$$

或者

$$股权价值 = 营业收入 \times 市销率$$

## 13.5  市盈增长比率相对估值法

市盈增长比率的计算公式：

$$市盈增长比率 = 市盈率 / (每股收益的年度增长率 \times 100)$$

= (每股价格/每股收益)/(每股收益的年度增长率×100)

= (股票市值/净利润)/(净利润的年度增长率×100)

公司的价值取决于公司的未来，而市盈率、市净率和市销率相对估值法采用历史数据，对公司未来的成长性估计不足。因此，市盈增长比率相对估值法将公司的未来成长纳入考虑。

市盈增长比率是 Jim Slater 发明的一个股票估值指标，是在市盈率估值的基础上发展起来的，反映了公司成长性对公司价值的影响。

市盈率的计算详见前面的论述。每股收益的年度增长率可以是历史增长率，也可以是未来预测值。历史增长率的好处是容易得到并且容易验证，但是缺点在于很多公司的历史增长率并不一定与未来增长率一致，从而容易被高估或低估。未来预测值则难以得到并且从当前时点看无法验证，具有较强的主观性。为了减少未来预测值的误差，具体计算公司的市盈增长比率时，针对所需的预估值，一般可以取市场的平均预估值，即收集多家机构分析人员对公司未来业绩的预测值进行平均或取中值。每股收益的年度增长率采用未来预测值时，需要对公司未来至少3年的业绩增长情况做出准确判断，这大大提高了预测的难度。只有当投资者有把握对公司未来3年以上的业绩表现做出比较准确的预测时，市盈增长比率的使用效果才会体现出来，否则反而会起误导作用。

实践中，市盈增长比率一般是用公司的市盈率去除以公司未来3～5年的每股收益复合增长率。例如，一只股票的当前市盈率为20倍，其未来5年的预期每股收益复合增长率为20%，那么这只股票的市盈增长比率值就是1。当公司的市盈增长比率值等于1时，表明市场赋予这只股票的定价可以充分反映其未来业绩的成长性。如果市盈增长比率大于1，则这只股票的价值就可能被高估，或市场认为该公司的业绩成长性会高于市场的预期。对于成长型股票的市盈增长比率值都会高于1，甚至在2以上，投资者愿意给予其高估值，表明该公司未来很有可能会保持业绩的快速增长。当市盈增长比率小于1时，要么是市场低估了这只股票，要么是市场认为其业绩成长性可能比预期的要差。

使用市盈增长比率估值时，我们先选择一组可比公司，计算其平均或中间值，为了反映目标公司与可比公司在基本因素方面的差异，我们可能需要对计算出的平均值进行调整，以此作为估值公司的市盈增长比率，然后使用下述公式：

每股价值 = (每股收益的年度增长率×100) × 市盈增长比率 × 每股收益

或者

$$股权价值 = (净利润的增长率 \times 100) \times 市盈增长比率 \times 净利润$$

由于市盈增长比率不像市盈率、市净率和市销率那么简单直观，因此普及程度不如后三者。市盈增长比率相对估值法的缺陷除前述市盈率的缺陷外，还包括每股收益的年度增长率的确定存在比较大的困难。

## 13.6  相对估值法的总结

相对估值法具有以下优点：运用简单，易于理解；主观因素较少，客观反映市场情况；可以及时反映出资本市场中投资者对公司看法的变化。在通常情况下，相对估值法得出的结果可以作为即将上市公司首次公开发行和已上市公司增发的价格确定的良好参考。

同时，相对估值法也有如下局限性。

首先是可比公司的选择问题。世界上没有两片完全相同的树叶。我们只能选择行业、主营业务、公司规模、盈利能力、资本结构、市场环境以及风险程度等方面具有相同或相似特征的可比公司，但是可比公司和目标公司之间会存在各种各样的差异。

其次，即使找到了可比公司，也无法解决可比公司的价值是否合理的问题。相对估值法受可比公司的影响比较大，在市场低迷或高涨时容易被整体低估或高估。在相对估值法中，当我们对A公司进行估值时，选取了B公司和C公司作为可比公司；当我们对B公司进行估值时，又选择了A公司和C公司作为可比公司。这让我们陷入了永无休止的循环估值的难题，无法回答哲学意义上的终极问题：这些公司的绝对价值来自哪里？是否合理？正因为如此，我们需要绝对估值法来解决这些终极问题。

在股票估值和投资实践中，我们可以用相对估值法寻找看起来比较廉价的投资标的，但是必须用绝对估值法来最终解决是否值得投资以及应该用多高的代价进行投资的问题。

# 第 14 章

# 终极方法：绝对估值法

与相对估值法相对应的就是绝对估值法。顾名思义，绝对估值法是直接采用目标公司的相关数据来估算其内在价值的方法。华泰证券 2017 年 3 月 2 日关于白云机场的研究报告得出："基于自由现金流折现法，我们估算目标价为 17.84 元。"该结论就是采用了绝对估值法。绝对估值法通常包括现金股利贴现模型和自由现金流贴现模型。

## 14.1　绝对估值法的基本原理

绝对估值法认为，价值源于未来流入的现金流，将这一笔笔的现金流分别以一定的折现率折回现在，再进行加总就得到了相应价值。股票价值体现在它未来能够给股东带来的现金流入的多少。

绝对估值法的基本准则是，今天的现金可以投资并会立即带来利息收入，因此今天的 1 元现金要比明天的 1 元现金值钱。未来的现金在今天的价值，被称为现值；今天的现金在未来的价值，被称为终值。现值等于未来的现金乘以小于 1 的贴现因子（如果大于 1，那么今日的 1 元现金反而比不上明天的 1 元现金）。

如果我们用 $C_1$ 表示时期 1 的现金流入，则现值的计算公式如下：

$$现值 = 贴现因子 \times C_1$$

贴现因子等于未来收到的 1 元现金在今天的价值。如果我们用 $r$ 表示资本成本率，或者说预期的收益率，也即是贴现率，则贴现因子计算如下：

$$贴现因子 = \frac{1}{1+r}$$

比如,我们想在12月31日得到100元银行存款,1年期存款利率(贴现率)为3%,那么1月1日应该存多少现金到银行账户里呢?我们可以用上述公式计算现值如下:

$$现值 = \frac{1}{1+3\%} \times 100 = 97.09（元）$$

我们在1月1日存入97.09元的现值到银行账户中,利率3%,则12月31日可以得到100元的终值。也就是说,1月1日的97.09元在利率3%的情况下,与12月31日的100元等值。

对于持续经营的公司而言,未来会持续不断地产生现金流入和现金流出。现金流入和现金流出的差额即是现金净流入。同理,对于一直持有股票的股东而言,相当于持续地享有公司的现金净流入的份额。绝对估值法的基本原理就是,将估值时点之后的未来现金净流入以合适的贴现率进行贴现,加总得到相应的价值,如图14-1所示。

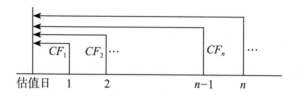

**图 14-1 绝对估值法的原理**

在绝对估值法下,价值的计算公式为:

$$V = \sum_{t=0}^{\infty} \frac{CF_t}{(1+r_t)^t}$$

其中,$V$为总价值,$t$为时期,$CF_t$为第$t$期的现金净流入,$r_t$为第$t$期的贴现率。在实际应用中,一般用一个贴现率$r$代表所有时期的折现率,所以上式可以简化为:

$$V = \sum_{t=0}^{\infty} \frac{CF_t}{(1+r)^t}$$

## 14.2 现金股利贴现模型

股东持有股票获得现金流量有两种形式：①现金股利；②出售股票。假设股票 A 未来一年的现金股利为 $DIV_1$，一年后出售的预期价格为 $P_1$，贴现率（股东的预期收益率）为 $r$，该股票现在的价值为 $P_0$，则：

$$P_0 = \frac{DIV_1 + P_1}{1+r}$$

同理，可以计算出 $P_1$：

$$P_1 = \frac{DIV_2 + P_2}{1+r}$$

所以，我们可以把 $P_0$ 表示为：

$$P_0 = \frac{DIV_1 + P_1}{1+r} = \frac{1}{1+r}\left(DIV_1 + \frac{DIV_2 + P_2}{1+r}\right) = \frac{DIV_1}{1+r} + \frac{DIV_2 + P_2}{(1+r)^2}$$

如果我们按照上述方式继续把 $P_2$ 进行替换，一直扩展下去，就可以得到现金股利模型的一般公式：

$$P_0 = \frac{DIV_1 + P_1}{1+r} = \frac{1}{1+r}\left(DIV_1 + \frac{DIV_2 + P_2}{1+r}\right) = \frac{DIV_1}{1+r} + \frac{DIV_2}{(1+r)^2} + \cdots + \frac{DIV_N + P_N}{(1+r)^N}$$

$$= \sum_{t=1}^{N} \frac{DIV_t}{(1+r)^t} + \frac{P_N}{(1+r)^N}$$

对于持续经营的公司来说，股票没有到期日，时间段 $N$ 可以无限大。当 $N$ 趋向于无穷大时，最终股价的现值趋向于零，因此现金股利贴现模型可以表示为：

$$P_0 = \sum_{t=1}^{\infty} \frac{DIV_t}{(1+r)^t}$$

现金股利贴现模型的理论基础是现值原理：任何资产的价值都等于其预期未来全部现金流的现值总和，只不过它的现金流就是预期的现金股利。

现金股利贴现模型的实质是公司未来的现金股利决定股票当前的价值。该模型假设在永久持有股票的条件下，现金股利是股东投资股票获得的唯一现金流。因此现金股利是决定股票价值的主要因素，而盈利等其他因素对股票价值的影响，只能通过股利间接地表现出来。

现金股利贴现模型适用于分红多且稳定的公司，一般为非周期性行业。由于该模型使用的是预期现金股利的贴现价值，因此对于分红很少或者股利不稳定的公司、周期性行业均不适用。

现金股利贴现模型面临的最大挑战是股利无关论（即著名的MM理论）。美国经济学家弗兰科·莫迪利安尼（Franco Modigliani）和财务学家默顿·米勒（Merton Miller）（简称莫米）于1961年提出该理论。莫米从不确定性角度提出了股利政策和公司价值不相关理论。这是因为公司的盈利和价值的增加与否完全视其投资政策而定，公司的市场价值与它的资本结构无关，而是取决于公司的平均资本成本及其未来的期望报酬。在公司投资政策给定的条件下，股利政策不会对公司价值产生任何影响。公司的投资决策不受其筹资方式的影响，只有在投资报酬大于或等于公司的平均资本成本时，公司才会进行投资。莫米股利无关论的关键是存在一种套利机制，通过这一机制，股利支付与外部筹资这两项经济业务所产生的效益与成本正好相互抵消，股东对盈利的留存与股利的发放将没有偏好，据此得出公司的股利政策与公司价值无关这一著名论断。

简言之，是否发放现金股利与公司价值（股票价值）没有关系。公司在投资报酬大于或等于平均资本成本时，应该把现金用于投资，而不是用于发放现金股利。只有在公司有多余的现金，同时又没有投资机会和发展前景时，才考虑以现金股利方式归还给股东。结合我们在第11章最后关于现金股利和股权价值的分析，在考虑个人所得税的情况下，现金股利反而有可能会损害股票价值。

举一个例子，由沃伦·巴菲特创建于1956年的伯克希尔-哈撒韦公司，是一家世界著名的保险和多元化投资集团，总部在美国。该公司主要通过国民保障公司和GEICO公司以及再保险巨头通用再保险公司等附属机构，从事财产与伤亡保险、再保险业务。伯克希尔-哈撒韦公司在珠宝经销连锁店（Helzberb Diamonds）、糖果公司（See's Candies, Inc.）、从事飞行培训业务的飞安国际公司、鞋业公司（H.H.Brown and Dexter）等拥有股份，还持有美国运通、可口可乐、吉列等公司的股份。据统计，公司仅在1967年向股东支付了上市后首次也是唯一的一次红利——每股10美分。巴菲特在2013年致股东的信中指出："一个盈利的公司可以有不同的方式分配盈余（互相之间并不排斥）。而公司管理层首先需要检视对现有业务再投资的可能性，提高效率，开拓市场，延伸或完善产品线，拓宽使公司领先于竞争对手的护城河。"考虑到不同的投资者可能渴望得到不同程度的股息支付，且股息要被征税对长期投资者不利，这些在巴菲特看来，都是分配股息的劣势所在。巴菲特在早年运作伯克希尔-哈撒韦公司的时候就曾表示，不愿给公司股东派息。在1985年致股东的信中，巴菲特表示，只有当伯克希尔-哈撒韦无法从自己的生意模式中为股东提供具有吸引力的回报时，才会考虑派息。伯克希尔-哈撒韦之所以不分红，是因为它有足够的能力获得高于市场的回报并维持利润。巴菲特表示将大笔现金返还给投资者将是灾难。2017年3月8日该公司A股的每股价格为2 68 030美元。

我们可以问一个最简单的问题：你是愿意让巴菲特帮助你管理现金，每年获得20%以上的增值，还是愿意让巴菲特把现金发放给你存到银行，获取4%甚至更低的存款利息？面对一个长期分红但股价不涨和一个不分红但能涨1万倍的股票，你会选择哪一个？答案应该不言自明。

现金股利贴现模型在实际应用中存在如下问题：①许多公司不支付现金股利，现金股利贴现模型的应用受到限制。②现金股利支付受公司股利政策的人为因素影响较大。③现金股利相对于公司收益长期明显滞后。大多数实证研究发现，现金股利贴现模型除了适用于少部分股利政策稳定、股利支付率高的公司，并不能很好地应用于公司价值评估。现金股利贴现模型对于那些盈利能力强，但实际支付股利一贯较低的公司来说，有低评公司价值的倾向。

## 14.3　自由现金流贴现模型

鉴于现金股利贴现模型面临的挑战以及在实际应用中的局限性，自由现金流贴现模型成为本书的选择。自由现金流贴现模型的理论基础依然是现值原理：任何资产的价值都等于其预期未来全部现金流的现值总和，对于公司而言就是自由现金流。

公司自由现金流（free cash flow，FCF）是由公司产生的，可以向公司所有权要求者包括普通股股东、优先股股东和债权人提供的现金流总和。

自由现金流贴现模型的计算公式如下：

$$V = \frac{FCF_1}{(1+r)^1} + \frac{FCF_2}{(1+r)^2} + \cdots + \frac{FCF_t}{(1+r)^t} + \cdots$$

即

$$V = \sum_{t=1}^{\infty} \frac{FCF_t}{(1+r)^t}$$

其中，$V$代表公司价值，$t$代表第$t$年，$FCF_t$为第$t$年的自由现金流，$r$为折现率。

实际中，应用上述公式确定股票的内在价值存在一个困难，即必须预测未来所有时期的自由现金流。这几乎是不可能的，而且普通股票并没有固定的生命周期。因此，我们在使用自由现金流贴现模型时通常加上一些假定将模型简化，从而形成了不同的模型。一般用得比较多的有零增长模型、永续增长模型等不同的表现形式。

### 1. 零增长模型

对于一家成熟稳定、没有增长的公司而言，每年的自由现金流也保持在一个稳定的金额水平，类似于永久年金，比如成熟稳定的公用行业上市公司。此时，自由现金流贴现模型的计算公式为（具体推导过程略，按等比数列求和即可得出结果）：

$$V = \frac{FCF}{r}$$

其中，$V$代表公司价值，$FCF$为每年的自由现金流，$r$为折现率。

如果该类公司的自由现金流全部用于发放现金股利，那么自由现金流贴现模型得出的结果跟现金股利贴现模型的结果非常接近。

### 2. 永续增长模型

有一些成熟的公司，未来的自由现金流以非常缓慢的速度增长。永续增长模型假定未来的自由现金流每年均按不变的增长率增长。这样自由现金流贴现模型的公式变为（具体推导过程略，按等比数列求和即可得出结果）：

$$V = \sum_{t=1}^{\infty} \frac{FCF_0(1+g)^t}{(1+r)^t} = FCF_0 \times \frac{1+g}{r-g} = \frac{FCF_1}{r-g}$$

其中，$FCF_0$代表第0年的自由现金流，$FCF_1$为第一年的自由现金流，$g$为自由现金流每年的增长率，$r$为折现率。

### 3. 两阶段模型

两阶段模型是自由现金流贴现模型中较为常见的类型。该模型把时间分为两个阶段。第一个阶段称为详细预测期，通常为3～5年。此期间通过对公司的收入与成本、资产和资本等项目的详细预测，得出每一时间段的现金流。第二阶段称为终值期，此期间现金流的现值和的价值称为终值（用$TV$表示）。因此，自由现金流贴现模型的计算公式为（具体推导过程略，按等比数列求和即可得出结果）：

$$V = \sum_{t=1}^{n} \frac{FCF_t}{(1+r)^t} + \frac{TV}{(1+r)^n}$$

在实践中，对于成长型的公司而言，我们通常可以在第一阶段给予较高的增长率。但是，维持高增长对于任何公司来说都非常困难，因此我们在第二阶段给予较低的增长率假设。假设公司的详细预测期为 $n$ 期，最后一期的自由现金流为 $FCF_n$，此后第二阶段的现金流以一个不变的较低增长率 $g$ 永续增长，折现率为 $r$，则：

$$TV = \frac{FCF_n(1+g)}{(1+r)^1} + \frac{FCF_n(1+g)^2}{(1+r)^2} + \cdots + \frac{FCF_t(1+g)^t}{(1+r)^t} + \cdots$$

在一般情况下，投资者的预期回报 $r$ 至少要高于总体的经济增长率，因此永续增长率 $g$ 通常小于 $r$。如果 $g$ 永远高于 $r$，潜在的含义是很长时间以后，公司的规模将超过总体经济规模，这显然不可能。通过等比数列求和可以得出：

$$TV = \frac{FCF_n(1+g)}{r-g}$$

此时，

$$V = \sum_{t=1}^{n} \frac{FCF_t}{(1+r)^t} + \frac{FCF_n(1+g)}{(r-g)(1+r)^n}$$

在实际应用中，有时候会对详细预测期进行简化，直接对第一阶段采用一个较高的增长率 $g_1$ 来替代大量的预测分析，第二阶段则采用一个较低的增长率 $g_2$。此时两阶段模型的公式为：

$$V = \sum_{t=1}^{n} \frac{FCF_0(1+g_1)^t}{(1+r)^t} + \frac{FCF_n(1+g_2)}{(r-g_2)(1+r)^n}$$

### 4. 三阶段模型

三阶段模型假设所有的公司都经历三个阶段：成长阶段、过渡阶段和稳定阶段。三个阶段的增长率由高到低，成长阶段最高，过渡阶段逐步下降，稳定阶段保持较低增长率的永续增长。三阶段模型的公式如下：

$$V = \sum_{t=1}^{n} \frac{FCF_0(1+g_1)^t}{(1+r)^t} + \sum_{t=n+1}^{m} \frac{FCF_n(1+g_2)^t}{(1+r)^t} + \frac{FCF_{n+m}(1+g_3)}{(r-g_3)(1+r)^{n+m}}$$

其中，$V$ 为公司价值，$FCF_0$ 为估值日的起始自由现金流，$n$ 为成长阶段的期限，$m$ 为过渡阶段的期限，$g_1$ 为成长阶段的增长率，$g_2$ 为过渡阶段的增长率，$g_3$ 为稳定阶段的增长率，$r$ 为折现率。

# 第15章

# 运用自由现金流贴现模型进行股票估值

本章我们将运用第14章的模型来进行股票估值,主要解决如下问题:公司价值与股票估值的关系,自由现金流的界定和计算,未来增长率的分析,以及如何计算加权平均资本成本率,最后计算出公司股权价值以及每股价值。

## 15.1 公司价值与股票估值

让我们回忆一下财报分析中资产资本表的等式:

$$资产 = 资本$$

其中:

$$资产 = 金融资产 + 长期股权投资 + 经营资产$$
$$资本 = 股权资本 + 债权资本$$

根据上述公式,我们可以得出:

公司价值 = 资产价值 = 金融资产价值 + 长期股权投资价值 + 经营资产价值
　　　　 = 资本价值 = 股权价值 + 债务价值

因此:

$$股权价值 = 公司价值 - 债务价值$$

在股票估值中,我们采用账面价值作为债务价值的现值(债务就是公司欠债权人的金额,如果今天要偿还债务,那么就必须按财报上的账面价值金额计量。另一种理解是,把未来支付给债权人的利息和偿还的债务本金,按照债务利率折现到今天，就是债务的账面价值）。我们要着重考虑如何估算公司价值的问题。

由于：

公司价值＝资产价值＝金融资产价值＋长期股权投资价值＋经营资产价值

因此，我们需要考虑如何估算金融资产、长期股权投资和经营资产的价值。

我们对金融资产采用公允价值或者摊余成本进行计量，也就是说，财报中的金额反映了金融资产在估值日的价值，因此我们直接以财报中的金额作为金融资产的价值。公司持有金融资产的目的是储备一定的现金以满足公司未来投资活动和经营活动的需求，因此我们假设公司会把金融资产用于回报更高的经营资产。当一家公司持有大量的金融资产却又没有明确的未来发展规划时，需要引起我们的注意：低收益率的金融资产无法满足投资者的预期回报，并且很可能在未来存在着贬值的风险。但是，就估值日来说，以财报金额作为金融资产的价值依然是最合理的选择。

在现有会计准则体系下，合并财报中的长期股权投资包括对联营企业和合营企业的股权投资，并且采用权益法进行核算。对于长期股权投资金额不大的公司来说，我们花费非常多的时间和精力对其价值进行估算显然得不偿失。在一般情况下，我们根据在财报分析中得到的长期股权投资收益率对其价值进行一个粗略的估算：当长期股权投资收益率等于贴现率时，以财报账面价值作为长期股权投资价值；当长期股权投资收益率低于贴现率甚至为负数时，以财报账面价值打一定的折扣作为长期股权投资价值；当长期股权投资收益率远远高于贴现率时，以财报账面价值乘以一定的溢价率作为长期股权投资价值。对于长期股权投资很多、金额很大的公司来说，就长期股权投资本身进行价值估算得不出有意义的结论——我们需要对被投资公司的价值进行估算后，按照持有的股权比例来得出长期股权投资的价值。被投资公司的价值估算和我们在此讨论的公司价值估算原理相同，毋庸赘述。

对于大多数公司来说，经营资产金额巨大，其主要目的就是通过经营活动获得未来的现金流入。因此，我们需要采用现金流贴现模型来估算经营资产的价值。经营资产价值的估算成为股票估值的重点和核心。

当我们得到上述三类资产的价值之后，加总即可得到公司价值和股权价值：

公司价值＝金融资产账面价值＋长期股权投资价值＋经营资产自由现金流现值

## 15.2 经营资产自由现金流的界定

### 15.2.1 自由现金流的渊源及各类计算方法

自由现金流作为一种企业价值评估的概念、理论、方法和体系，最早由美国西北大学拉巴波特、哈佛大学詹森等学者于20世纪80年代提出。经历30多年的发展，特别在以美国安然、世通等为代表的之前在财务报告中利润指标完美无瑕的所谓绩优公司纷纷破产后，自由现金流已成为企业价值评估领域使用最广泛、理论最健全的指标，美国证监会更是要求在公司年报中必须披露这一指标。我建议，在我国的现金流量表中也披露自由现金流信息。

按照一般教材中的定义，简单地讲，自由现金流量就是企业产生的在满足了再投资需要之后剩余的现金流量。这部分现金流量是在不影响公司持续发展的前提下可供分配给企业资本供应者的最大现金额。

为自由现金流量概念的提出开思想先河的是美国学者莫迪利安尼和米勒。他们（1958）提出的关于资本结构的MM理论重新诠释了企业的目标是价值最大化，并非新古典经济学所述的"利润最大化"。他们（1961）还首次阐述了公司价值和其他资产价值一样也取决于其未来产生的现金流量的思想，并通过建立米勒—莫迪利安尼公司实体价值评估公式对公司整体价值（business valuation）进行评估。受益于他们的思想，西北大学的拉巴波特教授（1986）构建了拉巴波特价值评估模型（Rappaport model），并通过创办ALCAR公司将其价值评估理论付诸实际应用。在其模型中，拉巴波特确立了五个决定公司价值的重要价值驱动因素：销售和销售增长率、边际营业利润、新增固定资产投资、新增周转性经营投入、资本成本，并通过这些价值驱动因素对公司现金流入和流出进行预测。现金流入来自企业的经营，是税后现金流量，但是是支付融资借款利息之前（即不扣减利息费用）的现金流量。现金流出是因为增加了固定资产和营运资本（working capital）投资。扣除现金流出后的税后现金流量净值被称为公司自由现金流量。然后通过对未来自由现金流量贴现得出目标公司价值。

詹森教授（1986）则提出了自由现金流量理论（free cash flow theory），用来研究公司代理成本（agency cost）的问题。在其理论中，自由现金流量的定义为企业在"满足所有以相关的资本成本折现的净现值为正的所有项目所需资金后剩余的现金流量"。

科普兰教授（1990）（麦肯锡公司的资深领导人之一）更是比较详尽地阐述了自由现金流量的计算方法："自由现金流量等于企业的税后净营业利润（即将公司不包括利息收支的营业利润扣除实付所得税税金之后的数额）加上折旧及摊销等非现金支出，再减去营运资本的追加和物业厂房设备及其他资产方面的投资。它是公司所产生的税后现金流量总额，可以提供给公司资本的所有供应者，包括债权人和股东。"

自由现金流量＝（税后净营业利润＋折旧及摊销）－（资本支出＋营运资本增加）

康纳尔教授（1993）（美国 FinEcon 咨询公司的创立者兼总裁）对自由现金流量的定义与之类似："投资者的利益（自由现金流量）是由公司所创造的现金流入量减去公司所有的支出，包括在工厂、设备以及营运资本上的投资等，所形成的净现金流量。这些现金流量是可以分配给投资者的。"

自由现金流量＝（营业利润＋股利收入＋利息收入）×（1－所得税税率）＋
递延所得税增加＋折旧－资本支出－营运资本增加

达姆达兰教授（1996）对自由现金流量的定义也参照了科普兰的观点：

自由现金流量＝息税前利润×（1－所得税税率）＋折旧－资本支出－
营运资本增加

达姆达兰教授还提出了股权自由现金流量的概念——股权自由现金流量就是在扣除经营费用、本息偿还和为保持预定现金流量增长率所需的资本支出、增加的营运资本支出之后的现金流量。自由现金流量是公司所有权利要求者，包括普通股股东、优先股股东（享有股东权益和债权人权益的一种折中形式）和债权人的现金流量总和。

股权自由现金流量＝（营业利润＋股利收入＋利息收入－利息支出）×
（1－所得税税率）＋递延所得税增加＋折旧－资本支出－
营运资本增加－优先股股利＋新发行债务－
偿还债务本金＝经营活动现金净流量－资本支出－
优先股股利＋新发行债务－偿还债务本金

自由现金流量＝股权自由现金流量＋债权自由现金流量

汉克尔（1996）（系统金融管理公司 L.P. 的创始人兼总裁）则提出，自由现金流量等于经营活动现金净流量减资本支出，再加上资本支出和其他支出中的随意（discretionary）支出部分。因为这些随意支出可节省下来，但不会影响公司的未来增长。他认为，只要不是为了维持企业持续经营的现金支出都应加回到自由现金流量中：公司可以在不影响持续经营的情况下避免这些支出，而若公司没有进行这些支出，公司的自由现金流量会得以增加。这一定义更多地考虑到了公司管理当局可能存在"滥用自由现金流量"的问题。

综上所述，不同的学者对自由现金流量的理解不尽相同。但他们解释自由现金流量的共同之处都是指在不危及公司生存与发展的前提下可供分配给股东和债权人的最大现金额。当前教科书中或者市场上运用比较普遍的是科普兰教授的定义和计算公式。

### 15.2.2　本书中的经营资产自由现金流

公司的资本来源有两部分：股权资本和债务资本。两类资本虽然来源有别，但在企业生产经营中发挥的作用是相同的。公司所产生的现金流量在扣除对库存、厂房设备等资产所需的投入及缴纳税金后，其余额应属于股东和债权人，因此经营资产自由现金流应当是在支付利息之前。支付利息之后的经营资产自由现金流归股东所有，故称为股权自由现金流。

科普兰教授的自由现金流计算公式应用比较普遍，我们以此为基础来进行分析。该公式如下：

自由现金流量＝（税后净营业利润＋折旧及摊销）－（资本支出＋营运资本增加）
　　　　　　＝息税前利润×（1－所得税税率）＋折旧及摊销－
　　　　　　　（资本支出＋营运资本增加）

上述公式存在以下三个问题。

（1）只对折旧及摊销进行了调整。因为折旧及摊销在计算利润时进行了扣除，但是折旧及摊销无须支付现金，所以在计算过程中需要加回。但仅调整折旧及摊销还不够全面，因为在计算利润的过程中还有很多无须支付现金的项目，比如资产减值准备、资产处置损失、递延所得税资产和递延所得税负债等。在折旧及摊销之外，我们还需要调整加回其他非现金成本费用。

（2）息税前利润的问题。息税前利润中包含了偶然的、一次性的利润，比如出售子公司、长期投资股权及其他长期资产的利润。

（3）资本支出的问题。我们在前面关于战略投资活动现金流量的分析中有以下几个指标：

长期经营资产净投资额＝购建长期资产支付的现金－处置长期资产收回的现金

长期经营资产扩张性资本支出＝长期经营资产净投资额－保全性资本支出

长期经营资产扩张性资本支出比例＝长期经营资产扩张性资本支出／长期资产期初净额×100%

净合并额＝取得子公司支付的现金－处置子公司收回的现金

在进行后续分析之前，我们需要理解三个概念：资本支出、保全性资本支出、扩张性资本支出。资本支出（capital expenditure）是指企业为取得长期资产而发生的支出，这些长期资产通常包括资产负债表中的固定资产、在建工程、无形资产、研发支出、商誉、长期待摊费用、油气资产等，代表了一家企业的生产经营能力。保全性资本支出是指企业为了维持其原有的生产经营能力而发生的资本支出，包括由于折旧摊销或非正常损耗、毁损引起的长期资产生产能力下降而需要重置的长期资产的资本支出，该类支出不增加公司的生产经营能力。扩张性资本支出是指企业为了获得更大的生产经营能力而发生的资本支出，包括增加生产能力的长期资产的改造、扩建、增置，该类支出会增加公司的生产经营能力。资本支出与保全性资本支出和扩张性资本支出的关系是：资本支出＝保全性资本支出＋扩张性资本支出。

也就是说，资本支出包括两部分：一部分是维持原有经营规模的资本支出，另一部分是扩张经营规模的资本支出。按照全部资本性支出这个口径计算，在企业成长期或者扩张期，计算自由现金流的结果往往是错误的，因为在这个阶段企业的资本性支出会非常多，导致公司自由现金流为负数，最终得出公司价值为负数的错误判断，从而"错杀"很多实际上很有前途的公司。因此，我们认为应当在计算自由现金流时将资本支出调整为保全性资本支出更为合理。只要所有扩张性资本支出的内含报酬率高于资本成本率，扩张性资本支出对于股东价值就是正效应而非负效应。

为什么要调整为保全性资本支出呢？我们假设有一家苹果树公司，其财富和价值用苹果树的数量来衡量。该公司苹果树的寿命（折耗年限）是20年。在T0时期，该公司有2 000棵苹果树。在T1时期结束后，有100棵苹果树报废。每棵苹果树每年产果所创造的价值是十分之一棵苹果树，比如T0的2 000棵苹果树在T1

可以创造出 200 棵新苹果树的价值。苹果树公司考虑到效益良好，在 T1 种植 400 棵新的苹果树，在种植时苹果树的缺口将通过债务融资解决。我们以苹果树数量作为现金的计量单位，来看看如表 15-1 所示的具体现金流的情况。

表 15-1　苹果树公司的自由现金流

单位：棵苹果树

| 项　　目 | T0 | T1 |
| --- | --- | --- |
| （1）苹果树总量 | 2 000 | 2 300 |
| （2）资本支出 |  | 400 |
| 其中：（3）保全性资本支出（=前一年已有苹果树/20年） |  | 100 |
| （4）扩张性资本支出 |  | 300 |
| （5）经营活动产生的现金流量净额（=前一年已有苹果树×10%） |  | 200 |
| （6）一般定义的自由现金流（=（5）-（2）） |  | -200 |
| （7）本书中的自由现金流（=（5）-（3）） |  | 100 |
| （8）苹果树缺口 |  | -200 |
| （9）债务融资 | 0 | 200 |
| （10）股权资本 | 2 000 | 2 100 |
| （11）资本总额 | 2 000 | 2 300 |

从表 15-1 中可以看出，按照一般定义的自由现金流要低于本书中的自由现金流。按照一般定义的自由现金流，苹果树公司的自由现金流是负数，因此公司价值不大，没有什么前途；按照本书中的自由现金流，可以看出苹果树公司是一家发展中的好公司。我们以 T1 为例，在这一年中公司的资本支出为 400 棵苹果树。其中，100 棵是因为以前年度的苹果树报废了需要更新，换句话说，如果我们在 T1 只种植 100 棵苹果树的话，公司规模没有增加。其余为增加的 300 棵新的苹果树。种植 400 棵苹果树的现金源于：我们通过苹果树公司赚取了 200 棵苹果树（经营活动产生的现金流量净额），再从外部借入 200 棵苹果树（债务融资）。现在，公司一共有 2 300 棵苹果树。但是 T1 一般定义的自由现金流为 -200 棵苹果树——我认为这是不合理的，如果公司保持 2 000 棵苹果树的规模，那么可以自由分配的现金为 100 棵苹果树，现在没有分配是因为公司的苹果树增加了。所以，真实地反映苹果树公司创造的价值的经营资产自由现金流应该为：经营活动现金流量产生的净

额 200- 保全性资本支出 100。

我们可以再试想一下这种情形：一家处于成长期的公司，没有负债，初始股东投入为 1 000 万元，每年通过经营活动产生的现金流量净额为 200 万元（其中包含长期资产折旧摊销 50 万元），由于业务发展需要该公司连续 20 年把这 200 万元净额用于扩大再生产（扣除折旧摊销后的净投入为 3 000 万元），如果按照全部资本性支出口径来计算自由现金流，则自由现金流在这 20 年中全部为零，非常不理想。但是，我们只要稍微思考一下就知道，这家公司已经发生了巨大的增值——期初股东权益账面价值为 1 000 万元，20 年后的股东权益账面价值已经达到 4 000 万元。但是在这 20 年里，我们无法通过自由现金流体现出该公司的价值，这是非常荒谬的。

根据上述分析，我认为，经营资产自由现金流应该是在保全公司经营规模和生产能力的前提下创造的可持续性现金流。结合我们在前面分析的经营活动现金流量的五种状态，上市公司通过经营活动收回的现金并不都是可以随便花的现金，首先要做的事情就是经营规模和能力保全（变旧的固定资产换成新的、到期的无形资产换成新的）。如果不进行经营规模保全，这个公司的经营规模和能力就越来越小，到最后这个公司就没有了。所以，经营活动现金流量净额首先要高于一个公司的折旧摊销的金额，折旧摊销在财务上的含义就是提取出来以后用来弥补一家公司经营规模和能力的损耗。我们的计算口径就是：

经营资产自由现金流量 =（税后净营业利润 + 折旧及摊销 +
其他非现金成本费用）- 保全性资本支出

= 息税前利润 ×（1- 所得税税率）+ 折旧及摊销 +
其他非现金成本费用 - 保全性资本支出

按照我们前面经营活动现金流量编制的间接法可以得出：

息税前利润 ×（1- 所得税税率）+ 折旧及摊销 + 其他非现金成本费用 =
经营活动产生的现金流量净额

因此：

经营资产自由现金流量 = 公司维持原有生产经营规模前提下的增量现金流入
= 经营活动现金流量净额 - 保全性资本支出

由于从财报中很难得到保全性资本支出的金额，我们通常用长期资产的折旧摊销、减值准备来做近似替代。因此：

经营资产自由现金流量 = 经营活动现金流量净额 - 长期经营资产减值损失 -
信用减值损失 - 固定资产折旧、油气资产折耗、
生产性生物资产折旧、使用权资产折旧 - 无形资产摊销 -
长期待摊费用摊销 - 处置长期资产的损失 -
固定资产报废损失

有很多读者会问上述数据从哪里获取,我目前是从 Wind 资讯中的数据库中直接提取的。

以万华化学公司 2015 年 12 月 31 日的财报数字为例,可以计算得出其自由现金流量(见表 15-2)。

表 15-2 万华化学公司的自由现金流量

单位:万元

| 项　　目 | 2015-12-31 | 2014-12-31 | 2013-12-31 | 2012-12-31 | 2011-12-31 |
|---|---|---|---|---|---|
| (1)经营活动产生的现金流量净额 | 460 239.37 | 402 051.49 | 386 926.30 | 380 617.87 | 201 243.34 |
| (2)资产减值准备 | -835.33 | 7 426.63 | 2 691.06 | 3 512.85 | -494.24 |
| (3)固定资产折旧、油气资产折耗、生产性生物资产折旧 | 147 283.57 | 93 410.51 | 84 613.47 | 73 144.68 | 66 203.01 |
| (4)无形资产摊销 | 7 317.79 | 4 452.57 | 2 104.77 | 1 185.67 | 909.57 |
| (5)长期待摊费用摊销 | 0.00 | 1 013.21 | 1 001.86 | 766.52 | 472.29 |
| (6)处置固定资产、无形资产和其他长期资产的损失 | 16 002.01 | 22 280.25 | 2 943.74 | 16 982.18 | 1 387.00 |
| (7)固定资产报废损失 | 0.00 | 0.00 | 0.00 | 0.00 | 0.00 |
| (8)经营资产自由现金流量(=(1)-((2)+(3)+(4)+(5)+(6)+(7))) | 290 471.33 | 273 468.32 | 293 571.40 | 285 025.97 | 132 765.71 |

不同公司的自由现金流量计算是有差异的。并非所有的公司都要按照这个公式和口径来计算,要针对不同的公司做不同的调整。因此,我们说估值不是一门科学,而是艺术。比如,上海机场、深圳机场、白云机场等机场类公司,一旦建好机场,每年计提很多折旧和摊销,但是这些折旧和摊销中的大部分并不需要再

次投入替换新资产,而只需投入远低于折旧摊销的金额即可保全机场的经营规模和能力。在这种情况下,需要对保全性资本支出进行计算调整:

$$机场类公司的自由现金流量 = 经营活动现金流量净额 - 经过计算得出的保全性资本支出$$

经营资产自由现金流的用途:首先,支付债务利息,只要能及时支付债务利息,债务本金可以长期使用;其次,在内含报酬率符合预期的情况下,投资新项目,用于扩张性资本支出;最后,如果还有剩余,则给股东进行现金分红。我们通常也可以计算股权自由现金流:

$$股权自由现金流量 = 经营资产自由现金流量 - 利息支出$$

公司股票价值 = 金融资产公允价值 + 长期股权投资价值 + 股权自由现金流量贴现值

在计算自由现金流量时,大家还需要注意一个问题:有些公司的经营活动现金流量净额在有些年份不是由于公司的经营活动引起的,而是由于公司在短时期内非正常地大量占用上游供应商和下游经销商的资金所导致的,这个时候我们要特别注意经营活动现金流量的未来可持续问题。因此,大家一定要把分析的时间窗口拉长到多个年份。

## 15.3 经营资产自由现金流贴现模型的应用

### 15.3.1 模型及应用的两个步骤

我们在第14章介绍了自由现金流贴现模型,该模型可以运用到经营资产自由现金流现值的计算中来,其原理是相同的:

$$V = \sum_{t=1}^{\infty} \frac{FCF_t}{(1+r)^t}$$

式中,$V$ 为经营资产自由现金流价值,$FCF_t$ 为第 $t$ 年的经营资产自由现金流,$r$ 为折现率。

根据上式,经营资产自由现金流贴现模型的应用包括两个步骤。

第一步:预测未来的经营资产自由现金流。

准确估计经营资产的未来现金流是相当困难的。

首先,我们要根据"现金——……——更多的现金"的循环过程,对公司的历史财报数据进行分析,包括历史上投资活动的净现值和内含报酬率,筹资活动的加权平均资本成本率、资本结构、资本期限、筹资顺序、筹资时机,体现资产配置能力的资产结构合理程度,体现资产带来收入能力的周转率是否稳定,收入、成本费用、毛利和经营利润的增长程度,毛利率、费用率的大小以及是否稳定,收入和经营利润是否能够转化为经营活动产生的现金流量,销售商品提供劳务收到的现金、经营活动现金流量净额的增长程度,以及自由现金流的多少和增长程度。虽然未来并不一定是历史的简单重复,但至少历史数据可以给我们提供一些未来分析的假设基础。

比如,我们可以计算一家公司历史上的复合增长率情况。以万华化学公司 2010～2015 年的数据为例,我们可以计算其销售商品、提供劳务收到的现金的 5 年复合增长率和营业收入的 5 年复合增长率(见表 15-3)。

表 15-3　万华化学公司的复合增长率

金额单位:万元

| 项　　目 | 2015-12-31 | 2014-12-31 | 2013-12-31 | 2012-12-31 | 2011-12-31 | 2010-12-31 |
|---|---|---|---|---|---|---|
| 销售商品、提供劳务收到的现金 | 2 598 190.07 | 2 978 090.31 | 2 543 471.05 | 1 868 501.38 | 1 591 884.51 | 1 043 741.66 |
| 营业收入 | 1 949 238.29 | 2 208 836.85 | 2 023 797.32 | 1 594 212.65 | 1 366 230.73 | 942 977.69 |
| 销售商品、提供劳务收到的现金 5 年复合增长率:20.01% | | | | | | |
| 营业收入 5 年复合增长率:15.63% | | | | | | |

在表 15-3 中,5 年复合增长率的计算方式是:以 2010 年的金额为基数,2015 年的金额为终点数,倒过来计算复利,也就是说,从 2010 年的金额开始按照多少的复合利率往上增长可以达到 2015 年的金额。比如,2010 年销售商品、提供劳务收到的现金为 1 043 741.66 万元,按照 20.01% 的利率往上复合增长,到 2015 年为 2 598 190.07 万元⊖。营业收入的复合增长率原理相同。在上述分析中,需要避免不同年份的极端值,并且要注意波动和趋势。比如,在表 15-3 中,2015 年的

---

⊖　因四舍五入,数据有一定误差。

金额低于 2014 年的金额，我们就要追问：万华化学公司 2015 年的下降是暂时的，还是关键因素发生了扭转？未来会不会回到增长轨道中？结合公司 2015 年的业绩解释，以及公司 2010 年开始的扩张计划，我在 2016 年年初时判断万华化学公司大概率会回到增长轨道——公司在建工程竣工后的长期经营资产大幅增加，随着生产能力和经营规模增长了 2～3 倍，销售商品、提供劳务收到的现金和营业收入即将开始大幅增长。后期的财务数据基本验证了我当初的判断。

然后，我们要对公司进行未来情形的判断和预测，包括公司所处行业的分析、公司战略以及业务可持续的分析、公司管理层因素的分析。

最后，我们要预测公司在未来的资本规模和资本结构情况，得出利息支出的大致判断。

第二步：确定股权资本折现率。关于股权资本折现率的问题，将在后面进行论述。

### 15.3.2 历史数据分析

公司历史数据的分析包括：长期资产投资和并购活动、资本结构、收入及经营利润增长率、资产利用率、费用率和经营利润率、税率、经营活动产生的现金流量、自由现金流。

#### 1. 以万华化学公司为例

我们以万华化学公司为例，对该公司的历史数据进行分析如下。

在表 15-4 中，万华化学公司长期经营资产净投资额、扩张性资本支出的数据来自我们在财报分析中投资活动现金流量分析的结果（见表 6-2），净合并额的数据来自现金流量表中取得子公司支付现金减去处置子公司收回的现金。从表 15-4 中，我们可以看出，万华化学公司一直以比较高的比例在进行扩张性资本支出。扩张性资本支出可以保证公司未来的增长，因此从历史数据来看万华化学公司是一家成长中的公司。从历史情况来看，万华化学公司很少通过并购活动来进行扩张，而是以自身规模扩张为主。自身规模扩张的好处在于比较稳健，扩张决策可以较好地以高于加权平均资本成本率的标准来进行衡量和取舍。

表 15-4　万华化学公司长期经营资产投资和并购活动分析

金额单位：万元

| 项目 | 2015-12-31 | 2014-12-31 | 2013-12-31 | 2012-12-31 | 2011-12-31 | 2010-12-31 | 2009-12-31 | 2008-12-31 | 2007-12-31 | 2006-12-31 |
|---|---|---|---|---|---|---|---|---|---|---|
| （1）长期经营资产净投资额 | 509 702.87 | 904 965.24 | 676 604.10 | 392 840.02 | 289 590.56 | 128 997.74 | 173 760.20 | 100 856.61 | 52 993.15 | 46 464.45 |
| （2）长期经营资产扩张性资本支出 | 339 099.50 | 783 808.70 | 585 940.26 | 300 760.97 | 220 618.69 | 96 925.90 | 144 328.99 | 74 095.14 | 28 963.08 | 25 878.29 |
| （3）净合并额 | 0.00 | 7 297.91 | 0.00 | 0.00 | 0.00 | 9 754.86 | 0.00 | 0.00 | −1 304.99 | 0.00 |
| （4）资本支出总额 =（1）+（3） | 509 702.87 | 912 263.15 | 676 604.10 | 392 840.02 | 289 590.56 | 138 752.60 | 173 760.20 | 100 856.61 | 51 688.16 | 46 464.45 |
| （5）扩张性资本支出 =（2）+（3） | 339 099.50 | 791 106.61 | 585 940.26 | 300 760.97 | 220 618.69 | 106 680.76 | 144 328.99 | 74 095.14 | 27 658.09 | 25 878.29 |
| （6）长期经营资产 | 3 630 313.13 | 3 151 290.18 | 2 261 402.90 | 1 398 641.31 | 963 849.84 | 792 009.56 | 569 899.42 | 384 007.43 | 349 448.47 | 341 083.63 |
| （7）扩张性资本支出占长期经营资产期初净额的比例 =（5）/前一年长期经营资产 | 10.76% | 34.98% | 41.89% | 31.20% | 27.86% | 18.72% | 37.58% | 21.20% | 15.15% | — |

从表 15-5 中我们可以看到，由于连续几年的扩张，万华化学公司的资本结构中有息债务率在逐渐上升。但是，结合公司近期的投资和筹资规划以及最早的历史数据（2006～2010 年），我们可以预计公司未来的资本结构中有息债务率会逐步下降。

表 15-6 中的数据计算与表 9-2 保持一致。从表 15-6 中可以看到，万华化学公司的营业收入多数年份保持较高的增长，个别年份有所下滑，从 2006 年的 49 亿元增长到目前的近 200 亿元，在这一期间表现出非常好的增长趋势，复合增长率为 16% 左右。公司的毛利率稳定保持在一个较高的水平上，基本为 30% 以上。公司的息前税后经营利润率有波动，但所有年份都在 15% 以上。

从表 15-7 中可以看出，万华化学公司的周转性经营投入管理效率在提升，周转性经营投入周转率不断提高、周转性经营投入占营业收入的比例下降。但是，周转性经营投入管理效率改进到一定程度后，很难再进一步挖掘潜力。万华化学公司的长期营运资产周转率、固定资产周转率和投入资本周转率逐年下降。这与公司不断扩张规模有关，随着公司在建工程投产，预计公司的上述比率在未来应该会逐步提高。

税金构成了公司未来自由现金流的抵减项目，因此税率的变动将影响公司的价值。从表 15-8 来看，万华化学公司历史最低实际所得税税率为 10.84%，但是 2014 年和 2015 年在 23% 左右。历史上曾经的较低所得税税率与公司被认定为高新技术企业享受税率优惠有关。从 2014 年和 2015 年看，万华化学公司在未来可能不再享受所得税税率优惠政策。因此，未来需要按照 25% 左右的所得税税率进行自由现金流的估算。

从表 15-9 来看，万华化学公司在 2006～2015 年销售商品、提供劳务收到的现金从 53 亿元增长到 259 亿元，经营活动产生的现金流量净额从 9 亿元增长到 46 亿元，经营资产自由现金流从 7 亿元增长到 29 亿元。当然，万华化学公司的经营活动产生的现金流量净额和经营资产自由现金流表现出比较大的波动，说明万华化学公司的现金流受各种因素的影响比较大。比较好的迹象在于：万华化学公司在这 10 年中的经营资产现金流都远远大于零，说明公司在完成保全性资本支出后，每年为公司股东和债权人创造了价值。

表15-5 万华化学公司历史资本结构分析

金额单位：万元

| 项目 | 2015-12-31 | 2014-12-31 | 2013-12-31 | 2012-12-31 | 2011-12-31 | 2010-12-31 | 2009-12-31 | 2008-12-31 | 2007-12-31 | 2006-12-31 |
|---|---|---|---|---|---|---|---|---|---|---|
| 短期债务 | 1 222 590.89 | 708 951.64 | 510 060.82 | 485 274.83 | 433 104.51 | 258 440.48 | 225 457.65 | 127 504.80 | 152 086.14 | 75 577.28 |
| 长期债务 | 1 342 429.52 | 1 484 292.67 | 889 759.97 | 445 057.29 | 242 368.55 | 203 376.26 | 63 283.57 | 42 601.30 | 58 281.36 | 85 542.42 |
| 有息债务 | 2 565 020.41 | 2 193 244.31 | 1 399 820.79 | 930 332.12 | 675 473.06 | 461 816.74 | 288 741.22 | 170 106.10 | 210 367.50 | 161 119.70 |
| 有息债务率 | 63.38% | 62.28% | 54.30% | 48.59% | 45.12% | 39.23% | 33.14% | 23.79% | 32.16% | 35.71% |
| 所有者权益 | 1 482 323.44 | 1 328 567.57 | 1 178 095.55 | 984 281.01 | 821 562.41 | 715 521.93 | 582 511.83 | 544 941.42 | 443 847.68 | 290 127.60 |

表15-6 万华化学公司营业收入增长率、毛利率、费用率和经营利润率分析

金额单位：万元

| 项目 | 2015-12-31 | 2014-12-31 | 2013-12-31 | 2012-12-31 | 2011-12-31 | 2010-12-31 | 2009-12-31 | 2008-12-31 | 2007-12-31 | 2006-12-31 |
|---|---|---|---|---|---|---|---|---|---|---|
| 营业收入 | 1 949 238.29 | 2 208 836.85 | 2 023 797.32 | 1 594 212.65 | 1 366 230.73 | 942 977.69 | 649 291.97 | 770 439.30 | 780 358.36 | 494 633.07 |
| 营业收入增长率 | −11.75% | 9.14% | 26.95% | 16.69% | 44.88% | 45.23% | −15.72% | −1.27% | 57.77% | |
| 毛利 | 587 241.75 | 681 872.88 | 665 502.40 | 556 025.70 | 417 364.25 | 238 826.70 | 188 615.38 | 241 019.62 | 315 187.97 | 176 862.11 |
| 毛利率 | 30.13% | 30.87% | 32.88% | 34.88% | 30.55% | 25.33% | 29.05% | 31.28% | 40.39% | 35.76% |
| 总费用率 | 10.65% | 10.04% | 9.74% | 10.74% | 8.85% | 6.41% | 6.33% | 4.38% | 9.74% | 9.36% |
| 息前税后经营利润 | 293 428.41 | 355 435.12 | 398 510.73 | 325 665.90 | 251 137.12 | 159 082.06 | 130 164.94 | 179 869.30 | 163 521.50 | 95 269.95 |
| 息前税后经营利润率 | 15.05% | 16.09% | 19.69% | 20.43% | 18.38% | 16.87% | 20.05% | 23.35% | 20.95% | 19.26% |

表 15-7  万华化学公司历史资产利用效率分析

| 项　目 | 2015-12-31 | 2014-12-31 | 2013-12-31 | 2012-12-31 | 2011-12-31 | 2010-12-31 | 2009-12-31 | 2008-12-31 | 2007-12-31 | 2006-12-31 |
|---|---|---|---|---|---|---|---|---|---|---|
| 周转性经营投入周转率 | 10.27 | 8.61 | 10.18 | 4.39 | 3.06 | 3.46 | 4.11 | 4.17 | 4.93 | 6.57 |
| 周转性经营投入占营业收入的比例 | 9.74% | 11.61% | 9.82% | 22.79% | 32.64% | 28.87% | 24.34% | 23.99% | 20.29% | 15.21% |
| 现金周期 | 4.01 | 17.22 | 24.06 | 94.72 | 141.27 | 112.47 | 116.23 | 131.58 | 129.86 | 92.43 |
| 长期经营资产周转率 | 0.54 | 0.70 | 0.89 | 1.14 | 1.42 | 1.19 | 1.14 | 2.01 | 2.23 | 1.45 |
| 固定资产周转率 | 0.97 | 1.45 | 2.36 | 2.17 | 1.98 | 1.36 | 2.05 | 2.36 | 2.46 | 1.60 |
| 投入资本周转率 | 0.48 | 0.63 | 0.79 | 0.83 | 0.85 | 0.80 | 0.75 | 1.08 | 1.19 | 1.10 |

表 15-8  万华化学公司的税率分析

| 项　目 | 2015-12-31 | 2014-12-31 | 2013-12-31 | 2012-12-31 | 2011-12-31 | 2010-12-31 | 2009-12-31 | 2008-12-31 | 2007-12-31 | 2006-12-31 |
|---|---|---|---|---|---|---|---|---|---|---|
| 实际所得税税率 | 22.70% | 22.74% | 14.92% | 15.37% | 15.27% | 10.84% | 12.75% | 13.21% | 31.64% | 27.04% |

表 15-9  万华化学公司历史经营活动现金流和经营资产自由现金流分析

金额单位：万元

| 项目 | 2015-12-31 | 2014-12-31 | 2013-12-31 | 2012-12-31 | 2011-12-31 | 2010-12-31 | 2009-12-31 | 2008-12-31 | 2007-12-31 | 2006-12-31 |
|---|---|---|---|---|---|---|---|---|---|---|
| 销售商品、提供劳务收到的现金 | 2 598 190.07 | 2 978 090.31 | 2 543 471.05 | 1 868 501.38 | 1 591 884.51 | 1 043 741.66 | 795 996.56 | 952 717.81 | 879 185.51 | 537 794.64 |
| 经营活动产生的现金流量净额 | 460 239.37 | 402 051.49 | 386 926.30 | 380 617.87 | 201 243.34 | 41 335.84 | 145 437.80 | 200 020.45 | 128 237.71 | 93 234.81 |
| 经营资产自由现金流 | 290 471.33 | 273 468.32 | 293 571.40 | 285 025.97 | 132 765.71 | 9 274.13 | 116 510.39 | 174 261.65 | 104 780.80 | 72 659.24 |
| 自由现金流增长率 | 6.22% | -6.85% | 3.00% | 114.68% | 1 331.57% | -92.04% | -33.14% | 66.31% | 44.21% | |

综上分析，万华化学公司历史上在费用率、毛利率、经营利润率等方面表现出良好的经营稳定性，在营业收入、经营活动产生的现金流量和经营资产自由现金流等方面表现出良好的增长性，在周转性经营投入周转率方面表现出良好的管理效率，在长期资产使用效率方面还有待提高，在资本结构方面需要适度降低有息债务率。

### 2. 以中国石化为例

我们再以中国石化为例，对该公司的历史数据分析如下。

从表 15-10 中我们可以看出，中国石化前期的扩张性资本支出占长期资产期初净额的比例比较高，后期扩张性资本支出占长期资产期初净额的比例下降，到 2015 年只有 0.52%。我认为，这可能与石化能源在未来能源结构中的地位可能会下降，因此减少长期经营资产的扩张性投入有关。从历史情况来看，中国石化在 2006 年和 2007 年进行了较大规模的并购，后期比较少，总体而言还是以自身规模扩张为主。

从表 15-11 中我们可以看到，中国石化的资本结构中有息债务率维持在 30% 左右。由于公司扩张性资本支出比例下降，因此我们可以预计公司未来的资本结构中有息债务率会逐步下降。

从表 15-12 中可以看到，中国石化前期的营业总收入增长较快，但从 2011 年开始进入了增长瓶颈期，此后几无增长。公司的毛利率忽高忽低，体现了石油价格的周期性波动特征。公司的息前税后经营利润率总体呈现下降走势，后期又有所提高。

从表 15-13 中可以看出，中国石化的周转性经营投入管理效率在提升，周转性经营投入占营业收入的比例在下降。但是，周转性经营投入管理效率改进到一定程度后，很难再进一步挖掘潜力。中国石化的长期经营资产周转率、固定资产周转率和投入资本周转率有波动，但相对稳定。

从表 15-14 来看，中国石化的实际所得税税率在 25% 左右。

从表 15-15 来看，中国石化在 2006～2015 年销售商品、提供劳务收到的现金的最高值为 3 220 亿元，但是此后就没有再增长。经营活动产生的现金流量净额和经营资产自由现金流表现出比较大的波动，说明中国石化的现金流受各种因素的影响比较大。2011 年开始现金流量净额和自由现金流有所下降，但基本维持在 600 亿元自由现金流左右。比较好的迹象在于：中国石化在这 10 年中的经营资产现金流都远远大于零，说明公司在完成保全性资本支出后，每年为公司股东和债权人创造了价值。

表 15-10 中国石化长期经营资产投资和并购活动分析

金额单位：万元

| 项 目 | 2015-12-31 | 2014-12-31 | 2013-12-31 | 2012-12-31 | 2011-12-31 | 2010-12-31 | 2009-12-31 | 2008-12-31 | 2007-12-31 | 2006-12-31 |
|---|---|---|---|---|---|---|---|---|---|---|
| (1) 长期经营资产净投资额 | 10 220 300.00 | 12 336 100.00 | 15 339 600.00 | 15 782 300.00 | 14 159 700.00 | 9 856 600.00 | 11 337 100.00 | 10 797 300.00 | 11 019 200.00 | 7 701 700.00 |
| (2) 长期经营资产扩张性资本支出 | 511 400.00 | 3 164 200.00 | 7 130 500.00 | 8 738 300.00 | 7 853 500.00 | 3 956 600.00 | 6 306 500.00 | 6 236 800.00 | 6 757 400.00 | 4 104 300.00 |
| (3) 净合并额 | 8 900.00 | 253 200.00 | 0.00 | 0.00 | 0.00 | 0.00 | 0.00 | 0.00 | 746 800.00 | 2 197 100.00 |
| (4) 资本支出总额(=(1)+(3)) | 10 229 200.00 | 12 589 300.00 | 15 339 600.00 | 15 782 300.00 | 14 159 700.00 | 9 856 600.00 | 11 337 100.00 | 10 797 300.00 | 11 766 000.00 | 9 898 800.00 |
| (5) 扩张性资本支出(=(2)+(3)) | 520 300.00 | 3 417 400.00 | 7 130 500.00 | 8 738 300.00 | 7 853 500.00 | 3 956 600.00 | 6 306 500.00 | 6 236 800.00 | 7 504 200.00 | 6 301 400.00 |
| (6) 长期经营资产 | 100 916 900.00 | 100 194 300.00 | 92 485 100.00 | 83 441 600.00 | 73 982 600.00 | 67 588 500.00 | 63 877 000.00 | 57 028 800.00 | 50 421 000.00 | 43 505 800.00 |
| (7) 扩张性资本支出占长期资产期初净额的比例(=(5)/前一年长期经营资产) | 0.52% | 3.70% | 8.55% | 11.81% | 11.62% | 6.19% | 11.06% | 12.37% | 17.25% | — |

表 15-11 中国石化历史资本结构分析

金额单位：万元

| 项 目 | 2015-12-31 | 2014-12-31 | 2013-12-31 | 2012-12-31 | 2011-12-31 | 2010-12-31 | 2009-12-31 | 2008-12-31 | 2007-12-31 | 2006-12-31 |
|---|---|---|---|---|---|---|---|---|---|---|
| 短期债务 | 11 600 600.00 | 17 857 800.00 | 16 387 000.00 | 11 598 200.00 | 8 037 300.00 | 3 582 800.00 | 7 254 100.00 | 9 848 300.00 | 6 049 400.00 | 6 348 000.00 |
| 长期债务 | 13 974 600.00 | 15 093 200.00 | 14 559 000.00 | 16 211 600.00 | 15 445 700.00 | 17 407 500.00 | 14 582 800.00 | 12 714 400.00 | 12 031 400.00 | 10 063 700.00 |
| 有息债务 | 25 575 200.00 | 32 951 000.00 | 30 946 000.00 | 27 809 800.00 | 23 483 000.00 | 20 990 300.00 | 21 836 900.00 | 22 562 700.00 | 18 080 800.00 | 16 411 700.00 |
| 有息债务率 | 24.56% | 33.74% | 33.18% | 33.56% | 31.55% | 31.68% | 35.28% | 39.13% | 35.65% | 36.80% |
| 所有者权益 | 78 562 300.00 | 64 709 500.00 | 62 326 000.00 | 55 060 100.00 | 50 952 500.00 | 45 268 200.00 | 40 058 500.00 | 35 094 600.00 | 32 634 700.00 | 28 179 900.00 |

表 15-12 中国石化营业收入增长率、毛利率、费用率和息前税后经营利润率分析

金额单位：万元

| 项目 | 2015-12-31 | 2014-12-31 | 2013-12-31 | 2012-12-31 | 2011-12-31 | 2010-12-31 | 2009-12-31 | 2008-12-31 | 2007-12-31 | 2006-12-31 |
|---|---|---|---|---|---|---|---|---|---|---|
| 营业收入 | 201 888 300.00 | 282 591 400.00 | 288 031 100.00 | 278 604 500.00 | 250 568 300.00 | 191 318 200.00 | 134 505 200.00 | 145 210 100.00 | 120 484 300.00 | 106 166 900.00 |
| 营业收入增长率 | -28.56% | -1.89% | 3.38% | 12.19% | 30.97% | 42.24% | -7.37% | 20.52% | 13.49% | -46.90% |
| 毛利 | 42 611 200.00 | 39 689 700.00 | 42 327 000.00 | 41 381 000.00 | 41 248 400.00 | 37 605 100.00 | 30 923 700.00 | 12 531 800.00 | 19 188 200.00 | 16 529 600.00 |
| 毛利率 | 21.11% | 14.04% | 14.70% | 14.85% | 16.46% | 19.66% | 22.99% | 8.63% | 15.93% | 15.57% |
| 费用率 | 17.59% | 10.90% | 10.71% | 10.57% | 12.63% | 12.91% | 15.41% | 8.45% | 7.70% | 7.73% |
| 息前税后经营利润 | 5 359 511.13 | 6 167 178.91 | 8 539 288.84 | 8 818 464.64 | 9 076 809.73 | 8 835 924.15 | 7 778 995.89 | 3 841 811.38 | 6 996 052.95 | 6 243 665.50 |
| 息前税后经营利润率 | 2.65% | 2.18% | 2.96% | 3.17% | 3.62% | 4.62% | 5.78% | 2.65% | 5.81% | 5.88% |

表 15-13 中国石化历史资产利用效率分析

金额单位：万元

| 项目 | 2015-12-31 | 2014-12-31 | 2013-12-31 | 2012-12-31 | 2011-12-31 | 2010-12-31 | 2009-12-31 | 2008-12-31 | 2007-12-31 | 2006-12-31 |
|---|---|---|---|---|---|---|---|---|---|---|
| 周转性经营投入 | -12 964 700.00 | -11 689 900.00 | -8 431 000.00 | -6 864 200.00 | -6 812 600.00 | -7 647 700.00 | -6 330 500.00 | -3 012 000.00 | -3 675 400.00 | -2 038 400.00 |
| 周转性经营投入占营业收入的比例 | -6.42% | -4.14% | -2.93% | -2.46% | -2.72% | -4.00% | -4.71% | -2.07% | -3.05% | -1.92% |
| 现金周期 | -1.32 | 0.28 | 4.85 | 4.26 | 7.20 | 6.37 | 6.26 | 4.59 | 10.54 | 12.91 |
| 长期经营资产周转率 | 2.00 | 2.82 | 3.11 | 3.34 | 3.39 | 2.83 | 2.11 | 2.55 | 2.39 | 2.44 |
| 固定资产周转率 | 2.76 | 4.02 | 4.30 | 4.73 | 4.43 | 3.54 | 2.89 | 3.60 | 3.34 | 3.07 |
| 投入资本周转率 | 2.00 | 2.96 | 3.27 | 3.54 | 3.56 | 2.99 | 2.25 | 2.68 | 2.53 | 2.38 |

表 15-14 中国石化的税率分析

| 项目 | 2015-12-31 | 2014-12-31 | 2013-12-31 | 2012-12-31 | 2011-12-31 | 2010-12-31 | 2009-12-31 | 2008-12-31 | 2007-12-31 | 2006-12-31 |
|---|---|---|---|---|---|---|---|---|---|---|
| 实际所得税税率 | 18.95% | 25.77% | 23.17% | 22.45% | 22.36% | 22.82% | 17.61% | −5.81% | 27.40% | 26.87% |

表 15-15 中国石化历史经营活动现金流和经营资产自由现金流分析

金额单位：万元

| 项目 | 2015-12-31 | 2014-12-31 | 2013-12-31 | 2012-12-31 | 2011-12-31 | 2010-12-31 | 2009-12-31 | 2008-12-31 | 2007-12-31 | 2006-12-31 |
|---|---|---|---|---|---|---|---|---|---|---|
| 销售商品、提供劳务收到的现金 | 230 518 300.00 | 312 912 300.00 | 321 496 200.00 | 322 017 800.00 | 288 948 200.00 | 221 521 200.00 | 155 078 600.00 | 171 706 000.00 | 140 034 800.00 | 123 908 600.00 |
| 经营活动产生的现金流量净额 | 16 581 800.00 | 14 834 700.00 | 15 189 300.00 | 14 346 200.00 | 15 118 100.00 | 17 126 200.00 | 15 879 600.00 | 7 488 300.00 | 12 425 000.00 | 9 887 000.00 |
| 经营资产自由现金流 | 5 996 200.00 | 4 978 900.00 | 6 575 800.00 | 6 511 600.00 | 8 230 800.00 | 9 681 700.00 | 10 103 700.00 | 1 266 100.00 | 7 417 400.00 | 6 189 200.00 |
| 自由现金流增长率 | 20.43% | −24.28% | 0.99% | −20.89% | −14.99% | −4.18% | 698.02% | −82.93% | 19.84% | |

综上分析，中国石化作为周期性行业的公司，波动性相对来说比较大。从2011年以后的数据来看，公司已经进入增长瓶颈期，几无增长。在没有大的机遇的情况下，中国石化未来保持稳定的自由现金流的概率比较大。

### 15.3.3 未来前景的判断

#### 1. 行业前景分析

在对公司的行业前景进行分析时，我们可以运用哈佛大学教授迈克尔·波特的五力分析模型。美国著名的管理战略学家迈克尔·波特教授的研究表明，某行业的平均利润率受五种因素的影响，即现有企业间的竞争、新加入企业的竞争威胁、替代产品的威胁、买方的议价能力和供应商的议价能力。行业分析实际上就是要求我们搞清楚这五种竞争因素对行业的影响程度。

（1）现有企业间的竞争。

在大多数行业中，平均利润水平主要取决于该行业现有企业间的竞争状况。一个行业现有企业间的竞争程度受下列几个因素影响。

1）行业成长性：如果某行业增长迅速，那么现有企业不必为自身发展而相互争夺市场份额。相反，在发展停滞的行业中，现有企业增长的唯一办法是夺取其他竞争对手的市场份额。这种情况下，企业间将爆发价格战。

2）竞争者的集中程度：一个行业中企业数量的多少及其规模大小决定了该行业的集中程度，这种集中程度影响着企业调整定价和其他竞争措施的力度。例如，美国软饮料行业基本上由可口可乐和百事可乐控制，它们可以心照不宣地进行相互合作以避免破坏性的价格竞争。中国的石油行业也基本上由中国石油和中国石化占据大部分市场，除受到国际油价的影响外，两者之间不会出现激烈的价格战。反之，如果行业处于分庭割据状态（如国内的家电业），那么价格竞争通常十分残酷。

3）产品差异化和转换成本：同一行业中的企业能在多大程度上避免正面竞争，取决于它们所提供的产品和服务的差异程度。一般来说，对于标准化的产品比较难以体现差异程度。转换成本也决定着消费者产品的选择倾向。当转换成本较低时，企业间被迫进行价格竞争。

4）规模、学习经济和固定—变动成本比率：如果学习曲线很陡峭，或同一行业存在其他类型的规模经济，那么企业规模将是一个决定性因素。在这种情况下，企业为争夺市场份额将展开激烈竞争。同样，如果固定—变动成本比率很高，企业将积极降低价格以充分利用现有生产能力。固定成本是指成本总额在一定时期和一定业务量范围内，不受业务量增减变动影响而保持不变；变动成本是指那些在相关范围内随着业务量的变动而呈线性变动的成本。航空业即是一个典型例证，其价格战非常普遍。我曾经以 2.5 折的价格购买机票，机票价格低跟航空业的成本结构是密切相关的——航空业的主要成本对于乘客来说是固定成本，不受乘客数量的多少影响，包括飞机折旧、航油、地勤等。随着乘客数量的变动而变动的成本很少，只有乘客在飞机上接受的服务（喝点饮料、吃个快餐的成本太低了）涉及变动成本。如果变动成本是 30 元，那么从理论上来说只要机票价格高于 30 元，航空公司就应该把机票卖给乘客，因为高于 30 元的部分可以用来弥补固定成本。这就是为什么全球的航空业竞争都非常激烈。

5）超额能力和退出壁垒：如果行业的生产能力大于消费者的需求，企业将被迫削减价格以使生产能力满负荷。如果企业退出该行业有巨大障碍（如有特殊用途的固定资产），那么企业的超额能力问题将变得更加严重。这一点也适用于对航空业的分析，因为航空公司最主要的资产——飞机，具有很强的专用性。

（2）新加入企业的竞争威胁。

获取超额利润的潜力会不断吸引新企业加入该行业，新加入企业的竞争威胁是对现有企业定价的潜在限制。因此，新企业加入一个行业的容易程度是决定该行业盈利能力的主要因素。下面几个因素决定了加入某行业的难度。

1）规模经济：如果一个行业中存在规模经济，那么新加入的企业就面临两种选择——要么一开始就投资建设巨大的产销能力，要么投资达不到行业的平均效益。无论哪种情况，新加入企业至少在同现有企业竞争的开始阶段处于成本劣势。规模经济几乎体现在一个企业经营的每一职能环节中，如制造、采购、研究开发、市场营销、售后服务网等。例如，面对计算机主机行业的迅猛发展，著名的施乐公司和通用电气公司也想进入这一行业，但它们沮丧地发现：生产、研究、市场开发及服务方面的规模经济是进入计算机主机行业的关键壁垒。规模经济在中国最成功的例子就是格兰仕。

2）先行优势：在很多情况下，早期加入的企业可能阻碍未来企业的加入。比如，首先行动的企业能够制定行业标准，或与廉价的原材料供应商签订独家协议。

它们也可以获得在某些受管制行业从事经营活动的数量有限的政府许可证，还可能比后加入企业具有绝对的成本优势。特别是，当消费者开始使用现有产品而且替代成本很高时，首先行动的优势将变得更大。例如，微软公司的办公软件和后来的 Windows 操作系统的使用者所面临的替代成本，使其他软件公司很难再上市推广另一种操作系统。

3）分销渠道和关系网：现有分销渠道的能力有限和发展新渠道的高成本是企业加入行业的一个巨大障碍。例如，很多新的消费品生产商发现要在超市的货架上争到一席之地是何等困难，要花费很大的代价。一个行业中厂家和消费者之间的现有关系网也增加了新企业入行的难度，比如审计业、银行投资业和广告业等。

4）法律障碍：许多行业的法规制约着新企业的加入，如技术密集型行业的专利权和版权、广播和电信业中存在许可证进入的限制、有些行业存在政策保护限制等。比如，中国石化和中国石油就受到行业的政策保护。

（3）替代产品的威胁。

行业竞争的第三方面是替代产品或服务的威胁。相关的替代产品不一定是形式相同的，而是那些具有同样效用的产品。替代品设置了产业中公司可谋取利润的定价上限，从而限制了一个产业的潜在收益。替代品所提供的价格/性能比越有吸引力，产业的利润上限就越低。

例如，对于短距离旅行来说，火车与出租客车服务可以互相替代；在饮料业中，作为包装物的塑料瓶和金属罐可以相互替代。在某些情况下，替代品的威胁不是来自消费者主动转向另一种产品，而是利用科技使他们不用或少用现有产品。例如，光盘和 IC 卡存储技术的发展使消费者逐渐消除了对软磁盘的消费需求。通常，替代品的威胁程度取决于参与竞争的产品或服务的相对价格和效用，以及消费者使用替代品的主观意愿。市场价值的转移，就是由于替代品的出现造成了原有产品的价值被替代品转移。例如，可乐的包装最开始是玻璃瓶，后来被铝罐代替，再后来又出现塑料包装。由于包装材料的不同，原来做玻璃瓶的企业受到铝业和塑料业的威胁，价值发生了转移。也就是说，玻璃行业的价值转移到铝业和塑料业上来，所以替代品的出现对行业现有企业来讲，就构成了威胁。

决定替代产品的威胁大小的因素有以下几种。

1）替代品的效用/价格比：替代品与同行业现有产品一样，都是为了满足顾客相同或相似的需要。顾客在接受产品和服务时就会比较，哪一种产品的效用/

价格比更高一些。如果替代品的效用／价格比高于现有产品的话，替代品就更具竞争力，替代能力就更强。因此，一旦替代品降价或是提高效用，会给现有产品带来很大的竞争压力。例如，航空、铁路、长途汽车相互之间是客运服务的替代竞争者，航空公司票价的打折给铁路、汽车运输行业带来很大压力，有很多客户转向接受航空公司的服务，迫使铁路、汽车运输行业提高自己的服务质量来同航空公司展开竞争。但是消费者的消费偏好变化，还要看对价格的敏感程度。谈到价格敏感时，常以盐和糖为例。这两类产品的消费弹性不大，可能糖便宜了，大家会消费得多一点；而盐的价格不管怎么变化，都是刚性的——也就是说，它的消费量是一定的，不可能盐便宜了，大家多消费，盐贵了，大家就少消费。价格对于替代品来讲起到很大的作用，但也要看到弹性和刚性的问题。

2）替代竞争者的生产率发展：替代品之间生产率发展状况的不同会影响将来的效用／价格比。如果生产替代品的企业的生产率发展速度快于本企业，则会增加它的替代能力，对本企业构成威胁。

3）转换成本：转换成本就是不使用原来的产品而使用替代产品转换的代价怎么样。以可乐的包装为例，过去是玻璃瓶，现在用铝，这个转换成本代价高不高？加工、生产用别的材料，原有的设备、技术是不是需要更换或升级？如果需要，代价也很高的话，可能替代品就不会构成很大的威胁。

4）顾客使用替代品的倾向：顾客是否愿意使用替代品，对于替代品的偏好如何？北京传统的中式快餐现在被国外品牌快餐替代了很大一部分，这就表示顾客在选择快餐上出现了新的倾向，更多地采用过去没有的替代品。

5）技术发展的方向：这是由技术因素造成的不可逆转的改变，企业只能顺应它发展的趋势，最多也只能延缓技术全面更新的速度。在这种情况下，替代的力量是最强大的，比如内燃机对蒸汽机的替代。试图排挤替代品的推广是徒劳无益的，企业能做的是充分开发新技术，为我所用，找出和替代品之间的切入点。又如数码照相机对传统照相机的替代，像爱克发这样的老牌传统照相产品制造商已经宣布退出传统彩扩服务领域，而柯达也宣布自己由影像服务转向提供数码影像服务。

（4）买方的议价能力。

行业的竞争程度决定了获取超额利润的潜力，而行业供应商和消费者的议价能力决定了行业的实际利润水平。在投入方面，企业与提供原材料和部件以及融资服务的供应商进行交易；在产出方面，企业或者直接向最终消费者销售，或者与分销链上的中间商签订销售合同。在所有这些交易中，双方经济实力的对比决定了行业的整体盈利能力。

决定买方议价能力的基本因素有两个：价格敏感度和相对议价能力。价格敏感度决定买方讨价还价的欲望有多大，相对议价能力决定买方能在多大程度上成功压低价格。相对议价能力的影响因素有买方的集中度、产品的标准化程度和非差异化、买方后向整合的可能性。

1）价格敏感度：买方对价格是否敏感取决于产品对买方的成本结构是否重要。当该产品占买方成本的大部分时（如软饮料生产商使用的包装材料），买方就会更关心是否有成本较低的替代品。当然，该产品对买方产品质量的重要性也决定着价格是否能成为影响购买决策的重要因素。例如，鞋用胶水的生产商，由于鞋用胶水在其客户——制鞋厂商的成本中所占的比重较低，因此制鞋厂商对其价格就不是十分敏感。如果制鞋厂商想降低原材料成本，由于鞋用胶水在原材料成本中所占的比重太低，因此与其他原材料供应商进行议价效果更好。

2）买方的集中度：首先，相对于卖方的销量，如果销售额的很大一部分由某一特定买方购买，这将提高买方业务的重要性。此时集中度高，买方的讨价还价能力也强。其次，看产业是否有生产能力过剩的趋势。如果有过剩生产能力的话，会提供买方讨价还价的筹码。例如，在汽车行业中，汽车生产商对零部件制造商的议价能力很强，因为汽车公司是大买家，而它们通常有好多个供应商可供选择，替代成本相对较低。在个人电脑行业，由于较高的替代成本，电脑生产商相对于操作系统软件提供商微软公司的议价能力就很低。

3）产品的标准化程度和非差异化：产品标准化程度越高，且买方对产品的质量性能要求并不高时，买方选择的范围就越大，产品竞争力就越差。同时，差异化程度低时，转换成本也较低。低转换成本使买方对卖方的依赖程度减轻，提高了讨价还价的能力。如果卖方也存在转化成本的话，这也会增强买方的力量。

4）买方后向整合的可能性：如果买方实行了部分整合或是存在后向整合的威胁，则他们就可以在谈判中迫使对手进一步让步。同时，后向整合还可以使买方掌握更多的信息，因而提高其谈判能力。

（5）卖方的议价能力。

在同一行业，上述对买方相对议价能力的分析也适用于对卖方相对议价能力的分析。当卖方较少时，或当卖方的产品或服务对买方企业至关重要时，卖方的议价能力较强。例如，当前的办公软件供应商微软公司就具有很强的议价能力。

卖方可以通过提高供应价格，降低相应产品或服务的质量，向产业中的某个企业施加压力。来自卖方的压力可以迫使产品的价格无法跟上成本的增长从而使行业利润下降。卖方的议价能力的强弱主要取决于以下四个因素。

1) 卖方的集中程度和本行业的集中程度及供应品对本行业的重要性。首先，如果卖方集中程度较高，本行业原材料的供应完全由少数几家公司控制，且下游行业的集中程度较差，即由少数几家企业供应给众多分散的企业，则卖方通常会在价格、质量和供应条件上对买方施加较大的压力。其次，如果本行业是卖方的重要用户，卖方的命运将和本行业密切相关，则来自卖方的压力就较小；反之，卖方会对本行业施加较大的压力。另外，如果供应品对本行业的生产起关键性作用，则会提高卖方讨价还价的能力。例如，水、电、煤、通信服务的卖方高度集中，用户非常分散，而这些供应品又对用户的生产、生活有着至关重要的作用，因此用户在定价的过程中几乎没有发言权，也无法发言。

2) 供应品的可替代程度。若存在着合适的可替代品，那么即使卖方再强大，它们的竞争能力也会受到牵制。

3) 供应品的特色和转换成本。如果供应品具有特色并且转换成本很大，则卖方讨价还价的能力也会增强，会对本行业施加较大的压力。

4) 卖方前向一体化的能力。如果卖方有可能前向一体化，这样就增强了它们对本行业的讨价还价能力；反之，如果本行业内的企业有可能后向一体化，这样就会降低它们对供应者的依赖程度，从而减弱了卖方对本行业的讨价还价能力。

上述行业分析实际上是指行业的结构分析，即从行业外部来观察影响行业盈利的因素，但行业的界限如何划分却不是那么严格。比如，是仅仅考虑国内厂商还是应把国外生产商也考虑进去？具体的行业分析中应视情况对待。不恰当的行业定义将导致不完全的分析和不准确的预测。

### 2. 公司前景分析

在公司所处行业分析的基础上，再结合公司年度报告中披露的战略规划、公司治理结构、公司管理层等对具体公司的前景进行分析。

一般而言，公司战略包括总成本领先战略和差异化战略。关于这两种战略的分析，大家可以参见本书中公司竞争策略和公司财报关系的论述。

公司战略规划分析除竞争策略分析外，我们还需要关注公司新的业务领域、业务地域的开拓等对公司的影响。很多公司在原有业务遇到增长瓶颈后，会选择开拓新领域，此时新领域的行业分析和公司策略分析就成为分析的重点。

公司治理结构保证了一家公司重大决策的合理性和科学性，以及战略和经营政策的一贯性、持续性和稳定性，因此我们需要仔细观察公司的治理结构，比如股权结构是否理想，董事会成员的构成，外部董事是否能保持独立性，高管层是否具有胜任能力，等等。

在公司前景分析中，我们还需要关注公司管理层的变动问题。如果公司管理层能够保持稳定，则以往的经营哲学和管理风格往往会延续下去，可以为我们对未来的预测提供合理的假设基础。如果公司的管理层，比如董事长、总经理年事已高，则管理层更换将不可避免，但新的管理层可能会对以往的管理政策做出改变，从而可能会影响到公司未来的经营业绩。

### 3. 万华化学公司的前景分析

万华化学公司的愿景是成为国际一流的化工新材料公司，在发展的道路上一直坚持"一体化、相关多元化、精细化"的发展战略。通过宁波工业园和烟台工业园的建设，公司除主营业务聚氨酯原材料异氰酸酯、多元醇外，正逐步打造C3/C4衍生物业务和以聚氨酯产业链、石化产业链为基础的新材料业务和特殊化学品业务。公司的产品与日常生活息息相关，产品广泛应用于建筑、家电、汽车、轻工、纺织等领域。近年来，聚氨酯下游应用市场增长迅速，MDI国内的需求量从2005年的47万吨增长到了2015年的180万吨，公司凭借技术、产能、产品质量等优势，牢牢把握住了这一黄金发展期，成长为全球产能第一、产品质量最优的MDI供应商。

万华化学公司作为精细化工行业的公司，在细分领域处于寡头竞争状态，并且由于规模壁垒和技术壁垒，短期内不会有新进入者。从替代品角度看，其主打产品MDI也很难找到替代品。上游石化供应商比较少，因此上游与上游卖方供应商的议价能力比较弱，但是作为大宗商品来说，主要是接受国际市场定价，因此这个弱势不构成重大影响。下游客户众多，应用领域广泛，因此万华化学公司在与下游客户谈判中处于优势地位，具有很强的定价能力。

就万华化学公司本身的管理而言，战略明确，治理结构完善，股权结构合理，公司高管层年富力强，未来的持续性和稳定性应该比较好。万华化学公司的核心竞争力在于创新，技术创新、运营模式的创新、优良文化的创新都是万华化学公司战略发展的驱动力。

（1）技术创新。在借鉴国内外优秀企业的创新模式的基础上，万华化学公司不断优化自身的研发体系，目前已经建立起了完善的流程化研发框架和项目管理机制，形成了从基础研究、工程化开发、工艺流程优化到产品应用研发的创新型研发体系，成功组建了"国家聚氨酯工程技术研究中心""国家认定企业技术中心""企业博士后科研工作站"等行业创新平台，硕果累累。2015年，公司成功开发了树脂乳液脱VOC技术和设备，在提升产品竞争力的同时也为环境保护做出了积极的贡献；自主研发的新戊二醇产品成功投产，达到国际一流水平；公司也已完成高吸水树脂（SAP）、高端软泡聚醚等自有技术产品的装置建设，即将投用。

（2）卓越运营。在杜邦安全管理体系、日本丰田精益六西格玛管理体系、SAP（企业管理解决方案）信息管理系统、卓越绩效管理等先进理念的指导下，万华化学公司的运营效率和质量逐年提升。随着万华工业园一期项目的成功投产，业务复杂度的进一步增加，公司在企业安全管理、生产流程优化、信息平台升级、管理平台系统化方面的投入也不断加大。2015年，在获得"山东省省长质量奖"和"全国石油和化工行业两化融合创新示范奖"之外，公司还制订了两化融合管理体系的中长期实施规划，确保了公司管理模式的与时俱进，统筹兼顾了速度、质量、效率，不断强化客户服务意识，拓展全球化视野。同时，万华电商平台正式上线，顺应了互联网+的时代发展趋势。

（3）优良文化。万华化学公司的企业愿景是打造让员工自豪的企业，公司文化的重心是用优秀的企业文化感召、吸引、留住、培养人才，并在不断的实践中让团队精神、奉献精神、务实作风、感恩文化深入人心。2015年公司启动了"引进来、走出去"的国际化人才培养方针，外派员工至欧美等国学习跨文化思维，同时引进欧美实习生为本地员工营造零距离的跨文化工作环境。公司同时又聘请了美国盖洛普公司启动员工敬业度调查，更加全面深入地了解了员工的思想动态，为提升员工敬业度提供了改善方案。

总而言之，万华化学公司在可以预期的未来，会保持较好的增长。

根据历史数据分析和未来前景预测，我们认为公司的未来经营资产自由现金流在 2015 年 290 471.33 万元的基础上，在 2016 ～ 2020 年保持 15% 的增长，此后以 4%（低于 GDP 的速度）增长。

### 4. 中国石化的前景分析

中国石化是中国最大的一体化能源化工公司之一，主要从事石油与天然气勘探开采、管道运输、销售、石油炼制、石油化工、煤化工、化纤及其他化工产品的生产与销售、储运，石油、天然气、石油产品、石油化工及其他化工产品和其他商品、技术的进出口、代理进出口业务，技术、信息的研究、开发、应用。

我国国内的石油能源行业受国家政策保护，在可以预期的未来不会有大的变化，因此国内的竞争有限。随着环保要求的提升，未来石化类能源在能源结构中所占比例将逐步降低，但短期内应该不会大幅下降。中国石化本身即是产业链一体化的公司，因此不存在供应商议价能力方面的问题。下游消费者众多，因此消费者也不具有议价能力。

但是，中国石化受到国际油价的影响，预计在较长的时期内世界经济复苏乏力，国际油价仍将低位徘徊，因此中国石化很难回到最景气的高峰期。中国石化未来的发展，取决于全球的能源结构的变化——在石化能源占比下降的趋势下，长期而言增长将是非常困难的事情，除非中国石化进行大规模的业务转型，而此类事件具有重大不确定性和不可预测性。

从公司的战略、治理结构和管理层变动情况来看，中国石化是国有控股的上市公司，受到政府部门的控制和影响会比较大，也正因为如此，相对来说会比较稳健。

根据历史数据分析和未来前景预测，我们认为公司的未来经营资产自由现金流很有可能是零增长状态，将长期保持在近 5 年的平均数水平上。

前面我们重点介绍了历史数据的分析和对未来前景的判断。相对来说，历史数据的分析比较简单、客观，而对未来前景的判断则非常困难。上述的两个案例介绍了对两种不同类型公司的未来前景判断：万华化学公司为增长型公司，我们对其未来增长做了两个阶段的划分，前期高增长，后期缓慢增长；中国石化为零增长型公司。

很多人在我的微信公众号后台留言，询问如何判断一家公司的未来增长率，这个问题我实在是无法回复。要知道，在股票估值中，如果一个人可以准确判断一家公司的未来增长率，就意味着他掌握了世界财富的金钥匙，将坐拥取之不尽、用之不竭的财富。未来会怎样？这是世界上最难回答的问题。如果一个人可以穿越到未来，然后回到今天来做投资，将是罕见的投资天才。当然，这个最难的问题，由于认知程度的差异，有些人的答案会比另一些人的答案更合理一些，这些人就会比另一些人更有钱，因此我们说："投资是一个人认知能力的变现。"认知能力，跟我们每个人的阅历、智慧都息息相关。我们每个人要做的事情，是通过不断学习提高自己的认知能力，在从历史中汲取经验教训外，学会站在未来的角度看现在的问题。

我在这里分享一些我自己的心得体会，不一定对，只是供大家参考。

一是看趋势。结合公司过去 5～10 年的历史数据看趋势，总体来说，历史数据趋势比较好的公司，未来好的概率会更高。通俗地说，就是根据历史表现来寻找未来相对靠谱的公司。历史趋势分析所根据的假设是：经济现象是长期的趋势，不会很快改变或者变幻莫测。这种趋势可能会受到周期性波动的干扰，但经过长时间后，终将恢复原本的走势。拿统计学家的术语来形容，"趋势曲线"会是一条跨越 10 年、15 年甚至 20 年的"真实曲线"。我们需要学会通过企业以及所在行业的 5 年甚至更长周期的业务和财务数据，分析已经形成的趋势。趋势分析就是要找出企业发展的特有趋势，借着趋势制定投资决策时，不需要太在意短期的经济周期。因此，在书中举例时，每家公司都至少是 5 年以上的财务数据——其实我往往可能会看 10 年以上的数据，但是由于不便于排版，所以只能以 5 年为例了。此外，还需要解决分析的数据来源问题。这些数据包括 10 年、15 年甚至更长周期的外部宏观经济数据、行业统计数据，以及企业自身的业务数据和财务数据，而很多投资者在收集数据、整理数据和建立模型分析数据的能力方面，显然还需要提升。如果想成为职业投资者，万德或者同花顺等资讯数据库是必备的。在进行趋势分析时，从技术的角度而言，我们应当尽量减少用平均增长率等指标，而应更多地采用与管理会计中的复利理论一致的复合增长率。平均数在很多时候会误导我们，从而导致错误的判断，而复合增长率则更加接近实际的趋势。在上课的过程中，我经常用一个非常简单的例子来说明平均增长率和复合增长率两者之间的区别。假设李先生在 2017 年 1 月 1 日在资本市场投入 100 万元，2017 年取得了 100% 的投资收益率，但是 2018 年投资比较失败，其投资收益率为 -50%，那么在 2017 年年底和 2018 年年底李先生有多少资金？2017 年 12 月 31 日为 200 万元，2018 年 12 月 31 日为 100 万元，相当于两年下来李先生分文未赚并损失了资金的时间机会成本。如果我们计算这两年李先生的投资收益率平均数，可以得出：（第一年的100%+第二年的-50%）÷2=25%。分文未赚的情况下其投资收益率平均数居然为25%，这严重误导了我们的判断。如果计算这两年的复合投资收益率，则为0，这才是真实的情况。所以我开玩笑：给主管领导写报告时，尽量用平均数，可以掩盖很多问题；而在分析真实趋势时，一定要用复合增长率。如果一家公司历史复合增长率在20%以上，那么我们可以结合其公司战略规划，预期其在接下来的5年每年复合增长率做到12%，这个假设是可以接受的；反之，历史上只有12%，但我们假设其未来5年复合增长率为20%，那么可能绝大多数人都认为这是不合理的。

二是用大局观看行业和公司。这个方面不要太拘泥于细节，而是看格局。大行业的大公司或者大行业的小公司的未来增长率好过小行业的大公司或者小行业的小公司的未来增长率。行业格局最好是市场集中度高一些，保证行业内的有序竞争。任何人都不可能一开始就是某个行业的专家，只有多看各类行业研究报告、多交流学习，才能开始了解某一个行业。当然，另一个选择就是只在自己熟悉的行业和公司范围内投资，这就是巴菲特所说的"能力圈"的概念。未来并不是历史的简单重复。历史趋势在某个时间节点上会发生转折性的变化。因此为了避免盲目依赖过去的经验或"惯性法则"，我们需要运用"未来主要影响因素分析"这一工具，比如我们前面介绍的迈克尔·波特的五力分析模型。这一工具要求我们在做出决策时要以可能对将来的经济状况产生重大影响的已经发生的事态作为依据。这个方法不是预测将来，而是着重看过去的事态——但是这种事态还没有在经济上表现出来，试图找出影响未来的基本因素，而不是去猜测未来。或者按照现在流行的说法，就是"未来已来"——影响未来的因素，在现在已经发生。例如，对于房地产行业来说，现在购买房子的人基本都出生于20世纪60~80年代。同理，未来20年之内购买房子的人，现在已经出生。因此，未来人口趋势将直接影响房地产行业的发展。企业需要根据针对这类已经发生而且预期会影响未来经济发展趋势所做的分析，决定未来的公司战略。同理，投资者在投资决策时，按照这些分析才可以理直气壮地说，我们不是在胡乱猜测未来。

三是一定要详细阅读公司年度报告和半年度报告中的"公司业务概要"和"经营情况的讨论与分析"，这样才能了解一家公司对未来的规划。规划未必能全部实现，但有规划总比没有规划强。在这个基础上，详细分析公司已经完成的资本支出情况，看看公司是处于扩张期、维持期还是收缩期。一般来说，扩张期的未来增长率比较高，维持期可能是零增长，而收缩期则可能是负增长。

四是看宏观经济情况。如果一个地区的经济下行，则该地区的多数公司想要获得高增长就比较困难。巴菲特说：没有一个人可以通过做空自己的祖国获得成功。投资界也有"投资不出某某关"之类的流行语。说的就是这个道理。这不是地域歧视，而是确实存在的现象。我自己在分析上市公司时，就比较喜欢浙江和江苏的公司。

### 15.3.4 深刻理解折现率

#### 1. 折现率的重要性

折现率对估值会产生多大的影响？理解证券定价过程中的数学原理有助于更好地回答这个问题。假设有一个投资者，他拥有面值1万元的国库券，30年期，到期一次性兑现面值。假设这种债券的收益率或贴现率是8%。根据我们对复利和复合年增长率的讨论，可以知道债券的贴现因子等于1除以1.08的30次方，即$1/(1.08)^{30}=0.099\ 4$。这项投资的现值就是：$10\ 000 \times 0.099\ 4 = 994$（元）。如果利率下降一个百分点，该债券的新贴现率是7%，它的折扣因子就等于$1/(1.07)^{30}=0.131\ 4$。债券现值是：$10\ 000 \times 0.131\ 4 = 1\ 314$（元）。相对于贴现率等于8%的情况，还是同样的债券，但价值上升了320元或者32%。如果利率再下降一个百分点，债券的贴现率就变成6%，它的折扣因子就是：$1/(1.06)^{30}=0.174\ 1$，债券现值将等于1 741元。相对于贴现率是7%的情况，债券价值上升了427元或者32%。折现率6%相较于折现率8%，债券现值分别为1 741元和994元。

股票评估的分析过程和债券评估相似，股票价值对银行基准利率变化极其敏感。利率下降有利于股票的升值，利率上升推动股票价值下降。

按照自由现金流贴现模型，公司股票价值的变动来自两个方面：分母驱动和分子驱动。所谓分子驱动，即公司自由现金流的变化：公司未来自由现金流增加，股票价值增加；公司未来自由现金流减少，股票价值减少。所谓分母驱动，即折现率的变化：折现率增加，分母变大，则股票价值减少；折现率减少，则股票价值增加。

为什么降息对股票市场是利好？这是因为中国人民银行公布的基准利率或者

国债利率的变动会直接影响投资者对于投资回报的预期。基准利率和国债利率上升，则投资者预期回报上升，折现率上升；基准利率和国债利率下降，则投资者预期回报下降，折现率下降。由于股票的风险高于国债，因此投资者期望的股票收益率应该至少大于同期国债利率。2016年我国5年期国债的利率为4.2%左右，换句话说，股东的预期收益率应该大于4.2%。

假设利率和折现率的变化不影响公司未来自由现金流的数量，但是利率和折现率的变化对同样的自由现金流的现值却有很大的影响。低利率会导致形成一个较低的折现率，而较低的折现率又可以提高公司未来收入或现金流的现值以及公司股票的价值。相反，较高的利率和折现率会降低自由现金流的现值和股票的价值。

### 2. 折现率就是 WACC 吗

很多教材都理所当然地采用一家公司的加权平均资本成本（weighted average cost of capital，WACC）作为该公司估值时的折现率。

我们在财报的筹资活动分析中，已经分析并计算公司的 WACC，其中股权资本成本率采用 8% 的简化方法处理。我们分析筹资活动所形成的 WACC，是为了判断公司筹资活动效率，并为公司的投资决策提供依据：公司的 IRR 必须高于公司的 WACC。

在一般教材中计算公司价值时，采用公司的 WACC 作为折现率。由于每个公司的资本结构不一样，债务资本成本率不一样，因此每次对公司价值进行估值，都需要进行一次该公司的 WACC 的计算。

我自己在估值实践中，发现这是不对的。我们模拟一家非常简单的公司数据来说明这一问题：假设 A 公司的资本结构为股本 500 元，股东预期回报率为 8%，债务 500 元，债务利率为 4%；每年创造公司自由现金流 150 元，利息支出 20 元，股权自由现金流为 130 元；公司不扩张规模，每年都将全部股权自由现金流发放给股东。数据简单，但是不影响更加复杂情形下的分析结论。

那么，股本的价值应该是多少呢？股东每年拿到固定的 130 元现金股利，预期回报率为 8%，构成一项永续年金，股本的价值应该是：130 元股权自由现金流 / 8%=1 625（元）。

但是，如果我们用 WACC 作为折现率计算公司价值然后减去公司债务得出的结果与上述结果并不一致。公司的 WACC=4%×50%+8%×50%=6%，公司价值 = 150/6%=2 500（元），股权价值 = 公司价值 2 500− 债务价值 500=2 000（元）。这个金额比 1 625 元足足多了 375 元。

为什么会产生这个差异呢？这是由于股权资本和债务资本对公司自由现金流的索取权是不一样的：一是顺序不一样，二是预期回报率大小不一样。因此，采用简单加权平均是错误的。在上述案例中，只有 20 元的利息支出是用于预期回报率为 4% 的债务资本的，另外 130 元现金股利用于一定预期回报率的股权资本，而 WACC 则按照资本结构比例进行加权平均。

我认为，在上述计算结果中，从股票估值的角度来看，显然第一个结果比第二个结果要更加准确一些。因此，我们不采用一般教材中计算 WACC 确定折现率的方法。

### 3. 如何确定股权资本成本

股权资本成本是隐含的、无法观察到的成本。如果一家公司只有一个股东，评估股权资本成本会简单得多——股权资本成本取决于该股东的预期回报率。但是，在一家上市公司，我们遇到了一个实际的问题：股东成千上万，每个股东的预期回报存在着差别。

通常认为，股东的预期回报与股票的风险之间存在密切关系：风险越高，股东的预期回报越高。因此，一般教科书中都是采用资本资产定价模型来计算股东预期回报率。根据该模型，一家公司股票投资的预期回报率定义为三个变量的函数：无风险利率、贝塔系数和股权风险溢价（股票市场的平均风险所要求的溢价）。对于股票市场上的投资者来说，无风险利率和股权风险溢价都是一样的。预期回报率的计算公式如下：

$$股权预期回报率 = 无风险利率 + 贝塔系数 \times 股权风险溢价$$

风险确实与股东的预期回报相关。一些人坚持认为风险与回报总是正相关的，风险越大，回报也越高。事实上，这就是几乎所有商学院中讲授资本资产定价模型时的一个基本原则，然而这一原则并不总是正确的。模型中错误地将风险等同于波动，强调证券价格波动的"风险"，而忽视了可能做出定价过高、欠考虑或者糟糕投资的风险。只有在有效市场中风险与回报之间的正相关才能保持一致，这种关系稍有偏离马上就会得到修正，这会让市场有效起来。在无效的市场中，有可能找到低风险高回报的投资机会。当信息的获得不是很畅通，对一项投资的分析尤其复杂,或者投资者进行买卖的理由与价值无关时,就会出现这样的机会。无效的市场也会提供高风险低回报的投资机会。在这样的市场中经常会出现定价过高和充满风险的投资,不仅因为金融市场倾向于给出过高的估值,还因为如果有足够多的投机者坚持支付过高的价格,市场力量难以修正高估的状态。

1970年,美国金融学家法玛(Fama)提出的"有效市场假说"认为:在有效市场的假设下,股价能够充分反映所有信息,因此不合理的价格将被很快消除。在这一假设下,任何依靠信息进行的投资都不能产生超额收益,资本市场是完全竞争市场,每个参与者都是价格接受者,因此资本市场的价格可以为企业投资融资决策提供依据。有效市场假说是现代公司财务领域的重要理论基石之一。法玛根据投资者可以获得的信息种类,将有效市场分成了三个层次:弱有效市场(weak-form EMH)、半强有效市场(semi-strong-form EMH)和强有效市场(strong-form EMH)。

我认为,金融市场的正常状态是:从空间维度上,在某一个时点上,市场有一部分有效,另外一部分无效;从时间维度上,对于不同的标的,有时候有效,有时候无效。金融市场的正常状态,可以简称为"混沌状态"。因此,投资者无法简单地选中某个水平的风险,然后相信这一风险将带来相应的回报,而必须对每项投资中的风险和回报进行独立的评估。风险本身并不创造差额回报,只有价格能够创造差额回报。然而,在金融市场中,可交易证券与相应企业之间的联系并不确定。在投资者的眼中,一种可交易证券所产生的各种各样的亏损或者回报并不完全来自对应的企业,它们也会依赖于所支付的价格,而价格是由市场制定的。

**我认为,对于具体公司股票投资的风险,本质更多取决于公司自身经济活动所带来的未来自由现金流的波动和无风险利率的变化,而不是来自市场价格的波动。** 风险视公司本质和市场价格而定的观点,与用贝塔系数所描述的风险观点有着非常大的区别。然而,跟回报不同,投资结束时也无法对风险进行较投资开始时更加准确的量化,无法简单地使用一个数字来描述风险。直觉告诉我们,每项投资的风险都是不一样的:政府债券的风险低于一家高科技企业的股票。然而,不像食品包装袋上会标明营养成分一样,投资不会提供有关自身风险的任何信息。投资者只能做几件事情才能应对风险:进行足够的多元化投资;如果合适,进行对冲;以及在拥有安全边际的情况下进行投资。确实如此,因为我们不知道,也无法知道自己以贴现价格进行的投资中的所有风险。当出错时,便宜的价格给我们提供了缓冲。

许多市场参与者相信,一些特定的证券与生俱来就有投资风险。就像滑翔和登山运动天生就有风险一样。通过使用现代金融理论,学院派和许多专业市场人士已经试图通过使用一个统计数字来量化这种风险,它就是贝塔系数。贝塔系数就是将一种证券或者一个投资组合过去的价格波动与整个市场的价格波动进行比较。他们认为,具有高贝塔系数的股票在上涨的市场中能较一般的股票取得更大的涨幅,而在下跌的市场中,跌幅也会更大。因为波动性更大,具有高贝塔系数的股票的风险被认为高于低贝塔系数的股票。

我认为,用一个反映过去价格波动的数字就能完全描述一种证券风险的想法真是太荒谬了。有关贝塔系数的观点仅仅考虑了市场上的价格,而没有考虑到公司具体的基本面或者经济发展。同时,价格所处的水平也被忽略,就像100元贵州茅台的股票不会较300元的贵州茅台股票风险更低一样。贝塔系数没有考虑到投资者自己可以通过诸多努力给投资所施加的影响,如通过代理权征集、股东决议、与管理层进行交流,或者收购足够多的股份以获得企业的控股权,然后直接影响公司的潜在价值等。有关贝塔系数的观点认为,任何一种投资的上涨潜力和下跌风险是相等的,它们只跟这一投资相较于整个市场的波动性有关。这一观点也与我们所认识的世界相矛盾。现实情况就是证券价格以往的波动性无法对未来的投资表现(或者甚至是未来的波动)给出可信赖的预期,因此过去的波动性是一个糟糕的衡量风险的指标。

一项投资除伴有蒙受永久性损失的概率外,还伴有价格出现与潜在价值无关的暂时性波动的概率(贝塔系数没能区分这两种概率)。许多投资者把价格波动看成是巨大的风险:如果价格下跌,这项投资就会被看成是有风险的,他们不考虑投资的基本面。然而,价格的暂时性波动真的是一种风险吗?这种波动与永久性价值损伤风险不同,只有在一些特定情况下才会成为特定投资者的风险。当然,投资者并不总能轻而易举地区分哪些是与短期供需关系有关的暂时性价格波动,哪些是与公司基本面有关的波动。只有成为事实之后现实情况才可能变得一目了然。尽管投资者应明确避免对投资支付过高的价格,或者买入那些因业绩恶化而导致潜在价格下降的公司,但他们不大可能避免短期内市场的随机波动。事实上,投资者应预期到价格会出现波动,如果无法忍受些许的波动,那么他们就不应该投资公司股票。

在股票估值实践中,风险的调整有以下两种方式。

一是通过分母的调整来体现风险,如资本资产定价模型一样,对不同公司采用不同的贴现率,风险高的公司采用较高的贴现率,风险低的公司采用较低的贴现率。然而,如上所述,通过分母调整来体现风险,存在着很大的困难,贝塔系数并非一个好的公司分析衡量标准。

二是通过分子的调整来体现风险,也就是说,我们在估算公司的自由现金流时,如果未来的不确定性比较大,风险比较高,那么我们就应当采取保守的自由现金流。

我认为,第二种方法更加接近价值投资的本质——基于公司基本面的分析来进行股票估值,公司的风险不是取决于公司价格相对于市场的波动性,而是取决于公司经济基本面的变化。

公司的股权资本成本率应该取决于市场上的股票投资者对于股票投资的系统性预期回报,也就是说,在股票估值中,所有公司的股权资本成本是相同的,不同的是公司之间创造未来自由现金流的能力。

如前所述,股权资本成本率应该高于同期的国债利率,同时加上股票投资的风险溢价。我们不采用资本资产定价模型进行不同公司的复杂计算,而是根据市场进行股权资本成本率的简化估算:以我国 2016 年和 2017 年 5 年期国债的利率为基准,加上 4%～5% 的风险溢价,因此股权资本成本率在 8%～10% 的区间范围内,并在这个范围内根据投资者个人的风险偏好进行取值。我们在后续的案例分析中,都采用 8% 作为股权资本成本率来进行分析演示。如果我国 5 年期国债的利率下降,也会引起股东预期回报率的下降,从而降低股权资本成本率;反之,则会提高股权资本成本率。

### 15.3.5 经营资产自由现金流现值

在前述分析的基础上,我们对万华化学公司采用两阶段模型估算经营资产现金流现值如下:

$$V = \sum_{t=1}^{n} \frac{FCF_0(1+g_1)^t}{(1+r)^t} + \frac{FCF_n(1+g_2)}{(r-g_2)(1+r)^n}$$

其中，$FCF_0$ 为万华化学公司 2015 年的经营资产自由现金流，$g_1$=15%，$r$=8%，$g_2$=5%，$n$=5。

万华化学公司 2015 年的经营资产自由现金流 =290 471.33（万元）。

把上述值代入公式，可以计算得出：经营资产自由现金流现值 =15 677 257.45（万元）。

一般来说，对于成长阶段的公司，基期 $FCF_0$ 不宜用历史数据的平均数，而比较适宜采用正常状态下最近一年的数据，否则会影响估值的合理性。

我们再以中国石化为例来计算其经营资产自由现金流的现值。中国石化在 2006～2015 年和 2011～2015 年，经营资产的自由现金流在不同年份之间波动比较大。并且中国石化属于成熟型企业，未来大幅成长的可能性不大。为了解决其周期性波动对估值带来的影响，我们可以采用最近 5 年经营资产自由现金流平均数或者最近 10 年的平均数，而不宜采用某一个年度的数据，否则会出现严重高估或者低估的情形。我们以中国石化 2006～2015 年自由现金流的平均数 6 695 140.00 万元为基数。

根据我们的前述分析，中国石化在未来增长率几乎为零，因此我们采用零增长模型计算出中国石化经营资产自由现金流的现值为：

$$V = \frac{FCF_0}{r}$$

经营资产自由现金流现值 =6 695 140.00 /8%= 83 689 250.00（万元）。

## 15.4 公司价值和股票价值的估算

### 15.4.1 公司价值

在上述计算分析的基础上，我们可以来计算公司的价值。

公司价值 = 金融资产价值 + 长期股权投资价值 + 经营资产价值

其中，经营资产价值以经营资产自由现金流现值作为计量标准。

以万华化学公司 2015 年财报数字为例，金融资产为 208 636.18 万元，长期股权投资为 18 612.81 万元（金额不大，不做详细分析），经营资产为 15 677 257.45 万元，三者合计为 15 904 506.44 万元，即：

万华化学公司价值 = 金融资产 208 636.18 万元 + 长期股权投资 18 612.81 万元 +
经营资产 15 677 257.45 万元 =15 904 506.44（万元）

以中国石化 2015 年财报数字为例，金融资产为 7 888 300.00 万元，长期股权投资为 8 297 000.00 万元，经营资产为 83 689 250.00 万元，三者合计为 99 874 550.00 万元，即：

中国石化公司价值 = 金融资产 7 888 300.00 万元 + 长期股权投资 8 297 000.00 万元 +
经营资产 83 689 250.00 万元 = 99 874 550.00（万元）

### 15.4.2 股票价值

我们在上述步骤基础上，进一步分析股票价值。股票价值的计算公式如下：

$$股权价值 = 公司价值 - 公司债务$$

从理论上来说，我们应当减去公司债务的市场价值。关于债务市场价值的当前报价通常很难获得，而且在多数情况下债务的市场价值也不会太多地偏离它们各自的账面价值。为了节省时间和简化评估任务，我们直接使用公司公布的债务账面价值。

在计算上市公司的股票价值时，还需要考虑少数股东权益的问题：

$$上市公司股票价值 = 股权资本价值 - 少数股东权益价值$$
$$= 股权资本价值 \times （1 - 少数股东权益比例）$$

$$少数股东权益比例 = 少数股东权益 / 股权资本$$

多数上市公司都会有控股子公司。控股子公司中可能存在少数股东权益。举个简单的例子，假设 A 上市公司持有 B 子公司 75% 的股权，那么 B 子公司纳入 A 上市公司的合并范围。A 上市公司的财报中包括了 B 子公司全部的资产、负债、收入、成本费用、利润和现金流，但是 B 子公司中的 25% 的股东求偿权不属于 A 上市公司，而是属于另外的 25% 的少数股东。归属于上市公司股东的股票价值，显然不应该包括少数股东权益，但是我们在计算公司价值时，并没有扣除该部分价值。所以，在计算股票价值时，应当把少数股东权益价值剔除。

从严格意义上来说，少数股东权益价值的计算应该建立在每一个子公司价值计算的基础之上，然后按照少数股东权益比例来予以扣除。但是，对于当今上市公司来说，这是不太可能的工作，因为：第一，我们无法拿到上市公司所有下属子公司的详细信息；第二，即使我们能拿到数据，计算分析的工作量也太大。因此，我们只能采取简化的方法来计算：

$$少数股东权益价值 = \frac{少数股东权益}{股东权益合计} \times 股权价值$$

上式中，少数股东权益和股东权益合计来自估值日的合并资产负债表。

这种简化的计算在多数情况下应该是合理的。但是需要注意的是，在子公司亏损甚至即将关闭的情况下，这种计算有可能会低估上市公司股东股票价值——亏损的子公司可能没有什么价值，上市公司以其出资为限承担有限责任，因此子公司的少数股东不能分享上市公司除该子公司外其他经营业务的价值，但简化计算则忽略了这一点。概言之，在存在巨额亏损的子公司的情况下，上述简化计算应该谨慎使用。

以万华化学公司为例，我们计算该公司2015年12月31日的股票价值，如表15-16所示。

表15-16 万华化学公司的每股内在价值

金额单位：万元

| | |
|---|---|
| （1）经营资产内在价值 | 15 677 257.45 |
| （2）金融资产 | 208 636.18 |
| （3）长期股权投资 | 18 612.81 |
| （4）公司价值（=（1）+（2）+（3）） | 15 904 506.44 |
| （5）公司债务 | 2 565 020.41 |
| （6）股权价值（=（4）-（5）） | 13 339 486.03 |
| （7）少数股东权益 | 325 226.15 |
| （8）股东权益合计 | 1 482 323.44 |
| （9）少数股东比例（=（7）/（8）） | 21.94% |
| （10）归属于母公司股东的价值（=（6）×（1-（9））） | 10 412 763.31 |
| （11）股本（万股） | 216 233.00 |
| （12）每股内在价值（元）(=（10）/（11）) | 48.16 |

注：表中数据在计算过程中有四舍五入。

我们要谨记：股票估值是艺术，不是科学。虽然在估值计算的过程中，我们计算到小数点后面两位，貌似精确，其实是不可能的。股票估值结果仅作为我们投资决策的参考依据。万华化学公司在 2015 年 12 月 31 日时，股价在 17.65 元，与每股内在价值比较，我们很容易得出结论：万华化学公司的价格被市场低估了。至于低估 50 元还是 40 元或者 30 元并不是很重要，只要被低估的幅度足够大，就为我们的投资提供了足够的安全边际，因此发出了明确的买入信号。

我们再以中国石化 2015 年 12 月 31 日的数据计算其股票内在价值（见表 15-17）。

表 15-17　中国石化的每股内在价值

金额单位：万元

| 零增长假设下的估值 | |
| --- | --- |
| （1）以 2006～2015 年的自由现金流平均数为基数 | 6 695 140.00 |
| （2）折现率 | 8% |
| （3）经营资产（=（1）/（2）） | 83 689 250.00 |
| （4）金融资产 | 7 888 300.00 |
| （5）长期股权投资 | 8 297 000.00 |
| （6）公司价值（=（3）+（4）+（5）） | 99 874 550.00 |
| （7）公司债务 | 25 575 200.00 |
| （8）股权价值（=（6）-（7）） | 74 299 350.00 |
| （9）少数股东比例 | 14.03% |
| （10）归属于上市公司股东的价值（=（8）×（1-（9））） | 63 872 305.18 |
| （11）股本（万股） | 12 107 121.00 |
| （12）每股内在价值（元）(=（8）/（9）) | 5.28 |

注：表中数据在计算过程中有四舍五入。

以上述中国石化每股内在价值作为参照，2016 年中国石化的价格低至 4.5 元以下时，给投资者发出了明确的买入信号。我在个人微信公众号中的文章即是以此为判断的前提。

# 第16章

# 我的投资实战

实践是检验真理的标准。不能在实践中运用的分析和模型，都是无用之谈。本章的实战案例是我过去几年在股票投资上的实际案例。这些案例在我的微信公众号上都有据可查，为了反映当时的实际情况，除错别字的修订以外，几乎没有做改动。

我的微信公众号为：渐悟。

此次第 2 版增加了一些案例，以及对一些特殊情况的考虑，如科技型公司的估值问题、银行股的估值问题等。

在这里，补充一些说明。

很多读者留言问：如何在几千家上市公司中快速选出优秀的公司？这个问题我在多篇微信公众号文章中都有答复。

一般来说，我们根据自己的偏好，选择若干个核心财务指标，从上市公司数据库中进行筛选。

最核心、最基础的指标是股东权益回报率（也称净资产收益率（return on equity，ROE））。将时间范围设置在过去 5 年，甚至更长的时间内，且 ROE 不低于一定门槛，就可以筛选出符合这些条件的公司。ROE 的门槛取决于大家的心理预期。这一门槛设置得过高，则入选公司太少；设置得太低，则无法发挥筛选作用。我自己一般设 15%、12%、10% 三档。以 ROE 的高低判断公司是否赚钱，多年的 ROE 数据则用于判断公司的连续性和稳定性。

大家还可以根据自己的喜好选择收入增长率、净利润增长率等成长性指标。

此外，分析时也可以增加市盈率指标，比如市盈率低于某个数值。我通常设置市盈率指标不高于 60 倍。

圈定股票池后，阅读每一家公司的年度报告和公告，进行详细分析。ROE 指标是门槛指标，有局限性，因为 ROE 的计算以净利润为分子，而有些公司的净利润质量不够高，没有现金流支撑。这样的公司我就会放弃。

此外，有些读者会细算案例中的每一个数字。我建议大家重点学习第 1～15 章的内容。实战部分的内容，只是提供给大家做参考。我很多时候是追求模糊的正确，因此没有做到对每一个数字都精确核对——模糊的正确胜过精确的错误。读者在阅读中对部分数字的困惑，我可以在此稍做解释：我在某个具体时点做估值时，部分数据用年报数字，比如年度自由现金流，部分数字则采用公司最新数据。举个例子，我在 2016 年 6 月 3 日对 B 公司进行估值时，自由现金流计算采用2015 年年报数据，金融资产、有息债务等采用公司 2016 年一季报的最新数据（这些数据更能反映估值日的现实情况）。

从已有案例来看，我也有一些失误，主要是对一些公司未来的增长率判断出现严重失误。因此，在股票估值中，未来增长率的分析和判断是重点和难点。

大家在阅读时，要注意文章的时效性，并且在查看股票走势时，请按时点进行复权处理。

## 16.1 用数字而不是感觉寻找成长性：小天鹅（2016 年 3 月 23 日）

我们首先讲讲成长性。成长性不应该是我们的主观感受，而是看得到的收入、利润和自由现金流的复合增长。

在股票分析中，大众都喜欢寻找成长性公司。不同时期不同行业的成长性不同，因此就形成了市场上部分人不断追逐热点的投资方式。不是说这种方式不好，我再重申一次：只要是能持续赚钱、不断重复和复制的方式，就是好方式！只是偶尔运气好赚钱、无法复制的方式，不是好方式！当然，是否可以不断重复和复制，需要实践的检验和校正。

这种不断追逐热点的方式，其实感性成分比理性成分要多。我们会想当然地认为互联网金融、电子商务、医药等公司是成长性公司，甚至公司改个名字就会被误认为是成长性公司。但投资不能想当然,必须用数据来说话。

我关注的公司名单,很容易给人的一种感觉就是缺乏成长性。那么,让我们来看一看数据。以小天鹅为例,它过去10年的自由现金流的变化如表16-1所示。

表16-1 小天鹅的自由现金流

单位:亿元

| 项　　目 | 2015年 | 2014年 | 2013年 | 2012年 | 2011年 | 2010年 | 2009年 | 2008年 | 2007年 | 2006年 |
|---|---|---|---|---|---|---|---|---|---|---|
| 经营活动产生的现金流量净额 | 35.99 | 16.57 | 9.05 | 3.45 | 2.43 | 7.24 | 1.39 | -1.35 | 3.73 | 3.21 |
| 现金流量表的企业自由现金流 | 34.71 | 15.17 | 7.57 | 1.93 | 1.08 | 6.26 | 1.54 | -1.35 | 2.64 | 2.42 |

如果说过去的10年间还有反复的话,从2011年开始,我们可以看到小天鹅每年的经营活动现金流量净额稳步增长,过去5年的复合增长率超过了40%!这才是实实在在的成长。

在分析成长性时,最重要的是对于拐点的分析:这个趋势能保持下去吗?这个问题除与企业自身有关外,还与行业发展有关。比如,就小天鹅的行业成长性来说,我个人认为,随着人民生活水平的提高,新增需求加上更新需求的市场空间还很大,远未到达天花板,只要企业自身有核心能力,3~5年之内应该还不会出现拐点。按照自由现金流,给予小天鹅30元左右的估值是可以接受的。这也是为什么指数从5 000多到目前的3 000不到下跌了40%以上,但是小天鹅一直维持在25元左右的价值支撑所在。小天鹅如果能回到18元,也就是在内在价值的基础上打6折,则具备了足够的安全边际,这就是我关注的原因。

投资是在未来的不确定性之中去寻找相对的确定性。如果你的假设是正确的,你掌握的事实是正确的,你的推论是正确的,那么经过许多次交易后,你最终将是正确的。

## 16.2 对苏泊尔的研究（2016年3月31日）

### 16.2.1 行业状况

苏泊尔在小家电行业，这个行业看起来竞争激烈，但是行业内的产品系列众多，非常容易产生细分龙头，苏泊尔就是行业内的炊具龙头。炊具的好处是，家家户户都需要，不仅需要，而且基本每5年就要更新一次，不像其他家电，更换周期很长。因为更换周期短，因此不存在市场空间饱和的问题，产品是介于快消品和耐用品之间的中快消品。

苏泊尔现在进入家居环保家电，这个领域的市场空间还是很大的，关键看能否建立起核心能力和核心产品。在法国赛博集团（SEB）的支持下，苏泊尔大概率能拿出有竞争力的产品。

简而言之，苏泊尔所做的事情是好生意。

### 16.2.2 公司情况

我直接展示苏泊尔过去10年的历史数据来说明其发展。

#### 1. 现金流分析

苏泊尔过去10年的自由现金流是超级好的自由现金流，不像有些公司，告诉你利润很高，但是没有真正的现金流入。公司过去10年的自由现金流复合增长率在27%，过去5年的复合增长率在26%（见表16-2）。如此高复合增长率的公司，在A股市场并不多见。

苏泊尔的现金自我满足能力怎么样呢？我们来看看苏泊尔的现金自给率和资金供给情况（见表16-3）。现金自给率是经营活动现金净额除以投资活动现金需求量（以投资活动现金流量净额的负数来表示），表示的是公司经营活动现金流入能否满足投资的需求；资金供给情况表示公司的现金能否满足公司投资的需求。苏泊尔过去10年的现金自给率大都大于1，说明资金供给充足，所以苏泊尔在过去的发展，不是像很多公司一样不断从市场融资的外延式扩展，而是自我造血的内涵式发展，并且在可以预见的未来，也不需要采取增发等稀释股权的融资行为。

表 16-2 苏泊尔的复合增长率

金额单位：万元

| 经营活动产生的现金流量 | 2014-12-31 | 2013-12-31 | 2012-12-31 | 2011-12-31 | 2010-12-31 | 2009-12-31 | 2008-12-31 | 2007-12-31 | 2006-12-31 | 2005-12-31 | 10年平均 | 5年平均 | 10年复合增长率 | 5年复合增长率 |
|---|---|---|---|---|---|---|---|---|---|---|---|---|---|---|
| 销售商品、提供劳务收到的现金 | 1 049 088.01 | 933 323.77 | 788 993.80 | 730 675.87 | 612 585.35 | 443 902.95 | 397 128.65 | 320 440.36 | 248 751.74 | 171 880.34 | 569 677.08 | 822 933.36 | 22.26% | 18.77% |
| 经营活动产生的现金流量净额 | 83 318.93 | 58 799.19 | 85 733.05 | 21 923.39 | 12 425.03 | 29 458.42 | 14 216.61 | 16 689.30 | 27 366.22 | 11 703.26 | 36 163.34 | 52 439.92 | 24.37% | 23.11% |
| 自由现金流量表的企业自由现金流（1）可用于支付利息、扩张规模、股东分红 | 73 306.96 | 49 445.69 | 76 366.99 | 13 629.41 | 5 209.61 | 23 068.60 | 8 793.88 | 11 939.76 | 22 885.40 | 8 476.96 | 29 312.33 | 43 591.73 | 27.09% | 26.02% |

表 16-3 苏泊尔的现金自给率和资金供给情况

金额单位：万元

| 项目 | 2014-12-31 | 2013-12-31 | 2012-12-31 | 2011-12-31 | 2010-12-31 | 2009-12-31 | 2008-12-31 | 2007-12-31 | 2006-12-31 | 2005-12-31 |
|---|---|---|---|---|---|---|---|---|---|---|
| 经营活动产生的现金流量净额 | 83 318.93 | 58 799.19 | 85 733.05 | 21 923.39 | 12 425.03 | 29 458.42 | 14 216.61 | 16 689.30 | 27 366.22 | 11 703.26 |
| 投资活动产生的现金流量净额 | −57 028.83 | −31 522.49 | −91 353.47 | −17 803.18 | −20 101.53 | −11 896.09 | −7 442.77 | −10 258.46 | −21 435.46 | −10 447.93 |
| 现金自给率 | 146.10% | 186.53% | 93.85% | 123.14% | 61.81% | 247.63% | 191.01% | 162.69% | 127.67% | 112.02% |
| 资金供给 | 167 399.11 | 139 160.22 | 52 030.79 | 79 273.94 | 89 459.10 | 107 603.45 | 86 473.44 | 48 512.62 | 32 842.63 | 1 255.33 |

### 2. 苏泊尔赚不赚钱

表 16-4 体现了苏泊尔的盈利能力。

首先，苏泊尔的营业收入过去 10 年的复合增长率为 23.09%，从 14.70 亿元增长到了 95.35 亿元；过去 5 年的复合增长率为 18.30%，跟自由现金流一样，保持着高增长。更重要的是，苏泊尔的收入现金含量都超过 1，表明其所有的收入都及时收到了现金。（收入现金含量 = 销售商品提供劳务收到的现金 / 营业总收入，表明收入中有多少收到了现金。对于企业来说，现金流入比收入更重要。）

其次，苏泊尔的毛利率非常稳定，过去 10 年一致维持在较高的 27% 以上，过去 5 年平均在 28% 以上，略有提高，这是一个好的迹象。毛利率稳定表明苏泊尔经营的稳定性、行业地位的稳固性。

苏泊尔对于费用的控制，总体来说比较得力，过去 10 年的平均费用率在 19.16%，过去 5 年在 19.47%。在我国各方面成本费用上升的情况下，维持费用率的稳定，也说明了企业的努力。过去 10 年，苏泊尔的息税前投入资本回报率在逐步提高，说明公司的投入资本能够取得非常好的回报。

苏泊尔的净利润现金含量跟收入现金含量一样，部分略高于 1，说明这些净利润是真金白银的利润，而不是注水利润。

总而言之，苏泊尔这家公司虽然不是暴利的公司，但是在非常稳定地赚钱，给投资者带来了让人满意的回报。

### 3. 苏泊尔的营运是不是稳定

如表 16-5 所示，苏泊尔在 2014 年年底有 15.3 亿元的货币资金及其他金融资产，有比较充足的储备应对各种资金需求。

随着营业规模的扩大，苏泊尔的周转性经营投入在过去 10 年从 2 亿元增长到了 13.7 亿元，周转性经营投入的使用效率有所下降。不过现在较使用效率最差的年份有所回升，并且从总体来说，还处在一个比较有效率的状态。苏泊尔的现金周期在逐步缩短，说明其营运效率在进一步改善。（现金周期是一家企业的存货天数加应收款天数减去应付款天数，也就是一家企业从购买原材料支付现金到销售收回现金的天数，说明了企业在营运环节需要自己投入现金的天数。现金周期越短，说明效率越高。）

表 16-4  苏泊尔

| 项　　目 | 2014-12-31 | 2013-12-31 | 2012-12-31 | 2011-12-31 | 2010-12-31 | 2009-12-31 |
|---|---|---|---|---|---|---|
| 营业总收入 | 953 464.39 | 838 324.96 | 688 946.04 | 712 565.30 | 562 206.45 | 411 569.44 |
| 收入现金含量 | 1.10 | 1.11 | 1.15 | 1.03 | 1.09 | 1.08 |
| 营业总成本 | 862 825.31 | 758 617.39 | 629 033.71 | 649 502.72 | 510 539.57 | 372 047.92 |
| 营业成本 | 676 678.38 | 599 054.64 | 488 381.69 | 517 758.74 | 405 029.63 | 283 897.73 |
| 毛利率 | 29.03% | 28.54% | 29.11% | 27.34% | 27.96% | 31.02% |
| 营业税金及附加 | 5 581.71 | 5 306.84 | 4 824.49 | 4 367.78 | 1 097.30 | 662.19 |
| 销售费用 | 148 109.09 | 126 186.00 | 110 655.16 | 106 119.30 | 82 787.10 | 68 752.00 |
| 管理费用 | 32 455.84 | 28 069.62 | 25 172.08 | 21 256.63 | 21 625.26 | 18 735.69 |
| 费用率 | 19.52% | 19.03% | 20.42% | 18.49% | 18.77% | 21.42% |
| 息税前营业利润 | 85 608.32 | 73 804.54 | 56 933.48 | 59 886.71 | 50 520.77 | 39 224.00 |
| 息税前投入资本回报率 | 20.01% | 19.77% | 16.77% | 19.35% | 18.46% | 16.43% |
| 净利润 | 76 494.30 | 67 659.02 | 52 827.68 | 53 713.16 | 45 375.51 | 36 494.84 |
| 净利润现金含量 | 1.09 | 0.87 | 1.62 | 0.41 | 0.27 | 0.81 |

的盈利能力

金额单位：万元

| 2008-12-31 | 2007-12-31 | 2006-12-31 | 2005-12-31 | 10年平均 | 5年平均 | 10年复合增长率（%） | 5年复合增长率（%） |
|---|---|---|---|---|---|---|---|
| 362 247.27 | 293 370.29 | 210 499.45 | 146 965.72 | 518 015.93 | 751 101.43 | 23.09 | 18.30 |
| 1.10 | 1.09 | 1.18 | 1.17 | 1.11 | 1.10 | −0.68 | 0.40 |
| 331 234.32 | 265 801.70 | 189 645.73 | 135 824.58 | 470 507.30 | 682 103.74 | 22.81 | 18.32 |
| 262 055.42 | 214 877.51 | 154 176.58 | 110 414.75 | 371 232.51 | 537 380.62 | 22.32 | 18.97 |
| 27.66% | 26.76% | 26.76% | 24.87% | 27.91% | 28.40% | 1.73 | −1.32 |
| 730.50 | 721.73 | 491.46 | 362.66 | 2 414.67 | 4 235.62 | 35.49 | 53.16 |
| 47 776.74 | 37 937.20 | 25 551.67 | 17 105.11 | 77 097.94 | 114 771.33 | 27.10 | 16.59 |
| 20 671.38 | 12 264.99 | 9 425.75 | 7 941.81 | 19 761.91 | 25 715.89 | 16.93 | 11.62 |
| 19.10% | 17.36% | 16.85% | 17.29% | 18.83% | 19.25% | 1.36 | −1.84 |
| 30 978.69 | 26 593.81 | 17 674.42 | 11 141.39 | 45 236.61 | 65 350.76 | 25.43 | 16.89 |
| 14.32% | 14.65% | 14.60% | 11.10% | 16.65% | 18.87% | 6.76 | 4.02 |
| 30 226.71 | 21 744.39 | 13 516.92 | 9 135.51 | 40 718.80 | 59 213.95 | 26.63 | 15.95 |
| 0.47 | 0.77 | 2.02 | 1.28 | 0.96 | 0.85 | −1.79 | 6.18 |

表 16-5　苏泊尔

| 项　　目 | 2014-12-31 | 2013-12-31 | 2012-12-31 | 2011-12-31 |
|---|---|---|---|---|
| **资产结构** | | | | |
| 金融资产（按账面价值计算） | 153 567.27 | 141 109.01 | 111 883.52 | 57 651.21 |
| 长期股权投资（与联营企业、合营企业投资收益比较，计算收益率） | 4 848.08 | 4 449.52 | 4 136.55 | 0.00 |
| 长期股权投资收益率 | 5.39% | 8.68% | 0.00% | 0.00% |
| 周转性经营投入 | 137 416.68 | 102 045.02 | 100 357.97 | 129 707.42 |
| 周转性经营投入周转率 | 6.94 | 8.22 | 6.86 | 5.49 |
| 周转性经营投入占营业收入的比例 | 14.41% | 12.17% | 14.57% | 18.20% |
| 营运资产 | 372 783.37 | 302 417.54 | 256 855.22 | 259 495.87 |
| 营运负债 | 235 366.69 | 200 372.52 | 156 497.25 | 129 788.45 |
| 现金周期 | 51.34 | 59.84 | 68.06 | 79.84 |
| 长期经营资产 | 132 049.59 | 125 688.82 | 123 094.57 | 122 067.34 |
| 营运资产增长率 | 18.33% | 1.92% | −11.25% | 26.86% |
| 投入资本 | 427 881.62 | 373 292.37 | 339 472.61 | 309 425.97 |
| 投入资本周转率 | 2.23 | 2.25 | 2.03 | 2.30 |
| 息税前投入资本回报率 | 20.01% | 19.77% | 16.77% | 19.35% |
| 营运资产总额 | 269 466.27 | 227 733.84 | 223 452.54 | 251 774.76 |
| 长期经营资产所占比重 | 49.00% | 55.19% | 55.09% | 48.48% |
| **资本结构** | | | | |
| 短期债务 | 0.00 | 1.28 | 14.60 | 0.00 |
| 长期债务 | 0.00 | 0.00 | 0.00 | 0.00 |
| 有息债务 | 0.00 | 1.28 | 14.60 | 0.00 |
| 有息债务率 | 0.00% | 0.00% | 0.00% | 0.00% |
| **债务的资本成本率**（需自己计算） | | | | |
| 资产负债率 | 35.50% | 34.94% | 31.56% | 29.55% |
| 所有者权益（或股东权益）： | | | | |
| 少数股东权益 | 49 074.82 | 41 406.06 | 36 183.63 | 32 562.40 |
| 所有者权益合计 | 427 881.63 | 373 291.09 | 339 458.03 | 309 425.96 |
| 股东权益回报率 | 17.88% | 18.13% | 15.56% | 17.36% |
| 占用资本 | 427 881.63 | 373 292.37 | 339 472.63 | 309 425.96 |
| 财务杠杆 | 1.00 | 1.00 | 1.00 | 1.00 |
| 长期融资净值 | 153 567.28 | 141 107.73 | 111 868.94 | 57 651.20 |
| 短期融资净值 | −153 567.27 | −141 107.73 | −111 868.92 | −57 651.21 |

注：表中数据在计算过程中有四舍五入。

的资产资本结构

金额单位：万元

| 2010-12-31 | 2009-12-31 | 2008-12-31 | 2007-12-31 | 2006-12-31 | 2005-12-31 |
|---|---|---|---|---|---|
| 75 153.73 | 97 135.60 | 90 041.12 | 79 699.60 | 42 080.78 | 26 911.87 |
| 40.00 | 40.00 | 40.00 | 44.39 | 49.54 | 1 676.44 |
| 0.00% | 0.00% | 0.00% | 0.00% | 0.00% | 0.00% |
| 88 043.76 | 50 676.88 | 48 070.69 | 28 198.09 | 18 160.00 | 20 158.92 |
| 6.39 | 8.12 | 7.54 | 10.40 | 11.59 | 7.29 |
| 15.66% | 12.31% | 13.27% | 9.61% | 8.63% | 13.72% |
| 207 351.97 | 138 363.57 | 96 690.91 | 83 244.54 | 65 558.25 | 54 613.63 |
| 119 308.21 | 87 686.69 | 48 620.22 | 55 046.45 | 47 398.25 | 34 454.71 |
| 75.50 | 61.89 | 63.08 | 49.47 | 44.43 | 62.13 |
| 110 430.23 | 90 850.36 | 78 205.19 | 73 603.90 | 60 742.97 | 51 616.94 |
| 40.24% | 12.08% | 24.04% | 29.02% | 9.93% | — |
| 273 667.72 | 238 702.84 | 216 357.00 | 181 545.98 | 121 033.29 | 100 364.17 |
| 2.05 | 1.72 | 1.67 | 1.62 | 1.74 | 1.46 |
| 18.46% | 16.43% | 14.32% | 14.65% | 14.60% | 11.10% |
| 198 473.99 | 141 527.24 | 126 275.88 | 101 801.99 | 78 902.97 | 71 775.86 |
| 55.64% | 64.19% | 61.93% | 72.30% | 76.98% | 71.91% |
| 0.00 | 0.00 | 94.49 | 801.42 | 29 854.31 | 19 561.87 |
| 0.00 | 0.00 | 0.00 | 0.00 | 0.00 | 0.00 |
| 0.00 | 0.00 | 94.49 | 801.42 | 29 854.31 | 19 561.87 |
| 0.00% | 0.00% | 0.04% | 0.44% | 24.67% | 19.49% |
| 30.37% | 26.91% | 18.42% | 23.61% | 45.87% | 40.07% |
| 27 630.60 | 23 741.22 | 23 201.82 | 17 410.56 | 13 372.46 | 10 185.20 |
| 273 667.72 | 238 702.86 | 216 262.49 | 180 744.56 | 91 178.98 | 80 790.31 |
| 16.58% | 15.29% | 13.98% | 12.03% | 14.82% | 11.31% |
| 273 667.72 | 238 702.86 | 216 356.98 | 181 545.98 | 121 033.29 | 100 364.18 |
| 1.00 | 1.00 | 1.00 | 1.00 | 1.33 | 1.24 |
| 75 153.73 | 97 135.62 | 89 946.61 | 78 898.18 | 12 226.47 | 7 350.61 |
| −75 153.73 | −97 135.60 | −89 946.63 | −78 898.18 | −12 226.47 | −7 350.00 |

对于苏泊尔来说非常好的是，长期资产周转率提高了很多。长期资产使用效率非常高，收入从 14.6 亿元到 95.4 亿元增长了近 6 倍，但是长期资产只是从 5 亿多元增长到 13 亿多元，增加了 1.6 倍。这可能因为一是苏泊尔的资产使用效率提高了，二是苏泊尔的产品结构进行了调整，高端产品比例提高。

由于长期资产周转率提高，弥补了周转性经营投入增长率下降的影响。投入资本周转率从总体上来说在不断提升，营运效率在提高，营运的效果也得到进一步体现，息税前投入资本回报率在过去 10 年一直在提升。

虽然苏泊尔的资产负债率在 30% 上下，但是这些负债都是营运负债。请注意，苏泊尔没有需要支付利息的债务，有息债务率为 0，其长期资本都来自股东权益，并且长期资本远远大于长期资产，长期融资净值为 30 亿元左右。苏泊尔没有任何财务上的风险，是极端稳健的公司。

在没有运用财务杠杆的情况下，苏泊尔的股东权益回报率在过去 10 年不断提升，从 2005 年的 11% 上升到目前的 18% 左右。

### 16.2.3　合理估值

在行业空间不会遇到天花板、炊具和小家电更新需求不断的情况下，加之苏泊尔的品牌护城河的保护，我从过去 10 年稳健并不断改善的经营数据出发，采用现金流折现模型，如果以过去 5 年现金流量表中的自由现金流为基数（保守的选择），假设复合增长率为 9%⊖，按 10% 的贴现率⊖，那么公司每股的合理内在价值为 62 元，考虑 20% 的安全边际，则在 50 元左右。

如果考虑敏感性，降低复合增长率至 7%，则每股内在价值为 35 元。

以目前 20 元左右的市场价格来说，未来苏泊尔将给投资者带来满意的投资回报。

---

⊖ 过去 5 年和 10 年的复合增长率为 27% 和 26%，因此我认为 9% 是一个比较保守的选择。
⊖ 很多模型用 CAPM 模型来确定公司的资本成本，用无风险利率加风险溢价来确定，风险通过贝塔系数计算，贝塔系数则以公司股价的波动相对市场指数的波动来计算。我认为这是非常愚蠢的，公司的风险不是由贝塔系数衡量的，公司的风险源于公司自身的自由现金流的波动，而不是股价的波动。贝塔系数除了受公司价值的影响，还受市场情绪的影响，无法衡量公司的风险，这是贝塔系数最大的缺陷。我采用 10% 的折现率是因为，我期望公司带给我的回报不低于 10%，当然也可以用 5 年银行存款利率来作为折现率，反映对于一般人来说公司股票的价值。

## 16.3 五粮液的简要分析（2016年4月11日）

在我关注的公司名单中，前期列出了小天鹅、苏泊尔、五粮液和白云机场。上次对苏泊尔进行了一些财务数据的分析，并做了一个个人的内在价值评估。苏泊尔有一些负面的新闻报道，但我认为瑕不掩瑜，它依然是一家优秀的、长期将会给投资者带来理想回报的公司。上述公司，在今年都给我带来了让我满意的投资回报。

今天，我们用财务数据来看一看我关心的另一家公司：五粮液。五粮液在3月28日公布了2015年年度报告，趋势向好，但还需接下来的数据加以佐证。

财务报告的循环逻辑是：战略决定投资，投资反映在投资活动现金流中；筹资满足投资，筹资主要考虑资本成本以及投资活动的资金需求；投资活动决定资产质量和公司的未来；筹资活动决定资本结构；资产质量决定利润表中的收入和成本费用，资本结构决定财务费用；收入和成本费用转化为经营活动现金流，经营活动现金流带来自由现金流（企业真正赚到手的钱）；自由现金流用来支付利息、扩张规模和给股东分红。自由现金流相当于企业的造血功能，如果自由现金流连续为负，则企业可持续经营存在问题，只能依赖外部不断输血。

### 1. 从投资活动现金流看五粮液的策略

如表16-6所示，过去5年，五粮液购置长期资产支出的现金减去处置长期资产收回的现金的净投资额每年都在4亿元左右，还没有计提的长期资产的折旧摊销的金额大。因此在过去的几年里，五粮液采取的是维持策略（没有收购其他企业，也没有购建长期资产进行扩张）。净投资额小于折旧摊销，是因为房屋建筑物等折旧其实无须后续的大规模投入进行更新。这也非常符合过去几年的情况：由于销售不是非常理想，因此采取维持规模才是现实的选择。

表16-6　五粮液的投资活动

金额单位：万元

| 项　　目 | 2015-12-31 | 2014-12-31 | 2013-12-31 | 2012-12-31 | 2011-12-31 |
|---|---|---|---|---|---|
| 净投资额 | 39 417.43 | 38 052.87 | 33 775.22 | 35 482.15 | 53 086.69 |
| 新投资额 | −22 628.59 | −29 238.02 | −34 570.35 | −35 241.27 | −23 233.99 |
| 新投资额比例 | −3.53% | −4.47% | −5.33% | −5.24% | −3.30% |

### 2. 从筹资活动现金流看不差钱的五粮液

如表 16-7 所示，五粮液不差钱，筹资活动没有借款，筹资活动现金流量净额连续多年都是流出，就是给股东分红。

表 16-7　五粮液的筹资活动

单位：万元

| 项　　目 | 2015-12-31 | 2014-12-31 | 2013-12-31 | 2012-12-31 | 2011-12-31 |
|---|---|---|---|---|---|
| 筹资活动产生的现金流量净额 | −235 491.30 | −298 927.56 | −321 903.34 | −211 385.19 | −150 313.72 |

### 3. 五粮液的资产质量和资本结构

根据分析的需要，我把五粮液的资产分为金融资产、长期股权投资、营运资产三大类，因为这些资产给我们股东赚钱的方式是不一样的：金融资产是收取利息；长期股权投资是收取投资收益；营运资产是买原材料生产产品，再卖产品赚钱。

五粮液的金融资产包括货币资金、交易性金融资产等，说得再简单一点，就是银行存款。一般的企业都有银行存款，同时会有一部分银行贷款，五粮液没有一分钱的银行贷款，所以净金融资产跟金融资产是等额的。说老实话，五粮液在 2011～2015 年每年账上都有 200 多亿元的金融资产（见表 16-8），看着让人心疼。因为金融资产赚回来的钱太少了，收益率在 3% 左右。按照经典的财务理论，五粮液是不是还得加大分红的力度，把收益这么低的现金分红给股东，来个 10 股派现金股利 20～30 元怎么样？

五粮液的长期股权投资做得真不怎么样，投资收益率太低了。我最怕这种大公司手里一有钱就到处投资。很多公司不是因为没钱死掉的，而是因为钱太多而很快死掉的。

接下来看看五粮液酒类资产的情况。意料之外的是，五粮液真正用来生产酒的资产在 2015 年才 169 亿元，比银行存款还少。2011 年更是只有 16.73 亿元，为什么 2011 年会这么少呢？这是因为 2011 年时五粮液很厉害，经销商拿货都得预先付款，因此五粮液在生产经营环节根本不用自己投钱，反而产生预先收取货款的沉淀。所以 2011 年的应收款项减去预收款项是 −703 287.92 万元，也就是欠经销商 70 多亿元。但是在 2012 年年底只有 −37 亿元。到 2013 年，经销商意愿不强烈，五粮液只好先发货后收款，因此预收款项变成了应收款项。这个情况持续

表 16-8 五粮液的资产分析

金额单位：万元

| 项　　目 | 2015-12-31 | 2014-12-31 | 2013-12-31 | 2012-12-31 | 2011-12-31 |
|---|---|---|---|---|---|
| 金融资产 | 2 677 390.1 | 2 259 970.6 | 2 611 869.2 | 2 828 267.9 | 2 186 506.8 |
| 净金融资产 | 2 677 390.14 | 2 259 870.57 | 2 611 769.23 | 2 828 167.86 | 2 186 406.80 |
| 税后净金融资产收益 | 73 211.14 | 65 777.56 | 82 354.12 | 79 376.21 | 47 442.10 |
| 税后净金融资产收益率 | 2.97% | 2.70% | 3.03% | 3.17% | 2.63% |
| 长期股权投资（与联营企业、合营企业投资收益比较，计算收益率） | 90 200.95 | 86 786.49 | 12 057.74 | 12 035.11 | 13 087.54 |
| 长期股权投资收益率 | 3.79% | 1.67% | 0.47% | −0.33% | 1.61% |
| 周转性经营投入 | 985 041.55 | 997 204.26 | 378 092.31 | −370 482.15 | −538 635.74 |
| 周转性经营投入变动 | −12 162.71 | 619 111.95 | 748 574.46 | 168 153.59 | −259 808.26 |
| 周转性经营投入占营业收入的比例 | 45.48% | 47.46% | 15.30% | −13.62% | −26.47% |
| 应收账款 − 预收款项 | 677 835.82 | 663 425.96 | 287 623.26 | −379 220.24 | −703 287.92 |
| 应收周转率 | 3.20 | 3.17 | 8.59 | −7.17 | −2.89 |
| 存货 | 870 085.12 | 809 148.87 | 688 558.60 | 668 002.37 | 553 650.25 |
| 存货周转率 | 0.77 | 0.71 | 0.96 | 1.20 | 1.25 |
| 应付账款 − 预付款项 | 93 217.76 | 43 433.68 | 42 291.41 | 47 181.17 | −1 997.97 |
| 应付周转率 | 7.16 | 13.29 | 15.63 | 16.99 | −345.12 |
| 现金周期 | 539.23 | 599.45 | 399.31 | 231.81 | 167.99 |
| 长期经营资产 | 704 601.43 | 703 972.48 | 706 670.46 | 720 322.01 | 706 028.56 |
| 长期经营资产增长率 | 0.09% | −0.38% | −1.90% | 2.02% | −2.87% |
| 营业收入增长率 | 3.08% | −15.00% | −9.13% | 33.66% | 30.95% |
| 营运资产总额 | 1 689 642.98 | 1 701 176.74 | 1 084 762.77 | 349 839.86 | 167 392.82 |
| 投入资本 | 4 457 234.07 | 4 047 933.80 | 3 708 689.74 | 3 190 142.83 | 2 366 987.16 |

至今，应收款项持续增长。同时，因为经销商拿货意愿不强，因此存货越积越多，到 2015 年有 87 亿元。不过，对于五粮液来说，好处是酒放在酒窖不会贬值，因此无须计提存货跌价准备，这也是白酒企业的优势之一。五粮液这 5 年每年利润都有几十亿元，但是 150 多亿元其实并没有真正赚到手，而是变成了存货和应收款项。不过五粮液的营运资产质量是非常好的，就按 2014 年和 2015 年的 170 亿

元营运资产算，这些资产每年能赚回来 50 亿～60 亿元，营运资产收益率是多少？35% 左右！

有券商研究员的报告说五粮液预收款项增加，开始反转。虽有一定道理，但是从存货和应收款项总体来说，好转还不太明显，尚需时日验证，但已经到谷底应该是大概率的事。

如果五粮液给股东分红分掉 200 亿元，则资产结构更合理，股东权益回报率会更高。2015 年五粮液提出增发，作为个人股东，我是强烈反对的：不差钱，为什么要增发呢？

五粮液的资本结构：没有债务，全部是股东权益。

### 4. 五粮液的收入、成本费用

如表 16-9 所示，在 2013 年、2014 年下滑后，2015 年五粮液的收入有止住下滑的迹象了，成本费用都还稳定，毛利率也还是不错的，至少比中国的大多数企业强多了。更重要的是，不仅仅有净利润，而且现金结余也增加了。2013 年和 2014 年由于发货都是在还以前预收账款的账，只确认收入和利润，因此没多少现金结余，2015 年经营活动现金流量净额终于超过净利润了。

### 5. 五粮液的自由现金流

不仅要有利润，更重要的是口袋里的钱要多。

经历了 2013 年、2014 年的痛苦时段后，在 2015 年五粮液的口袋终于越来越充实了（见表 16-10）。其实，相比钢铁、煤炭，五粮液的低谷日子算是非常好了。如果把低谷年份考虑进去（这不是常态，因此已经非常保守了），每年五粮液的经营资产可以赚 50 亿元现金回来。即使不考虑未来变好的情形，按现在的悲观情况判断，以永续年金的公式按 8% 的资本成本计算，五粮液的经营资产值多少钱？50 亿元除以 8% 是 600 多亿元。

### 6. 五粮液到底值多少钱

600 多亿元的经营资产加上 267 亿元的金融资产（银行存款按账面价值计算），再加上 9 亿元的长期股权投资，五粮液的保守价值在 900 亿元。按 38 亿股股本计算，则每股在 23.5 元。如果五粮液能回到正常年份 60 亿～80 亿元的自由现金流，那么价值应该在 30 元以上。因此，如果能回到前期的 24 元以下，还是值得我们买入的（我在此价位买入了一部分）。

表 16-9 五粮液的盈利能力分析

金额单位：万元

| 项　　目 | 2015-12-31 | 2014-12-31 | 2013-12-31 | 2012-12-31 | 2011-12-31 |
|---|---|---|---|---|---|
| 营业总收入 | 2 165 928.74 | 2 101 149.15 | 2 471 858.86 | 2 720 104.60 | 2 035 059.45 |
| 营业总成本 | 1 344 719.45 | 1 364 520.17 | 1 410 526.52 | 1 428 958.78 | 1 231 774.02 |
| 营业成本 | 667 196.33 | 577 202.94 | 661 041.09 | 801 572.44 | 689 541.13 |
| 毛利率 | 69.20% | 72.53% | 73.26% | 70.53% | 66.12% |
| 营业税金及附加 | 178 467.57 | 151 723.64 | 184 903.00 | 200 570.42 | 160 164.41 |
| 营业税金及附加率 | 8.24% | 7.22% | 7.48% | 7.37% | 7.87% |
| 销售费用 | 356 806.14 | 430 889.74 | 338 217.70 | 225 896.63 | 206 999.14 |
| 销售费用率 | 16.47% | 20.51% | 13.68% | 8.30% | 10.17% |
| 管理费用 | 212 880.57 | 204 702.85 | 226 363.79 | 200 918.43 | 175 068.50 |
| 管理费用率 | 9.83% | 9.74% | 9.16% | 7.39% | 8.60% |
| 总费用率 | 34.54% | 37.47% | 30.32% | 23.06% | 26.64% |
| 息税前营业利润 | 747 998.13 | 736 013.83 | 1 060 832.53 | 1 290 876.99 | 802 041.06 |
| 企业自由现金流 | 566 502.79 | 545 628.78 | 773 003.90 | 954 476.52 | 598 428.49 |
| 自由现金流增长率 | 3.83% | −29.41% | −19.01% | 59.50% | 34.22% |
| 息税前利润 | 755 538.25 | 735 814.06 | 1 067 133.02 | 1 297 735.11 | 807 765.49 |
| 息税前投入资本回报率 | 16.95% | 18.18% | 28.77% | 40.68% | 34.13% |
| 减：财务费用 | −73 211.14 | −65 777.56 | −82 687.97 | −78 958.60 | −47 658.74 |
| 税前利润 | 828 749.39 | 801 591.62 | 1 149 820.99 | 1 376 693.71 | 855 424.23 |
| 减：所得税 | 187 700.96 | 195 770.12 | 292 486.41 | 340 293.24 | 210 557.65 |
| 净利润 | 641 048.43 | 605 821.50 | 857 334.58 | 1 036 400.47 | 644 866.58 |
| 净利润现金含量 | 1.04 | 0.13 | 0.17 | 0.84 | 1.48 |

表 16-10 五粮液的经营活动现金流和自由现金流

单位：万元

| 项　　目 | 2015-12-31 | 2014-12-31 | 2013-12-31 | 2012-12-31 | 2011-12-31 |
|---|---|---|---|---|---|
| 经营活动产生的现金流量净额 | 669 106.84 | 79 456.56 | 145 891.08 | 874 966.71 | 953 302.29 |
| 现金流量表的企业自由现金流（1）可用于支付利息、扩张规模、股东分红 | 607 060.82 | 12 165.67 | 77 545.51 | 804 243.29 | 876 981.61 |

### 7. 五粮液的问题

问题一是五粮液集团太大。大的坏处是，守着这么好的资产，难免会有其他心思，想把钱用到别的地方去。比如茅台很赚钱，但是领导出事了。领导出事是什么意思？意思就是没有给股东好好干活。

问题二是拿在手里的钱太多，但是没什么好投资的，降低了股东的收益率。按我的看法，应该加大分红比例，最好分掉 200 亿元，但是估计这不太可能。

让我们静等五粮液回到买入价格吧。

## 16.4　30 元的上海家化值不值得买（2016 年 4 月 12 日）

写在前面的话：所有的分析，都是基于我自己设计的自由现金流模型。有人说我发的文章都比较晚，是怕写错了，比如股价下跌，影响名声。多虑了。我跟大家交流的是一种逻辑、一种投资的哲学。道不同不相为谋，不喜欢我写的东西的人，可以不关注我。逻辑对错与否，大家自行判断。大家赚了钱，跟我没关系；亏了钱，也跟我没关系。长期而言，我写的东西不会让人失望，但是短期有可能忍受负面的结果。世间一切，除了时间，皆是虚幻。时间才能够证明一切。

在我关注的公司名单中，前期列出了小天鹅、苏泊尔、五粮液和白云机场，并对苏泊尔和五粮液按照我自己设计的自由现金流模型做出了我个人的价值判断。今天来看看另外一家我也比较感兴趣的公司（本人在 29.6 元有少量买入）。

### 1. 关注的理由：行业

我国的家化行业，是否可以产生一个千亿元市值的公司？宝洁的市值是 2 250.73 亿美元！上海家化是 200 亿元人民币出头。中国的人口是否可以撑起一个千亿元市值的家化类公司？至少，从市场空间和潜力来说，应该没问题。但没问题，就是有问题。上海家化 2015 年扣除卖掉子公司的投资收益，经营利润在 6 亿元左右，跟世界巨头差得太远了（见表 16-11）。一句话适合上海家化：巨大的市场空间内一家幼小的公司！

表 16-11　上海家化同行业公司

| 公　　司 | 2015 年净利润 | 约合人民币 |
| --- | --- | --- |
| 宝洁 | 84.91 亿美元 | 553.3 亿元 |

(续)

| 公　司 | 2015 年净利润 | 约合人民币 |
|---|---|---|
| 联合利华 | 52.6 亿欧元 | 382.6 亿元 |
| 欧莱雅 | 34.9 亿欧元 | 253.8 亿元 |
| 雅诗兰黛 | 11.8 亿美元 | 76.9 亿元 |
| 拜尔斯道夫 | 6.71 亿欧元 | 48.7 亿元 |
| 爱茉莉太平洋 | 6 739 亿美元 | 37.1 亿元 |
| 科蒂 | 3.1 亿美元 | 20.2 亿元 |
| 资生堂 | 232 亿日元 | 13.4 亿元 |

### 2. 现在的投资决定公司的未来：上海家化投资活动分析

这 5 年，上海家化并没有如人们预期的那样进行规模扩张。在某种程度上，在被平安收购后，上海家化反而有所收缩。对于平安和现在的管理层来说，在万众瞩目下，要做到真正有所发展，压力是非常大的。

如表 16-12 所示，上海家化在过去的 5 年并没有通过并购进行扩张（净合并额很少，甚至是负数，不仅没有并购，反而在出售子公司），也没有通过自己建工厂来扩张（购建长期资产减去处置长期资产的净投资额不大，如果扣除折旧，则扩大生产能力的新投资额更少）。因此，从过去 5 年来看，上海家化很难在接下来的日子里有爆发式增长，除非上海家化在 2016 年、2017 年进行大规模的并购活动。但能否找到合适的并购标的，很难说。

### 3. 上海家化的资产质量

2015 年 12 月 31 日，上海家化金融资产为 50 亿元（银行存款和理财资金），其中很大一部分是出售天江药业股权的资金收回。拿那么多钱在手里，不怕烫手吗？如果没有好的投资项目，卖掉股权干什么？并且天江药业的股权投资收益率每年都不低于 20%，这么好的资产上哪里去找啊？董事会怎么做决策的，现金拿手里，不怕贬值吗？人家置换房子还知道先找好新房子，再考虑卖出旧房子。

上海家化的经营资产中，用于存货、应收款项和应付款项周转的资金是负数，说明它占用了下游经销商的资金；用于生产产品的厂房、土地、设备的账面价值在 9 亿元左右，增加较多，是厂房搬迁引起的。

上海家化的当务之急是，赶快找到好项目把金融资产转换成好公司的股权。

表 16-12　上海家化投资活动现金流

金额单位：万元

| 投资活动产生的现金流量 | 2015-12-31 | 2014-12-31 | 2013-12-31 | 2012-12-31 | 2011-12-31 |
| --- | --- | --- | --- | --- | --- |
| 处置固定资产、无形资产和其他长期资产收回的现金净额 | 1 421.01 | 208.75 | 78.64 | 227.31 | 84.63 |
| 处置子公司及其他营业单位收到的现金净额 | 191 688.81 | 720.43 | 0.00 | -612.10 | 0.00 |
| 购建固定资产、无形资产和其他长期资产支付的现金 | 49 446.39 | 9 928.88 | 15 765.76 | 13 451.67 | 9 079.93 |
| 净投资额 | 48 025.38 | 9 720.13 | 15 687.12 | 13 224.36 | 8 995.30 |
| 新投资额 | 37 870.62 | -293.60 | 5 459.76 | 2 867.34 | -3 091.60 |
| 新投资额比例 | 47.39% | -0.66% | 11.77% | 7.21% | -7.83% |
| 取得子公司及其他营业单位支付的现金净额 | 0.00 | 0.00 | 0.00 | 0.00 | 6 700.83 |
| 净合并额 | -191 688.81 | -720.43 | 0.00 | 612.10 | 6 700.83 |
| 净资本支出 | -143 663.43 | 8 999.70 | 15 687.12 | 13 836.46 | 15 696.13 |
| 净新资本支出 | -153 818.19 | -1 014.03 | 5 459.76 | 3 479.44 | 3 609.23 |
| 总投资额 | -13 594.05 | -34 675.29 | 44 407.60 | 20 362.07 | 22 387.17 |

### 4. 上海家化的收入、成本费用

收入增长速度下降，成本费用增长速度超过收入增长速度，从数据来看不太好。

### 5. 上海家化的自由现金流

经营活动现金流净额和自由现金流都大幅下滑。2015 年自由现金流为 4 亿元，最近 5 年平均为 6 亿元。

### 6. 30 元的上海家化到底值不值得买

最近的数据显示，上海家化在被平安收购后并非一帆风顺，现在财务业绩反而下滑，新管理层面临重大考验。在新管理层能证明他们可以引领公司重新走上增长的轨道之前，任何增长率的假设都过于乐观。因此，我们只假设新管理层能止住下滑，维持最近 5 年的平均水平自由现金流，则经营类资产的价值在 75 亿元左右，加上 50 亿元的金融资产和 1 亿元的子公司股权投资，公司价值在 126 亿元左右，则股票估值在 20 元左右。目前 30 元的股价，并不是一个合适的买入价格。

上述结论存在的变数，是上海家化接下来进行大规模并购可能带来的影响。但是在不知道并购标的之前，我们不能对并购过于乐观。

到目前为止，上海家化是一家让人失望的公司。

## 16.5　是否应该买入 4.5 元以下的中国石化（2016 年 4 月 19 日）

受累于油价下跌，中国石化的股价从 2007 年 11 月的高点 21 元下跌后，再也未能恢复当初的无限风光，目前股价低于 5 元。那么中国石化目前的价格是否可以考虑买入呢？

首先，我要说明的一点是：投资风格因人而异，有些投资者不喜欢大盘股。对我而言，无所谓大盘股、小盘股，只要是价格远低于价值、具备安全边际的股票，我都喜欢。再直白一点儿，只要是能让我赚钱的股票，我都喜欢。

简要解释一下自由现金流的概念。它的学术定义请大家在网上先自己搜索一下，要学习，别怕麻烦。我给大家讲讲它通俗的解释：自由现金流是公司在资本保全的前提下赚到手的钱（现金利润），是可以用于支付利息、给股东分红、扩大公司生产规模的钱，是可以随意花的钱。打个比方，你一个月的现金收入是 1 万元，但是要还按揭贷款 2 800 元，孩子教育费 2 200 元，扣掉这些必须花的钱以后，剩下的 5 000 元才是你的自由现金流。你可以随意支配，爱喝酒喝酒，爱旅游旅游。

为什么在对公司进行价值判断时，我要强调现金的概念？因为现金的计算采用收付实现制，必须有真实的现金流入和流出，企业造假相对难一些（会不会造假？也有，比如绿大地），因此比较真实；利润采用权责发生制，涉及很多人为的调整。我们要牢记：所谓赚钱，是在本金安全的前提下，投入现金，收回更多的现金——风险得到控制下的现值最大化。

闲话不多说，言归正传。

### 1. 人类能否离开石油，石化的价格波动能否预测

一家好公司应该拥有定价权，让人离不开。

不过，中国石化并不拥有定价权。它与中国盐业、国家电网、城市供水等一样，由于涉及国计民生，因此政府会有价格管制。

拥有定价权还不够，还必须具备第二个因素：离不开。如果产品的定价过高，那么消费者可以选择不消费或者少消费。

人类能否离开石油？至少我觉得在看得到的未来，人类应该是离不开石油的。

上述两个因素中，中国石化具备了一个：离不开。但是，它没有定价权。

由于没有定价权，因此研究石油价格的波动就成了判断中国石化价值的重点。不过，出于国家能源安全战略，政府在研究"地板价"政策，以保证中国石化的定价维持在一定的盈利水平之上。这也是中国特色市场经济的优势之一，国际油价涨时我们跟着涨，国际油价跌到一定程度时我们采用"地板价"。2015年中国石化年报中的原文如下：

2015年，境内成品油市场需求增速进一步放缓。据统计，表观消费量（包括汽油、柴油和煤油）为2.76亿吨，同比增长1.2%。其中，汽油需求同比增长7.0%，煤油需求同比增长9.3%，柴油需求同比下降3.7%。境内成品油价格随国际原油价格走势随时调整。境内提高了成品油消费税并研究出台成品油"地板价"政策。

因此，离不开、地板价，构成了对中国石化进行价值判断的重要基础假设。在上述假设中，我认为最大的不确定性是离不开：新能源是否会大比例替代石油？电动汽车是否会在未来10～20年无比迅猛地发展？

### 2. 中国石化的投资活动现金流

如表16-13所示，最近5年，由于油价下跌，公司的资本性支出逐步缩减，并且在接下来的时间内，预计资本性支出将越来越接近于折旧摊销的金额，即保证目前的生产经营规模稳定，不会大幅新增产能。

### 3. 中国石化的筹资活动和资本结构

如表16-14所示，最近5年，公司的借入款项和偿还债务的金额基本接近。2015年混改吸收投资，收到的现金为1 054亿元。筹资活动除此之外比较稳定。

第16章 我的投资实战

表16-13 中国石化的投资活动现金流

金额单位：万元

| 投资活动的现金流量 | 2015-12-31 | 2014-12-31 | 2013-12-31 | 2012-12-31 | 2011-12-31 |
|---|---|---|---|---|---|
| 收回投资收到的现金 | 335 300.00 | 387 400.00 | 419 800.00 | 138 400.00 | 303 900.00 |
| 取得投资收益收到的现金 | 311 100.00 | 231 200.00 | 149 600.00 | 242 900.00 | 296 100.00 |
| 处置固定资产、无形资产和其他长期资产收回的现金净额 | 45 400.00 | 102 000.00 | 155 000.00 | 32 500.00 | 121 600.00 |
| 处置子公司及其他营业单位收到的现金净额 | 0.00 | 0.00 | 0.00 | 0.00 | 0.00 |
| 收到其他与投资活动有关的现金 | 612 600.00 | 206 600.00 | 249 900.00 | 125 400.00 | 158 400.00 |
| 投资活动现金流入差额（特殊报表科目） | 0.00 | 0.00 | 0.00 | 487 000.00 | 1 006 200.00 |
| 投资活动现金流入小计 | 1 304 400.00 | 927 200.00 | 974 300.00 | 1 026 200.00 | 1 886 200.00 |
| 购建固定资产、无形资产和其他长期资产支付的现金 | 10 265 700.00 | 12 438 100.00 | 15 494 600.00 | 15 814 800.00 | 14 281 300.00 |
| 净投资额 | 10 220 300.00 | 12 336 100.00 | 15 339 600.00 | 15 782 300.00 | 14 159 700.00 |
| 新投资额 | 511 400.00 | 3 164 200.00 | 7 130 500.00 | 8 738 300.00 | 7 853 500.00 |
| 新投资额比例 | 0.52% | 3.23% | 7.85% | 10.60% | 10.77% |
| 投资支付的现金 | 2 333 200.00 | 1 385 500.00 | 3 348 700.00 | 1 024 600.00 | 748 800.00 |
| 取得子公司及其他营业单位支付的现金净额 | 8 900.00 | 253 200.00 | 0.00 | 0.00 | 0.00 |
| 支付其他与投资活动有关的现金 | 391 800.00 | 113 700.00 | 5 000.00 | 514 700.00 | 0.00 |
| 投资活动现金流出差额（特殊报表科目） | 0.00 | 0.00 | 0.00 | 0.00 | 956 900.00 |
| 投资活动现金流出小计 | 12 999 600.00 | 14 190 500.00 | 18 848 300.00 | 17 354 100.00 | 15 987 000.00 |
| 投资活动产生的现金流量净额 | −11 695 200.00 | −13 263 300.00 | −17 874 000.00 | −16 327 900.00 | −14 100 800.00 |
| 净合并额 | 8 900.00 | 253 200.00 | 0.00 | 0.00 | 0.00 |
| 净资本支出 | 10 229 200.00 | 12 589 300.00 | 15 339 600.00 | 15 782 300.00 | 14 159 700.00 |
| 净新资本支出 | 520 300.00 | 3 417 400.00 | 7 130 500.00 | 8 738 300.00 | 7 853 500.00 |
| 总投资额 | 9 166 800.00 | 9 666 600.00 | 14 210 400.00 | 15 768 200.00 | 15 096 900.00 |

表 16-14 中国石化的筹资活动现金流

金额单位：万元

| 筹资活动产生的现金流量 | 2015-12-31 | 2014-12-31 | 2013-12-31 | 2012-12-31 | 2011-12-31 |
| --- | --- | --- | --- | --- | --- |
| 吸收投资收到的现金 | 10 547 700.00 | 412 800.00 | 3 210 200.00 | 147 400.00 | 11 700.00 |
| 其中：子公司吸收少数股东投资收到的现金 | 10 547 700.00 | 412 000.00 | 1 269 600.00 | 147 400.00 | 11 700.00 |
| 取得借款收到的现金 | 109 024 100.00 | 112 844 700.00 | 114 289 000.00 | 85 031 700.00 | 53 639 700.00 |
| 收到其他筹资活动有关的现金 | 0.00 | 0.00 | 0.00 | 0.00 | 0.00 |
| 发行债券收到的现金 | 0.00 | 0.00 | 0.00 | 8 000 000.00 | 500 000.00 |
| 筹资活动现金流入差额（特殊报表科目） | 0.00 | 0.00 | 0.00 | 0.00 | 2 288 900.00 |
| 筹资活动现金流入差额（合计平衡项目） | 0.00 | 0.00 | 0.00 | 0.00 | 0.00 |
| 筹资活动现金流入小计 | 119 571 800.00 | 113 257 500.00 | 117 499 200.00 | 93 179 100.00 | 56 440 300.00 |
| 偿还债务支付的现金 | 115 283 700.00 | 111 448 100.00 | 110 545 700.00 | 82 006 700.00 | 53 266 700.00 |
| 分配股利、利润或偿付利息支付的现金 | 3 357 100.00 | 3 949 400.00 | 3 796 700.00 | 3 463 700.00 | 2 818 000.00 |
| 其中：子公司支付给少数股东的股利、利润 | 121 200.00 | 167 400.00 | 134 600.00 | 0.00 | 181 200.00 |
| 支付其他筹资活动有关的现金 | 0.00 | 2 100.00 | 4 900.00 | 0.00 | 0.00 |
| 筹资活动现金流出差额（特殊报表科目） | 0.00 | 0.00 | 0.00 | 7 145 900.00 | 607 200.00 |
| 筹资活动现金流出差额（合计平衡项目） | 0.00 | 0.00 | 0.00 | 0.00 | 0.00 |
| 筹资活动现金流出小计 | 118 640 800.00 | 115 399 600.00 | 114 347 300.00 | 92 616 300.00 | 56 691 900.00 |
| 筹资活动产生的现金流量净额差额（合计平衡项目） | 0.00 | 0.00 | 0.00 | 0.00 | 0.00 |
| 筹资活动产生的现金流量净额 | 931 000.00 | −2 142 100.00 | 3 151 900.00 | 562 800.00 | −251 600.00 |

筹资活动决定了中国石化的资本结构（见表 16-15）。中国石化的有息债务率占投入资本的比例基本在 30% 左右，2015 年混改吸收投资的资金偿还了部分债务，因此有息债务率略降。有息债务率的资本成本在税前为 3% 左右（债务资本成本 = 债务资金应支付的利息 – 债务资金带来的利息收入），因此具有比较明显的债务低成本优势。

### 4. 中国石化的资产结构和营运效率

如表 16-16 所示，中国石化的周转性经营投入为负数，2015 年为 –1 160 亿元，因为应付款项和预收款项的金额大于"应收款项 + 预付款项 + 存货"的金额。也就是说，通过欠上游供应商的资金和占用下游客户的资金，中国石化不仅可以解决生产经营所需的资金，还可以产生巨额的长期资金沉淀。

2015 年年底，中国石化的金融资产为 789 亿元，长期营运资产与 2014 年很接近，为 10 092 亿元。由于投资活动收缩，预计未来长期营运资产不会出现大幅增长（在建工程转固定资产的金额很接近每年的折旧摊销）。

金融资产 + 周转性经营投入 + 长期营运资产 + 长期股权投资 =10 550 亿元的投入资本

在我们的分析中，标准资产负债表中的负债按是否需要支付利息划分为经营负债和有息债务。应付账款等经营负债来自经营活动，和应收账款、存货等经营资产一起，作为周转性经营投入来进行管理，构成资产结构的一部分进行分析决策。有息债务来自筹资活动，取决于企业的筹资决策。我们将需要支付资本成本的资金总和定义为投入资本，通俗地说，就是企业做生意时需要募集的本金，这部分本金需要给予资金提供方一定的预期回报。

### 5. 中国石化资产结构和资本结构的管理

如表 16-17 所示，从中国石化的简化结构可以看出，它基本采用匹配的资本结构和资产结构管理，用长期资金来源满足长期资产的资金需求，用短期资金来源满足短期的资金需求。匹配策略是财务风险较低的一种策略。

### 6. 中国石化的盈利能力

如表 16-18 所示，由于成品油价格调价幅度小于原油价格下跌幅度，因此中国石化的毛利率在上升，但是这部分收益因消费税上调而上缴了。

表 16-15  中国石化的资本结构

金额单位：万元

| 资本结构 | 2015-12-31 | 2014-12-31 | 2013-12-31 | 2012-12-31 | 2011-12-31 |
|---|---|---|---|---|---|
| 短期债务 | 11 600 600.00 | 17 857 800.00 | 16 387 000.00 | 11 598 200.00 | 8 037 300.00 |
| 短期借款 | 7 472 900.00 | 16 668 800.00 | 10 812 100.00 | 7 022 800.00 | 3 698 500.00 |
| 应付利息 | 0.00 | 0.00 | 0.00 | 0.00 | 0.00 |
| 交易性金融负债 | 0.00 | 0.00 | 0.00 | 0.00 | 0.00 |
| 划分为持有待售的负债 | 0.00 | 0.00 | 0.00 | 0.00 | 0.00 |
| 一年内到期的非流动负债 | 1 127 700.00 | 1 189 000.00 | 4 574 900.00 | 1 575 400.00 | 4 338 800.00 |
| 应付短期债券 | 3 000 000.00 | 0.00 | 1 000 000.00 | 3 000 000.00 | 0.00 |
| 长期债务 | 13 974 600.00 | 15 093 200.00 | 14 559 500.00 | 16 211 600.00 | 15 445 700.00 |
| 长期借款 | 5 649 300.00 | 6 742 600.00 | 4 645 200.00 | 4 026 700.00 | 5 432 000.00 |
| 应付债券 | 8 325 300.00 | 8 350 600.00 | 9 913 800.00 | 12 184 900.00 | 10 013 700.00 |
| 长期应付款 | 0.00 | 0.00 | 0.00 | 0.00 | 0.00 |
| 有息债务 | 25 575 200.00 | 32 951 000.00 | 30 946 000.00 | 27 809 800.00 | 23 483 000.00 |
| 有息负债率 | 24.24% | 33.35% | 32.89% | 33.40% | 31.40% |
| 债务的资金成本率（需自己计算） | 3.53% | 2.92% | 2.03% | 3.53% | 2.79% |
| 资产负债率 | 45.56% | 55.41% | 54.93% | 55.86% | 54.91% |
| 其他资金来源（政府补助等） | 1 367 300.00 | 1 154 900.00 | 818 700.00 | 381 100.00 | 343 600.00 |
| 专项应付款 | 0.00 | 0.00 | 0.00 | 0.00 | 0.00 |
| 其他非流动负债 | 1 367 300.00 | 1 154 900.00 | 818 700.00 | 381 100.00 | 343 600.00 |
| 递延收益 | 0.00 | 0.00 | 0.00 | 0.00 | 0.00 |
| 所有者权益合计 | 78 562 300.00 | 64 709 500.00 | 62 326 000.00 | 55 060 100.00 | 50 952 500.00 |

表 16-16　中国石化的资产结构

金额单位：万元

| 资产结构 | 2015-12-31 | 2014-12-31 | 2013-12-31 | 2012-12-31 | 2011-12-31 |
|---|---|---|---|---|---|
| 金融资产（按账面价值计算） | 7 888 300.0 | 1 096 800.0 | 1 510 100.0 | 1 086 400.0 | 2 519 700.0 |
| 净金融资产 | −17 686 900.00 | −31 854 200.00 | −29 435 900.00 | −26 723 400.00 | −20 963 300.00 |
| 长期股权投资 | 8 297 000.00 | 8 059 300.00 | 7 707 800.00 | 5 206 100.00 | 4 745 800.00 |
| 周转性经营投入 | −11 597 400.00 | −10 535 000.00 | −7 612 300.00 | −6 483 100.00 | −6 469 000.00 |
| 周转性经营投入变动 | −1 062 400.00 | −2 922 700.00 | −1 129 200.00 | −14 100.00 | 937 200.00 |
| 长期经营资产 | 100 916 900.00 | 100 194 300.00 | 92 485 100.00 | 83 441 600.00 | 73 982 600.00 |
| 长期经营资产增长率 | 0.72% | 8.34% | 10.84% | 12.79% | 9.46% |
| 营业收入增长率 | −28.56% | −1.89% | 3.38% | 11.19% | 30.97% |
| 固定资产 | 73 257 700.00 | 70 348 500.00 | 66 959 500.00 | 58 896 900.00 | 56 593 600.00 |
| 固定资产增加额 | 2 909 200.00 | 3 389 000.00 | 8 062 600.00 | 2 303 300.00 | 2 523 600.00 |
| 固定资产增长率 | 4.14% | 5.06% | 13.69% | 4.07% | 4.67% |
| 固定资产周转率 | 2.76 | 4.02 | 4.30 | 4.73 | 4.43 |
| 在建工程 | 15 227 600.00 | 17 766 700.00 | 16 063 000.00 | 16 897 700.00 | 11 131 100.00 |
| 营运资产总额 | 89 319 500.00 | 89 659 300.00 | 84 872 800.00 | 76 958 500.00 | 67 513 600.00 |
| 投入资本 | 105 504 800.00 | 98 815 400.00 | 94 090 700.00 | 83 251 000.00 | 74 779 100.00 |

表 16-17　中国石化的资产结构和资本结构

| 资产 | | | 债务和股东权益 | |
|---|---|---|---|---|
| 金融资产 | | 现金<br>现金等价物<br>其他金融资产 789 亿元 | • 短期借款 1 160 亿元<br>• 长期借款 1 397 亿元 | 资本来源结构以及资本的长短期结构体现财务风险 |
| 长期股权投资 | | 长期股权投资 830 亿元 | | |
| 经营资产及经营风险 | 营运周期和现金周期体现管理周期及短期经营风险 | **营运资产**：营运现金、应收账款、应收票据、存货、预付款项等<br>减：**营运负债**：预收款项、应付账款、应付职工薪酬等<br>＝营运资本需求 −1 160 亿元 | • 股东权益 7 856 亿元<br>• 其他非流动负债 137 亿元 | |
| | 长期资产周转率体现长期资产回收风险 | 长期资产：固定资产、无形资产、在建工程<br>10 092 亿元 | | |

表 16-18 中国石化的盈利能力分析

金额单位：万元

| 项目 | 2015-12-31 | 2014-12-31 | 2013-12-31 | 2012-12-31 | 2011-12-31 |
|---|---|---|---|---|---|
| 营业总收入 | 201 888 300.00 | 282 591 400.00 | 288 031 100.00 | 278 604 500.00 | 250 568 300.00 |
| 收入现金含量 | 1.14 | 1.11 | 1.12 | 1.16 | 1.15 |
| 营业总收入增长率 | -28.56% | -1.89% | 3.38% | 11.19% | 30.97% |
| 营运资产增长率 | 0.72% | 3.23% | 7.85% | 10.60% | 10.77% |
| 营业总成本 | 197 611 000.00 | 313 389 000.21 | 318 891 400.26 | 308 041 700.36 | 279 711 400.62 |
| 成本付现率 | 90.38% | 84.43% | 86.15% | 90.14% | 87.24% |
| 营业成本 | 159 277 100.00 | 242 901 700.00 | 245 704 100.00 | 237 223 500.00 | 209 319 900.00 |
| 营业成本变动率 | -34.43% | -1.14% | 3.57% | 13.33% | 36.18% |
| 毛利 | 42 611 200.00 | 39 689 700.00 | 42 327 000.00 | 41 381 000.00 | 41 248 400.00 |
| 毛利率 | 21.11% | 14.04% | 14.70% | 14.85% | 16.46% |
| 营业税金及附加 | 23 634 300.00 | 19 120 200.00 | 19 067 200.00 | 18 848 300.00 | 18 994 900.00 |
| 营业税金及附加率 | 11.71% | 6.77% | 6.62% | 6.77% | 7.58% |
| 销售费用 | 4 687 200.00 | 4 627 400.00 | 4 435 900.00 | 4 029 900.00 | 3 839 900.00 |
| 销售费用率 | 2.32% | 1.64% | 1.54% | 1.45% | 1.53% |
| 管理费用 | 7 188 100.00 | 7 050 000.00 | 7 357 200.00 | 6 559 500.00 | 6 308 300.00 |
| 管理费用率 | 3.56% | 2.49% | 2.55% | 2.35% | 2.52% |
| 总费用率 | 17.59% | 10.90% | 10.71% | 10.57% | 11.63% |
| 资产减值损失 | 876 700.00 | 683 900.00 | 404 400.00 | 790 600.00 | 581 100.00 |
| 其他业务成本（金融类） | 0.00 | 0.00 | 0.00 | 0.00 | 0.00 |
| 加：对联营企业和合营企业的股权投资收益 | 0.00 | 0.00 | 0.00 | 0.00 | 0.00 |

| 项目 | | | | |
|---|---|---|---|---|
| 加：营业外收入 | 694 500.00 | 471 000.00 | 348 100.00 | 457 300.00 | 341 100.00 |
| 减：营业外支出 | 306 700.00 | 371 000.00 | 295 200.00 | 239 200.00 | 173 900.00 |
| 其中：非流动资产处置净损失 | 0.00 | 0.00 | 0.00 | 0.00 | 0.00 |
| 公允价值变动净收益 | 73 500.00 | −415 100.00 | 216 700.00 | 20 600.00 | 142 300.00 |
| 短期投资收益 | 857 300.00 | 813 700.00 | 251 000.00 | 154 000.00 | 418 600.00 |
| 汇兑净收益 | 0.00 | 0.00 | 0.00 | 0.00 | 0.00 |
| 息税前利润 | 7 543 500.00 | 8 706 800.00 | 11 582 900.00 | 11 545 900.00 | 12 252 300.00 |
| 息税前投入资本回报率 | 7.15% | 8.81% | 12.31% | 13.87% | 16.38% |
| 减：财务费用 | 901 700.00 | 961 800.00 | 627 400.00 | 981 900.00 | 654 400.00 |
| 债务成本率 | 3.53% | 2.92% | 2.03% | 3.53% | 2.79% |
| 税前利润 | 6 641 800.00 | 7 745 000.00 | 10 955 500.00 | 10 564 000.00 | 11 597 900.00 |
| 减：所得税费用 | 1 261 300.00 | 1 757 100.00 | 2 560 500.00 | 2 369 600.00 | 2 577 400.00 |
| 实际所得税税率 | 18.99% | 22.69% | 23.37% | 22.43% | 22.22% |
| 净利润 | 5 380 500.00 | 5 987 900.00 | 8 395 000.00 | 8 194 400.00 | 9 020 500.00 |
| 销售净利率 | 2.67% | 2.12% | 2.91% | 2.94% | 3.60% |
| 净利润现金含量 | 3.08 | 2.48 | 1.81 | 1.75 | 1.68 |

### 7. 中国石化的自由现金流

中国石化的自由现金流如表 16-19 所示。

**表 16-19　中国石化的自由现金流**

单位：万元

| 项　目 | 2015-12-31 | 2014-12-31 | 2013-12-31 | 2012-12-31 | 2011-12-31 |
|---|---|---|---|---|---|
| 经营活动产生的现金流量净额 | 16 581 800.00 | 14 834 700.00 | 15 189 300.00 | 14 346 200.00 | 15 118 100.00 |
| 教科书自由现金流 | 4 886 600.00 | 1 571 400.00 | -2 684 700.00 | -1 981 700.00 | 1 017 300.00 |
| 现金流量表的企业自由现金流 | 6 434 550.00 | 5 320 850.00 | 6 778 000.00 | 6 906 900.00 | 8 521 350.00 |

### 8. 仅供参考的分析结论

基于历史数据提供的假设，以及未来分析提供的基础，尤其是地板价的假设，2015 年应该是比较差的年份。作为一体化的能源公司，如果国内成品油价格不再下调，如表 16-20 所示，以 2015 年的自由现金流为基准，以 8% 的资金回报率进行贴现，则中国石化每股的内在价值为 6.46 元左右。考虑到地板价的保护，如果国际油价可能上涨带来期权价值，则在中国石化股价低于 4.5 元时，应该可以买入；如果低于 4 元，则从价值的角度，可以积极买入并等待价值的回归。

**表 16-20　中国石化的每股内在价值（零增长假设）**

金额单位：万元

| 零增长假设下估值 | |
|---|---|
| （1）以最近 6 年的自由现金流为基数 | 6 995 833.33 |
| （2）折现率 | 7.42% |
| （3）营运类资产的价值（=（1）/（2）） | 94 283 468.06 |
| （4）加：金融资产和长期股权投资 | 18 764 800.00 |
| （5）减：公司债务 | 20 446 500.00 |
| （6）公司价值（=（3）+（4）-（5）） | 91 916 682.75 |
| （7）少数股东比例 | 14.85% |
| （8）归属于上市公司股东的价值（=（6）×（1-（7））） | 78 850 405.50 |
| （9）股本（万股） | 12 107 121.00 |
| （10）每股内在价值（元)(=（8）/（9）） | 6.51 |

注：表中的数据"金融资产和长期股权投资""公司债务"均取自做分析时能得到的最新数据，而非 2015 年年报的数字。考虑到中国石化的信用评级，折现率略做了调整。最近 6 年的自由现金流与微信公众号文章数字略有差异，此处做了更准确的调整。表中数据在计算过程中有四舍五入。

## 16.6 我为什么看好白云机场（2016年5月10日）

我是从2015年"沪港通"后开始关注白云机场的。"沪港通"后，上海证券交易所的上海机场涨势很猛，最高到了40多元，现在还在30元左右（按照很多基金的评价方法：比起大盘5 000多点到现在的点位，跑赢大盘了）。当然，我们追求的是绝对盈利，而不是相对盈利，用比大盘跌得少来安慰自己，是需要有阿Q精神的。为什么上海机场会引起"沪港通"资金的关注？这一定有什么理由。因此，我分析了以下机场类的公司，其中就包括白云机场。

主要观点：机场类公司不会帮助我们股东获得暴利，但是机场类公司的好处是经营比较稳定，现金流非常好。简单点说，机场就是收取租金的公司，折旧摊销收回的现金多数无须再次投入用于设备更新，因此机场的赚钱能力，远比利润表里显示的利润要高。

好了，还是按照我的分析框架来给大家看看白云机场到底值多少钱吧。

### 16.6.1 行业分析

#### 1. 机场是高壁垒行业

机场是高壁垒行业，几乎不会有新进入者。对于枢纽机场，高铁分流人数小于高铁带来的新增旅客数（尤其是实现高铁航空联运后）。

#### 2. 机场的收费受到管制

机场和高速公路类似，通过即需缴纳费用。费用受到政府管制但相对固定，受经济周期影响相对较小，抗风险能力较强。

#### 3. 一次投入长期收益

航站楼和跑道的使用寿命保守估计长达35年，造价合理的机场往往10年内便能收回成本。其后20余年，不仅现金流远好于净利润（大量折旧），收费还能随着通货膨胀持续提高。

#### 4. 过去及可预见的未来将保持增长

随着出境游增多，高铁、航空联运增多，枢纽航空的地位、人流量和收入都将不断提高。出境游基本依靠飞机。高铁行驶时间超过4小时，或距离超过1 000

公里，旅客仍倾向于选择飞机出行。旅客增多、航班增多，造成航空性收入和非航收入双增长。国际航线收费比国内航线高50%，出境游旅客可支配收入更高，机场收入结构更好。

在可预见的未来，枢纽机场的增长还是比较乐观的。

### 16.6.2 白云机场未来情况

#### 1. 政府规划

《广东省人民政府办公厅关于进一步加快民航业发展的意见》：

> 将广州白云国际机场建设成为我国三大国际航空枢纽之一，进一步强化广州白云国际机场对中南地区机场群的龙头带动作用。构建以广州白云国际机场为中心的国际中转航线网络……不断提高中转旅客比例，争取到2020年达到15%以上……通过城际轨道与高铁枢纽车站的连接，打造空铁联运综合交通枢纽。

> 到2020年，白云机场年旅客吞吐量将超过8 000万人次。完善白云机场与高铁、城际轨道、城市轨道、专用轻轨、高速公路、城市道路等多种交通方式衔接。①高速公路：形成以机场为核心的"二横三纵"高速公路格局。②城际轨道：除现有地铁三号线外，引入广佛环城际、穗莞深城际、广清城际3条城际轨道交通，串接T1、T2航站楼和远期规划的T3航站楼（和白云机场T2航站楼同步完工）。③城市轨道：建设从广州站经广州北站至机场的直达快线。

#### 2. 公司规划

白云机场运力严重不足，如图16-1所示。

白云机场公告了其扩建方案，扩建后机场的设计容量达到8 000万人。白云机场的扩建费用为170亿元（含第三跑道费用）。白云机场扩建的经济性比较如表16-21所示。

### 16.6.3 公司财务数据分析

#### 1. 3年后的白云机场看现在的选择

白云机场过去5年的投资活动如表16-22所示。

图 16-1 白云机场现有运力严重不足

注：白云机场 2014 年吞吐量是设计容量的 157%，接近物理极限，短期内严重制约白云机场的发展。

表 16-21 白云机场扩建的经济性比较

| | 2020 年前主要扩建计划 | 提升容量规模（万人） | 机场工程造价（元） | 按设计容量人均造价（元） | 备注 |
|---|---|---|---|---|---|
| 广州白云机场 | T2 航站楼、第三跑道 | 4 500 | 170 亿 | 378 | |
| 上海浦东机场 | 卫星厅 | 2 000 | 201 亿 | 1 005 | |
| 北京 | 第二机场 | 7 200 | 约 500 亿 | 694 | 总投资 800 亿元，中央补贴 180 亿元，其余补贴未知 新机场与上市公司关系未知 |
| 厦门 | 新机场 | 3 000 | 约 250 亿 | 833 | 新机场与上市公司关系未知 |
| 海口美兰机场 | 新航站楼、新跑道 | 2 000 | 约 100 亿 | 500 | 机场工程 138 亿元，中央、地方各补贴 13 亿元，其余补贴未知 |

表 16-22　白云机场的投资活动现金流量

单位：万元

| 投资活动产生的现金流量 | 2015-12-31 | 2014-12-31 | 2013-12-31 | 2012-12-31 | 2011-12-31 |
|---|---|---|---|---|---|
| 收回投资收到的现金 | 0.00 | 0.00 | 0.00 | 0.00 | 0.00 |
| 取得投资收益收到的现金 | 801.32 | 741.00 | 255.20 | 585.20 | 416.24 |
| 处置固定资产、无形资产和其他长期资产收回的现金净额 | 66.62 | 93.33 | 55.80 | 27.49 | 70.95 |
| 处置子公司及其他营业单位收到的现金净额 | 0.00 | 0.00 | 0.00 | 0.00 | 0.00 |
| 收到其他与投资活动有关的现金 | 1 002.00 | 1 271.00 | 1 000.00 | 7 205.05 | 5 000.00 |
| 投资活动现金流入小计 | 1 869.94 | 2 105.33 | 1 311.00 | 7 817.75 | 5 487.19 |
| 购建固定资产、无形资产和其他长期资产支付的现金 | 316 589.13 | 9 688.48 | 8 967.75 | 36 134.44 | 84 614.19 |
| 净投资额 | 316 522.51 | 9 595.15 | 8 911.95 | 36 106.95 | 84 543.24 |
| 新投资额 | 260 314.07 | -61 369.92 | -64 273.73 | -44 186.75 | 16 822.18 |
| 新投资额比例 | 38.69% | -8.45% | -8.07% | -5.12% | 1.86% |
| 投资支付的现金 | 0.00 | 0.00 | 1 750.00 | 0.00 | 0.00 |
| 取得子公司及其他营业单位支付的现金净额 | 0.00 | 0.00 | 0.00 | 0.00 | 0.00 |
| 支付其他与投资活动有关的现金 | 0.00 | 0.00 | 0.00 | 0.00 | 0.00 |
| 投资活动现金流出小计 | 316 589.13 | 9 688.48 | 10 717.75 | 36 134.44 | 84 614.19 |
| 投资活动产生的现金流量净额 | -314 719.19 | -7 583.15 | -9 406.75 | -28 316.69 | -79 127.00 |
| 净合并额 | 0.00 | 0.00 | 0.00 | 0.00 | 0.00 |
| 净资本支出 | 316 522.51 | 9 595.15 | 8 911.95 | 36 106.95 | 84 543.24 |
| 净新资本支出 | 260 314.07 | -61 369.92 | -64 273.73 | -44 186.75 | 16 822.18 |
| 总投资额 | 281 345.96 | -5 752.70 | -14 894.06 | 36 152.96 | 151 745.31 |
| 现金自给率 | 55.26% | 2 405.07% | 2 089.96% | 634.49% | 165.57% |

注：表中数据在计算过程中有四舍五入。

在 2015 年之前，公司并没有什么投资，投资金额没有折旧摊销多（这再次验证了一旦建好就无须大量后续投入的机场经营属性）。2015 年开始扩建工程，购建长期资产支付现金 31 亿元，预计 2018 年年初建成投入使用。因此，从 2018 年开始，白云机场的运力将得到极大提升，当然，折旧摊销等成本届时也会增加。

## 2. 白云机场的资金缺口如何解决

白云机场过去 5 年的筹资活动如表 16-23 所示。

表 16-23　白云机场的筹资活动现金流量

金额单位：万元

| 筹资活动产生的现金流量 | 2015-12-31 | 2014-12-31 | 2013-12-31 | 2012-12-31 | 2011-12-31 |
|---|---|---|---|---|---|
| 吸收投资收到的现金 | 0.00 | 0.00 | 0.00 | 0.00 | 0.00 |
| 其中：子公司吸收少数股东投资收到的现金 | 0.00 | 0.00 | 0.00 | 0.00 | 0.00 |
| 取得借款收到的现金 | 0.00 | 0.00 | 0.00 | 110 000.00 | 0.00 |
| 收到其他与筹资活动有关的现金 | 1 120.00 | 2 919.00 | 0.00 | 960.00 | 0.00 |
| 发行债券收到的现金 | 0.00 | 0.00 | 0.00 | 0.00 | 150 000.00 |
| 筹资活动现金流入差额（特殊报表科目） | 0.00 | 0.00 | 0.00 | 0.00 | 0.00 |
| 筹资活动现金流入差额（合计平衡项目） | 0.00 | 0.00 | 0.00 | 0.00 | 0.00 |
| 筹资活动现金流入小计 | 1 120.00 | 2 919.00 | 0.00 | 110 960.00 | 150 000.00 |
| 偿还债务支付的现金 | 0.00 | 0.00 | 88 200.00 | 180 300.00 | 168 500.00 |
| 分配股利、利润或偿付利息支付的现金 | 33 683.01 | 42 518.01 | 42 110.27 | 50 658.11 | 40 553.89 |
| 其中：子公司支付给少数股东的股利、利润 | 333.01 | 89.44 | 1 167.57 | 744.80 | 1 999.42 |
| 支付其他与筹资活动有关的现金 | 2 119.61 | 46.34 | 1 093.15 | 255.73 | 820.28 |
| 筹资活动现金流出差额（特殊报表科目） | 0.00 | 0.00 | 0.00 | 0.00 | 0.00 |
| 筹资活动现金流出差额（合计平衡项目） | 0.00 | 0.00 | 0.00 | 0.00 | 0.00 |
| 筹资活动现金流出小计 | 35 802.62 | 42 564.34 | 131 403.42 | 231 213.83 | 209 874.17 |
| 筹资活动产生的现金流量净额差额（合计平衡项目） | 0.00 | 0.00 | 0.00 | 0.00 | 0.00 |
| 筹资活动产生的现金流量净额 | -34 682.62 | -39 645.34 | -131 403.42 | -120 253.83 | -59 874.17 |

注：表中数据在计算过程中有四舍五入。

白云机场在 2013 年之前一直在偿还以前机场建设的债务，直到 2013 年全部偿还完毕。白云机场每年都在给股东进行现金分红。

但是，2015 年开始的扩建工程需要 170 亿元资金，怎么解决呢？2015 年白云机场已经用自有资金投入 31 亿元，2016 年发债 35 亿元，加上 2015 年年底账上的 13 亿元，再加上 2016 年、2017 年的经营活动现金流累计 36 亿元左右，已经解决的资金共 115 亿元，剩余的资金缺口 55 亿元预计会通过工程建设单位垫资施工的方式解决。因工程增加的 90 亿～100 亿元负债，有望在 2023 年之前全部偿还。

### 3. 白云机场的资产和债务分析

毋庸多言，白云机场的资产质量非常好，绝对没有被高估。白云机场在 2013 年彻底偿还全部债务。2016 年开始扩建工程，将会提高债务比例。对于机场类低经营杠杆系数的公司，我个人的看法是，应该适当地使用财务杠杆，以提高股东权益回报率。

过去 5 年白云机场的股东权益回报率如表 16-24 所示。

表 16-24　白云机场的股东权益回报率

| 项　目 | 2015-12-31 | 2014-12-31 | 2013-12-31 | 2012-12-31 | 2011-12-31 |
|---|---|---|---|---|---|
| 股东权益回报率 | 13.24% | 13.05% | 11.83% | 10.57% | 10.29% |
| 息税前销售利润率 | 30.33% | 27.38% | 25.14% | 24.00% | 24.67% |
| 投入资本周转率 | 0.57 | 0.61 | 0.63 | 0.54 | 0.47 |
| 息税前投入资本回报率 | 17.16% | 16.75% | 15.73% | 13.08% | 11.69% |
| 财务成本率 | 1.03 | 1.02 | 1.00 | 0.95 | 0.93 |
| 财务杠杆率 | 1.02 | 1.02 | 1.02 | 1.15 | 1.26 |
| 所得税负担 | 73.88% | 74.65% | 73.71% | 74.11% | 74.76% |
| 股东权益回报率 | 13.24% | 13.05% | 11.83% | 10.57% | 10.29% |

### 4. 白云机场的收入、成本和费用分析

如表 16-25 所示，过去 5 年，白云机场的收入增长超过成本、费用的增长，毛利率稳步提升，费用率稳步下降。尤其是 2015 年，收入上升，成本反而下降。

表 16-25　白云机场的盈利能力分析

金额单位：万元

| 项　　目 | 2015-12-31 | 2014-12-31 | 2013-12-31 | 2012-12-31 | 2011-12-31 |
|---|---|---|---|---|---|
| 营业总收入 | 561 973.54 | 552 767.86 | 514 131.34 | 467 331.54 | 423 935.16 |
| 收入现金含量 | 1.05 | 1.05 | 1.06 | 1.02 | 0.99 |
| 营业总收入增长率 | 1.67% | 7.51% | 10.01% | 10.24% | 9.67% |
| 营运资产增长率 | 45.66% | −7.34% | −8.78% | −7.82% | −4.35% |
| 营业总成本 | 389 034.24 | 612 288.20 | 570 887.20 | 530 875.07 | 482 712.81 |
| 成本付现率 | 85.47% | 49.24% | 49.45% | 44.01% | 48.24% |
| 营业成本 | 336 617.54 | 339 268.50 | 326 125.19 | 285 287.61 | 265 441.40 |
| 营业成本变动率 | −0.78% | 4.03% | 14.31% | 7.48% | 8.23% |
| 毛利 | 225 356.00 | 213 499.36 | 188 006.15 | 182 043.93 | 158 493.76 |
| 毛利率 | 40.10% | 38.62% | 36.57% | 38.95% | 37.39% |
| 营业税金及附加 | 4 566.84 | 4 664.57 | 4 779.26 | 16 642.48 | 16 920.04 |
| 营业税金及附加率 | 0.81% | 0.84% | 0.93% | 3.56% | 3.99% |
| 销售费用 | 10 291.29 | 9 268.27 | 8 340.72 | 8 194.23 | 7 981.45 |
| 销售费用率 | 1.83% | 1.68% | 1.62% | 1.75% | 1.88% |
| 管理费用 | 45 566.66 | 45 587.05 | 43 635.35 | 38 706.30 | 33 875.65 |
| 管理费用率 | 8.11% | 8.25% | 8.49% | 8.28% | 7.99% |
| 总费用率 | 10.75% | 10.77% | 11.04% | 13.60% | 13.86% |

### 5. 白云机场的历史自由现金流

因为白云机场一次投入、长期收益的属性，因此白云机场在工程建成投入使用后的维持的资本性支出很少。从过去几年的数据看，该支出不超过 1 亿元，再算多一点儿，最多 2 亿元。因此，按照以前我已经说过的自由现金流的定义，可以用经营活动现金流量净额减去 2 亿元来计算白云机场的自由现金流。

白云机场过去 5 年的经营活动现金流量如表 16-26 所示，过去 5 年平均在 17 亿元以上，因此自由现金流在 15 亿元以上。

表 16-26　白云机场的自由现金流量

金额单位：万元

| 经营活动产生的现金流量 | 2015-12-31 | 2014-12-31 | 2013-12-31 | 2012-12-31 | 2011-12-31 |
| --- | --- | --- | --- | --- | --- |
| 销售商品、提供劳务收到的现金 | 588 064.63 | 580 485.45 | 545 041.14 | 476 451.15 | 420 852.10 |
| 收到的税费返还 | 0.00 | 0.00 | 0.00 | 0.00 | 30.28 |
| 收到其他与经营活动有关的现金 | 13 188.06 | 5 507.96 | 5 730.13 | 2 228.26 | 5 011.18 |
| 经营活动现金流入（金融类） | | | | | |
| 经营活动现金流入小计 | 601 252.69 | 585 993.41 | 550 771.28 | 478 679.41 | 425 893.55 |
| 购买商品、接受劳务支付的现金 | 140 571.95 | 131 213.21 | 124 118.04 | 98 827.83 | 108 077.13 |
| 支付给职工以及为职工支付的现金 | 191 934.80 | 170 301.71 | 158 171.78 | 134 805.69 | 124 800.83 |
| 支付的各项税费 | 77 058.13 | 81 520.51 | 54 099.81 | 52 519.77 | 50 538.02 |
| 支付其他与经营活动有关的现金 | 17 776.58 | 20 578.04 | 17 784.75 | 12 860.15 | 11 465.22 |
| 经营活动现金流出（金融类） | | | | | |
| 经营活动现金流出小计 | 427 341.45 | 403 613.47 | 354 174.38 | 299 013.45 | 294 881.22 |
| 经营活动产生的现金流量净额 | 173 911.24 | 182 379.94 | 196 596.89 | 179 665.97 | 131 012.33 |

注：表中数据在计算过程中有四舍五入。

### 16.6.4　历史 + 未来 = 估值

历史的数据和未来的分析给我们进行估值提供了合理假设的基础。

#### 1. 白云机场不扩建情况下的估值

如果不扩建，白云机场的未来收费等都不变化，运力不增长，我们用零增长假设来对白云机场进行估值，如表 16-27 所示。考虑安全边际，打个 8 折，则价值在 13.75 元左右。

#### 2. 白云机场扩建情况下的估值

在扩建的情况下，结合前述的政府规划和公司规划，预计 2018 年投入使用。因此，假设 2016～2017 年公司的自由现金流为零增长，2018～2022 年运力逐步释放带来的自由现金流年复合增长率为 15%，此后运力满负荷零增长。按上述假设，白云机场的估值如表 16-28 所示。由于假设较多，打个 7 折，则价值应该在 15 元以上。

表 16-27　白云机场的每股内在价值（零增长假设）

金额单位：万元

| 零增长假设下估值 | |
|---|---|
| 以最近一年的自由现金流为基数 | 152 713.27 |
| 折现率 | 8% |
| 营运类资产的价值 | 1 908 915.93 |
| 加：金融资产 | 152 812.76 |
| 减：企业债务 | 0.00 |
| 企业价值 | 2 061 728.69 |
| 少数股东比例 | 0.04 |
| 归属于母公司股东的价值 | 1 976 621.35 |
| 股本（万股） | 115 000.00 |
| 每股内在价值（元） | 17.19 |

注：表中数据在计算过程中有四舍五入。

表 16-28　白云机场的每股内在价值（特定增长假设）

金额单位：万元

| 特定增长假设下估值 | |
|---|---|
| 以前 5 年平均自由现金流为基数 | 152 713.27 |
| 2016～2017 年零增长，2018～2022 年每年增长 15%，此后零增长 | |
| 折现率 | 8% |
| 营运类资产的价值 | 3 532 836.69 |
| 加：金融资产 | 152 812.76 |
| 减：企业债务 | 1 000 000.00 |
| 企业价值 | 2 685 649.45 |
| 少数股东比例 | 0.04 |
| 归属于母公司股东的价值 | 2 574 786.91 |
| 股本（万股） | 115 000.00 |
| 每股内在价值（元） | 22.39 |

注：表中数据在计算过程中有四舍五入。

### 16.6.5 回答几个问题

（1）有读者提出：随着人口红利消失，旅客、航班都将衰减。我的回答：在长期中，我们都将死去，但是我们还是要做点什么。在可预见的 5～10 年中，白云机场还是偏向乐观的，除非出现颠覆性的交通工具。

（2）关于买入时机和大盘指数的问题。很多人问我大盘多少点合理。我以前已经说过，我不买指数基金、不买 ETF，不预测大盘走势。我只是通过我的分析，来判断具体的公司是被高估了还是低估了。我不是短线高手，我只是通过历史的分析和我个人有限的对未来行业的分析，来选择那些被低估的公司。套用经典的话：市场短期而言是投票器，但是长期来说一定是称重器。

（3）如果买入以后被套怎么办？这首先取决于你是否对自己的判断有信心。如果有信心，那就让长期的市场来证明自己。如果卖早了怎么办？只要赚钱了，少赚点何妨，你永远不可能把天下的钱都赚尽。所以，有时候不是能力，而是心态决定你的投资是否能成功。

（4）关于民航发展基金的问题，其实 2015 年白云机场年报就已经不享受了，因此影响不大，或者有影响的话，我认为对估值的影响在可承受的范围之内。

## 16.7　九阳股份能否腾飞（2016 年 5 月 23 日）

我们来看看九阳股份的过去、今天和明天。

### 1. 行业

为什么我在名单中一眼看到九阳股份就想仔细看看这家公司的详细资料，因为九阳股份所处的行业与我最近分析的苏泊尔和小天鹅相同：厨房和小家电。这个细分行业的特点是目前还远未到天花板，并且产品介于快速消费品和耐用消费品之间，更新的需求即可保证行业的稳定发展，给行业内的公司留下了很大的发展空间。具体来说，包括以下几个方面。

（1）换代重置：一二线城市家庭进入了更新换代需求的高峰期，带来大量的重置需求。

（2）模仿改善：农村部分家庭生活水平的不断改善以及城镇化推进，中小型城市消费群体的年轻化，带来农村及三四线城市小家电市场增速强劲。

（3）供给诱导：小家电自身更新周期短、产品个性化强，供给端也在推动消费升级。

九阳最出名的是豆浆机，正是抓住豆浆机的机会，九阳在2006年开始到2010年之间有过快速发展，但由于单品空间所限以及竞争加剧，导致后面几年业绩滑落。

九阳过去10年的ROE都高于15%，在所有上市公司中表现是非常优秀的。投资界经常说的一句话是：宁愿以合理的价格买入一家优秀的公司，也不能以看似便宜的价格买入一家平庸的公司。身处激烈竞争但是有较好行业发展空间的这家优秀公司的合理价格应该是多少呢？

### 2. 未来的九阳会是什么样

你3年前的选择，成就你今天的生活。你现在的选择，决定你3年后的样子。

九阳过去和现在的投资活动决定未来的九阳。在现金流量表中的投资活动现金流量中，对一个公司的长远发展会产生决定性作用的主要是长期资产的购建和处置活动，以及子公司的并购活动。

我们可以把"购建固定资产、无形资产和其他长期资产支付的现金"减去"处置固定资产、无形资产和其他长期资产收回的现金净额"后的金额称为一个公司的"净投资额"。如果考虑制造业企业生产设备折旧产生的长期资产更换问题，我们可以把"净投资额"减去"折旧摊销金额"后的金额称为"新投资额"，以反映一个企业生产规模的增长情况。从现金流量表的上述项目中，我们可以看出，在过去的10年中，九阳股份一直在不断地购建长期资产，2015年之前的规模比较大，2015年购建的规模比较小。九阳股份接下来的当务之急可能不是购建长期资产，而是解决前期购建的长期资产如何能发挥更好的生产效率的问题。

对一个公司还可能产生长远影响的是并购活动。并购活动可以从"取得子公司支付的现金"减去"处置子公司收到的现金"来进行判断，上述两个项目的差额我们称为"净合并额"。如果净合并额大于0，说明这家公司收购了新的子公司，我们需要对新子公司的业务以及经营情况进行分析，看看公司是否做了一笔划算的并购交易；如果净合并额小于0，说明这家公司卖掉了子公司，退出了某些领域。从过去10年的现金流量表（见表16-29）来看，九阳股份采取了比较稳健的自我发展道路，没有发生过并购活动。

表 16-29　九阳股份的投资活动现金流量

金额单位：万元

| 投资活动产生的现金流量 | 2015-12-31 | 2014-12-31 | 2013-12-31 | 2012-12-31 | 2011-12-31 |
|---|---|---|---|---|---|
| 收回投资收到的现金 | 277.20 | 0.00 | 10 000.00 | 0.00 | 35 262.74 |
| 取得投资收益收到的现金 | 3 213.05 | 3 415.77 | 2 840.40 | 108.88 | 0.00 |
| 处置固定资产、无形资产和其他长期资产收回的现金净额 | 12 904.08 | 155.99 | 41.07 | 129.64 | 59.50 |
| 处置子公司及其他营业单位收到的现金净额 | 0.00 | 0.00 | 12 146.57 | 0.00 | 0.00 |
| 收到其他与投资活动有关的现金 | 11 100.00 | 30 027.50 | 360.00 | 0.00 | 0.00 |
| 投资活动现金流入小计 | 27 494.33 | 33 599.26 | 25 388.04 | 238.52 | 35 322.24 |
| 购建固定资产、无形资产和其他长期资产支付的现金 | 7 131.78 | 14 208.75 | 23 385.58 | 20 002.60 | 14 467.33 |
| 净投资额 | −5 772.30 | 14 052.76 | 23 344.51 | 19 872.96 | 14 407.83 |
| 新投资额 | −14 109.21 | 6 785.21 | 17 302.45 | 13 873.40 | 8 889.58 |
| 新投资额比例 | −16.29% | 6.71% | 14.68% | 13.44% | 9.66% |
| 投资支付的现金 | 21 634.33 | 1 068.00 | 0.00 | 0.00 | 38 574.96 |
| 取得子公司及其他营业单位支付的现金净额 | 0.00 | 0.00 | 0.00 | 0.00 | 0.00 |
| 支付其他与投资活动有关的现金 | 84 230.66 | 15 000.00 | 25 000.00 | 0.00 | 0.00 |
| 投资活动现金流出小计 | 112 996.77 | 30 276.75 | 48 385.58 | 20 002.60 | 53 042.29 |
| 投资活动产生的现金流量净额 | −85 502.44 | 3 322.51 | −22 997.54 | −19 764.07 | −17 720.05 |
| 净合并额 | 0.00 | 0.00 | −12 146.57 | 0.00 | 0.00 |
| 净资本支出 | −5 772.30 | 14 052.76 | 11 197.94 | 19 872.96 | 14 407.83 |
| 净新资本支出 | −14 109.21 | 6 785.21 | 5 155.88 | 13 873.40 | 8 889.58 |
| 总投资额 | −1 673.00 | 5 926.56 | 42 144.81 | 48 888.45 | 51 365.08 |
| 现金自给率 | 100.73% | | 106.72% | 153.01% | 232.60% |

注：表中数据在计算过程中有四舍五入。

更难能可贵的是，九阳股份的投资活动资金完全来自自我创造的现金流入。从表 16-29 中可以看出，九阳股份的现金自给率在过去的年份都超过 100%。所谓现金自给率，简单地计算就是用经营活动产生的现金流量净额除以投资活动产生的现金流量净额,用来衡量一家公司自我创造的现金流量是否能够满足公司的投资活动资金需求。这个比率大于1,说明公司不需要额外的融资;这个比率小于1,说明公司存在着资金缺口。

### 3. 九阳的资产、负债

为了分析和估值的需要,我们把九阳股份的资产分为金融资产、长期股权投资和经营类资产三大类。

为什么要分为上述三类呢?这是因为三类资产给公司带来回报的方式是不一样的。

金融资产带来回报的方式基本上是收取利息、租金或者现金股利并到期收回本金,在会计上对金融资产一般来说采用公允价值或者摊余成本来进行计量,从价值角度来说基本上报表上的金额是多少在现实中大概就是值多少钱。在企业管理中,对金融资产的投资决策只需要计算投资收益率就可以做出判断,因此相对来说也比较容易。在我们的分析中,金融资产包括货币资金、交易性金融资产、持有至到期投资、可供出售金融资产以及投资性房地产。

长期股权投资则是对联营企业和合营企业的股权投资,这部分资产是需要通过联营企业和合营企业的经营活动来取得回报的,回报的方式主要是投资收益。但是长期股权投资与经营类资产的不同之处在于,前者中公司成为股东,不直接介入经营活动,而经营类资产则需要公司直接通过辛苦的经营活动取得回报。我们可以通过计算长期股权投资的收益率来对长期股权投资的价值做一个简单的判断。

经营类资产的价值比较难以判断,需要通过计算经营类资产所产生的自由现金流,采用现金流贴现模型来进行估计和分析。对公司的估值,重点也是要解决经营类资产的估值问题。

让我们来看看九阳股份过去几年的金融资产,情况如表16-30所示。从表中我们可以看出九阳股份的金融资产总额保持在10亿元以上,2015年年底为17亿元,其中主要是货币资金。从2014年、2015年开始,可供出售金融资产增加(合伙企业基金),这部分金融资产是否能带来良好的收益,尚有待观察,毕竟投资失败的例子比比皆是。

表 16-30  九阳股份的金融资产

单位：万元

| 项 目 | 2015-12-31 | 2014-12-31 | 2013-12-31 | 2012-12-31 | 2011-12-31 |
|---|---|---|---|---|---|
| 金融资产 | 170 878.3 | 152 237.4 | 111 559.8 | 149 331.5 | 153 317.9 |
| 货币资金 | 114 810.34 | 123 350.89 | 106 184.23 | 148 922.45 | 152 870.57 |
| 划分为持有待售的资产 | 8 986.83 | 0.00 | 0.00 | 0.00 | 0.00 |
| 一年内到期的非流动资产 | 0.00 | 0.00 | 5 027.50 | 0.00 | 0.00 |
| 长期金融资产 | 46 161.43 | 28 338.24 | 0.00 | 0.00 | 0.00 |
| 应收股利 | 0.00 | 0.00 | 0.00 | 0.00 | 0.00 |
| 应收利息 | 919.72 | 548.31 | 348.10 | 409.02 | 447.36 |
| 净金融资产 | 169 981.28 | 151 011.33 | 111 559.83 | 149 331.47 | 153 317.93 |

再来看看长期股权投资的情况（见表 16-31），长期股权投资收益率的简单计算可以用利润表中"联营企业和合营企业的投资收益"除以资产负债表中的长期股权投资。九阳股份的长期股权投资做得实在不怎么样，不仅收益率低，甚至多次出现亏损。这部分股权的价值，从财务数据上看最多也就是值资产负债表上的账面数字。

表 16-31  九阳股份的长期股权投资

金额单位：万元

| 项 目 | 2015-12-31 | 2014-12-31 | 2013-12-31 | 2012-12-31 | 2011-12-31 |
|---|---|---|---|---|---|
| 长期股权投资 | 11 277.29 | 9 463.24 | 8 894.68 | 3 894.18 | 3 957.83 |
| 长期股权投资收益率 | −3.63% | 1.89% | −6.88% | −1.63% | 4.84% |

九阳股份经营类资产的周转效率在 2015 年比前几年有所提高。

### 4. 九阳的利润

九阳股份的经营类资产的利润比较稳定，如表 16-32 所示。

最重要的是，最近两年利润的质量在变好，如表 16-33 所示。

### 5. 九阳的自由现金流和估值

九阳股份的估值如表 16-34 所示。

表 16-32　九阳股份经营资产的盈利能力分析

金额单位：万元

| 项　　目 | 2015-12-31 | 2014-12-31 | 2013-12-31 | 2012-12-31 | 2011-12-31 |
|---|---|---|---|---|---|
| 营业总收入 | 706 008.91 | 594 351.33 | 532 812.16 | 494 183.60 | 519 933.11 |
| 收入现金含量 | 1.15 | 1.14 | 1.09 | 1.11 | 1.17 |
| 营业总收入增长率 | 18.79% | 11.55% | 7.82% | −4.95% | −2.75% |
| 营业总成本 | 635 368.21 | 721 335.49 | 649 739.09 | 606 056.91 | 637 874.18 |
| 成本付现率 | 94.58% | 70.59% | 69.57% | 68.65% | 68.32% |
| 营业成本 | 480 884.57 | 400 314.54 | 349 596.54 | 320 984.95 | 335 892.38 |
| 营业成本变动率 | 20.13% | 14.51% | 8.91% | −4.44% | −1.29% |
| 毛利 | 225 124.34 | 194 036.79 | 183 215.62 | 173 198.65 | 184 040.73 |
| 毛利率 | 31.89% | 32.65% | 34.39% | 35.05% | 35.40% |
| 营业税金及附加 | 4 567.28 | 3 183.03 | 3 360.94 | 3 073.42 | 3 911.00 |
| 营业税金及附加率 | 0.65% | 0.54% | 0.63% | 0.62% | 0.75% |
| 销售费用 | 98 891.56 | 77 339.73 | 72 208.29 | 68 172.06 | 78 292.91 |
| 销售费用率 | 14.01% | 13.01% | 13.55% | 13.79% | 15.06% |
| 管理费用 | 51 483.08 | 46 460.79 | 41 357.13 | 40 627.38 | 35 736.66 |
| 管理费用率 | 7.29% | 7.82% | 7.76% | 8.22% | 6.87% |
| 总费用率 | 21.95% | 21.37% | 21.95% | 22.64% | 22.68% |

表 16-33　九阳股份的利润质量

金额单位：万元

| 项　　目 | 2015-12-31 | 2014-12-31 | 2013-12-31 | 2012-12-31 | 2011-12-31 |
|---|---|---|---|---|---|
| 净利润 | 67 092.45 | 61 542.98 | 56 999.59 | 51 468.95 | 55 402.70 |
| 销售净利率 | 9.50% | 10.35% | 10.70% | 10.41% | 10.66% |
| 净利润现金含量 | 1.28 | 0.97 | 0.43 | 0.59 | 0.74 |

表 16-34　九阳股份的每股内在价值（特定增长假设）

金额单位：万元

| 特定增长假设下估值 | |
|---|---|
| 以 2015 年的自由现金流为基数 | 77 787.71 |
| 年份 | 1.00 |
| 假设每年增长 3% | 80 121.34 |
| 折现率为 8% | 74 186.43 |
| 营运类资产的价值 | 1 602 426.83 |

(续)

| 特定增长假设下估值 | |
| --- | --- |
| 加：金融资产 | 170 878.32 |
| 减：企业债务 | 897.04 |
| 企业价值 | 1 772 408.11 |
| 少数股东比例 | 0.04 |
| 归属于母公司股东的价值 | 1 706 746.27 |
| 股本（万股） | 76 758.00 |
| 每股内在价值（元） | 22.24 |

注：表中数据在计算过程中有四舍五入。

## 16.8 房地产公司的财务报表分析与估值：逻辑与模型——兼谈三湘股份的年度报告（2016年5月29日）

声明：本文讲的是逻辑和模型，因此案例中的最终结论仅具有参考意义。三湘股份现已更名为三湘印象。

几点结论：

（1）公司在过去的几年在不断扩张，深耕上海市场（和燕郊），保证了方向的正确性。

（2）公司的资产结构和资本结构比较合理。公司的长期股权投资收益率偏低，股权投资后面的项目需要进一步提高经营活动效率。

（3）公司的税费与同行业比较一致。但是公司的销售费用波动太大，有几个年份明显高于同行业，需要具体分析，提高销售费用投入的效果。公司的管理费用率明显高于同行业，这个一方面与规模有关（管理费用多数属于固定费用，规模越大费用率越低），另一方面与公司推行股权激励有关。

（4）公司采取低周转率、高毛利率政策，绿色科技地产所带来的毛利率相较同行要明显高出一部分。低周转率对自筹资金的需求很大，因此公司在过去几年的资金需求比较大（高周转率模式更多的是利用预售款和拖欠建筑公司的工程款）。

（5）公司规模不够大，经营的波动性比较大，资信评级无法提升，因此资本成本明显比大型房企高出较多。适当注意周转速度，保持财务数据的稳定性和均衡性有助于降低资本成本。从公司资本成本（8%）角度看，大规模持有物业的租金收益（不到4%）尚无法覆盖资本成本，除非持有物业的价格能够大幅上涨，否则不建议持有大规模物业。

（6）与不同公司的高周转率、低毛利率政策相比，三湘股份的高毛利率无法抵消过低的低周转率带来的不利影响，总体盈利能力偏低。但是三湘股份目前可能无法采取高周转率模式，因为高周转率模式需要公司具备较多的职业经理人，三湘股份目前急需的是在现有情况下适当提高周转率。

（7）观印象公司的并购活动目前看是一笔公允的交易，有助于平滑公司业绩，带来每股2元左右的内在价值。是否可以创造更多的价值，需要看2018年后能否实现预测的业绩数据，如果能够实现则每股内在价值在3元以上。

（8）公司的每股内在价值在12～15元，目前市场存在一定程度的低估。被低估的原因在一定程度上可能是市场无法对房地产行业做出一致稳定预期，不看好房地产行业。三湘股份面临的巨大挑战如下。

1）如何能够连续地在土地市场得到价格合理的土地，从而创造出持续的自由现金流，为公司增值？如果无法拿到土地或者以过高的价格拿到土地，都有可能损害公司的价值。

2）2015年收购观印象公司是三湘股份的战略拓展。房地产项目的现金流是脉冲式模式，观印象公司的现金流是持续稳步上升的模式，是否需要进一步开展并购增加此类现金流模式，是一个值得长期考虑的问题。

房地产开发公司跟其他行业的公司的一个显著不同是：房地产开发公司以项目为主，其现金流具有一次性特征，现金流随着项目土地的取得、施工、预售、移交、清盘表现为支付现金（土地款、工程施工款等）、收取现金（预售款）、支付现金（税款等）；而其他行业的公司，则是以厂房机器设备生产商品或者提供劳务带来连续的现金流入和现金流出为特征。因此房地产开发不能以我们通用的自由现金流模型来进行分析和估值，而应该以项目现金流来进行分析和估值。当然，其最终的原理是一样的：一个公司的价值，在于公司产生未来的净现金流的现值。所有企业经营的核心目标，依然是在保证本金安全的前提下，投入现金，收回更多的现金！

### 16.8.1　如何从房地产公司的现金流量表看公司战略

我们在以前讲到看一个公司的战略和未来时，都强调要看公司现金流量表中的投资活动的现金流量，以判断公司是否通过购建（处置）长期资产或者并购（出售）活动进行扩张、维持或收缩。但是，对于房地产公司来说则要通过现金流量表里经营活动的现金流量——购买商品、接受劳务支付的现金，来判断房地产公司的战略。因为房地产公司不需要过多的固定资产，但是需要大量作为存货的土地，因此从这个项目及其明细资料我们可以判断房地产公司拿了什么地（住宅、商办）、多少地（扩张还是收缩）、在哪里拿地（集中一线城市还是分散拿地）。为什么这些信息非常重要？这是因为从战略角度来说，方向比努力更重要，如果在错误的时间拿了错误的地块，可能后续再努力都无法挽回当初的错误，上海的老牌房企中华企业在2015年巨亏就是属于这种类型。

万科在过去5年购买商品、接受劳务支付的现金如表16-35所示，可见万科在过去5年一直在不停地拿地，并且从金额上来说，2015年创了历史纪录。从分析的角度，我们还需要关注这些土地的性质、地理位置等。

表 16-35　万科购买商品、接受劳务支付的现金

单位：万元

| 项　　目 | 2015-12-31 | 2014-12-31 | 2013-12-31 | 2012-12-31 | 2011-12-31 |
| --- | --- | --- | --- | --- | --- |
| 购买商品、接受劳务支付的现金 | 12 997 942.48 | 9 523 183.23 | 12 865 695.28 | 8 732 365.23 | 8 491 824.36 |

三湘股份在过去5年购买商品、接受劳务支付的现金如表16-36所示。从绝对规模上来说，三湘股份跟万科的差距很大，但是三湘股份在过去的5年里，拿地的金额也在不断地增长，从2011年的16亿元到2015年的41亿元。

表 16-36　三湘印象购买商品、接受劳务支付的现金

单位：万元

| 项　　目 | 2015-12-31 | 2014-12-31 | 2013-12-31 | 2012-12-31 | 2011-12-31 |
| --- | --- | --- | --- | --- | --- |
| 购买商品、接受劳务支付的现金 | 417 295.78 | 201 718.86 | 214 782.10 | 88 377.27 | 160 169.05 |

从年度报告可以判断，三湘股份的地块在上海和河北燕郊，集中在一线城

市及周边深耕。从方向性来说,在过去和接下来的一段时间内,这无疑是明智的决策。

从理论上来说,对于房地产公司,我们可以将每个房地产项目的未来现金流按照一定的折现率折现为现值,把所有房地产项目的现值相加基本就是房地产公司的价值。对于房地产公司来说,在拿地时,也可以按照这个方法来倒推对土地进行定价。

例如,假设我们今天通过招拍挂方式以 10 亿元的价格拿了一块规划建筑面积为 10 万平方米的土地,楼面价为 10 000 元。假设拿地 3 个月后开工,两年后开始预售,第三年预售阶段出售 80%,第四年全部销售完毕。建设每平方米的建造成本为 5 000 元,施工阶段,开始预支付工程款 1.6 亿元,第二年支付 1.6 亿元,第三年支付 1 亿元,尾款 0.8 亿元后续清算支付。假设我们的资金的机会成本是 8%,销售阶段销售费用占房款的 2%(大型房企的标准),收到房款后预先缴纳税金占销售房款的 15%(行业多数公司的比例)。那么,我们今天就可以对这个项目进行如表 16-37 所示的估值,从而得出结论:这个项目给公司新带来的价值在 2 亿元左右,加上初始投入的 10 亿元,项目总价值为 12 亿元。

三湘股份在 2015 年的一个重大事件是并购张艺谋等作为股东的公司进入文化产业,该公司以"印象""又见"等实景演出类项目中的收益为主,包括制作收入、门票分成、维护收入、相关收入(纪念品等)。文化产业和地产业务的区别在于,文化产业的现金流比较稳定,需要用现金流贴现模型来进行分析和估值。

实景演出的市场在过去的 10 多年时间里呈现良好的增长趋势,因此类似的项目在增加,市场竞争加剧。不过,观印象公司具有先发优势:最早进入,建立品牌;项目所占据的地域优势以及具体的地理位置都非常好,具有一定的垄断性。实景演出的风险在于未来观众喜好的变化,但短期内看这种风险很小。

从并购公告可以看出,观印象公司对 2015~2018 年的业绩做出了承诺。在公告的观印象公司资产评估报告中,资产评估公司对观印象公司到 2030 年的业绩进行了预测,并采用了收益法进行评估,我们要做的事情是判断:该评估是否具备合理的假设?结果是否符合逻辑以及预期?

我们可以来看看公告中有关的财务预测资料,如表 16-38 所示。

表 16-37　房地产项目现值的计算

单位：元

| 现金流出 | 现金流入 | 现金流出（销售费用） | 现金流出（税费） | 净现金流 | 项目现值 |
|---|---|---|---|---|---|
| 初始现金流出 C0（买地支付的现金 10 亿元），规划面积 100 000 平方米，楼面价 10 000 元 | | | | C0 | 假设资金成本为 8% |
| 1 000 000 000 | | | | −1 000 000 000 | −1 000 000 000 |
| 3 个月后开工，第一年建造成本支付的现金，假设每平方米的成本为 5 000 元，需要的总的现金支付为 500 000 000 元；分三期支付，第一年预付款在施工开始阶段支付 1.6 亿元，第二年支付 1.6 亿元，第三年支付 1 亿元，第四年项目结束支付 0.8 亿元 | | | | | |
| 初始现金流 C0 建筑成本支付 | | | | | |
| 160 000 000 | | | | −160 000 000 | −148 148 148.1 |
| 第二年现金流 C1 建造成本支付 | | | | C1 | |
| 160 000 000 | | | | −160 000 000 | −137 174 211.2 |
| 第三年现金流 C2 建造成本支付 | 第二年年底开始预售，在第三年带来的现金流入按每平方米 25 000 元单价，预售完成 80% 计算 | 销售推广现金支出（销售额 2% 计算） | 税金预缴（营业税费及附加、企业所得税累计销售额 15% 左右） | C2 | |
| 100 000 000 | 2 000 000 000 | 40 000 000 | 300 000 000 | 1 560 000 000 | 1 238 378 296 |
| 第四年现金流 C3 建造成本支付 | 第四年尾盘销售现金流入 | | | C3 | |
| 80 000 000 | 500 000 000 | 10 000 000 | 75 000 000 | 335 000 000 | 246 235 000.7 |
| 项目净现值 | | | | | 1 199 290 937.3 |

注：表中数据在计算过程中有四舍五入。

表 16-38　观印象公司的财务预测资料

金额单位：万元

| 主营业务收入 | 2015 年 4～12 月 | 2016 年 | 2017 年 | 2018 年 | 2019 年 |
|---|---|---|---|---|---|
| 制作收入 | 9 884.54 | 14 314.30 | 16 797.08 | 14 940.47 | 13 053.68 |
| 票房分账收入 | 5 319.28 | 7 506.15 | 9 007.61 | 11 067.08 | 12 990.12 |
| 维护收入 | 642.83 | 1 102.85 | 1 418.00 | 1 712.33 | 1 829.22 |
| 其他收入 | 823.61 | 1 391.70 | 1 391.70 | 1 391.70 | 1 391.70 |
| 合计 | 16 670.26 | 24 315.01 | 28 614.38 | 29 111.59 | 29 264.72 |
| 主营业务收入 | 2020 年 | 2021 年 | 2022 年 | 2023 年 | 2024 年 |
| 制作收入 | 13 053.68 | 13 053.68 | 13 053.68 | 13 053.68 | 13 053.68 |
| 票房分账收入 | 14 731.56 | 16 190.07 | 17 563.44 | 18 921.94 | 20 280.43 |
| 维护收入 | 1 956.58 | 2 083.94 | 2 211.30 | 2 338.66 | 2 466.01 |
| 其他收入 | 1 391.70 | 1 391.70 | 1 391.70 | 1 391.70 | 1 391.70 |
| 合计 | 31 133.52 | 32 719.39 | 34 220.12 | 35 705.97 | 37 191.82 |
| 主营业务收入 | 2025 年 | 2026 年 | 2027 年 | 2028 年 | 2029 年 |
| 制作收入 | 13 053.68 | 13 053.68 | 13 053.68 | 13 053.68 | 13 053.68 |
| 票房分账收入 | 21 638.92 | 22 997.41 | 24 355.90 | 25 714.39 | 27 072.88 |
| 维护收入 | 2 593.37 | 2 720.73 | 2 848.09 | 2 975.45 | 3 102.81 |
| 其他收入 | 1 391.70 | 1 391.70 | 1 391.70 | 1 391.70 | 1 391.70 |
| 合计 | 38 677.67 | 40 163.52 | 41 649.37 | 43 135.22 | 44 621.07 |
| 主营业务收入 | 2030 年 | 2031 年 | 2032 年 | 2033 年 | 永续年期 |
| 制作收入 | 13 053.68 | 3 619.72 | 3 619.72 | 3 619.72 | 3 619.72 |
| 票房分账收入 | 28 431.37 | 29 789.86 | 30 299.29 | 30 638.92 | 30 808.73 |
| 维护收入 | 3 230.17 | 3 357.52 | 3 357.52 | 3 357.52 | 3 357.52 |
| 其他收入 | 1 391.70 | 1 391.70 | 1 391.70 | 1 391.70 | 1 391.70 |
| 合计 | 46 106.92 | 38 158.80 | 38 668.24 | 39 007.86 | 39 177.67 |
| 主营业务成本 | 2015 年 4～12 月 | 2016 年 | 2017 年 | 2018 年 | 2019 年 |
| 演出成本 | 2 646.83 | 4 034.94 | 4 535.67 | 4 161.23 | 3 780.69 |
| 票房分账成本 | — | — | — | — | — |
| 维护成本 | 24.12 | 41.37 | 53.20 | 64.24 | 68.62 |
| 其他成本 | 644.91 | 270.72 | 270.72 | 270.72 | 270.72 |
| 合计 | 3 315.85 | 4 347.03 | 4 859.59 | 4 496.18 | 4 120.03 |
| 综合毛利率 | 82% | 82% | 83% | 85% | 86% |

(续)

| 主营业务成本 | 2020 年 | 2021 年 | 2022 年 | 2023 年 | 2024 年 |
|---|---|---|---|---|---|
| 演出成本 | 3 780.69 | 3 780.69 | 3 780.69 | 3 780.69 | 3 780.69 |
| 票房分账成本 | — | — | — | — | — |
| 维护成本 | 73.40 | 78.18 | 82.96 | 87.73 | 92.51 |
| 其他成本 | 270.72 | 270.72 | 270.72 | 270.72 | 270.72 |
| 合计 | 4 124.81 | 4 129.59 | 4 134.37 | 4 139.14 | 4 143.92 |
| 综合毛利率 | 87% | 87% | 88% | 88% | 89% |
| 主营业务成本 | 2025 年 | 2026 年 | 2027 年 | 2028 年 | 2029 年 |
| 演出成本 | 3 780.69 | 3 780.69 | 3 780.69 | 3 780.69 | 3 780.69 |
| 票房分账成本 | — | — | — | — | — |
| 维护成本 | 97.29 | 102.07 | 106.85 | 111.62 | 116.40 |
| 其他成本 | 270.72 | 270.72 | 270.72 | 270.72 | 270.72 |
| 合计 | 4 148.70 | 4 153.48 | 4 158.25 | 4 163.03 | 4 167.81 |
| 综合毛利率 | 89% | 90% | 90% | 90% | 91% |
| 主营业务成本 | 2030 年 | 2031 年 | 2032 年 | 2033 年 | 永续年期 |
| 演出成本 | 3 780.69 | 1 878.01 | 1 878.01 | 1 878.01 | 1 878.01 |
| 票房分账成本 | — | — | — | — | — |
| 维护成本 | 121.18 | 125.96 | 125.96 | 125.96 | 125.96 |
| 其他成本 | 270.72 | 270.72 | 270.72 | 270.72 | 270.72 |
| 合计 | 4 172.59 | 2 274.69 | 2 274.69 | 2 274.69 | 2 274.69 |
| 综合毛利率 | 91% | 94% | 94% | 94% | 94% |

注：表中数据在计算过程中有四舍五入。

从公告中可以得知，观印象公司目前在演出的项目有 9 个，按照 2016 年的数字测算大概每个项目的票房分账收入为 800 多万元。注意，观印象公司跟房地产业务的不同，一是稳定性比较好，二是利润和现金流的时间比较一致（房地产业务的利润和现金流由于会计准则规定的原因，时间上存在着很大的不一致性）。因此，我们近似地用观印象公司的收入、成本和利润来作为现金流进行预计。四类收入中，票房分账收入、维护收入、其他收入的稳定性和可预期性都很好，但是制作收入要看后期合作情况，存在着不确定性。我们采取比较保守的预计：到 2018 年一共制作完成 16 个项目（已进行和规划中），后期不再有新的项目，每个项目的票房分账收入为 820 万元，共 1.3 亿元，假设维护收入和其他收入为 3 000 万元，因为成本忽略不计，则利润和现金流共 1.6 亿元左右（最保守估计）。

假设资本成本（预期回报率为 8%，前 4 年业绩承诺实现，2019 年开始零增长保守计算，能永续经营，观印象公司与各合作方的合作年限非常重要）：

NPV=1 亿元 +1.3 亿元 /1.08+1.6 亿元 /$1.08^2$+1.63 亿元 /0.08=19.75（亿元）

如果按公告中的数据计算，则价值在 45 亿元左右，远远高于上述数字，但是公告中的预测数据存在较大的不确定性。我们在保守和乐观之间合理预计（旅游市场从历史上看每年有较快的增长，后续项目开发应该还会继续），个人认为可能价值在 30 ～ 40 亿元左右。按照增发后的股本 14 亿元计算，则每股的内在价值在 2 ～ 3 元。

### 16.8.2　如何从房地产公司的资产结构看经营策略和效率

在 16.7 小节中，我讲了如何对一个公司的资产进行重分类和估值：金融资产、长期股权投资、经营类资产（周转性资产和长期资产）。多数房地产公司都没有太多的长期资产（固定资产、无形资产、在建工程等），资产主要集中在存货项目和货币资金上。

房地产公司赚钱有两种模式：高周转率、低毛利率模式和低周转率、高毛利率模式。第一种模式就是快速拿地、快速开发、快速销售，比如万科提出的"5986"高周转率模式，即拿地 5 个月动工、9 个月销售、第一个月售出八成，产品必须六成是住宅。高周转率模式的好处在于，用较少的资金撬动很高的经营负债杠杆，拿地付款后要求工程承包商带资施工（占用他人资金），9 个月后即收回现金（收取客户的预售款），因此除了第一笔拿地的钱需要资金短暂投入外，其他环节的资金都来自经营融资（无利息），并且在预售回款后马上可以用于新地块的投入，但是高周转率的模式下毛利率会比同行业的略微低一些。高周转率的前提是有很多的房地产开发项目，因此高周转率模式要求房地产公司必须具有一个阵容强大的职业经理人团队，能应付多地开花、不断建设的局面。

第二种模式是低周转率、高毛利率模式，拿一块地，开发五六年，在中国房价上涨的情况下，因为前期拿地的价格比较便宜，因此赚的是房价上涨带来的土地价格上涨的钱。从会计的角度看，因为成本较低，售价较高，因此比同行业的毛利率要高一些。低周转率模式对管理团队的建设比起高周转率模式相对要简单些。

这两种模式在房价上涨的情况下，很难说孰优孰劣。第一种模式一年买一次，毛利率 20%；第二种模式三年卖一次，毛利率为 60%，两者总体毛利率差得不多。但是如果房价保持稳定，那么显然第一种模式要比第二种模式好，因为在房价稳定的情况下第二种模式会变成低周转率、低毛利率。

我们先来看看万科的数据（见表 16-39）。

表 16-39　万科的资产结构

金额单位：万元

| 项目 | 2015-12-31 | 2014-12-31 | 2013-12-31 | 2012-12-31 | 2011-12-31 |
| --- | --- | --- | --- | --- | --- |
| 金融资产 | 6 508 424.48 | 7 082 931.30 | 5 854 207.20 | 5 467 153.41 | 3 580 688.14 |
| 货币资金 | 5 318 038.10 | 6 271 525.34 | 4 436 540.98 | 5 229 154.21 | 3 423 951.43 |
| 长期金融资产 | 1 190 386.38 | 811 405.96 | 1 417 666.22 | 237 999.20 | 156 736.71 |
| 净金融资产 | -1 463 821.97 | 151 150.13 | -1 846 668.51 | -1 759 734.46 | -1 487 509.40 |
| 长期股权投资 | 3 350 342.35 | 1 923 365.74 | 1 063 748.57 | 704 030.65 | 642 649.45 |
| 长期股权投资收益率 | 7.14% | 9.57% | 9.40% | 12.64% | 10.02% |
| 周转性经营投入 | 10 039 482.01 | 7 951 545.35 | 10 163 970.33 | 8 683 714.47 | 7 150 391.87 |
| 周转性经营投入周转率 | 1.95 | 1.84 | 1.33 | 1.19 | 1.00 |
| 周转性经营投入/营业收入 | 51.34% | 54.32% | 75.06% | 84.21% | 99.61% |
| 营运资产 | 49 372 179.96 | 40 205 403.96 | 39 768 117.54 | 31 048 219.52 | 24 840 714.06 |
| 营运负债 | 39 332 697.95 | 32 253 858.61 | 29 604 147.21 | 22 364 505.05 | 17 690 322.19 |
| 营运资产负债率 | 79.67% | 80.22% | 74.44% | 72.03% | 71.22% |
| 应收账款-预收款项 | -21 011 505.23 | -17 985 526.52 | -15 243 910.16 | -12 913 742.90 | -10 958 690.43 |
| 应收周转率 | -0.93 | -0.81 | -0.89 | -0.80 | -0.66 |

| | | | | | |
|---|---|---|---|---|---|
| 存货 | 36 812 193.05 | 31 772 637.85 | 33 113 322.33 | 25 516 411.30 | 20 833 549.36 |
| 存货周转率 | 0.38 | 0.32 | 0.28 | 0.26 | 0.21 |
| 应付账款－预付款项 | 6 854 421.85 | 5 890 596.81 | 5 008 869.39 | 1 646 451.52 | 966 084.44 |
| 应付周转率 | 2.02 | 1.74 | 1.85 | 3.97 | 4.47 |
| 现金周期 | 399.31 | 472.69 | 694.55 | 874.64 | 1 120.30 |
| 长期经营资产 | 1 830 547.37 | 1 566 504.16 | 1 167 187.48 | 587 376.65 | 478 901.76 |
| 长期经营资产周转率 | 10.68 | 9.34 | 11.60 | 17.56 | 14.99 |
| 固定资产 | 491 747.92 | 230 835.17 | 212 976.79 | 161 225.72 | 159 586.27 |
| 在建工程 | 59 835.89 | 183 348.06 | 91 366.68 | 105 111.88 | 70 555.26 |
| 无形资产 | 104 499.11 | 87 754.75 | 43 007.42 | 42 684.69 | 43 547.43 |
| 商誉 | 20 168.98 | 20 168.98 | 20 168.98 | 20 168.98 | 0.00 |
| 长期待摊费用 | 44 788.34 | 33 899.90 | 6 351.05 | 4 231.67 | 4 099.94 |
| 递延所得税资产（营运类） | 516 654.08 | 401 620.03 | 352 526.21 | 305 485.79 | 232 624.19 |
| 减：递延所得税负债 | −55 843.08 | −59 029.93 | −67 271.57 | −73 381.28 | −77 890.61 |
| 其他非流动资产 | 648 696.13 | 667 907.20 | 508 061.92 | 21 849.20 | 46 379.28 |
| 营运资产总额 | 11 870 029.38 | 9 518 049.51 | 11 331 157.81 | 9 271 091.12 | 7 629 293.63 |
| 投入资本 | 21 728 796.21 | 18 524 346.55 | 18 249 113.58 | 15 442 275.18 | 11 852 631.22 |

注：数据在计算过程中有四舍五入。

在2015年12月31日，万科报表中的总资产为6 113亿元，资产负债率为77.70%。要注意，房地产公司的资产负债率都很高，对于房地产公司来说我们要关注的不是资产负债率，而是有息债务率，因为房地产公司一般都用了很高的经营负债杠杆。如果扣除经营负债，那么万科的有息债务率为36.67%。

我们在分析房地产公司的报表时，需要把经营资产和经营负债放到一起来综合分析。在万科4 937亿元的营运资产（存货3 681亿元、预付账款等）中，3 933亿元来自营运负债（预收账款2 126亿元、应付账款914亿元、应付票据167亿元等），这是什么意思？简单点说，万科在开发房地产的过程中，基本用的都是别人的钱，经营负债率为80%，相当于在开发房子的过程中用的100元钱里自己投了20元钱，同时用了别人的80元钱。我们用营运资产减去营运负债，可以计算出万科的周转性经营投入为1 004亿元，占营业收入的比例为51.34%，也就是万科投入1元钱进行经营活动可以带回来2元钱的营业收入。如果我们把营运负债扣除的话，万科股权资金和外部债务资金（财务上的投入资本）的总额为2 173亿元左右。

高周转率可以通过现金周期来衡量，万科的现金周期在2015年为399天。现金周期=存货的天数+应收的天数－应付的天数，万科的存货天数为960天左右，应收的天数为－390天左右（预先收款，因此应收天数是负数），应付的天数为180天左右。现金周期是房地产公司在经营过程中需要自己投入现金的天数，在3年左右的拿地、开发、销售过程中，万科自己投入现金的天数在400天左右。万科在营运资产投入1 187亿元的情况下，带来1 955亿元的收入，充分利用了高周转率的优势。

万科的金融资产（包含货币资金、可供出售金融资产、投资性房地产等）为650亿元，长期股权投资335亿元。从收益率来看，这些资产的账面价值大致就是这些资产的市场价值。万科的长期股权投资质量还可以，过去5年的投资收益率在7%～12%之间。

万科的长期经营资产为183亿元，因为这些资产基本上就是自己使用的办公楼、办公设备等资产，并非制造业公司用于生产可以带来收益的资产，因此无须过多考虑分析和估值问题，暂时按照账面价值计算也影响不大。

我们再来看看保利地产的数据（见表16-40）。

### 表 16-40 保利地产的资产结构

金额单位：万元

| 项目 | 2015-12-31 | 2014-12-31 | 2013-12-31 | 2012-12-31 | 2011-12-31 |
|---|---|---|---|---|---|
| 金融资产（按账面价值计算） | 4 702 304.5 | 4 750 790.7 | 3 846 786.0 | 3 739 066.0 | 2 295 382.1 |
| 货币资金 | 3 748 491.54 | 4 006 951.26 | 3 375 296.98 | 3 267 270.26 | 1 815 261.57 |
| 长期金融资产 | 953 812.92 | 743 839.46 | 471 489.05 | 471 795.72 | 480 120.55 |
| 长期股权投资 | 481 929.03 | 354 576.40 | 338 208.29 | 135 079.42 | 98 658.14 |
| 长期股权投资收益率 | 20.57% | 19.46% | 18.68% | 29.63% | −2.05% |
| 周转性经营投入 | 16 100 125.92 | 15 249 252.67 | 12 367 523.59 | 9 581 351.96 | 8 536 596.10 |
| 周转性经营投入周转率 | 0.77 | 0.72 | 0.75 | 0.72 | 0.55 |
| 营运资产 | 34 719 027.05 | 31 078 849.93 | 26 925 508.50 | 21 045 532.30 | 16 983 877.18 |
| 营运负债 | 18 618 901.13 | 15 829 597.26 | 14 557 984.91 | 11 464 180.34 | 8 447 281.08 |
| 营运资产负债率 | 53.63% | 50.93% | 54.07% | 54.47% | 49.74% |
| 应收账款－预收款项 | −12 933 998.22 | −10 994 877.27 | −10 483 280.38 | −8 866 662.99 | −6 987 028.13 |
| 应收周转率 | −0.95 | −0.99 | −0.88 | −0.78 | −0.67 |
| 存货 | 28 826 583.99 | 26 719 210.19 | 23 990 729.60 | 18 964 382.31 | 15 210 744.39 |
| 存货周转率 | 0.29 | 0.28 | 0.26 | 0.23 | 0.19 |
| 应付账款－预付款项 | 888 160.16 | 3 956.01 | −60 516.03 | −362 565.93 | −299 978.77 |
| 应付周转率 | 9.28 | 1 873.67 | −103.53 | −12.13 | −9.85 |
| 现金周期 | 854.28 | 947.55 | 986.80 | 1 134.60 | 1 374.54 |
| 长期经营资产 | 474 655.75 | 386 901.27 | 277 355.37 | 190 428.98 | 113 337.62 |
| 固定资产 | 315 529.77 | 247 763.08 | 198 503.95 | 137 843.13 | 93 980.16 |
| 无形资产 | 2 838.08 | 1 848.90 | 1 453.56 | 1 086.51 | 1 020.81 |
| 商誉 | 1 034.25 | 1 034.25 | 1 034.25 | 1 034.25 | 1 034.25 |
| 长期待摊费用 | 4 523.10 | 3 140.78 | 2 748.57 | 3 657.58 | 1 134.09 |
| 递延所得税资产（营运类） | 156 134.54 | 138 560.27 | 79 742.27 | 53 562.58 | 26 369.78 |
| 减：递延所得税负债 | −5 403.99 | −5 446.01 | −6 127.23 | −6 755.07 | −10 201.47 |
| 营运资产总额 | 16 574 781.67 | 15 636 153.94 | 12 644 878.96 | 9 771 780.94 | 8 649 933.72 |
| 投入资本 | 21 759 015.16 | 20 741 521.06 | 16 829 873.28 | 13 645 926.34 | 11 043 973.98 |
| 资产总计 | 40 383 320.30 | 36 576 564.33 | 31 393 985.43 | 25 116 861.76 | 19 501 456.53 |

注：表中数据在计算过程中有四舍五入。

保利地产的周转速度明显要比万科慢，现金周期2015年为854天，因此保利地产在房地产业务中需要自己投入更多的资金。在3 472亿元的营运资产中，可以通过营运负债解决的资金为1 862亿元，自己需要投入1 610亿元（万科为4 937亿元营运资产、3 933亿元营运负债，在规模比保利地产大的情况下，自己只需投入1 004亿元）。

保利地产的金融资产为470亿元，长期股权投资为48亿元（相比万科的335亿元，显然小得多，但是股权投资的收益率非常高，因此这些股权的价值应该也不错），暂时就按资产负债表上的金额进行估值，合计520亿元左右。

我们再来看看另外一家公司三湘股份的数据（见表16-41）。

表16-41 三湘股份的资产结构

金额单位：万元

| 项　　目 | 2015-12-31 | 2014-12-31 | 2013-12-31 | 2012-12-31 | 2011-12-31 |
| --- | --- | --- | --- | --- | --- |
| 金融资产 | 76 409.2 | 251 033.4 | 89 105.2 | 113 589.7 | 59 644.9 |
| 　货币资金 | 35 615.34 | 196 956.28 | 45 068.75 | 82 328.51 | 38 965.90 |
| 　长期金融资产 | 40 793.83 | 54 077.14 | 44 036.46 | 31 261.16 | 20 678.98 |
| 长期股权投资 | 36 950.76 | 40 219.06 | 54 923.74 | 21 813.96 | 19 431.56 |
| 长期股权投资收益率 | −0.73% | 0.77% | 0.20% | 10.74% | 0.14% |
| 周转性经营投入 | 618 972.57 | 525 857.43 | 313 521.49 | 126 433.36 | 144 518.60 |
| 周转性经营投入周转率 | 0.08 | 0.24 | 0.89 | 1.49 | 0.63 |
| 　营运资产 | 1 197 485.21 | 831 389.57 | 638 359.64 | 372 240.43 | 375 499.13 |
| 　营运负债 | 578 512.64 | 305 532.14 | 324 838.15 | 245 807.07 | 230 980.53 |
| 　营运资产负债率 | 48.31% | 36.75% | 50.89% | 66.03% | 61.51% |
| 　营运负债杠杆 | 0.93 | 0.58 | 1.04 | 1.94 | 1.60 |
| 　应收账款−预收款项 | −442 559.64 | −164 341.50 | −111 212.58 | −128 680.89 | −163 038.74 |
| 　应收周转率 | −0.12 | −0.77 | −2.50 | −1.47 | −0.56 |
| 　存货 | 1 184 590.61 | 768 309.42 | 615 332.20 | 341 755.44 | 365 105.88 |
| 　存货周转率 | 0.03 | 0.11 | 0.27 | 0.35 | 0.13 |
| 　应付账款−预付款项 | 36 692.25 | 36 713.31 | 40 416.57 | 34 276.68 | 22 082.07 |
| 　应付周转率 | 0.86 | 2.21 | 4.14 | 3.53 | 2.13 |
| 现金周期 | 10 235.95 | 2 813.56 | 1 109.34 | 677.50 | 2 008.22 |
| 长期经营资产 | 28 310.72 | 18 955.15 | 14 091.70 | 14 072.02 | 22 336.52 |
| 　固定资产 | 5 344.91 | 5 460.12 | 5 022.00 | 4 431.31 | 4 743.52 |
| 　商誉 | 8 975.00 | 8 975.00 | 8 975.00 | 0.00 | 0.00 |
| 　长期待摊费用 | 1 252.31 | 1 868.24 | 1 147.50 | 2.26 | 5.52 |
| 　递延所得税资产（营运类） | 21 230.39 | 12 862.53 | 10 067.60 | 9 519.55 | 9 825.62 |
| 　减：递延所得税负债 | −8 502.20 | −10 224.98 | −11 129.04 | 0.00 | 0.00 |
| 营运资产总额 | 647 283.29 | 544 812.58 | 327 613.19 | 140 505.38 | 166 855.12 |
| 投入资本 | 760 643.22 | 836 065.06 | 471 642.14 | 275 909.01 | 245 931.56 |
| 资产总计 | 1 347 658.05 | 1 151 822.18 | 807 609.34 | 521 716.07 | 476 912.09 |

注：表中数据在计算过程中有四舍五入。

很显然，三湘股份是低周转率模式的公司，现金周期明显要比前面两家公司来得长。这也与公司规模有关，只有高周转率才能做大企业规模，而低周转率公司必须力争在每个项目上赚更多的钱。因为低周转率，所以公司必须自己在经营活动中投入较多的资金，在营运资产120亿元中，58亿元来自经营负债，62亿元需要自己投入资金（这个金额占营运资产的比例为51%，万科为20%，保利地产为46%）。

三湘股份的金融资产为7.6亿元，长期股权投资为3.7亿元，但显然长期股权投资的收益率不是非常理想。暂时按照资产负债表的金额作为价值来进行测算。

### 16.8.3 如何从房地产公司的资本结构看财务风险

万科的资本结构和资产结构如表16-42所示。

表16-42 万科的资本结构和资产结构

金额单位：万元

| 资产结构 | | 资本结构 | |
| --- | --- | --- | --- |
| 金融资产 | 6 520 644.00 | 短期债务 | 2 687 806.80 |
| 长期股权投资 | 3 350 342.35 | 长期债务 | 5 284 439.65 |
| 周转性经营投入 | 10 039 482.01 | 有息债务 | 7 972 246.45 |
| 长期资产 | 1 830 547.37 | 有息债务率 | 36.67% |
| | | 债务的资金成本率（需自己计算） | 6.91% |
| | | 其他资金来源（政府补助等） | 137 807.56 |
| | | 所有者权益 | 13 630 961.73 |
| 合计 | 21 741 015.76 | 合计 | 21 741 015.74 |

注：表中合计数据尾差源于四舍五入。

从表16-42中可以看出，万科的金融资产高于短期债务，因此金融资产中有一部分资金来自长期资金；长期债务和股东权益这些长期资金来源在满足了长期股权投资、长期资产和周转性经营投入等长期资金需求以外，还有一部分在金融资产中用以抓住各种商业机会。有息债务率为36.67%，债务的资本成本率为6.91%，在房地产公司中属于资本成本较低的公司。因此万科采取的是一种比较稳妥的资本资产结构管理。

保利地产的资本结构和资产结构如表16-43所示。

表 16-43  保利地产的资本结构和资产结构

金额单位：万元

| 资产结构 | | 资本结构 | |
|---|---|---|---|
| 金融资产 | 4 702 304.5 | 短期债务 | 3 563 541.35 |
| 长期股权投资 | 481 929.03 | 长期债务 | 8 480 503.64 |
| 周转性经营投入 | 16 100 125.92 | 有息债务 | 12 044 044.99 |
| 长期资产 | 474 655.75 | 有息债务率 | 55.35% |
| | | 债务的资金成本率（需自己计算） | 7.98% |
| | | 其他资金来源（政府补助等） | 0.00 |
| | | 所有者权益 | 9 714 970.20 |
| 合计 | 21 759 015.20 | 合计 | 21 759 015.19 |

注：表中合计数据尾差源于四舍五入。

从表 16-43 可以看出，保利地产的金融资产高于短期债务，因此金融资产中有一部分资金来自长期资金；长期债务和股东权益这些长期资金来源在满足了长期股权投资、长期资产和周转性经营投入等长期资金需求以外，还有一部分在金融资产中用以抓住各种商业机会。有息债务率为 55.35%，债务的资本成本率为 7.98%，比万科都要高。虽然从总体结构看，风险依然可控，但是显然财务风险要比万科高。

最后看看 2015 年 12 月 31 日三湘股份的报表数据，如表 16-44 所示。

表 16-44  三湘股份的资产结构和资本结构

金额单位：万元

| 资产结构 | | 资本结构 | |
|---|---|---|---|
| 金融资产 | 76 409.2 | 短期债务 | 68 879.08 |
| 长期股权投资 | 36 950.76 | 长期债务 | 390 009.51 |
| 周转性经营投入 | 618 972.57 | 有息债务 | 458 888.59 |
| 长期资产 | 28 310.72 | 有息债务率 | 60.33% |
| | | 债务的资金成本率（需自己计算） | 9.64% |
| | | 其他资金来源（政府补助等） | 66.00 |
| | | 所有者权益 | 301 688.61 |
| 合计 | 760 643.25 | 合计 | 760 643.20 |

注：表中合计数据尾差源于四舍五入。

从表 16-44 中可以看出，三湘股份的金融资产略高于短期债务，因此金融资产中有一部分资金来自长期资金；长期债务和股东权益这些长期资金来源在满足了长期股权投资、长期资产和周转性经营投入等长期资金需求以外，还有一部分用于金融资产。有息债务率为 60.33%，债务的资本成本率为 9.64%，由于规模比前两者小，因此融资成本比前两家公司都要高。

## 16.8.4 如何从房地产公司的利润表看成本费用

对于房地产公司来说，因为收入确认和现金流之间存在时间差，所以利润表的信息含量不大（由于收入确认的时点在某种程度上可以受到房地产公司的调节，因此利润表的数字有时候会被扭曲，这个时候现金流的数据反而更加有信息含量）。但是，鉴于收入和成本确认的配比原则，因此毛利率指标还是可以反映一家公司的经营情况的。万科的毛利率如表 16-45 所示，随着表 16-39 中显示的周转速度逐年提高，毛利率在逐年降低，构成了高周转率、低毛利率的模式。不过，高周转率带来的规模效应显著降低了万科的总费用率，从 2011 年的 17.99% 降到 2015 年 13.74%。

表 16-45 万科的盈利能力分析

金额单位：万元

| 项　　目 | 2015-12-31 | 2014-12-31 | 2013-12-31 | 2012-12-31 | 2011-12-31 |
|---|---|---|---|---|---|
| 营业总收入 | 19 554 913.00 | 14 638 800.45 | 13 541 879.11 | 10 311 624.51 | 7 178 274.98 |
| 营业总成本 | 22 241 308.77 | 16 797 926.29 | 15 383 134.89 | 11 986 923.84 | 8 469 653.54 |
| 营业成本 | 13 815 062.87 | 10 255 706.37 | 9 279 765.08 | 6 542 161.43 | 4 322 816.36 |
| 毛利 | 5 739 850.13 | 4 383 094.08 | 4 262 114.03 | 3 769 463.08 | 2 855 458.62 |
| 毛利率 | 29.35% | 29.94% | 31.47% | 36.56% | 39.78% |
| 营业税金及附加 | 1 798 042.68 | 1 316 674.59 | 1 154 499.81 | 1 091 629.75 | 777 878.61 |
| 营业税金及附加率 | 9.19% | 8.99% | 8.53% | 10.59% | 10.84% |
| 销售费用 | 413 827.36 | 452 188.95 | 386 471.36 | 305 637.77 | 255 677.51 |
| 销售费用率 | 2.12% | 3.09% | 2.85% | 2.96% | 3.56% |
| 管理费用 | 474 524.98 | 390 261.77 | 300 283.76 | 278 030.80 | 257 821.46 |
| 管理费用率 | 2.43% | 2.67% | 2.22% | 2.70% | 3.59% |
| 总费用率 | 13.74% | 14.75% | 13.60% | 16.25% | 17.99% |

保利地产的毛利率如表 16-46 所示，比万科要略高一些，并且随着规模效应的作用（规模增加的同时有些固定费用无须增加），总费用率也呈现逐年下降的趋势。保利地产由于国有控股的特征，因此管理人员的报酬低于万科，这在某种程度上也是管理费用率低于万科的原因之一。

表 16-46 保利地产的盈利能力分析

金额单位：万元

| 项目 | 2015-12-31 | 2014-12-31 | 2013-12-31 | 2012-12-31 | 2011-12-31 |
|---|---|---|---|---|---|
| 营业总收入 | 12 342 878.42 | 10 905 649.71 | 9 235 552.42 | 6 890 575.67 | 4 703 622.22 |
| 营业总成本 | 10 169 693.46 | 12 432 892.43 | 10 563 865.56 | 7 989 434.86 | 5 411 247.54 |
| 营业成本 | 8 245 330.57 | 7 412 257.33 | 6 265 521.52 | 4 397 208.18 | 2 953 680.26 |
| 毛利 | 4 097 547.85 | 3 493 392.38 | 2 970 030.90 | 2 493 367.49 | 1 749 941.96 |
| 毛利率 | 33.20% | 32.03% | 32.16% | 36.19% | 37.20% |
| 营业税金及附加 | 1 215 691.03 | 1 114 773.86 | 952 212.77 | 812 026.70 | 507 337.82 |
| 营业税金及附加率 | 9.85% | 10.22% | 10.31% | 11.78% | 10.79% |
| 销售费用 | 273 115.08 | 240 192.49 | 218 517.64 | 164 561.09 | 125 253.27 |
| 销售费用率 | 2.21% | 2.20% | 2.37% | 2.39% | 2.66% |
| 管理费用 | 187 151.65 | 172 275.74 | 157 581.86 | 122 270.41 | 75 033.47 |
| 管理费用率 | 1.52% | 1.58% | 1.71% | 1.77% | 1.60% |
| 总费用率 | 13.58% | 14.00% | 14.38% | 15.95% | 15.04% |

如表 16-47 所示，三湘股份的毛利率显著高于上述两家公司，这与公司科技地产、绿色地产的差异化定位有关。由于规模较小，因此总费用率无法通过规模效应来降低，要显著高于前两家公司。

三家公司的营业税金及附加率差不多，这是因为国家的税收政策对所有公司来说都是一样的。

但是，高毛利率能否抵消低周转率的影响，是一个值得思考的问题。如表 16-48 所示，万科的息税前销售利润率虽然低，但是通过高周转率实现了 16.78% 的息税前投入资本回报率。

如表 16-49 所示，保利地产的息税前销售利润率虽然略高，但是周转速度比万科低，息税前投入资本回报率也比万科要低。

三湘股份的息税前销售利润率要远远高于前述两家公司，但是过低的周转速度导致息税前投入资本回报率远远低于前述两家公司，具体如表 16-50 所示。

表 16-47  三湘股份的盈利能力分析

金额单位：万元

| 项目 | 2015-12-31 | 2014-12-31 | 2013-12-31 | 2012-12-31 | 2011-12-31 |
|---|---|---|---|---|---|
| 营业总收入 | 51 950.29 | 127 081.02 | 277 695.75 | 188 650.95 | 91 111.79 |
| 营业总成本 | 85 246.10 | 160 243.19 | 326 324.16 | 220 090.50 | — |
| 营业成本 | 31 395.42 | 81 274.03 | 167 138.00 | 121 137.21 | 47 044.97 |
| 毛利 | 20 554.87 | 45 806.99 | 110 557.75 | 67 513.74 | 44 066.82 |
| 毛利率 | 39.57% | 36.05% | 39.81% | 35.79% | 48.37% |
| 营业税金及附加 | 4 256.20 | 12 629.59 | 33 209.11 | 18 990.79 | 12 168.38 |
| 营业税金及附加率 | 8.19% | 9.94% | 11.96% | 10.07% | 13.36% |
| 销售费用 | 8 692.66 | 5 638.60 | 4 524.62 | 3 996.16 | 3 717.66 |
| 销售费用率 | 16.73% | 4.44% | 1.63% | 2.12% | 4.08% |
| 管理费用 | 19 321.35 | 14 893.99 | 10 893.77 | 8 450.55 | 7 846.92 |
| 管理费用率 | 37.19% | 11.72% | 3.92% | 4.48% | 8.61% |
| 总费用率 | 62.12% | 26.10% | 17.51% | 16.66% | 26.05% |

表 16-48  万科的周转率及息税前投入资本回报率

| 项目 | 2015-12-31 | 2014-12-31 | 2013-12-31 | 2012-12-31 | 2011-12-31 |
|---|---|---|---|---|---|
| 息税前销售利润率 | 17.53% | 17.69% | 18.60% | 21.18% | 22.73% |
| 投入资本周转率 | 0.90 | 0.79 | 0.74 | 0.67 | 0.61 |
| 息税前投入资本回报率 | 16.78% | 13.98% | 13.80% | 14.14% | 13.77% |

表 16-49  保利地产的周转率和息税前投入资本回报率

| 项目 | 2015-12-31 | 2014-12-31 | 2013-12-31 | 2012-12-31 | 2011-12-31 |
|---|---|---|---|---|---|
| 息税前销售利润率 | 20.44% | 18.62% | 18.50% | 20.93% | 22.25% |
| 投入资本周转率 | 0.57 | 0.53 | 0.55 | 0.50 | 0.43 |
| 息税前投入资本回报率 | 11.59% | 9.79% | 10.15% | 10.57% | 9.48% |

表 16-50  三湘股份的周转率和息税前投入资本回报率

| 项目 | 2015-12-31 | 2014-12-31 | 2013-12-31 | 2012-12-31 | 2011-12-31 |
|---|---|---|---|---|---|
| 息税前销售利润率 | 61.19% | 22.96% | 26.69% | 26.20% | 33.11% |
| 投入资本周转率 | 0.07 | 0.15 | 0.59 | 0.68 | 0.37 |
| 息税前投入资本回报率 | 4.18% | 3.49% | 15.72% | 17.91% | 12.27% |

### 16.8.5 如何对房地产公司进行估值

前面讲到，我们需要对房地产公司的每个房地产项目进行估值，以确定公司的整体价值。由于万科和保利地产的项目过多，因此我们以三湘股份来进行说明。

三湘股份 2015 年度的报告中列出的可售项目和在建项目如表 16-51、表 16-52 所示。

上述项目中除了三河市湘德房地产开发有限公司的项目，其他项目均在上海。因此我们简单地划分为三河市项目和上海市项目来进行初步估值。

三河市项目地处燕郊，根据公司公告有关资料，我们假设以下几点。

（1）2015 年开工，2016 年 12 月开始预售，一共分 6 期开盘，每年 1 期，预计售价从 1.8 万元每平方米开始逐年上涨到 2.3 万元每平方米。

（2）预计成本每期 10 亿元，销售费用现金流占销售金额的 2%，税率按 15% 计算。

（3）资本成本率为 8%。

三湘股份燕郊项目的估值如表 16-53 所示。

对于上海项目，我们假设以下几点。

（1）上海市项目加总合计可售 16.46 万平方米，在建 86.7 万平方米。假设可售在未来两年平均售完；在建在未来第二年开始预售，并且在未来 5 年售完。

（2）粗略估计每平方米带来 1 万元的净现金流入，销售费用现金流占销售金额的 2%，税率按 15% 计算。

（3）资本成本率为 8%。

三湘股份上海市项目的估值如表 16-54 所示。

最后，我们把所有项目的价值相加，再加上该公司文化产业的每股价值，减去每股目前的债务价值，大概就是每股内在价值了。

每股 2~3 元的文化产业价值 + 每股 5~6 元的三河市项目价值 +12~13 元的上海市项目价值 − 每股 7 元的债务价值 =12~15 元左右的每股内在价值。

表 16-51 三湘股份的可售项目

单位：万平方米

| 项目名称 | 可供出售面积 | 2015年度预售面积 | 2015年度结算面积 | 报告期末剩余可售面积 | 报告期末累计结算面积 | 上市公司权益比例 |
|---|---|---|---|---|---|---|
| 上海三湘海尚城 | 18.49 | 0.68 | 0.56 | 4.33 | 13.95 | 100% |
| 三湘七星府邸 | 2.68 | 0.16 | 0.22 | 0.57 | 1.87 | 100% |
| 三湘未来海岸 | 5.00 | 0 | 0.12 | 0.81 | 4.18 | 100% |
| 三湘四季花城牡丹苑（三湘四季花城E块） | 2.39 | 1.47 | 0 | 0.92 | 0 | 100% |
| 三湘海尚名邸（南翔三湘森林海尚） | 13.00 | 6.71 | 0 | 0.63 | 0 | 100% |
| 虹桥三湘广场 | 4.2 | 2.02 | 0 | 2.16 | 0 | 100% |
| 中鹰黑森林 | 22.32 | 1.44 | 0.29 | 7.04 | 13.49 | 90% |
| 合　计 | 68.08 | 12.48 | 1.19 | 16.46 | 33.49 | — |

注：表中所述面积包括地上及地下面积。

表 16-52　三湘股份的在建项目

单位：万平方米

| 项目合作公司 | 项目名称 | 占地面积（平方米） | 规划建筑面积（平方米） | 总投资金额（万元） | 实际投资金额（万元） | 项目状态（在建/拟建） | 上市公司权益比例 |
|---|---|---|---|---|---|---|---|
| 上海城光置业有限公司 | 三湘四季花城牡丹苑 | 5 196.00 | 28 844.49 | 40 416.00 | 27 457.95 | 在建 | 100% |
| 上海湘虹置业有限公司 | 虹桥三湘广场 | 15 052.60 | 66 922.63 | 120 000.00 | 103 516.21 | 在建 | 100% |
| 三河市湘德房地产开发有限公司 | 三湘森林海尚城 | 361 631.00 | 1 179 303.00 | 541 898.14 | 57 046.54 | 在建 | 50.49% |
| 上海湘南置业有限公司 | 三湘海尚名邸 | 85 588.50 | 207 603.03 | 251 076.38 | 242 911.29 | 在建 | 100% |
| 上海湘鼎置业有限公司 | 三湘海尚云邸 | 199 810.80 | 201 808.90 | 199 831.00 | 101 525.24 | 在建 | 100% |
| 上海中鹰置业有限公司 | 中鹰黑森林 | 88 605.00 | 273 878.00 | 627 841.78 | 557 326.33 | 在建 | 99% |
| 上海湘骏置业有限公司 | 三湘海尚福邸 | 18 517.00 | 60 238.00 | 181 384.00 | 108 599.05 | 在建 | 100% |
| 上海湘盛置业有限公司 | 浦东前滩项目 | 13 965.30 | 27 930.65 | 238 646.00 | 192 247.37 | 拟建 | 100% |
| 合　计 |  | 788 366.20 | 2 046 528.65 | 2 201 093.30 | 1 390 629.98 |  | — |

注：表中数据在计算过程中有四舍五入。

**表 16-53 三湘股份三河市项目估值**

金额单位：亿元

| | | | | | | | 每年现金流现值 | |
|---|---|---|---|---|---|---|---|---|
| 已投入资金 | 面积（万平方米） | 19.5 | 19.5 | 19.5 | 19.5 | 19.5 | 19.5 | 19.5 |
| 1 000元每平方米楼面价 | 单价（万元/平方米） | 1.8 | 1.9 | 2 | 2.1 | 2.2 | 2.3 | |
| 11.7亿元分期付款 | 预收总额 | 35.1 | 37.05 | 39 | 40.95 | 42.9 | 44.85 | |
| 考虑资金成本，假设已经投入15亿元 | 建安成本等（按每平方米5 000元测算） | 9.75 | 9.75 | 9.75 | 9.75 | 9.75 | 9.75 | |
| 假设资本成本率为8% | 销售推广等（按预收的2%测算） | 0.702 | 0.741 | 0.78 | 0.819 | 0.858 | 0.897 | |
| −15 | 税金（营业税费，所得税合计15%） | 5.265 | 5.557 5 | 5.85 | 6.142 5 | 6.435 | 6.727 5 | |
| 按股权比例计算项目新增价值56亿元 | （50.49%的股权比例） | 17.947 222 22 | 18.005 401 23 | 17.956 485 29 | 17.816 021 09 | 17.597 839 73 | 17.314 225 58 | |
| | 初始价值 | 15 | 总价值 | 71 | | | | |
| 总股本（亿股） | | | | 14 | | | | |
| 每股内在价值（元） | | | | 5.1 | | | | |

**表 16-54 三湘股份上海市项目估值**

单位：亿元

| 不同年份现金流 | 17 | 17 | 17 | 17 | 17 | 17 |
|---|---|---|---|---|---|---|
| 现金流现值 | 15.740 740 74 | 14.574 759 95 | 13.495 148 1 | 12.495 507 5 | 11.569 914 35 | 10.712 883 66 |
| 项目新增价值 | 78.588 954 29 | 项目初始价值 | 100 | | | |
| 总股本（亿股） | | | 14 | | | |
| 每股内在价值（元） | | | 12.7 | | | |

### 16.8.6 问题和挑战

未来中国的房地产市场以及房价走向，存在着诸多不确定性。对于公司来说，提升内在价值的驱动因素在于：是否可以持续地拿到理想的地块，创造持续的现金流。在目前的土地市场上，这是一个很大的挑战。如果无法持续地创造现金流，则公司价值将无法得到增长。

上述计算由于无法获得更多数据，因此存在着错误的可能性。上述内容只是说明逻辑与模型。

## 16.9 科伦药业：何时否极泰来（2016年5月30日）

我关注科伦药业已经有好长时间了，但是该公司的业绩表现一直不佳，甚至最近两年的利润一直在下降，顺带着这家公司的股价也一直表现不佳。

那么，这家公司到底还有没有关注的价值呢？

上市前，公司的主业是大输液，没错，就是我们在医院看到的那个输液袋里的东西。由于限制使用抗生素，公司所处的行业过去几年风声鹤唳，没有好日子过也很好理解。

公司为了保持大输液的竞争优势，向上游拓展，在新疆伊宁投资兴建硫红霉素和头孢生产基地，2015年投产，结果由于环保问题一直拖拖拉拉未能满产。现在可能解决了部分环保问题，2016年对外公告硫红霉素已经满产，头孢半产。对这个项目，我个人并不是非常满意——这个项目就是医药工业制造，说白了和钢铁制造、水泥制造没有太大区别，没有太多的技术含量，拼的是规模和成本，因此要有高毛利率，想要赚很多钱基本不可能。因为没有太多技术门槛，只要行业一好转，产能就上去，供给就增加，价格立马下来。最好的情形就是达到供需平衡，有微利，保持行业稳定。因此，这块资产估计也就是略有微利，把开始的固定资产投资款、后续的财务费用以及生产过程中的各类成本收回来，然后有那么一点儿自由现金流，就已经让人心满意足了。

公司在哈萨克斯坦的境外项目，虽然自己一再宣传，但是因为这个行业实在是不赚钱，所以估计能有点儿盈利就不错了。

上述项目给公司带来的影响巨大，公司的固定资产等长期资产从上市之初的

20 亿元增加到目前的 130 亿元，有息债务从上市之初的 10 亿元增加到目前的 93 亿元，公司一直通过债务融资进行外延式扩张。这些资产带来收入的能力尚未释放，导致资产的周转效率大幅下降。这些新增资产如何带来更多的收入，是公司面临的一大挑战。

因此，如果就公司的大输液和抗生素估值的话，公司的内在价值在 10 元钱左右。这个年代，公司停留在制造环节，根本无法产生更多的附加值。

那么，公司是否就没有投资价值了呢？这个问题不是那么容易回答。科伦药业现在有一项潜在的资产和能力，一直没有被市场所正视，那就是科伦药业的研发资产和能力。从公开资料看，科伦药业有五大研究院，数十个在研品种。作为非专业人士，这些研究我本人也无法估计其潜力和价值。但是，从财务的角度，我们可以看到，即使在利润下降的情况下，公司依然不断加大研发投入，2013 年、2014 年研发投入 3 亿多元，2015 年更是投入 4.34 亿元。这是非常难能可贵的，一般企业在业绩表现不佳的情况下，很容易降低研发投入来维持利润。

对于科伦药业的估值很难做，但是正如我们判断一个人的胖瘦一样，我们无须知道这个人到底有多少斤，而只需目视即可得出一个大致的判断。我个人认为，当公司的股票价格在 14 元左右时，应该还是物有所值，并且在未来三年，随着研发收获期的到来，有较大的概率给我们带来惊喜。关键的问题是：你是否愿意为此等上一段时间？

## 16.10　大秦铁路：现在是最坏的时期了吗（2016 年 7 月 28 日）

大秦铁路从高点的 14 元多，到目前的 6 元左右，是否具备了投资价值？我们来看大秦铁路的历史数据，然后对行业未来做一个简要的分析，最后做一个大致的估值。

### 1. 历史数据

如表 16-55 所示，从自由现金流的角度看，大秦铁路在 2015 年有所下降。那么，这个自由现金流是否能维持下去呢？

根据表 16-56 所知，过去的 5 年，大秦铁路一直在进行投资，跟我国铁路大建设保持一致。

表 16-55 大秦铁路的经营活动现金流量

单位：万元

| 经营活动产生的现金流量 | 2015-12-31 | 2014-12-31 | 2013-12-31 | 2012-12-31 | 2011-12-31 |
| --- | --- | --- | --- | --- | --- |
| 销售商品、提供劳务收到的现金 | 4 575 703.93 | 4 943 441.60 | 4 367 636.72 | 3 705 131.91 | 3 813 588.77 |
| 收到的税费返还 | 0.00 | 0.00 | 0.00 | 20.75 | 0.00 |
| 收到其他与经营活动有关的现金 | 25 703.51 | 21 103.62 | 11 668.82 | 14 162.94 | 11 455.76 |
| 经营活动现金流入（金融类） | | | | | |
| 经营活动现金流入小计 | 4 601 407.44 | 4 964 545.21 | 4 379 305.54 | 3 719 315.60 | 3 825 044.53 |
| 购买商品、接受劳务支付的现金 | 1 068 400.17 | 1 132 385.28 | 1 170 716.25 | 929 749.40 | 968 246.68 |
| 支付给职工以及为职工支付的现金 | 1 405 162.17 | 1 320 238.93 | 1 161 786.45 | 963 507.24 | 810 006.78 |
| 支付的各项税费 | 602 346.60 | 716 588.10 | 492 858.40 | 446 478.56 | 439 547.22 |
| 支付其他与经营活动有关的现金 | 113 733.36 | 64 009.84 | 77 961.44 | 87 988.61 | 96 461.83 |
| 经营活动现金流出（金融类） | | | | | |
| 经营活动现金流出小计 | 3 189 642.31 | 3 233 222.15 | 2 903 322.54 | 2 427 723.82 | 2 314 262.51 |
| 经营活动产生的现金流量净额 | 1 411 765.13 | 1 731 323.06 | 1 475 983.00 | 1 291 591.78 | 1 510 782.03 |
| 现金流量表的企业自由现金流 | 894 768.18 | 1 234 619.12 | 990 783.19 | 840 602.35 | 1 101 738.96 |

注：表中数据在计算过程中有四舍五入。

表 16-56 大秦铁路的投资活动现金流量

单位：万元

| 投资活动产生的现金流量 | 2015-12-31 | 2014-12-31 | 2013-12-31 | 2012-12-31 | 2011-12-31 |
|---|---|---|---|---|---|
| 收回投资收到的现金 | 0.00 | 0.00 | 0.00 | 0.00 | 300.74 |
| 取得投资收益收到的现金 | 161 234.55 | 124 775.45 | 128 739.05 | 119 850.34 | 0.00 |
| 处置固定资产、无形资产和其他长期资产收回的现金净额 | 3 285.14 | 4 996.63 | 1 905.69 | 2 379.58 | 791.99 |
| 处置子公司及其他营业单位收到的现金净额 | 0.00 | 0.00 | 1 168.19 | 0.00 | 0.00 |
| 收到其他与投资活动有关的现金 | 21 343.44 | 24 530.74 | 16 716.51 | 9 335.33 | 7 537.73 |
| 投资活动现金流入小计 | 185 863.14 | 154 302.82 | 148 529.44 | 131 565.25 | 8 630.46 |
| 购建固定资产、无形资产和其他长期资产支付的现金 | 581 168.05 | 551 537.83 | 473 804.57 | 394 346.46 | 398 752.48 |
| 净投资额 | 577 882.91 | 546 541.20 | 471 898.88 | 391 966.88 | 397 960.49 |

注：表中数据在计算过程中有四舍五入。

根据表 16-57 可知，过去 5 年，大秦铁路一直在偿还债务和发放现金股利。

从表 16-58 中可以看出，大秦铁路的毛利率下降趋势明显，总费用率略有下降，2015 年管理费用率下降是因为口径变化。销售净利率在 2016 年度一季度下降明显。

从公司资本结构来看，有息债务率较低，债务资本成本率在 5% 以下。在公司资产结构中，周转性经营投入为负（应付预收高于应收预付），长期资产主要为经营资产，有较多的长期股权投资，长期股权投资账面投资收益率为 15% 左右，质量很好；长期资产周转率在 0.5 以上，比较稳定。

### 2. 公司行业未来简要分析

公司未来的情况不乐观，2016 年度上半年运输量和价格下降，收入下降，净利润下降 55%。问题是净利润下降的同时，自由现金流下降的幅度有多大？

表 16-57　大秦铁路的筹资活动现金流量

单位：万元

| 筹资活动产生的现金流量 | 2015-12-31 | 2014-12-31 | 2013-12-31 | 2012-12-31 | 2011-12-31 |
|---|---|---|---|---|---|
| 吸收投资收到的现金 | 284.20 | 0.00 | 30.00 | 15 000.00 | 0.00 |
| 其中：子公司吸收少数股东投资收到的现金 | 284.20 | 0.00 | 30.00 | 15 000.00 | 0.00 |
| 取得借款收到的现金 | 71 652.00 | 33 263.40 | 68 584.50 | 0.00 | 195 000.00 |
| 收到其他与筹资活动有关的现金 | 0.00 | 0.00 | 0.00 | 31 971.63 | 0.00 |
| 发行债券收到的现金 | 398 800.00 | 199 550.00 | 0.00 | 498 000.00 | 398 400.00 |
| 筹资活动现金流入差额（特殊报表科目） | | | | | |
| 筹资活动现金流入差额（合计平衡项目） | | | | | |
| 筹资活动现金流入小计 | 470 736.20 | 232 813.40 | 68 614.50 | 544 971.63 | 593 400.00 |
| 偿还债务支付的现金 | 700 520.00 | 750 000.00 | 400 000.00 | 600 000.00 | 1 440 000.00 |
| 分配股利、利润或偿付利息支付的现金 | 775 682.52 | 705 510.20 | 663 587.41 | 664 593.08 | 642 047.17 |
| 其中：子公司支付给少数股东的股利、利润 | 0.00 | 17.25 | 0.00 | 0.00 | 0.00 |
| 支付其他与筹资活动有关的现金 | 4 504.58 | 6 152.06 | 36 462.10 | 202.50 | 12 154.37 |
| 筹资活动现金流出差额（特殊报表科目） | | | | | |
| 筹资活动现金流出差额（合计平衡项目） | | | | | |
| 筹资活动现金流出小计 | 1 480 707.10 | 1 461 662.26 | 1 100 049.51 | 1 264 795.58 | 2 094 201.54 |
| 筹资活动产生的现金流量净额差额（合计平衡项目） | | | | | |
| 筹资活动产生的现金流量净额 | −1 009 970.90 | −1 228 848.86 | −1 031 435.01 | −719 823.94 | −1 500 801.54 |

注：表中数据在计算过程中有四舍五入。

表 16-58 大秦铁路的盈利能力分析

金额单位：万元

| 项　　目 | 2015-12-31 | 2014-12-31 | 2013-12-31 | 2012-12-31 | 2011-12-31 |
|---|---|---|---|---|---|
| 毛利率 | 29.61% | 37.49% | 37.08% | 38.38% | 41.30% |
| 营业税金及附加 | 19 904.16 | 21 963.48 | 152 988.93 | 135 834.83 | 151 002.69 |
| 营业税金及附加率 | 0.38% | 0.41% | 2.98% | 2.96% | 3.36% |
| 销售费用 | 20 993.17 | 17 968.82 | 18 887.37 | 0.00 | 0.00 |
| 销售费用率 | 0.40% | 0.33% | 0.37% | 0.00% | 0.00% |
| 管理费用 | 58 696.43 | 373 475.53 | 315 215.85 | 270 180.18 | 240 192.27 |
| 管理费用率 | 1.12% | 6.92% | 6.14% | 5.88% | 5.34% |
| 总费用率 | 1.90% | 7.66% | 9.49% | 8.83% | 8.69% |
| 销售净利率 | 24.09% | 26.29% | 24.73% | 25.03% | 25.99% |

注：表中数据在计算过程中有四舍五入。

我的看法是，在短期内，公司无法回到景气高峰期，甚至未来都无法回到景气高峰期。这是中国宏观经济情况所决定的。

但是，2016 年的情况很可能已经是谷底，我们按照 L 型来对公司进行估值，应该是可以接受的。

### 3. 公司估值及建议

个人看法是按照 2016 年上半年的情况预计，公司的净利润在 30 亿元左右，现金流情况比利润情况应该好一些。理由是公司的列车等资产需要折旧摊销费用以不断更新，但是铁路资产及建筑物等，则无须不断地更新投入，这部分现金流可以视为自由现金流（有点类似于我以前分析的白云机场）。因此，2016 年的自由现金流为 86 亿元应该没有问题。

如果我们能接受 2016 年为谷底年份（也许会更坏，但不至于出现大幅度下跌），按照零增长假设（部分在建工程其实会带来增量自由现金流）、一季度末 266 亿元金融资产和长期股权投资价值、96 亿元有息债务计算，则每股内在价值为 7 元左右（见表 16-59）。因此，当股价在 6 元上下，应该有投资价值。买入最差的结果是预计 2016 年后按照每股 0.22 元分红计算，现金股息率在 3% 左右。

表 16-59　大秦铁路的每股内在价值（零增长假设）

金额单位：万元

| 零增长假设下估值 | |
| --- | --- |
| （1）以前 10 年的平均自由现金流为基数 | 863 404.01 |
| （2）零增长保守估值下经营资产的价值 | 10 792 550.11 |
| （3）加：金融资产 | 2 669 826.20 |
| （4）减：企业债务 | 963 580.99 |
| （5）企业价值（=（2）+（3）−（4）） | 11 694 184.68 |
| （6）少数股东比例 | 0.02 |
| （7）归属于母公司股东的价值（=（5）×（6）） | 11 506 254.45 |
| （8）股本（万股） | 1 646 849.00 |
| （9）每股内在价值（元）（=（7）/（8）） | 6.99 |

注：表中数据在计算过程中有四舍五入。

我的预期是 6 元左右的价格买入，1 年内现金股息率加上股价波动，收益率在 10%～15%。

## 16.11　罗莱生活：能否持续增长（2016 年 7 月 29 日）

### 1. 历史数据

罗莱生活在过去几年的业绩应该说表现还是不错的。但是，从 2007 年以来的持续增长势头在 2015 年开始改变，业绩比 2014 年有所下滑。

以最近一年的自由现金流为基准、资本成本率为 8% 测算，零增长保守估算，罗莱生活的每股内在价值如表 16-60 所示。

### 2. 未来判断

问题在于，罗莱生活能否重拾增长势头，这个比较难判断。大家居的格局是否能够成功？如果能做成中国的宜家，保持业绩的持续增长，则上述判断就因为过于保守而显得离谱。

对于罗莱生活的大家居，我不太了解，因此无法做出很好的判断。如果能保持如下假设增长，则目前股价基本体现其投资价值，具体如表 16-61 所示。

表 16-60 罗莱生活的每股内在价值（零增长假设）

金额单位：万元

| 零增长假设下估值 | |
| --- | --- |
| 以最近一年的自由现金流为基数 | 27 210.15 |
| 折现率 | 8% |
| 营运类资产的价值 | 340 126.88 |
| 加：金融资产 | 84 608.61 |
| 减：企业债务 | 15 010.95 |
| 企业价值 | 409 724.54 |
| 少数股东比例 | 0.04 |
| 归属于母公司股东的价值 | 394 116.81 |
| 股本（万股） | 69 949.00 |
| 每股内在价值（元） | 5.63 |

注：表中数据在计算过程中有四舍五入。

表 16-61 罗莱生活的每股内在价值（三阶段模型）

金额单位：万元

| 三阶段模型下估值 | |
| --- | --- |
| 以前 5 年平均自由现金流为基数 | 31 565.98 |
| 增长率假设：2016 年开始到 2020 年每年复合增长率为 15%，2021～2030 年的 10 年内每年复合增长率为 6%，2031 年后年复合增长率为 2% | |
| 折现率 | 8% |
| 营运类资产的价值 | 1 156 054.66 |
| 加：金融资产 | 84 608.61 |
| 减：企业债务 | 22 625.39 |
| 企业价值 | 1 218 037.88 |
| 少数股东比例 | 0.04 |
| 归属于母公司股东的价值 | 1 171 638.90 |
| 股本（万股） | 69 949.00 |
| 每股内在价值（元） | 16.75 |

注：表中数据在计算过程中有四舍五入。

### 3. 估值

由于对罗莱生活的未来增长无法做出较为确定的判断，因此我们暂不做估值，只是纳入观察名单。

## 16.12  被低估的正泰电器（2016 年 8 月 19 日）

特别说明：本文在正泰电器重组新能源之前完成。新能源业务存在重大不确定性，影响本文分析和判断。本人对正泰电器的定增持否定看法：定增折价是对原有股东利益赤裸裸的损害！将案例在此列出是为了保持真实性和完整性，以免误导大家。要说成功的案例，更要说不太成功的案例。

正泰电器是我前期文章《如何选择潜在投资目标》中的公司之一。最近仔细阅读了正泰电器的年报以及上市以来的财务数据，发现正泰电器的现金分红自上市以来非常可观，远远超过了当初上市募集的资金，历史表现确实非常优秀。

### 1. 历史数据

公司过去 7 年的毛利率和总费用率稳定（见表 16-62），表明公司盈利稳定，具备较好的核心竞争力。

表 16-62  正泰电器的经营稳定性分析

| 项目 | 2016-03-31 | 2015-12-31 | 2014-12-31 | 2013-12-31 | 2012-12-31 | 2011-12-31 | 2010-12-31 |
|---|---|---|---|---|---|---|---|
| 毛利率 | 33.58% | 34.85% | 33.18% | 31.60% | 29.94% | 24.03% | 25.91% |
| 销售费用率 | 6.52% | 6.65% | 6.26% | 5.86% | 5.98% | 4.10% | 4.80% |
| 管理费用率 | 8.63% | 8.50% | 7.17% | 7.33% | 7.70% | 7.09% | 7.78% |
| 总费用率 | 15.83% | 15.81% | 14.10% | 13.79% | 14.34% | 11.66% | 13.12% |

公司过去 6 年的数据表明公司的资产结构和资本结构合理，效率较高，给股东带来了较好的回报。公司过去 6 年的股东权益回报率如表 16-63 所示，均高于 15%。

表 16-63  正泰电器的股东权益回报率

| 项目 | 2015-12-31 | 2014-12-31 | 2013-12-31 | 2012-12-31 | 2011-12-31 | 2010-12-31 |
|---|---|---|---|---|---|---|
| 股东权益回报率 | 26.30% | 30.53% | 29.98% | 27.61% | 19.14% | 16.35% |

## 2. 行业简况

公司是低压电器市场的龙头企业，主要从事配电电器、终端电器、控制电器、电源电器、电子电器五大类低压电器产品的研发、生产和销售。低压电器行业是一个充分国际竞争、市场化程度较高的行业，形成了跨国公司与各国国内本土优势企业共存的竞争格局。

正泰电器通过市场竞争从小企业成长为目前规模较大的公司。这种通过市场化洗礼的公司，竞争力和稳定性相对来说比较好。美中不足的是，公司收购了新能源公司，目前个人对新能源业务持保留和观望态度。

## 3. 公司估值

基于历史数据及行业的判断，我们用表16-64中的假设进行估值，考虑安全边际后内在价值至少在27元以上，相对来说，目前价格合理且有所低估。我预计，以目前价格，考虑未来一年内的价格波动和现金股息率所带来的投资收益率在20%左右。

表 16-64　正泰电器的每股内在价值（三阶段模型）

金额单位：万元

| 三阶段模型下估值 | |
| --- | --- |
| 以2015年的自由现金流为基数 | 170 334.48 |
| 增长率假设：2016年开始到2020年每年复合增长率为15%，2021～2030年的10年内每年复合增长率为6%，2031年后年复合增长率为0 | |
| 折现率为8% | 173 488.82 |
| 营运类资产的价值 | 4 567 348.67 |
| 加：金融资产 | 330 999.29 |
| 减：企业债务 | 161 077.86 |
| 企业价值 | 4 737 270.10 |
| 少数股东比例 | 0.05 |
| 归属于母公司股东的价值 | 4 505 916.87 |
| 股本（万股） | 131 945.00 |
| 每股内在价值（元） | 34.15 |

注：表中数据在计算过程中有四舍五入。

## 16.13 隆鑫通用的内在价值（2016年10月17日）

### 16.13.1 行业和公司

几年前看过这家公司，觉得行业一般，因此就略过了。最近通过数据筛选，公司重新进入关注范围。

公司是研发、生产及销售摩托车及发动机、通用动力机械的企业，主要经营包括发动机（道路用发动机和非道路用发动机）、摩托车、发电机组（小型家用发电机和大型商用发电机组）、微型电动车、无人机、汽车零部件等业务。公司形成发动机、通机、摩托车、新能源机车的产业集群，在行业内享有较高的知名度与美誉度，向全球100多个国家和地区提供优质的、高效的产品和服务，并与多家国际知名公司建立了长期稳定的合作关系。公司旗下的"隆鑫""劲隆"品牌均为中国驰名商标，"隆鑫"品牌还获得了中国名牌、中国出口名牌称号。公司坚持"代言消费者、凸显产品力"的经营思想，不断创新技术、升级产品、拓展市场，主营业务稳健增长；聚焦转型升级，推进"无人机+农业信息化、微型电动车、智能电源"三大战略新兴业务。

### 16.13.2 历史财务数据

#### 1. 今天的投资决定未来的报表

如表16-65所示，公司每年都有一定的新增投资额，包括购建活动和并购活动，保证了公司在未来3～5年能保持良好的增长。公司的投资活动现金流基本来自自我满足，即内涵式增长。未来的增长可期。

#### 2. 公司资本结构稳健

如表16-66所示，公司有息债务率很低，资本结构稳健。没有财务风险。

#### 3. 公司的经营比较稳定

首先，如表16-67所示，公司的长期营运资产周转率虽有所下降，但是在回升过程中，并且总体比较稳定。

其次，从表16-68中可以看出，周转性经营投入基本为负数，说明隆鑫通用公司的周转性经营投入管理效率较高，营运环节无须投入过多资金。

表 16-65 隆鑫通用的投资活动现金流量

金额单位：万元

| 投资活动产生的现金流量 | 2016-06-30 | 2015-12-31 | 2014-12-31 | 2013-12-31 | 2012-12-31 |
|---|---|---|---|---|---|
| 收回投资收到的现金 | 327 530.99 | 1 196 954.87 | 894 404.62 | 102 025.42 | 0.00 |
| 取得投资收益收到的现金 | 751.03 | 4 496.56 | 3 849.86 | 2 570.10 | 837.17 |
| 处置固定资产、无形资产和其他长期资产收回的现金净额 | 215.94 | 161.58 | 95.92 | 141.86 | 369.73 |
| 处置子公司及其他营业单位收到的现金净额 | 250.60 | 130.36 | 0.00 | 0.00 | 0.00 |
| 收到其他与投资活动有关的现金 | 0.00 | 0.00 | 0.00 | 0.00 | 0.00 |
| 投资活动现金流入小计 | 328 748.55 | 1 201 743.38 | 898 350.39 | 104 737.38 | 1 206.90 |
| 购建固定资产、无形资产和其他长期资产支付的现金 | 19 300.80 | 34 367.17 | 38 736.29 | 30 628.98 | 20 829.93 |
| 净投资额 | 19 084.86 | 34 205.59 | 38 640.37 | 30 487.12 | 20 460.20 |
| 新投资额 | 6 200.03 | 15 227.85 | 22 930.26 | 16 277.78 | 7 558.54 |
| 新投资额比例 | 1.70% | 4.24% | 8.56% | 8.78% | 4.95% |
| 投资支付的现金 | 322 832.47 | 1 174 509.91 | 945 708.29 | 113 025.42 | 40 000.00 |
| 取得子公司及其他营业单位支付的现金净额 | 0.00 | 12 997.21 | 0.00 | 0.00 | 0.00 |
| 支付其他与投资活动有关的现金 | 637.11 | 0.00 | 0.00 | 0.00 | 0.00 |
| 投资活动现金流出小计 | 342 770.38 | 1 221 874.29 | 984 444.58 | 143 654.40 | 60 829.93 |
| 投资活动产生的现金流量净额 | -14 021.83 | -20 130.91 | -86 094.18 | -38 917.02 | -59 623.03 |
| 净合并额 | -250.60 | 12 866.85 | 0.00 | 0.00 | 0.00 |
| 净资本支出 | 18 834.26 | 47 072.44 | 38 640.37 | 30 487.12 | 20 460.20 |
| 净新资本支出 | 5 949.43 | 28 094.70 | 22 930.26 | 16 277.78 | 7 558.54 |
| 总投资额 | 35 288.79 | -14 861.87 | 105 593.65 | 39 969.44 | -12 627.37 |
| 现金自给率 | 340.34% | 508.46% | 85.20% | 139.74% | 81.19% |

注：表中数据在计算过程中有四舍五入。

表 16-66　隆鑫通用的资本结构

金额单位：万元

| 项　目 | 2016-06-30 | 2015-12-31 | 2014-12-31 | 2013-12-31 | 2012-12-31 |
| --- | --- | --- | --- | --- | --- |
| 短期债务 | 6 523.00 | 8 055.63 | 849.56 | 643.57 | 577.54 |
| 　短期借款 | 5 730.00 | 5 675.00 | 0.00 | 0.00 | 0.00 |
| 　应付利息 | 0.00 | 0.00 | 0.00 | 0.00 | 0.00 |
| 　交易性金融负债 | 0.00 | 0.00 | 164.31 | 0.00 | 2.36 |
| 　划分为持有待售的负债 | 0.00 | 0.00 | 0.00 | 0.00 | 0.00 |
| 　一年内到期的非流动负债 | 0.00 | 1 585.63 | 0.00 | 0.00 | 0.00 |
| 　应付短期债券 | 0.00 | 0.00 | 0.00 | 0.00 | 0.00 |
| 　其他流动负债 | 793.00 | 795.00 | 685.25 | 643.57 | 575.18 |
| 长期债务 | 1 183.45 | 1 283.94 | 0.00 | 0.00 | 0.00 |
| 　长期借款 | 1 183.45 | 1 283.94 | 0.00 | 0.00 | 0.00 |
| 　应付债券 | 0.00 | 0.00 | 0.00 | 0.00 | 0.00 |
| 　长期应付款 | 0.00 | 0.00 | 0.00 | 0.00 | 0.00 |
| 有息债务 | 7 706.45 | 9 339.57 | 849.56 | 643.57 | 577.54 |
| 有息债务率 | 1.25% | 1.63% | 0.20% | 0.17% | 0.17% |

表 16-67　隆鑫通用的长期资产经营情况

金额单位：万元

| 项　目 | 2016-06-30 | 2015-12-31 | 2014-12-31 | 2013-12-31 | 2012-12-31 |
| --- | --- | --- | --- | --- | --- |
| 长期经营资产 | 366 362.22 | 378 156.56 | 224 642.67 | 208 964.06 | 185 682.98 |
| 长期经营资产增长率 | −3.12% | 68.34% | 7.50% | 12.54% | — |
| 新投资额比例 | 1.70% | 4.24% | 8.56% | 8.78% | 4.95% |
| 营业收入增长率 | −44.89% | 6.00% | 2.13% | 0.94% | — |
| 现金流量表自由现金流增长率 | −58.41% | 45.29% | 43.12% | 12.92% | — |
| 长期经营资产周转率 | 1.06 | 1.86 | 2.96 | 3.11 | 3.47 |
| 固定资产 | 205 056.87 | 211 476.58 | 157 107.47 | 159 270.20 | 126 832.86 |
| 固定资产周转率 | 1.89 | 3.33 | 4.23 | 4.08 | 5.08 |

最后，从表 16-69 中可以得知，隆鑫通用的毛利率略有提升，总费用率比较稳定，因此销售净利率稳步上升。

表 16-68　隆鑫通用的周转性经营投入分析

金额单位：万元

| 项　目 | 2016-06-30 | 2015-12-31 | 2014-12-31 | 2013-12-31 | 2012-12-31 |
|---|---|---|---|---|---|
| 周转性经营投入 | −2 131.75 | −18 586.28 | 43 348.03 | −23 605.25 | −33 087.57 |
| 周转性经营投入变动 | 16 454.53 | −61 934.31 | 66 953.28 | 9 482.32 | −33 087.57 |
| 周转性经营投入占营业收入的比例 | −0.55% | −2.64% | 6.52% | −3.63% | −5.13% |
| 营运资产 | 251 036.58 | 245 507.03 | 223 803.50 | 149 879.85 | 159 312.67 |
| 营运负债 | 253 168.33 | 264 093.31 | 180 455.47 | 173 485.10 | 192 400.24 |

表 16-69　隆鑫通用的盈利能力分析

金额单位：万元

| 项　目 | 2016-06-30 | 2015-12-31 | 2014-12-31 | 2013-12-31 | 2012-12-31 |
|---|---|---|---|---|---|
| 毛利 | 85 678.65 | 143 986.28 | 131 298.74 | 123 860.83 | 116 839.19 |
| 毛利率 | 22.08% | 20.44% | 19.76% | 19.04% | 18.13% |
| 营业税金及附加 | 1 721.68 | 3 379.22 | 7 143.12 | 8 696.90 | 8 893.18 |
| 营业税金及附加率 | 0.44% | 0.48% | 1.08% | 1.34% | 1.38% |
| 销售费用 | 11 989.65 | 26 774.69 | 21 926.20 | 20 479.83 | 21 973.48 |
| 销售费用率 | 3.09% | 3.80% | 3.30% | 3.15% | 3.41% |
| 管理费用 | 23 287.91 | 46 181.70 | 39 549.55 | 35 841.37 | 31 308.40 |
| 管理费用率 | 6.00% | 6.56% | 5.95% | 5.51% | 4.86% |
| 总费用率 | 9.53% | 10.84% | 10.33% | 9.99% | 9.65% |
| 净利润 | 46 544.10 | 81 981.86 | 64 675.58 | 57 901.96 | 49 595.67 |
| 销售净利率 | 11.99% | 11.64% | 9.73% | 8.90% | 7.70% |

注：表中数据在计算过程中有四舍五入。

### 4. 给股东创造了较好的回报

从表 16-70 中可以看出，隆鑫通用的股东权益回报率比较稳定，基本在 15% 以上，给股东创造了较好的回报。

### 5. 利润的质量比较高

从表 16-71 中可以看出，隆鑫通用的净利润现金含量基本在接近 1 或者高于 1 的状态，表明隆鑫通用的利润是有现金支撑的高质量利润。

表 16-70　隆鑫通用的股东权益回报率

| 项　目 | 2016-06-30 | 2015-12-31 | 2014-12-31 | 2013-12-31 | 2012-12-31 |
| --- | --- | --- | --- | --- | --- |
| 股东权益回报率 | 7.81% | 14.88% | 15.36% | 15.78% | 15.11% |
| 息税前销售利润率 | 12.51% | 8.94% | 9.35% | 8.97% | 8.29% |
| 投入资本周转率 | 0.63 | 1.23 | 1.53 | 1.71 | 1.90 |
| 息税前投入资本回报率 | 7.88% | 10.99% | 14.32% | 15.35% | 15.74% |
| 财务成本率 | 1.14 | 1.50 | 1.22 | 1.12 | 1.09 |
| 财务杠杆率 | 1.03 | 1.04 | 1.03 | 1.04 | 1.03 |
| 所得税负担 | 84.28% | 86.69% | 85.44% | 88.93% | 85.18% |

表 16-71　隆鑫通用的利润质量

| 项　目 | 2016-06-30 | 2015-12-31 | 2014-12-31 | 2013-12-31 | 2012-12-31 |
| --- | --- | --- | --- | --- | --- |
| 净利润现金含量 | 1.03 | 1.25 | 1.13 | 0.94 | 0.98 |

### 16.13.3　未来的简单假设

根据公司的规划和战略，公司在保持传统业务领域的竞争力外，还将进入无人机领域，并且进展比较顺利，因此我预计隆鑫通用将保持较好的增长。从历史数据和未来规划结合起来看，未来 5 年保持 9% 的增长应该没有问题。此后，假设以略低于 GDP 的速度增长。

### 16.13.4　内在价值及建议

按照上述分析，如表 16-72 所示，如果以 8% 的预期资金回报作为贴现率，公司股票的内在价值在 50 元左右。考虑足够的安全边际前提下，则内在价值至少在 50×60%=30（元）。目前 20 元左右的价格存在一定程度的低估。我建议，在 20 元上下可以介入，然后等待价值的回归。

表 16-72　隆鑫通用的每股内在价值（两阶段模型）

金额单位：万元

| 两阶段模型下估值 | |
| --- | --- |
| 以 2015 年的平均自由现金流为基数 | 83 640.00 |
| 增长率假设：2016 年开始到 2020 年每年复合增长率为 9%，2021 年后复合增长率为 6% | |
| 折现率 | 8% |

(续)

| 两阶段模型下估值 | |
|---|---|
| 营运类资产的价值 | 4 728 094.09 |
| 加：金融资产 | 251 871.66 |
| 减：企业债务 | 7 706.45 |
| 企业价值 | 4 972 259.30 |
| 少数股东比例 | 0.07 |
| 归属于母公司股东的价值 | 4 632 249.34 |
| 股本（万股） | 84 461.00 |
| 每股内在价值（元） | 54.84 |

注：表中数据在计算过程中有四舍五入。

## 16.14　7元以下的国投电力胜过银行理财产品（2016年11月22日）

为什么起这个标题分析国投电力？因为最近有年龄较大的朋友问我，手里的银行存款利息太低，又没有其他理财渠道和经验，买理财产品怎么样？我的建议就是买点国投电力，它在未来很长一段时间内将大概率跑赢银行理财产品。我要事先申明一下，本人持有国投电力，买入价加税费的成本价为 6.547 元。

### 16.14.1　国投电力简介

公司于 2002 年由湖北兴化与国家开发投资公司进行资产置换后变更登记设立。截至 2015 年 12 月 31 日，公司总股本 6 786 023 347 股。其中，国家开发投资公司持股 3 483 729 752 股，占公司总股本的 51.34%。公司经营范围主要为投资建设、经营管理以电力生产为主的能源项目，开发及经营新能源项目、高新技术、环保产业，开发和经营电力配套产品及信息、咨询服务。公司的主要竞争优势为清洁能源优势、电源结构合理、资源储备丰富、成长明确、拥有电力行业丰富的管理经验、规范的公司治理。面向未来，公司将适应新形势，关注能源改革与市场变化，创新发展模式。有序建设雅砻江中游水电，优化存量火电，积极发展风险可控、有盈利能力的海外项目，确保公司持续健康稳定发展，努力建成管理规范、治理完善的绩优蓝筹上市公司。

### 16.14.2 国投电力的历史数据

从表 16-73 中可以看出，国投电力从 2011 年到 2015 年，销售商品提供劳务收到的现金、经营活动产生的现金流量净额、自由现金流都呈现稳步增长的态势。

表 16-73 国投电力的经营活动现金流量

单位：万元

| 经营活动产生的现金流量 | 2015-12-31 | 2014-12-31 | 2013-12-31 | 2012-12-31 | 2011-12-31 |
| --- | --- | --- | --- | --- | --- |
| 销售商品、提供劳务收到的现金 | 3 646 768.06 | 3 791 371.19 | 3 209 633.88 | 2 715 130.30 | 2 492 469.44 |
| 收到的税费返还 | 139 205.82 | 66 181.63 | 1 725.20 | 1 399.27 | 653.00 |
| 收到其他与经营活动有关的现金 | 47 823.05 | 31 310.65 | 18 186.62 | 15 900.63 | 21 357.85 |
| 经营活动现金流入小计 | 3 833 796.93 | 3 888 863.47 | 3 229 545.70 | 2 732 430.21 | 2 514 480.28 |
| 购买商品、接受劳务支付的现金 | 711 046.36 | 996 718.85 | 1 184 551.87 | 1 490 978.80 | 1 643 543.65 |
| 支付给职工以及为职工支付的现金 | 170 998.60 | 154 849.31 | 136 343.39 | 111 449.30 | 92 080.24 |
| 支付的各项税费 | 611 724.77 | 546 985.68 | 345 533.53 | 222 168.68 | 198 167.38 |
| 支付其他与经营活动有关的现金 | 50 350.04 | 48 411.53 | 43 355.63 | 47 195.52 | 43 030.80 |
| 经营活动现金流出小计 | 1 544 119.77 | 1 746 965.37 | 1 709 784.42 | 1 871 792.30 | 1 976 822.07 |
| 经营活动产生的现金流量净额 | 2 289 677.16 | 2 141 898.11 | 1 519 761.28 | 860 637.91 | 537 658.21 |
| 现金流量表的企业自由现金流 | 1 678 242.76 | 1 587 186.16 | 1 051 661.68 | 511 394.95 | 231 816.02 |

注：表中数据在计算过程中有四舍五入。

从表 16-74 中可以看出，国投电力的投资活动均衡且以自我发展为主，2013 年以后现金自给率较高，未来不存在大幅外部融资的需求。

表 16-74 国投电力的投资活动现金流量

金额单位:万元

| 投资活动产生的现金流量 | 2015-12-31 | 2014-12-31 | 2013-12-31 | 2012-12-31 | 2011-12-31 |
|---|---|---|---|---|---|
| 收回投资收到的现金 | 0.00 | 31 620.00 | 530.00 | 1 100.00 | 0.00 |
| 取得投资收益收到的现金 | 74 888.72 | 42 999.97 | 20 592.16 | 11 368.96 | 4 661.45 |
| 处置固定资产、无形资产和其他长期资产收回的现金净额 | 150.19 | 642.88 | 489.96 | 174.94 | 365.47 |
| 处置子公司及其他营业单位收到的现金净额 | 0.00 | 18 526.04 | 37.45 | 0.00 | 0.00 |
| 收到其他与投资活动有关的现金 | 0.00 | 909.28 | 1 220.06 | 1 689.04 | 11 587.06 |
| 投资活动现金流入小计 | 75 038.91 | 94 698.17 | 22 869.63 | 14 332.93 | 16 613.98 |
| 购建固定资产、无形资产和其他长期资产支付的现金 | 1 633 231.03 | 1 447 819.11 | 1 603 389.45 | 1 959 283.12 | 1 627 538.43 |
| 净投资额 | 1 633 080.84 | 1 447 176.23 | 1 602 899.49 | 1 959 108.18 | 1 627 172.96 |
| 新投资额 | 1 018 505.73 | 891 746.64 | 1 133 756.73 | 1 607 145.69 | 1 320 988.49 |
| 新投资额比例 | 6.29% | 5.86% | 7.98% | 12.45% | 12.39% |
| 投资支付的现金 | 11 077.83 | 429.85 | 105 986.44 | 66 056.44 | 14 916.24 |
| 取得子公司及其他营业单位支付的现金净额 | 0.00 | 6 162.41 | 0.00 | 0.00 | 0.00 |
| 支付其他与投资活动有关的现金 | 98.00 | 506.30 | 1 911.02 | 624.10 | 6 468.07 |
| 投资活动现金流出小计 | 1 644 406.86 | 1 454 917.67 | 1 711 286.92 | 2 025 963.66 | 1 648 922.73 |
| 投资活动产生的现金流量净额 | -1 569 367.95 | -1 360 219.50 | -1 688 417.28 | -2 011 630.73 | -1 632 308.75 |
| 净合并额 | 0.00 | -12 363.63 | -37.45 | 0.00 | 0.00 |
| 净资本支出 | 1 633 080.84 | 1 434 812.60 | 1 602 862.04 | 1 959 108.18 | 1 627 172.96 |
| 净新资本支出 | 1 018 505.73 | 879 383.01 | 1 133 719.28 | 1 607 145.69 | 1 320 988.49 |
| 总投资额 | 1 346 183.05 | 1 448 245.59 | 1 303 905.75 | 1 764 796.79 | 1 785 601.39 |
| 现金自给率 | 145.90% | 157.47% | 90.01% | 42.78% | 32.94% |

注:表中数据在计算过程中有四舍五入。

从表 16-75 中可以看出，国投电力的长期经营资产利用率比较稳定，长期经营资产的周转率在 0.2 左右。

表 16-75　国投电力的长期经营资产及其周转率

金额单位：万元

| 项　　目 | 2015-12-31 | 2014-12-31 | 2013-12-31 | 2012-12-31 | 2011-12-31 |
| --- | --- | --- | --- | --- | --- |
| 长期经营资产 | 16 876 318.33 | 15 604 015.78 | 14 619 059.96 | 13 013 295.97 | 10 574 236.99 |
| 长期经营资产周转率 | 0.19 | 0.21 | 0.19 | 0.18 | 0.21 |

从表 16-76 中可以看出，国投电力自由现金流增加，偿还有息债务后，有息债务率逐年下降。

表 16-76　国投电力的资本结构

金额单位：万元

| 资本结构 | 2015-12-31 | 2014-12-31 | 2013-12-31 | 2012-12-31 | 2011-12-31 |
| --- | --- | --- | --- | --- | --- |
| 短期债务 | 2 313 657.45 | 1 950 851.12 | 1 434 418.03 | 2 434 366.58 | 1 935 894.49 |
| 短期借款 | 802 100.00 | 444 556.86 | 685 117.37 | 920 449.00 | 1 303 128.87 |
| 应付利息 | 51 527.00 | 72 134.16 | 54 222.02 | 45 697.31 | 20 936.54 |
| 交易性金融负债 | 0.00 | 0.00 | 112.90 | 1 514.89 | 2 986.94 |
| 划分为持有待售的负债 | 0.00 | 0.00 | 0.00 | 0.00 | 0.00 |
| 一年内到期的非流动负债 | 1 108 120.21 | 1 232 418.23 | 543 525.38 | 1 045 463.81 | 607 801.29 |
| 应付短期债券 | 0.00 | 0.00 | 0.00 | 0.00 | 0.00 |
| 其他流动负债 | 351 910.24 | 201 741.87 | 151 440.36 | 421 241.57 | 1 040.85 |
| 长期债务 | 9 657 599.39 | 10 047 823.80 | 10 099 669.79 | 8 672 617.59 | 7 162 701.86 |
| 长期借款 | 9 163 198.83 | 9 682 821.63 | 9 930 064.86 | 8 185 571.01 | 6 691 434.89 |
| 应付债券 | 180 000.00 | 180 000.00 | 0.00 | 322 791.17 | 312 870.06 |
| 长期应付款 | 314 400.56 | 185 002.17 | 169 604.93 | 164 255.41 | 158 396.91 |
| 有息债务 | 11 971 256.84 | 11 998 674.92 | 11 534 087.82 | 11 106 984.17 | 9 098 596.35 |
| 有息债务率 | 69.81% | 73.62% | 77.26% | 80.99% | 80.36% |

从表 16-77 中可以看出，国投电力的毛利率大幅上升，总费用率略有上升，经营利润率大幅上升。收入现金含量高于 100%，表明收入的质量很高。

表 16-77　国投电力的盈利能力分析

金额单位：万元

| 项　　目 | 2015-12-31 | 2014-12-31 | 2013-12-31 | 2012-12-31 | 2011-12-31 |
|---|---|---|---|---|---|
| 营业总收入 | 3 127 969.98 | 3 295 716.92 | 2 833 898.11 | 2 386 700.77 | 2 170 353.92 |
| 收入现金含量 | 116.59% | 115.04% | 113.26% | 113.76% | 114.84% |
| 毛利 | 1 632 974.10 | 1 671 688.43 | 1 147 959.02 | 603 601.43 | 370 066.48 |
| 毛利率 | 52.21% | 50.72% | 40.51% | 25.29% | 17.05% |
| 营业税金及附加 | 47 781.11 | 43 582.80 | 27 545.15 | 19 545.09 | 14 324.60 |
| 营业税金及附加率 | 1.53% | 1.32% | 0.97% | 0.82% | 0.66% |
| 销售费用 | 655.58 | 1 693.85 | 5 043.05 | 4 336.64 | 3 325.05 |
| 销售费用率 | 0.02% | 0.05% | 0.18% | 0.18% | 0.15% |
| 管理费用 | 86 712.63 | 80 506.98 | 74 075.56 | 64 080.25 | 56 026.57 |
| 管理费用率 | 2.77% | 2.44% | 2.61% | 2.68% | 2.58% |
| 总费用率 | 4.32% | 3.82% | 3.76% | 3.69% | 3.39% |
| 经营利润率 | 43.61% | 43.33% | 32.56% | 18.68% | 9.34% |

注：表中数据在计算过程中有四舍五入。

根据表 16-78 可知，国投电力在 2011～2015 年净利润上升，净利润现金含量远高于 1，净利润的质量很高。

表 16-78　国投电力的净利润

金额单位：万元

| 项　　目 | 2015-12-31 | 2014-12-31 | 2013-12-31 | 2012-12-31 | 2011-12-31 |
|---|---|---|---|---|---|
| 净利润 | 1 010 258.28 | 1 016 122.16 | 587 701.90 | 201 755.86 | 67 229.78 |
| 销售净利率 | 32.30% | 30.83% | 20.74% | 8.45% | 3.10% |
| 净利润现金含量 | 2.27 | 2.11 | 2.59 | 4.27 | 8.00 |

从表 16-79 中可以看出，国投电力股东权益回报率最近三年稳定可观，已经连续三年高于 15%，为股东创造了可观的回报。国投电力的息税前销售利润率大幅提升，投入资本周转率稳定，财务成本负担降低，财务杠杆下降，所得税负担较轻。

## 16.14.3　国投电力的未来判断

电力行业在未来相当长的时间内将是一个稳定而略有增长的行业。

表 16-79　国投电力的股东权益回报率

| 项　目 | 2015-12-31 | 2014-12-31 | 2013-12-31 | 2012-12-31 | 2011-12-31 |
|---|---|---|---|---|---|
| 股东权益回报率 | 19.60% | 23.70% | 17.37% | 7.77% | 3.04% |
| 息税前销售利润率 | 47.56% | 46.79% | 36.68% | 21.58% | 13.60% |
| 投入资本周转率 | 0.18 | 0.20 | 0.19 | 0.17 | 0.19 |
| 息税前投入资本回报率 | 8.67% | 9.46% | 6.96% | 3.76% | 2.61% |
| 财务成本率 | 0.74 | 0.71 | 0.63 | 0.45 | 0.33 |
| 财务杠杆率 | 3.33 | 3.80 | 4.41 | 5.28 | 5.12 |
| 所得税效应比率 | 92.00% | 92.84% | 89.33% | 87.04% | 69.40% |

### 16.14.4　国投电力的估值与收益预计

不考虑增长，以最近一年的自由现金流为基准，按保守的零增长假设，每股内在价值至少在 7.50 元（考虑到水电站的相当大的一部分设备虽然计提折旧但是无须投入现金更新，按一般自由现金流的口径计算会低估自由现金流，因此 7.50 元是被低估的）。7 元以下买入，按目前现金分红政策，现金分红率税前为 4%（如果长期持股可免征个人所得税），加上股价收益，未来一年的收益率保守估计在 10% 左右。未来 5 年的每年复利收益率应该超过 5%，比目前银行理财产品 3%～4% 的年化收益率要高出很多。具体估值如表 16-80 所示。

表 16-80　国投电力的每股内在价值（零增长假设）

金额单位：万元

| 零增长假设下估值 | |
|---|---|
| 以 2015 年的自由现金流为基数 | 1 678 242.76 |
| 折现率 | 8% |
| 营运类资产的价值 | 20 978 034.50 |
| 加：金融资产 | 958 106.26 |
| 减：企业债务 | 11 971 256.84 |
| 企业价值 | 9 964 883.92 |
| 少数股东比例 | 0.48 |
| 归属于母公司股东的价值 | 5 148 928.88 |
| 股本（万股） | 678 602.00 |
| 每股内在价值（元） | 7.59 |

注：表中数据在计算过程中有四舍五入。

## 16.15　乐视网：市梦率抑或自由现金流——兼谈自由现金流的计算（2016年11月22日）

乐视网是中国领先的视频领域跨平台服务提供商，是中国最大的影视剧互联网发行门户及中国领先的3G手机电视门户。公司致力于世界最前沿的P2P+CDN网络视频存储及分发应用技术和手机视频技术的研发与创新，在这两个领域处于世界领先地位，为包括乐视网（www.letv.com）在内的全球企业和个人建立属于自己的视频网站，提供最优良的技术服务。乐视P2P视频加速客户端已经逐渐成为广大网民装机必备的视频加速及播放工具软件。公司采用"付费加免费"的创新性商业模式，坚持"合法版权运营＋付费用户培育＋平台增值服务"三位一体化的经营理念，在行业内率先盈利并持续高增长。

我们且不说当年贾跃亭美国"治病度假"是否涉及其他原因，也不谈去年刘姝威教授与乐视网的纷争，先来看看最近的情况。乐视网在2016年可谓流年不利，最近成了"网红"，只是这个红，是血红的红。

故事一波接着一波：刚刚走出供应商讨债、资金链紧张、美国汽车工地停工等阴影的乐视网，又陷入平仓风波。12月6日下午股价一度逼近跌停的乐视网12月7日早盘临时停牌。至于停牌的原因，乐视网昨晚发布公告，称公司股票12月6日尾盘短时间内出现大幅下跌，跌幅偏离值较大，并且同日公司关注到有媒体报道了《乐视惊魂一秒：贾跃亭64.81%质押股票一度跌破平仓线》的文章，公司需就有关事项进行停牌核查。

长期以来，作为创业板的龙头公司，乐视网受到公募基金的青睐。中邮基金旗下的明星基金经理任泽松更是连续8个季度将乐视网纳入其管理基金的十大重仓股之列。根据乐视网今年三季报显示，公募基金持有8 486.81万股，最近一次的定增已经将公募基金都套牢了。上海一家基金公司总监表示，长期来看，经过深度调整的成长股，其价值依然有机会上升。

乐视网一直在讲的是生态。我想请大家扪心自问：您搞懂生态是怎么回事了吗？生态就是一个梦，按生态来估计市值，就是市梦率。还有，请您相信一点：在整个乐视生态中，上市公司乐视网肯定是财务表现最好的板块了，否则贾总肯定早就把更好的板块一并装到上市公司来了。

那我们就来看看乐视网的数据。不说商业模式是否可以持续（电视机贴钱销售买客户、客户有黏性吗)、不说版权折旧年限(影视版权肯定要双倍加速摊销,在这个更新快速的年代谁会去看两三年前的影视剧),我们还是看现金流——公司价值等于自由现金流贴现。大家牢记:现金远比利润重要。

很多人问我,模型中的自由现金流怎么计算?其实,不同公司的自由现金流计算是有差异的。大家首先理解这里的自由现金流的本原意思:赚到手以后可以自由地花的现金,叫作自由现金流。上市公司通过经营活动收回的现金并不都是可以随便花的钱,它首先要做的事情就是经营规模和能力保全(变旧的固定资产换成新的、到期的无形资产换成新的),如果不保全,这个公司的经营规模和能力就越来越小,到最后这个公司就没有了。所以,经营活动现金流量净额首先要高于一个公司的折旧摊销的金额,折旧摊销在财务上的含义就是提取出来以后用来弥补一家公司经营规模和能力的损耗。我的计算口径就是:公司自由现金流=公司维持原有生产经营规模前提下的现金流=经营活动现金流量净额-固定资产折旧-无形资产和长期待摊费用摊销。

很多教科书里使用的计算公式:公司自由现金流=经营活动现金流量净额-资本性支出。资本性支出其实包括两个方面:维持性资本性支出和扩张性资本性支出,前者是保全经营规模和能力,后者是扩大经营规模和能力。按照全部资本性支出这个口径计算,在企业成长期或者扩张期,计算结果往往是错误的,因为在这个阶段企业的资本性支出会非常多,导致公司自由现金流为负数,得出公司价值为负数的错误判断,从而错杀很多其实很有前途的公司。我在实践中,发现了教科书计算公式中存在的这一重大缺陷并做出调整,计算结果要更加合理,可以避免对成长性公司的误判。

但是,并非所有的公司都要按照这个公式和口径来计算,要针对不同的公司做不同的调整。因此,我说估值不是一门科学,而是艺术。比如,上海机场、深圳机场、白云机场等机场类公司,一旦建好机场,每年计提很多折旧和摊销,但是这些折旧和摊销中的大部分并不需要再次投入替换新资产,而同时机场的经营规模和能力也没有降低。在这种情况下,按下面的口径来计算更加合理:机场类公司的自由现金流=经营活动现金流量净额-经过计算得出的维持性资本性支出。

公司自由现金流的用途:首先,支付债务利息,只要能及时支付债务利息,债务本金可以长期使用;接着,在内含报酬率符合预期的情况下,投资新项目,用于扩张性资本性支出;最后,如果还有剩余,则给股东进行现金分红。我们通常也可以计算股权自由现金流：股权自由现金流＝公司自由现金流－利息支出。

因此，股票内在价值有两种计算方法。一种是：公司股票价值＝未来预期公司自由现金流贴现值－公司债务。另一种是：公司股票价值＝未来预期公司股权自由现金流贴现值。这两种计算方法得出的结果是一致的。

在计算自由现金流时，大家还需要注意一个问题：有些公司的经营活动现金流量净额在有些年份不是由于公司的销售活动引起的，而是由于公司大量占用了上游供应商和下游经销商的资金所导致的，这个时候我们要特别注意经营活动现金流量的未来可持续问题。因此，大家一定要把分析的时间窗口拉长到多个年份。

回到乐视网的例子上来。居然有那么多基金将其视为成长性公司，大谬也！乐视网上市以来的自由现金流如表16-81所示。

表 16-81  乐视网的自由现金流

单位：万元

| 项　　目 | 2015-12-31 | 2014-12-31 | 2013-12-31 | 2012-12-31 | 2011-12-31 | 2010-12-31 |
|---|---|---|---|---|---|---|
| 经营活动产生的现金流量净额 | 87 570.19 | 23 418.27 | 17 585.14 | 10 619.99 | 14 690.48 | 6 548.51 |
| 现金流量表的企业自由现金流 | －76 494.05 | －84 546.56 | －45 016.34 | －32 288.46 | －1 712.37 | 1 336.94 |

表16-81是什么意思呢？就是说，乐视网每年经营活动现金流量收回来的钱，还不够公司的折旧摊销的本钱（如果考虑到影视版权价值的飞速消失，问题就更大了）。从过去5年自由现金流的角度来看，这种烧钱模式一定是难以为继的。如果乐视网就是乐视生态中最好的板块，那么整个乐视生态也是难以为继的。

什么是成长性公司的自由现金流？给大家举个例子，看看苏泊尔（见表16-82）。

表 16-82  苏泊尔的自由现金流

单位：万元

| 项　　目 | 2014-12-31 | 2013-12-31 | 2012-12-31 | 2011-12-31 | 2010-12-31 |
|---|---|---|---|---|---|
| 经营活动产生的现金流量净额 | 83 318.93 | 58 799.19 | 85 733.05 | 21 923.39 | 12 425.03 |
| 现金流量表的企业自由现金流 | 73 306.96 | 49 445.69 | 76 366.99 | 13 629.41 | 5 209.61 |

投资者用市梦率来做投资决策，也许梦有成真的一天，但是更多的是黄粱美梦和南柯一梦。从心里，我希望乐视最后能够梦想成真，世界的进步也需要敢于冒险和有想象力的企业家。但是，作为一个稳健的投资者，我依然选择远远地看着乐视而不会投身其中。

## 16.16　海康威视和大华股份：兼谈市净率的缺陷（2016 年 12 月 18 日）

### 16.16.1　公司介绍

　　海康威视是领先的视频产品和内容服务提供商，面向全球提供领先的视频产品、专业的行业解决方案与内容服务。公司积极布局新兴市场和新兴业务，基于互联网推出了面向家庭和小微企业的相关产品及云服务平台；进入智能制造领域，推出了一系列机器视觉产品及解决方案。公司产品已涵盖视频监控系统的所有主要设备，包括前端采集设备、后端存储及集中控制、显示、管理及储存设备。典型视频监控系统的前端设备主要包括摄像机（采集视音频信号）及 DVS（压缩及编码视音频信号）；典型视频监控系统的后端设备主要包括录像机（记录及存储视音频信号）；典型视频监控系统的中心控制设备主要包括集中控制设备（控制、检索及显示视音频信号）、VMS 软件及中心储存设备。此外，公司拥有门禁、报警、可视对讲等系列大安防领域的产品。

　　大华股份是我国安防视频监控行业的龙头企业，主要产品为嵌入式 DVR。公司已形成音视频编解码算法技术、信息存储调用技术、集成电路应用技术、网络控制与传输技术、嵌入式开发技术五大核心技术平台和面向安防视频监控前沿领域的"大安防"产品架构，公司产品被应用于世界最大水电工程三峡葛洲坝电厂远程监控项目、国内最大直流 500KV 换流站宜昌龙泉换流站项目等重大项目。公司作为国家火炬计划重点高新技术企业、年度国家规划布局内重点软件企业、浙江省高新技术企业和浙江省软件企业，建立了"数字图形图像处理省级高新技术研究开发中心"。

### 16.16.2　历史数据对比

#### 1. 从投资活动看未来

　　根据表 16-83，我们可以知道，海康威视过去 6 年每年都有较大金额的长期资产投资，新投资额累计 28 亿元左右。更关键的是现金自给率很高，筹资需求为正数（如果为负数，则存在资金缺口）。也就是说，海康威视的发展是自我内涵式发展，而不是外延式发展。

现金自给率 = 经营活动现金流量净额 / 投资活动现金流量净额，它反映一家公司用经营活动现金流量满足企业投资需求的能力，如果高于 1，则意味着这家公司的投资活动现金可以全部来自公司的经营活动，而无须额外的融资。

筹资需求 = 经营活动现金流量净额 + 投资活动现金流量净额 + 期初金融资产金额，如果它是负数，那么公司存在资金缺口；如果是正数，公司则无须增加额外的融资。

如表 16-84 所示，大华股份在过去的 6 年中虽然也有投资扩张，但是新投资额累计不到 7 亿元，较之海康威视的 28 亿元，有很大的差距。

从上述数据中可以看出，两家公司都没通过并购策略进行扩张，主要以购建固定资产、无形资产等长期资产来扩张自身的经营规模和生产能力。但是，从两家公司的投资活动可以看出，海康威视的经营规模的扩张远远高于大华股份。

### 2. 筹资活动分析

大华股份在过去几年进行了多次股权融资，增加股东权益资金以支持公司奋起直追的战略——扩张需要资金。相对来说，海康威视则没有太多的股权融资，增加了适量的债务融资，因为公司的资金需求可以通过自身的经营活动现金流量来满足。

### 3. 资产结构和资本结构分析

两家公司的投入资本规模，海康威视是大华股份的 3 倍，海康威视的营业周期和现金周期略短于大华股份，但是由于海康威视扩张较快，长期资产的周转速度略低于大华股份。海康威视的长期资产周转率如何提高，是一个值得思考的问题。

### 4. 产品获利能力分析

如表 16-85 所示，海康威视的毛利率和销售净利率要明显高于大华股份。海康威视的费用控制非常好。关于销售净利率，海康威视在 2015 年为 23%，大华股份为 13%。这是由于大华股份体量小，研发投入多时销售净利率就会明显降低。

表 16-83 海康威视的投资活动现金流量

金额单位：万元

| 投资活动产生的现金流量 | 2015-12-31 | 2014-12-31 | 2013-12-31 | 2012-12-31 | 2011-12-31 | 2010-12-31 |
|---|---|---|---|---|---|---|
| 处置固定资产、无形资产和其他长期资产收回的现金净额 | 1 303.10 | 587.80 | 128.48 | 31.60 | 186.96 | 109.31 |
| 处置子公司及其他营业单位收到的现金净额 | 0.00 | 0.00 | 0.00 | 0.00 | 0.00 | 0.00 |
| 购建固定资产、无形资产和其他长期资产支付的现金 | 133 008.41 | 61 082.64 | 39 090.79 | 47 903.83 | 22 840.31 | 25 074.51 |
| 净投资额 | 131 705.31 | 60 494.84 | 38 962.31 | 47 872.23 | 22 653.35 | 24 965.20 |
| 新投资额 | 116 328.98 | 49 510.47 | 31 713.43 | 41 772.42 | 18 963.61 | 22 951.46 |
| 新投资额比例 | 9.82% | 5.59% | 4.66% | 14.72% | 12.06% | 22.78% |
| 取得子公司及其他营业单位支付的现金净额 | 0.00 | 0.00 | 2 441.92 | 6 217.38 | 8 756.55 | 0.00 |
| 净合并额 | 0.00 | 0.00 | 2 441.92 | 6 217.38 | 8 756.55 | 0.00 |
| 净资本支出 | 131 705.31 | 60 494.84 | 41 404.23 | 54 089.61 | 31 409.90 | 24 965.20 |
| 净新资本支出 | 116 328.98 | 49 510.47 | 34 155.35 | 47 989.80 | 27 720.16 | 22 951.46 |
| 现金自给率 | 4 277.53% | 356.17% | 78.63% | 171.79% | 510.92% | 303.49% |
| 筹资需求 | 1 034 481.79 | 725 839.43 | 532 820.07 | 584 491.54 | 559 132.94 | 44 516.29 |

表 16-84　大华股份的投资活动现金流量

金额单位：万元

| 投资活动产生的现金流量 | 2015-12-31 | 2014-12-31 | 2013-12-31 | 2012-12-31 | 2011-12-31 | 2010-12-31 |
|---|---|---|---|---|---|---|
| 处置固定资产、无形资产和其他长期资产收回的现金净额 | 58.22 | 104.20 | 133.81 | 74.86 | 119.79 | 77.53 |
| 处置子公司及其他营业单位收到的现金净额 | 0.00 | 0.00 | 0.00 | 0.00 | 0.00 | 0.00 |
| 收到其他与投资活动有关的现金 | 6 288.63 | 635.82 | 484.16 | 0.00 | 0.00 | 0.00 |
| 投资活动现金流入小计 | 203 451.38 | 92 461.39 | 1 425.29 | 83.87 | 119.79 | 77.53 |
| 购建固定资产、无形资产和其他长期资产支付的现金 | 36 798.00 | 12 731.58 | 16 555.94 | 18 112.52 | 10 784.69 | 2 936.67 |
| 净投资额 | 36 739.78 | 12 627.38 | 16 422.13 | 18 037.66 | 10 664.90 | 2 859.14 |
| 新投资额 | 27 573.21 | 4 643.45 | 11 788.49 | 14 389.79 | 8 031.80 | 951.80 |
| 新投资额比例 | 5.23% | 1.08% | 5.01% | 10.10% | 7.82% | 1.62% |
| 取得子公司及其他营业单位支付的现金 | 0.00 | 1 443.44 | 0.00 | 0.00 | 0.00 | 0.00 |
| 支付其他与投资活动有关的现金 | 2 400.00 | 522.69 | 163.10 | 278.88 | 0.00 | 0.00 |
| 投资活动现金流出小计 | 199 868.00 | 178 867.71 | 16 719.04 | 18 981.40 | 12 144.69 | 2 976.67 |
| 投资活动产生的现金流量净额 | 3 583.39 | -86 406.32 | -15 293.75 | -18 897.53 | -12 024.90 | -2 899.13 |
| 净合并额 | 0.00 | 1 443.44 | 0.00 | 0.00 | 0.00 | 0.00 |
| 净资本支出 | 36 739.78 | 14 070.82 | 16 422.13 | 18 037.66 | 10 664.90 | 2 859.14 |
| 净新资本支出 | 27 573.21 | 6 086.89 | 11 788.49 | 14 389.79 | 8 031.80 | 951.80 |
| 现金自给率 | -560.26% | -1.98% | 233.09% | 255.01% | 61.72% | 426.21% |
| 筹资需求 | 161 796.70 | 95 507.86 | 112 157.75 | 79 678.53 | 67 746.74 | 57 783.48 |

注：表中数据在计算过程中有四舍五入。

表 16-85　海康威视和大华股份 2015 年的盈利能力比较

金额单位：万元

| 项　　目 | 海康威视 2015-12-31 | 大华股份 2015-12-31 |
|---|---|---|
| 营业总收入 | 2 527 139.03 | 1 007 783.34 |
| 收入现金含量 | 90.13% | 78.10% |
| 营业成本 | 1 513 679.35 | 632 672.98 |
| 营业成本增长率 | 139.25% | — |
| 毛利 | 1 013 459.68 | 375 110.36 |
| 毛利率 | 40.10% | 37.22% |
| 营业税金及附加 | 19 687.66 | 7 869.93 |
| 营业税金及附加率 | 0.78% | 0.78% |
| 销售费用 | 217 904.53 | 114 276.47 |
| 销售费用率 | 8.62% | 11.34% |
| 管理费用 | 221 122.19 | 123 436.85 |
| 管理费用率 | 8.75% | 12.25% |
| 总费用率 | 18.15% | 24.37% |
| 净利润 | 589 855.26 | 138 635.20 |
| 销售净利率 | 23.34% | 13.76% |

### 5. 经营活动现金流量和自由现金流

如表 16-86 所示，海康威视经过调整的自由现金流 2011～2015 年依次为 15 亿元、20 亿元、27 亿元、49 亿元、48 亿元，增长速度还是比较明显的。如表 16-87 所示，大华股份经过调整的自由现金流 2011～2015 年依次为 1.9 亿元、6.8 亿元、8.1 亿元、6.8 亿元、10.6 亿元，增长速度也非常明显。

关于两家公司在研发上的投入，大华股份在过去 5 年的研发投入共约 26 亿元，海康威视约为 50 亿元。

从经营活动产生的现金流量和自由现金流的体量上来说，海康威视是大华股份的 3～4 倍。

## 16.16.3　未来行业判断

安防市场一片大好。

第16章 我的投资实战 405

表16-86 海康威视的经营活动现金流量及自由现金流

单位：万元

| 项目 | 2015-12-31 | 2014-12-31 | 2013-12-31 | 2012-12-31 | 2011-12-31 |
|---|---|---|---|---|---|
| 销售商品、提供劳务收到的现金 | 2 277 751.07 | 1 684 150.01 | 1 052 186.68 | 752 028.53 | 535 629.92 |
| 收到的税费返还 | 200 117.95 | 135 241.99 | 47 922.02 | 34 058.86 | 23 166.96 |
| 收到其他与经营活动有关的现金 | 52 591.33 | 22 491.40 | 21 141.01 | 13 450.92 | 5 520.38 |
| 经营活动现金流入小计 | 2 530 460.34 | 1 841 883.40 | 1 121 249.71 | 799 538.32 | 564 317.26 |
| 购买商品、接受劳务支付的现金 | 1 569 462.80 | 1 009 733.78 | 647 483.72 | 409 839.86 | 293 781.86 |
| 支付给职工以及为职工支付的现金 | 250 104.89 | 186 481.48 | 127 991.80 | 102 098.19 | 62 173.19 |
| 支付的各项税费 | 245 517.50 | 171 747.82 | 95 362.52 | 89 085.73 | 52 570.38 |
| 支付其他与经营活动有关的现金 | 143 702.93 | 103 278.25 | 64 075.08 | 54 835.54 | 38 745.68 |
| 经营活动现金流出小计 | 2 208 788.13 | 1 471 241.33 | 934 913.13 | 655 859.33 | 447 271.12 |
| 经营活动产生的现金流量净额 | 321 672.22 | 370 642.08 | 186 336.58 | 143 678.99 | 117 046.14 |
| 现金流量表的企业自由现金流（1）可用于支付利息、扩张规模、股东分红 | 306 124.34 | 359 704.44 | 179 108.27 | 137 589.01 | 113 256.97 |
| 研发投入调整 | 172 263.82 | 130 070.39 | 92 187.70 | 60 640.71 | 34 074.95 |
| 调整后自由现金流 | 478 388.16 | 489 774.83 | 271 295.97 | 198 229.72 | 147 331.92 |

注：表中数据在计算过程中有四舍五入。

表 16-87　大华股份的经营活动现金流量及自由现金流

单位：万元

| 项目 | 2015-12-31 | 2014-12-31 | 2013-12-31 | 2012-12-31 | 2011-12-31 |
|---|---|---|---|---|---|
| 销售商品、提供劳务收到的现金 | 787 098.25 | 540 552.36 | 394 786.53 | 309 046.82 | 223 325.22 |
| 收到的税费返还 | 95 923.32 | 51 690.97 | 25 918.23 | 19 984.51 | 9 125.70 |
| 收到其他与经营活动有关的现金 | 7 775.52 | 11 787.67 | 8 342.84 | 5 020.76 | 2 852.58 |
| 经营活动现金流入小计 | 890 797.09 | 604 031.00 | 429 047.60 | 334 052.09 | 235 303.50 |
| 购买商品、接受劳务支付的现金 | 549 435.59 | 358 122.97 | 234 038.77 | 182 927.73 | 159 385.58 |
| 支付给职工以及为职工支付的现金 | 153 877.96 | 120 098.06 | 77 393.83 | 48 484.56 | 29 133.97 |
| 支付的各项税费 | 69 099.15 | 62 984.45 | 36 957.38 | 25 808.69 | 16 555.09 |
| 支付其他与经营活动有关的现金 | 98 308.00 | 64 533.62 | 45 010.10 | 28 639.80 | 22 806.93 |
| 经营活动现金流出小计 | 870 720.71 | 605 739.09 | 393 400.08 | 285 860.78 | 227 881.57 |
| 经营活动产生的现金流量净额 | 20 076.38 | -1 708.09 | 35 647.52 | 48 191.31 | 7 421.92 |
| 现金流量表的企业自由现金流（1）可用于支付利息、扩张规模、股东分红 | 10 892.32 | -9 684.02 | 31 005.12 | 44 560.67 | 4 814.79 |
| 研发投入调整 | 95 505.57 | 78 045.44 | 50 009.21 | 23 941.01 | 15 003.98 |
| 研发投入调整后自由现金流 | 106 397.89 | 68 361.42 | 81 014.33 | 68 501.68 | 19 818.77 |

注：表中数据在计算过程中有四舍五入。

## 16.16.4　估值结论

如表 16-88、表 16-89 所示，两家公司都是不错的公司。如果考虑足够的安全边际，则海康威视在 24 元以下可以开始买入，低于 20 元可以考虑更多买入，低于 16 元可以大量买入。如果考虑足够的安全边际，则大华股份在 13 元以下可以开始买入，低于 12 元可以考虑更多买入，低于 10 元可以大量买入。

表 16-88　海康威视的每股内在价值（两阶段模型）

金额单位：万元

| 两阶段模型下估值 | |
|---|---|
| 以 2015 年的自由现金流为基数 | 478 388.16 |
| 假设 2016～2020 年每年增长 7%，2021 年开始以后每年增长 6% | |
| 折现率 | 8% |
| 营运类资产的价值 | 24 947 248.03 |
| 加：金融资产 | 1 243 380.01 |
| 减：企业债务 | 493 019.54 |
| 企业价值 | 25 697 608.50 |
| 少数股东比例 | 0.01 |
| 归属于母公司股东的价值 | 25 513 564.85 |
| 股本（万股） | 610 316.00 |
| 每股内在价值（元） | 41.80 |

注：表中数据在计算过程中有四舍五入。

表 16-89　大华股份的每股内在价值（两阶段模型）

金额单位：万元

| 两阶段模型下估值 | |
|---|---|
| 以 2015 年的自由现金流为基数 | 106 397.89 |
| 假设 2016～2020 年每年增长 9%，2021 年开始以后每年增长 6%（考虑到小规模公司的增长比较容易） | |
| 折现率 | 8% |
| 营运类资产的价值 | 6 014 577.17 |
| 加：金融资产 | 172 906.74 |
| 减：企业债务 | 95 804.03 |
| 企业价值 | 6 091 679.88 |
| 少数股东比例 | 0.03 |
| 归属于母公司股东的价值 | 5 936 066.18 |
| 股本（万股） | 289 941.00 |
| 每股内在价值（元） | 20.47 |

注：表中数据在计算过程中有四舍五入。

### 16.16.5　谈谈市净率的缺陷

两家公司都属于高市净率的公司。我原来不喜欢高市净率的公司,但是这两家公司在一定程度上改变了我的观点。

对于差异化竞争策略的公司,由于很多投入都费用化,不是资本化,导致部分无形资产被低估,从而降低了净资产,最终形成了高市净率。

对于技术差异化的公司,比如海康威视、大华股份、苹果公司、英特尔等,市净率都比一般公司高。这是因为这些公司的研发投入实质上都是长期投资活动,类似于生产制造型企业购买固定资产,但是由于会计上对于研发费用资本化计入资产的处理比较麻烦,因此很多公司干脆就全部费用化计入当期管理费用,从而导致资产低估、市净率高估。如果我们把海康威视和大华股份在过去 5 年的研发投入全部资本化计入无形资产,则每股净资产增加 1 元左右,市净率就在 4～5 倍了。

同理,对于品牌差异化的公司,比如白云山、云南白药、耐克,每年的广告费形成了公司的品牌资产,但是会计上无法确认品牌资产,导致公司净资产低估,市净率看起来就会比较高。

由此可见,市净率这个指标比较适用于生产制造型企业或者金融企业,但是不适合差异化竞争策略的公司。

## 16.17　需要更加积极进取的上海机电

关注到上海机电,是缘于上海国家会计学院与上海电气集团的合作培训项目。我给上海电气集团的领导们讲了半天财务知识。课前我做了非常充分的准备,仔细阅读了上海电气集团的上市公司上海电气和上海机电的财报。我发现上海机电是一家不错的上市公司。

### 16.17.1　上海机电简介及前景简要判断

上海机电是一家引领中国机电装备制造企业快速发展的大型上市公司,主营业务种类较多,涉及电梯制造、冷冻空调设备制造、印刷包装机械制造、焊接器材制造、人造板机械制造、人造板板材制造和工程机械制造七大领域,拥有世界销量第二的上海三菱电梯有限公司及其"上海三菱"品牌,与美、日、法等国家的世界著名跨国公司共同组建了 12 家合资企业，下属各独资、合资企业均全部通过全面质量管理体系 ISO 9000 认证。公司实际控制人上海电气集团是我国最大的装备制造集团之一，实力雄厚，拥有多项优质资产。公司是电气集团电气一体化资产的核心运作平台，主要产品的市场地位位居前列。

上海机电的主要业务为电梯制造，占主营收入的 90% 以上。电梯的使用年限为 16～25 年。未来电梯业务的市场需求：一是新增；二是更新；三是维修保养。在接下来的时期内，电梯业务的整体市场情况应该是稳中有升。

公司电梯业务的营业收入增长缓慢，其中安装维保等服务收入增长迅速。公司电梯业务的毛利率稳定在 20% 以上，预计在短期内原材料价格稳定，公司毛利率水平将保持现状。公司累计销售电梯超过 60 万台，老梯维保费用逐年上升、经济性下降，公司积极推动旧梯更换新梯业务，以创造新的需求，目前该业务收入占比超过 10%。旧梯换新梯业务的毛利率高于传统的新梯出售业务，可以有效弥补每年新梯售价下降 3% 给公司毛利率产生的压力。

### 16.17.2 历史数据分析及问题

#### 1. 过去 5 年的投资情况和筹资情况

过去 5 年，公司没有大规模的投资活动。2016 年，出售了印刷机械业务以优化资产质量。智能装备业务的投资规模不大，短期内不会对业绩产生影响。由于没有大规模的投资，因此过去 5 年亦无须筹资。

#### 2. 过去 5 年的分红情况

每年给上市公司股东分红 3.5 亿～4 亿元，每股分红 0.2～0.4 元。

#### 3. 资产质量和结构及资本结构

公司投入资本总额为 116 亿元，金融资产超过 130 亿元。这是什么意思呢？就是说，公司在制造、安装电梯环节其实自己不用花一分钱，用的都是别人的钱——公司固定资产投入 15 亿元，但是在营运环节采取预收款模式，预收 130 多亿元，扣除原材料、半成品、产成品等，再加上还有一部分应付账款，周转性经营投入为负的 70 亿～80 亿元。多么美好的商业模式——用别人的钱赚更多的钱！

但是，问题在于 130 亿～140 亿元的金融资产收益率太低，都存在集团公司下属的财务公司。考虑怎么提升这些金融资产的收益率，或者投资到更好的项目上，是上海机电的重中之重！希望上海机电能投资更多有前途的项目，比如机器人，方能提升公司股东价值！

上海机电不差钱，每股折算成现金为 13～14 元，因此没有债务，全部是股东权益！

### 4. 收入、成本费用和利润情况

过去几年，由于公司发展投入不够，收入几无增长。公司的成本费用稳定，毛利率稳定在 20% 以上，股东权益回报率超过 20%。

这是"现金奶牛"公司的特征。

### 5. 自由现金流

公司过去 5 年的平均自由现金流为 17 亿元。

## 16.17.3 估值

根据最保守的假设，即公司坚持目前的规模，不增加电梯业务投入也不增加新业务。考虑未来行业和公司的情况，假设公司收入零增长、成本费用稳定，采用自由现金流零增长贴现率模型，按 8% 的股东预期回报率，以过去 5 年的平均自由现金流为基数，贴现如表 16-90 所示。

表 16-90 上海机电的每股内在价值（零增长假设）

金额单位：万元

| 零增长假设下估值 | |
| --- | --- |
| 以 2011～2015 年的平均自由现金流为基数 | 172 991.20 |
| 折现率 | 8% |
| 营运类资产的价值 | 2 162 389.98 |
| 加：金融资产 | 1 637 431.28 |
| 减：企业债务 | 15 693.15 |
| 企业价值 | 3 784 128.11 |
| 少数股东比例 | 0.19 |
| 归属于母公司股东的价值 | 3 049 753.45 |
| 股本（万股） | 102 274.00 |
| 每股内在价值（元） | 29.82 |

注：表中数据在计算过程中有四舍五入。

因此，我在 20 元以下已经买入并持有。希望上海机电能够更有进取发展精神，把手里的金融资产用好，提升股东价值。在没有好的投资项目的情况下，建议加大分红比例，比如持续每年每股分配现金股利 0.8～1 元。

## 16.18　波浪式前进的万华化学（2017 年 2 月 13 日）

对于万华化学，我就不进行更多的行业和公司分析了，简要摘一些财务数据，如图 16-2 所示。

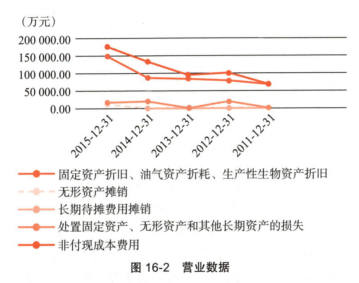

图 16-2　营业数据

从 2001 年的营业收入 5.7 亿元到 2015 年的 192 亿元（2016 年前三季度为 209 亿元），万华化学的营业收入、营业利润、利润总额和净利润就是一条波浪式前进、螺旋式上升的曲线。

万华化学过去 10 年和 5 年的复合增长率如表 16-91 所示。

表 16-91　万华化学的复合增长率

| 10 年复合增长率 | 5 年复合增长率 |
| --- | --- |
| 16.46% | 16.63% |

公司有比较稳定的毛利率、费用率（见图 16-3）：毛利率过去 10 年最低为

25%，稳定在 30% 左右；费用率在 10% 左右。

图 16-3　毛利率和费用率

公司过去 10 年的自由现金流如表 16-92 所示。

公司过去 10 年的自由现金流趋势如图 16-4 所示。

公司过去 10 年的自由现金流复合增长率为 17%。基于收入增长、现金流增长的历史趋势，以及毛利率、费用率等稳定的历史情况，我们采取如下假设：以前 3 年自由现金流平均数为基数，未来 5 年内自由现金流的增长为 9%，5 年以后以 6% 的增长率保持发展，采用自由现金流两阶段贴现模型，计算公司的营运类资产价值为 1 711 亿元左右；加上金融资产、减去企业债务后，得出公司股权价值为 1 224 亿元左右。按现有股本测算，每股内在价值为 50 元左右。考虑 40% 的安全边际，则 30 元以下具备投资价值。具体计算如表 16-93 所示。

表 16-92 万华化学 2006～2015 年的经营活动现金流量和自由现金流

单位：万元

| 项目 | 2015年 | 2014年 | 2013年 | 2012年 | 2011年 | 2010年 | 2009年 | 2008年 | 2007年 | 2006年 |
|---|---|---|---|---|---|---|---|---|---|---|
| 经营活动产生的现金流量净额 | 460 239.37 | 402 051.49 | 386 926.30 | 380 617.87 | 201 243.34 | 41 335.84 | 145 437.80 | 200 020.45 | 128 237.71 | 93 234.81 |
| 现金流量表的企业自由现金流 | 305 638.01 | 303 175.20 | 299 206.20 | 305 521.00 | 133 658.47 | -9 274.13 | 116 510.39 | 174 261.65 | 104 780.80 | 72 659.24 |
| (1) 可用于支付利息、扩张规模、股东分红 | | | | | | | | | | |

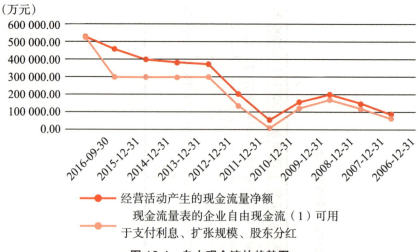

图 16-4 自由现金流的趋势图

表 16-93 万华化学的每股内在价值（两阶段模型）

金额单位：万元

| 两阶段模型下估值 | |
| --- | --- |
| 以 2013～2015 年的平均自由现金流为基数 | 302 673.14 |
| 假设 2016～2020 年的年复合增长率为 9%，2021 年开始按 6% 增长 | |
| 折现率 | 8% |
| 营运类资产的价值 | 17 109 840.60 |
| 加：金融资产 | 279 751.10 |
| 减：企业债务 | 2 313 423.57 |
| 企业价值 | 15 076 168.13 |
| 少数股东比例 | 0.19 |
| 归属于母公司股东的价值 | 12 242 461.99 |
| 股本（万股） | 227 834.00 |
| 每股内在价值（元） | 53.73 |

注：表中数据在计算过程中有四舍五入。

## 16.19 被低估的宇通客车（2017年3月1日）

### 16.19.1 宇通客车简介

宇通客车是一家集客车产品研发、制造与销售为一体的大型现代化制造企业，拥有底盘车架电泳、车身电泳、机器人喷涂等国际先进的客车电泳涂装生产线，是目前世界单厂规模最大、工艺技术条件最先进的大中型客车生产基地，主要经济指标连续10余年快速增长，并连续10余年获得中国工商银行AAA级信用等级。宇通客车率先在行业成功实施了CRM客户管理系统，建成了功能完善的客户服务管理平台，24小时为客户提供购买咨询、服务请求、配件查询、问题反馈等一站式服务。作为中国客车第一品牌，公司连续多年荣获世界客车联盟（BAAV）颁发的"BAAV年度最佳客车制造商""BAAV年度最佳整车制造商出口营销大奖""BAAV年度最佳客车奖""BAAV年度最佳创新客车奖""BAAV年度最佳环保巴士奖""BAAV年度最佳BRT巴士奖""BAAV年度最佳客车安全装备奖""BAAV年度最佳客车制造商"等奖项。

大家在公路上到处可以看到的宇通大巴就是宇通的产品。

### 16.19.2 行业和公司的未来简要判断

客车行业：比较成熟稳定的行业。虽然高铁交通方式对此有替代作用，但是高铁之外的路网需要客车。当然，私家车的发展对客车行业也有替代，但个人认为后续影响应该不大，私家车已经过了爆发增长期。这个行业的缺点是地方政府保护主义太强，个人认为这在未来或许会是宇通客车的机会——政府保护主义下的低效率最终无法战胜市场的力量，未来的行业集中度应该会有所提升。

宇通客车：市场龙头公司之一。新能源客车业务发展良好。个人认为，新能源客车应该会逐步替代传统能源汽车。最近几年的骗补事件告一段落，新的补贴政策已经落地，有利于提高行业集中度。

### 16.19.3 历史数据

#### 1. 公司投资活动现金流

公司购建固定资产、无形资产和其他长期支付的现金持续流出，在2011～

2015 年的资本性支出金额累计 75 亿元，为长远发展打下了良好基础。

现金自给率每年均超过 100%，也就是说，宇通客车的资本性支出全部为自己赚回来的现金，无须额外增加新的融资。

### 2. 筹资活动现金流

公司的筹资活动现金流最近几年均为负数，主要为给股东现金分红。

### 3. 资产资本结构

资产中，金融资产在 2016 年 9 月底为 40 亿元，长期股权投资最近增加 3 亿元，长期经营资产为 61 亿元，周转性经营投入为 11 亿元。

资本中，没有债务。注意，没有债务！股东权益为 119 亿元。

上述都是大致的数字，与实际数据略有出入。

### 4. 盈利情况

过去 5 年公司的收入每年都有增长，毛利率略有提升，目前稳定在 25% 左右，总费用率在 12% 左右，股东权益回报率过去 10 年稳定在 25% 以上。利润现金含量在 1 以上，利润为真金白银的高质量利润。

### 5. 经营活动现金流和自由现金流

公司的经营活动现金流和自由现金流过去 10 年的复合增长率在 20% 以上。

## 16.19.4　历史数据 + 未来判断基础上的大致估值

历史数据表明了宇通客车的优秀，未来的判断为我们的假设提供了基础。我们采取相对保守的假设：公司在未来 5 年内能够维持 15% 的复合增长率，6～15 年维持 6% 的复合增长率，16 年后开始零增长；股东资本回报率预期为 8%；以过去 5 年的自由现金流平均数为保守的基数，宇通客车的每股内在价值如表 16-94 所示。按照 40% 的安全边际测算，则 21 元以下为安全买入区间。

表 16-94　宇通客车的每股内在价值（三阶段模型）

金额单位：万元

| 三阶段模型下估值 | |
| --- | --- |
| 以前 5 年的平均自由现金流为基数 | 229 336.54 |
| 假设 2016～2020 年年复合增长率为 15%，2021～2030 年年复合增长率为 6%，此后零增长 | |

(续)

| 三阶段模型下估值 | |
|---|---|
| 折现率 | 8% |
| 营运类资产的价值 | 7 555 157.95 |
| 加：金融资产 | 403 235.59 |
| 减：企业债务 | 157.70 |
| 企业价值 | 7 958 235.84 |
| 少数股东比例 | 0.01 |
| 归属于母公司股东的价值 | 7 892 582.40 |
| 股本（万股） | 221 394.00 |
| 每股内在价值（元） | 35.65 |

注：表中数据在计算过程中有四舍五入。

## 16.20 银行股估值：一个简易模型

由于银行股市值占我国股票市场总市值的份额很高，有非常多的读者留言希望我能谈谈银行股的估值。我一直没有回复这些留言，原因是银行股的估值无法完全按照财务报表信息来做，再就是在我自己的投资组合管理中，基本没有银行股。

在分析公司时，我翻看了一些银行上市公司的定期报告，顺便讲一讲基于自由现金流的银行股的估值。

银行类上市公司的现金流量表与一般工商企业类的现金流量表差异很大，比如民生银行的现金流量表中经营活动产生的现金流量如表16-95所示。

注意，虽然项目很多，金额很大，但是从为股东赚钱的角度来看，经营活动产生的现金流量中的多数项目是流水项目，并不是赚钱的概念。真正赚钱的项目是"收取利息和手续费净增加额"。表中还有很多花钱的项目，包括"支付给职工以及为职工支付的现金""支付的各项税费""支付手续费的现金"等。

对于银行类上市公司，很重要的一点是除利息和手续费以外，投资活动也是银行的重要日常业务。因此，与一般工商企业不同，从理论上来说，投资收益收到的现金也应该作为经营活动，但是按照准则要求必须列示在投资活动中。同样以民生银行为例，其投资活动产生的现金流量如表16-96所示。在计算自由现金流时，我们把"取得投资收益收到的现金"自行调整增加到日常业务的现金流中。

表 16-95　民生银行的经营活动现金流量

单位：百万元

| 经营活动产生的现金流量 | 2019-09-30 | 2018-12-31 | 2017-12-31 |
|---|---|---|---|
| 客户存款和同业存放款项净增加额 | 22 167 600.00 | | |
| 向中央银行借款净增加额 | | | 1 973 500.00 |
| 向其他金融机构拆入资金净增加额 | | | |
| 收取利息和手续费净增加额 | 17 939 400.00 | 23 248 900.00 | 20 948 500.00 |
| 收到其他与经营活动有关的现金 | 1 668 800.00 | 3 424 000.00 | 5 166 100.00 |
| 拆入/拆出资金净增加额 | 3 193 100.00 | | 9 371 100.00 |
| 经营活动现金流入差额（特殊报表科目） | 11 104 800.00 | 8 713 400.00 | 20 790 200.00 |
| 经营活动现金流入差额（合计平衡项目） | | | |
| 经营活动现金流入小计 | 56 073 700.00 | 35 386 300.00 | 58 249 400.00 |
| 客户贷款及垫款净增加额 | 28 746 200.00 | 31 290 700.00 | 36 516 900.00 |
| 存放央行和同业款项净增加额 | | | |
| 支付给职工以及为职工支付的现金 | 1 939 300.00 | 2 639 000.00 | 2 358 800.00 |
| 拆入/拆出资金净减少额 | 5 613 700.00 | 7 284 100.00 | |
| 支付的各项税费 | 1 451 200.00 | 2 329 500.00 | 2 207 900.00 |
| 支付其他与经营活动有关的现金 | 2 429 300.00 | 7 294 800.00 | 1 229 000.00 |
| 支付手续费的现金 | 9 537 400.00 | 14 298 200.00 | 12 557 200.00 |
| 经营活动现金流出差额（特殊报表科目） | 18 322 200.00 | 9 799 800.00 | 29 085 500.00 |
| 经营活动现金流出差额（合计平衡项目） | | | |
| 经营活动现金流出小计 | 68 039 300.00 | 74 936 100.00 | 83 955 300.00 |

　　除扣除花钱的项目外，按照我在本书中的相同逻辑，需要扣除资产减值准备、固定资产折旧、无形资产摊销、长期待摊费用摊销等保全性资本支出。但是，银行类上市公司存在的一个难点问题是：银行计提的贷款坏账准备是否足够？如果这个问题的答案是肯定的，那么也就是说银行的利润是毫无水分的。毫无疑问，现在大多数银行股都是被低估的，有5倍甚至更低的市盈率。也就是说，作为银行的股东，银行每年给我们赚取了超过20%的收益。银行股的市盈率低，我认为最主要的原因有两个：一是很多人对银行的贷款坏账准备存有疑问，二是银行未来的发展趋势，比如是否会息差缩小等。第二个问题我也无法回答。第一个问题可以有一个简化处理，那就是对银行的贷款和投资类资产在银行自己计提减值准备的

基础上，再加上一定的比例予以计提并从现金流中予以扣减（这一比例取决于你对具体某个银行的了解程度）。

表 16-96　民生银行投资活动产生的现金流量

单位：百万元

| 投资活动产生的现金流量 | 2019-09-30 | 2018-12-31 | 2017-12-31 |
| --- | --- | --- | --- |
| 收回投资收到的现金 | 97 342 900.00 | 160 983 900.00 | 237 373 900.00 |
| 取得投资收益收到的现金 | 6 035 300.00 | 8 367 000.00 | 7 994 100.00 |
| 处置固定资产、无形资产和其他长期资产收回的现金 | 42 500.00 | 202 800.00 | 342 700.00 |
| 收到其他与投资活动有关的现金 | | | |
| 投资活动现金流入差额（特殊报表科目） | | | 33 000.00 |
| 投资活动现金流入差额（合计平衡项目） | | | |
| 投资活动现金流入小计 | 103 420 700.00 | 169 553 700.00 | 245 743 700.00 |
| 投资支付的现金 | 102 961 700.00 | 140 820 200.00 | 232 290 600.00 |
| 购建固定资产、无形资产和其他长期资产支付的现金 | 607 300.00 | 580 300.00 | 1 024 400.00 |
| 支付其他与投资活动有关的现金 | | | |
| 投资活动现金流出差额（特殊报表科目） | | | |
| 投资活动现金流出差额（合计平衡项目） | | | |
| 投资活动现金流出小计 | 103 569 000.00 | 141 400 500.00 | 233 315 000.00 |
| 投资活动产生的现金流量净额差额（合计平衡项目） | | | |
| 投资活动产生的现金流量净额 | −148 300.00 | 28 153 200.00 | 12 428 700.00 |

比如，我们假设在民生银行自己计提减值准备的基础上，再对资产负债表中的贷款和投资类资产加计 1% 的减值准备（其含义是当年把这些钱通过贷款发放给客户或者投资到项目上，但是这些钱收不回来了，相当于在当年就把这些钱亏掉了）。

按照上述过程，我们计算民生银行的每股自由现金流如下：

自由现金流 = 收取利息和手续费净增加额 + 取得投资收益收到的现金 −
支付给职工以及为职工支付的现金 − 支付的各项税费 −
保全性资本支出 − 支付手续费的现金 − 加计预估资产减值

每股自由现金流 = 自由现金流 / 发行在外的股份

如表 16-97 所示，我们可以计算得出民生银行最近几年的每股自由现金流大概在 0.7 元左右。如果要减小不同年份之间现金流数据的时间波动影响，我们可以计算最近 5 年的每股自由现金流，作为投资的参考依据。

假设未来民生银行能够保持目前的自由现金流水平（这个假设不一定成立，我只是为了说明后面的计算），投资者的资本成本率（折现率）为 8%，以永续年金模式计算其内在价值为：0.7/8%=8.75（元）。考虑安全边际，打个七折的话，买入价格最好在 6 元钱左右或者以下。

表 16-97　民生银行的每股自由现金流

金额单位：百万元

| 经营活动产生的现金流量 | 2019-09-30 | 2018-12-31 | 2017-12-31 | 2016-12-31 |
|---|---|---|---|---|
| 收取利息和手续费净增加额 | 17 939 400 | 23 248 900 | 20 948 500 | 20 173 800 |
| 取得投资收益收到的现金 | 6 035 300 | 8 367 000 | 7 994 100 | 4 016 600 |
| 减：支付给职工以及为职工支付的现金 | 1 939 300 | 2 639 000 | 2 358 800 | 2 411 500 |
| 支付的各项税费 | 1 451 200 | 2 329 500 | 2 207 900 | 2 548 700 |
| 资产减值准备 | 0 | 4 600 | 3 414 000 | 4 137 800 |
| 固定资产折旧、油气资产折耗、生产性生物资产折旧 | 0 | 571 800 | 320 800 | 288 800 |
| 无形资产摊销 | 0 | 57 400 | 49 700 | 46 600 |
| 长期待摊费用摊销 | 0 | 90 500 | 108 900 | 134 600 |
| 支付手续费的现金 | 9 537 400 | 14 298 200 | 12 557 200 | 9 950 400 |
| 预估资产减值 | 5 815 583 | 5 494 414 | 5 312 153 | 5 111 959 |
| 预计自由现金流 | 5 231 217 | 6 130 486 | 2 613 147 | -439 959 |
| 股本（万股） | 4 378 200 | 4 378 200 | 3 648 500 | 3 648 500 |
| 每股自由现金流（元） | 1.19 | 1.40 | 0.72 | -0.12 |
| 5 年平均数（元） | 0.75 | 0.70 | 0.64 | 0.67 |

## 16.21　科技股估值中自由现金流的调整问题

在经典的自由现金流公式中，是用经营活动赚取的现金流净额减去资本性支出，即：

自由现金流 = 经营活动赚取的现金流净额 − 资本性支出

经营活动赚取的现金流净额有很多不同的计算表达，例如：

经营活动赚取的现金流净额＝净利润＋折旧摊销＋营运资本变动调整

经营活动赚取的现金流净额＝经营活动产生的现金流量净额

但是，其本质都是一样的——经营活动赚取的现金流净额，必须是通过企业的经营活动来赚取的结余，而不能是通过股权筹资或者是债务筹资获得的资金。对于保险公司、银行等金融类公司来说，虽然收取保金、取得存款是其日常活动的重要组成部分，但是从财务的角度来说，其实质是债务筹资。因此，在计算金融类公司的自由现金流时，要把它按照目前的会计准则要求列入经营活动的现金流自行调整到筹资活动的现金流中，才能得出比较接近实际的金融类公司的自由现金流。

本小节重点讲述的不是经营活动赚取的现金流净额的计算，而是资本性支出的计算。

在未来很长一段时间内（至少20年），科技股将是股市投资非常重要的方向。对于科技股，有非常多的估值方法。很多人认为科技股无须估值，看趋势或者凭感觉就可以了。请原谅我的冥顽不化，我与本杰明·格雷厄姆的观点是一致的：投资，是基于详尽的分析，在做出估值的基础上，在考虑安全边际的前提下，取得令人满意的预期回报。不管是用市盈率、市梦率，抑或是生辰八字、易经八卦、玄学冥思，在做出投资之前，我们都需要建立自己的价值坐标系，做出估值。换句话说，我们买入，是因为我们认为其价格低于其价值。

在所有的方法中，终极方法就是未来自由现金流贴现。其难点在于未来自由现金流的测算。对于任何企业，我们现在测算其未来的自由现金流难免会陷入主观臆测，而这种主观臆测的准确程度就取决于我们的认知能力，所以说投资是认知能力的变现。以后有时间的话，我会专门写一篇有关如何提高认知能力的文章。从时间角度来说，未来在现在阶段是主观臆测，等到未来成为历史时未来就成为一种客观现实。也就是说，不管我们的认知能力如何，未来都将是一种客观存在。

对于成长型科技股的估值，如果我们用经典公式"自由现金流＝经营活动赚取的现金流净额－资本性支出"计算，我们会发现大多数成长型科技股都被严重低估了。因为成长型科技股的资本性支出非常大，导致自由现金流成为负数，从而最后的贴现值也为负数，结论就是科技股分文不值。

为了解决这个问题，我们引入财务中的资本保全的概念，将自由现金流定义为在资本保全的前提下，企业通过经营活动赚钱的资金净额。我们将企业的资本性支出分为两个部分：保全性资本支出和扩张性资本支出。例如，科技型公司中与折旧摊销等额的投入，可以近似地认为是为了保全原有的规模（这个不一定准确，比如新成立的科技型公司的实验室很新，短期内不需要更新，那么折旧摊销的等额投入可能属于扩张性资本支出，具体分析时要看具体公司的业务信息资料），而超过部分则是扩张性资本支出（原来是一个实验室，现在是两个实验室了）。

在计算自由现金流时，我们把经典公式改为：自由现金流 = 经营活动赚取的现金流净额 - 保全性资本支出。

对于成长型科技股估值需要重点解决的第二个问题是：如何考虑研发投入。传统行业的投入体现为财务报表中的机器设备、土地厂房等固定资产和无形资产，但是成长型科技股的主要投入体现为财务报表中的研发费用（出于研发费用化的税收加计扣除政策，绝大多数科技股公司都会将研发投入费用化，会计准则中的费用化和资本化处理只是文本规定）。我们的理解是：成长型科技股公司的研发投入，跟传统行业公司的机器设备、土地厂房投入，从对企业长远发展的影响性质上来说，是一样的。因此，我们把现行准则报表中列入经营活动现金流出的研发投入现金流出调整为投资活动现金流出，同时将本年度相比上年度相同金额的研发投入视同为保全性资本支出，增加金额的研发投入视为扩张性资本支出。

打个比方：A 科技股公司 2019 年的研发投入金额为 1 亿元（2 000 万元机器设备，8 000 万元研发人员工资等其他支出），2020 年的研发投入金额为 1.6 亿元（3 200 万元机器设备，其中 200 万元为原有实验设备更换，3 000 万元为新增；12 800 万元研发人员工资等其他支出）。显然，A 公司的实验室增加，研发人员增加，研发实力在增强，从长远发展来说是好事情。按照传统公式以及目前的会计准则，研发投入的其他支出将直接减少经营活动赚取的现金流净额，而机器设备的增加则直接作为资本性支出扣减。假设 A 公司 2020 年在不考虑研发投入的情况下，经营活动赚取的现金流净额为 10 000 万元。

调整前：A 公司 2020 年机器设备的保全性资本支出为 200 万元，扩张性资本支出为 3 000 万元。研发人员工资等其他支出在标准报表中列为经营活动，我们调整为投资活动（即资本支出），其中 8 000 万元为保全性资本支出，4 800 万元为扩张性资本支出。

在计算 A 公司 2020 年的自由现金流时，按照经典公式：

自由现金流 = 经营活动赚取的现金流净额（10 000 万元 −12 800 万元）−
资本性支出（3 200 万元）

研发投入一共减少了自由现金流 1.6 亿元，自由现金流为负 6 000 万元。

按照调整公式：

自由现金流 = 经营活动赚取的现金流净额（10 000 万元 −12 800 万元标准报表的扣减 +
12 800 万元调整为资本支出后的加回）− 保全性资本支出（−8 200
万元，200 万元的机器设备保全支出及 8 000 万元的研发保全支出）

研发投入一共只减少了自由现金流 8 200 万元，自由现金流为 1 800 万元。

调整后的自由现金流为 1 800 万元，与调整前的自由现金流 −6 000 万元相比，差额为 7 800 万元。调整计算后，对科技型公司的未来自由现金流进行贴现，比按照标准报表和经典公式得出的结论相对合理。

## 16.22 "新经济"是否颠覆了传统的估值方法

当前以"独角兽"为代表的"新经济"广受关注，究竟应当如何为"新经济"公司估值，成为一个重要且热门的话题。很多人认为传统估值方法不适用于"新经济"公司，甚至有些人认为"新经济"已经颠覆了传统估值方法——"新经济"不能用传统的财务数据来做估值，而应用流量、点击量、用户数等作为估值的基础。我的观点与此相反。在出现革命性的经济模式之前，所有的估值依然基于财务数据，采用现金流贴现方法。"一个企业的价值等于这个企业在剩余寿命中创造的自由现金流折现值"，这个道理亘古不变，就像空气、水、食物依然是人类最主要的生存基础一样，除非以后能够出现不需要空气、水和食物的人类——也就是革命性的人类。同理，在可以预见的未来，所有的企业经营管理依然围绕着现金展开。"投入现金——业务循环——收回更多的现金"，是所有公司的商业基础逻辑，除非以后出现不需要现金的公司——换句话说，除非新经济不需要现金了，才能颠覆传统估值方法。

在讨论"新经济"是否颠覆了传统估值方法这一问题时，我们需要明确两点：一是估值不同于定价，二是"新经济"的相对性。

估值与定价是两个不同的概念。在现实中，我们很容易把估值和定价混淆。我们把估值和定价的概念明确一下：估值是指估计内在价值，定价是指商定交易价格。估计内在价值，必须有足够多的历史财务数据作为依据。商定交易价格，则取决于交易中买方卖方对内在价值的判断，以及他们的谈判能力、交易情绪、心态、地位等。交易价格有些时候可能等于内在价值，但是更多时候交易价格并不等于内在价值，甚至与内在价值根本没有一点点关系。在天使投资、风险投资中的天使轮、A 轮、A+ 轮、B 轮等的融资中，"估值"这个词被滥用了——那不是估值，而是"定价"。并非所有的公司，都可以做出"估值"，但只要有交易，就一定有"定价"。比如，对于仅仅成立数天或者几个月的公司，是无法估值的，做出估值至少需要一家公司三年以上的历史财务数据为基础，加上对这个公司未来发展前景的预计。

"新经济"的相对性，是指今天的"新经济"，只是相对昨天而言。到了明天，今天的"新经济"就成了"旧经济"。蒸汽机相对手工劳动力是"新经济"，但相对电气化就是"旧经济"；个人电脑相对算盘是"新经济"，但是相对互联网就是"旧经济"。某些我们今天认为是重大的"新经济"的事物，也许到了明天我们发现它被高估了，而某些认为无关紧要的事物，也许被低估了。"新经济"公司对"旧经济"的替代，导致"新经济"公司会经历一个长期的高速增长阶段。因此，对"新经济"公司的估值，并不是一个新问题，而是一个老问题——在美国 20 世纪初开始的铁路公司估值中也遇到过类似的问题，其本质是如何对高增长公司进行估值。

很多人以亚马逊一直亏损但是市值不断攀升作为例子来说明"新经济"公司无法用传统的估值方法，其实，这是对亚马逊的误解——亚马逊在早期就已经开始赚钱，完全可以用传统的现金流贴现估值方法。

亚马逊公司成立于 1994 年，在美国特拉华州注册，1997 年 5 月 14 日在纳斯达克上市，目前是全球商品品种最多的网上零售商和全球第 3 大互联网公司，也是最早开始经营电子商务的公司之一。亚马逊及它的其他销售商为客户提供数百万种独特的全新、翻新及二手商品，如图书、影视、音乐和游戏、数码下载、电子和电脑、家居园艺用品、玩具、婴幼儿用品、食品、服饰、鞋类和珠宝、健康和个人护理用品、体育及户外用品、玩具、汽车及工业产品等。该公司的零售网站包括 www.amazon.de、www.amazon.fr、www.amazon.co.jp、www.amazon.co.uk 等。

很多人以利润表中的净利润来衡量公司是否赚钱，而我们用自由现金流来判断一家公司是否赚钱。传统的自由现金流计算公式为：

自由现金流量＝息税前利润－税款＋折旧和摊销－营运资本变动－资本支出

这个公式的第一个问题是没有考虑资本支出对于企业未来发展的影响。比如，一家成长型公司在成长的过程中需要不断增加高额的资本支出，导致其成长阶段的自由现金流都是负数，从而让人错误地认为无法用自由现金流进行估值。为了解决这个问题，我们把资本性支出分为保全性资本支出和扩张性资本支出，其中保全性资本支出是指保持原有业务规模需要的资本支出，扩张性资本支出是指扩大业务规模产生的资本支出。举个例子，某互联网公司第一年主要销售图书，第二年在销售图书的基础上增加了玩具，那么第二年只需把维持图书销售规模的资本支出视为当年的自由现金流扣减项，而不应把玩具销售的资本支出视为当年的自由现金流扣减项（当年的自由现金流亏损）。

这个公式的第二个问题是，资本性支出只包括固定资产、无形资产等会计上的长期资产，而不包括员工规模扩大、品牌度提升、客户数量增加等的支出。试想一下，一个公司第一年有100名员工，第二年有200名员工，有200名员工的公司和有100名员工的公司，其规模和支出是一样的吗？答案显然是否定的。因此，对于成长型的公司，在其营运现金支出中，与分析基期相同的金额可以作为自由现金流的扣减项，而扩张性的营运现金支出则应作为自由现金流的增加。

按上述分析以后，我们可以得出成长型公司自由现金流的计算公式如下：

自由现金流量＝息税前利润－税款＋折旧和摊销－营运资本变动－
保全性资本支出＋比基期增加的营运现金支出
＝经营活动产生的现金流量净额－保全性资本支出＋
比基期增加的扩张性营运现金支出

我们首先来看亚马逊自1997年上市以来的年度报告中的经营活动产生的现金流量净额数据（见表16-98）。从表中可以看出，亚马逊经营活动产生的现金流量净额除1999年、2000年和2001年为负数以外，其他年份均为正数，并呈现出完美的上升趋势。如果以2002年为基期，则此后无论是环比增长率还是复合增长率，基本都是正数。

表 16-98  亚马逊经营活动产生的现金流量净额数据

| 年　　份 | 经营活动产生的现金流量净额（千美元） | 环比增长率 | 复合增长率 |
|---|---|---|---|
| 2018 年 | 30 723 000 | 155.07% | 38.16% |
| 2017 年 | 12 045 144 | 5.60% | 32.63% |
| 2016 年 | 11 406 509 | 47.36% | 34.80% |
| 2015 年 | 7 740 371 | 84.88% | 33.88% |
| 2014 年 | 4 186 620 | 25.42% | 30.33% |
| 2013 年 | 3 338 053 | 27.05% | 30.79% |
| 2012 年 | 2 627 339 | 6.84% | 31.17% |
| 2011 年 | 2 459 241 | 6.25% | 34.19% |
| 2010 年 | 2 314 634 | 2.94% | 38.17% |
| 2009 年 | 2 248 526 | 93.87% | 44.10% |
| 2008 年 | 1 159 832 | 13.01% | 37.15% |
| 2007 年 | 1 026 296 | 87.22% | 42.56% |
| 2006 年 | 548 171 | −7.33% | 33.17% |
| 2005 年 | 591 546 | 4.41% | 50.28% |
| 2004 年 | 566 560 | 44.52% | 80.30% |
| 2003 年 | 392 022 | 124.92% | 224.92% |
| 2002 年 | 174 291 | — | — |
| 2001 年 | −119 782 | — | — |
| 2000 年 | −130 442 | — | — |
| 1999 年 | −90 875 | — | — |
| 1998 年 | 31 035 | — | — |
| 1997 年 | 687 | — | — |

那么，为什么 1999 年、2000 年和 2001 年经营活动产生的现金流量净额为负数呢？1999 年，亚马逊的一般和管理费用大幅上升，营销和销售费用也大幅增加——公司在扩张规模。因此当期的扩张性营运现金支出大幅增加，而这些增加事关公司的未来扩张，我们在用现金流贴现估值时，需要调整为自由现金流的增加。这类调整涉及很多个人的选择和判断，我们就不在此列举计算。大家也可以理解为 2001 年之前无法对亚马逊做出估值。

我们以 2002 年为基期（经营活动现金流量持续转正），在 2009 年 12 月 31 日这一时点，按照上述公式"自由现金流量＝经营活动产生的现金流量净额－保全性资本支出+比基期增加的扩张性营运现金支出"进行估值。因为扩张性营运现金支出的调整涉及很多个人的选择和判断，为了更加容易理解地说明问题，我们假设保全性资本支出等于比基期增加的扩张性营运现金支出（大多数人都会得出大多数年份扩张性营运现金支出大于保全性资本支出的结论，因此这一假设是比较保守的），采用经营活动产生的现金流量净额作为亚马逊自由现金流的近似数。

在上述分析的基础上，在2009年12月31日，考虑电子商务的未来发展趋势，我们采用三阶段自由现金流贴现模型，假设未来5年（2010～2014年）的复合增长率为33.17%（2003～2009年的最低数），未来6～15年的复合增长率为10%，未来16年及以后的复合增长率为6%，资本成本率（折现率）为8%，股本为489 000千股，计算每股内在价值，如表16-99所示。

表16-99 亚马逊的每股内在价值（三阶段模型）

| 阶段 | 年份 | 自由现金流（千美元） | 现值（千美元） |
| --- | --- | --- | --- |
| | 2009年 | 2 248 526.00 | |
| 一阶段 | 2010年 | 2 994 362.07 | 2 772 557.48 |
| | 2011年 | 3 987 591.97 | 3 418 717.40 |
| | 2012年 | 5 310 276.23 | 4 215 468.48 |
| | 2013年 | 7 071 694.86 | 5 197 906.83 |
| | 2014年 | 9 417 376.04 | 6 409 307.90 |
| 二阶段 | 2015年 | 10 359 113.65 | 6 527 998.78 |
| | 2016年 | 11 395 025.01 | 6 648 887.65 |
| | 2017年 | 12 534 527.51 | 6 772 016.20 |
| | 2018年 | 13 787 980.26 | 6 897 422.89 |
| | 2019年 | 15 166 778.29 | 7 025 152.94 |
| | 2020年 | 16 683 456.00 | 7 155 248.00 |
| | 2021年 | 18 351 802.00 | 7 287 753.00 |
| | 2022年 | 20 186 982.00 | 7 422 711.00 |
| | 2023年 | 22 205 680.00 | 7 560 169.00 |
| | 2024年 | 24 426 248.00 | 7 700 172.00 |
| 三阶段 | 2025年及以后 | | 377 878 816.90 |
| 合计 | | | 470 890 304.44 |
| 股本（千股） | | | 489 000.00 |
| 每股价值（美元） | | | 962.97 |

注：表中数据在计算过程中有四舍五入。

也许大家会指出，目前亚马逊股价远高于 962.97 美元。价值投资者必须要注意的一点是：不仅价格随着时间在波动，价值随着时间也会发生变动。新的因素会导致价值本身的变化。亚马逊的实际自由现金流远超出了我们的上述假设，因此回过头来看 962.97 美元是低估了。但是，962.97 美元的意义在于，在 2009 年 12 月 31 日这个时点，它可以明确地告诉我们：亚马逊的内在价值远高于其股价。

如果以 2018 年 12 月 31 日的数据为基础，我们可以判断亚马逊的价格是否过高或者过低。由于亚马逊已经是"庞然大物"，因此我们做相对保守的假设，假设未来 5 年亚马逊的复合增长率为 10%，此后为 3%，资本成本率（折现率）为 8%，则亚马逊的内在价值计算如表 16-100 所示。因此，亚马逊目前的股价，从当前的历史以及结合未来的预计，大致反映了其内在价值。

表 16-100　亚马逊的每股内在价值（两阶段模型）

| 阶段 | 年份 | 自由现金流（千美元） | 现值（千美元） |
| --- | --- | --- | --- |
| 一阶段 | 2019 年 | 33 795 300.00 | 31 291 944.44 |
|  | 2020 年 | 37 174 830.00 | 31 871 424.90 |
|  | 2021 年 | 40 892 313.00 | 32 461 636.47 |
|  | 2022 年 | 44 981 544.30 | 33 062 777.89 |
|  | 2023 年 | 49 479 698.73 | 33 675 051.55 |
| 二阶段 | 2024 年及以后 | 1 019 281 794.00 | 642 320 427.70 |
|  | 合计 |  | 804 683 263.00 |
|  | 股本（千股） |  | 491 203.00 |
|  | 每股价值（美元） |  | 1 638.19 |

注：表中数据在计算过程中有四舍五入。

太阳底下无新鲜事。万物生长靠太阳，企业发展靠现金。"新经济"公司依然需要以现金流为基础进行估值。

# 参考文献

[1] 本杰明·格雷厄姆, 戴维·多德. 证券分析 [M]. 邱魏, 译. 海口: 海南出版社, 1999.

[2] 郭永清. 透视公司财报数字 [M]. 大连: 大连出版社, 2011.

[3] 杨峰. 公司估值问题 [M]. 北京: 中国财政经济出版社, 2012.

[4] 格里·格瑞, 帕特里克·古萨蒂斯, 兰德·伍瑞奇. 股票价值评估 [M]. 于春海, 詹燕萍, 谢静, 译. 北京: 中国财政经济出版社, 2004.

[5] 埃斯瓦斯·达莫达兰. 估值: 难点、解决方案及相关案例 [M]. 李必龙, 李羿, 郭海, 等译. 北京: 机械工业出版社, 2013.

[6] 诚讯金融培训公司. 估值建模 [M]. 北京: 中国金融出版社, 2012.

[7] 理查德 A 布雷利, 斯图尔特 C 迈尔斯. 资本投资与估值 [M]. 赵英军, 译. 北京: 中国人民大学出版社, 2012.

[8] 加布里埃尔·哈瓦维尼, 克劳德·维埃里. 高级经理财务管理: 创造价值的过程 [M]. 王全喜, 张晓农, 王荣誉, 译. 北京: 机械工业出版社, 2003.

[9] 克里舍 G 佩普, 保罗 M 希利, 维克多 L 伯纳德. 运用财务报表进行企业分析与估价 [M]. 孔宁宁, 丁志杰, 译. 北京: 中信出版社, 2004.

[10] 鲁桂华. 看懂会计报表 [M]. 北京: 机械工业出版社, 2013.

[11] 玛丽·巴菲特, 戴维·克拉克. 巴菲特教你读财报 [M]. 李凤, 译. 北京: 中信出版社, 2009.

[12] 张新民. 从报表看企业 [M]. 北京: 中国人民大学出版社, 2014.

# 财务知识轻松学

| 书号 | 定价 | 书名 | 作者 | 特点 |
|---|---|---|---|---|
| 71576 | 79 | IPO财务透视：注册制下的方法、重点和案例 | 叶金福 | 大华会计师事务所合伙人作品，基于辅导IPO公司的实务经验，针对IPO中最常问询的财务主题，给出明确可操作的财务解决思路 |
| 58925 | 49 | 从报表看舞弊：财务报表分析与风险识别 | 叶金福 | 从财务舞弊和盈余管理的角度，融合工作实务中的体会、总结和思考，提供全新的报表分析思维和方法，黄世忠、夏草、梁春、苗润生、徐珊推荐阅读 |
| 62368 | 79 | 一本书看透股权架构 | 李利威 | 126张股权结构图，9种可套用架构模型；挖出38个节税的点，避开95个法律的坑；蚂蚁金服、小米、华谊兄弟等30个真实案例 |
| 70557 | 89 | 一本书看透股权节税 | 李利威 | 零基础50个案例搞定股权税收 |
| 62606 | 79 | 财务诡计（原书第4版） | （美）施利特 等 | 畅销25年，告诉你如何通过财务报告发现会计造假和欺诈 |
| 70738 | 79 | 财务智慧：如何理解数字的真正含义（原书第2版） | （美）伯曼 等 | 畅销15年，经典名著；4个维度，带你学会用财务术语交流，对财务数据提问，将财务信息用于工作 |
| 67215 | 89 | 财务报表分析与股票估值（第2版） | 郭永清 | 源自上海国家会计学院内部讲义，估值方法经过资本市场验证 |
| 73993 | 79 | 从现金看财报 | 郭永清 | 源自上海国家会计学院内部讲义，带你以现金的视角，重新看财务报告 |
| 67559 | 79 | 500强企业财务分析实务（第2版） | 李燕翔 | 作者将其在外企工作期间积攒下的财务分析方法倾囊而授，被业界称为最实用的管理会计书 |
| 67063 | 89 | 财务报表阅读与信贷分析实务（第2版） | 崔宏 | 重点介绍商业银行授信风险管理工作中如何使用和分析财务信息 |
| 58308 | 69 | 一本书看透信贷：信贷业务全流程深度剖析 | 何华平 | 作者长期从事信贷管理与风险模型开发，大量一手从业经验，结合法规、理论和实操融会贯通讲解 |
| 75289 | 89 | 信贷业务全流程实战：报表分析、风险评估与模型搭建 | 周艺博 | 融合了多家国际银行的信贷经验；完整、系统地介绍公司信贷思维框架和方法 |
| 75670 | 89 | 金融操作风险管理真经：来自全球知名银行的实践经验 | （英）埃琳娜·皮科娃 | 花旗等顶尖银行操作风险实践经验 |
| 60011 | 99 | 一本书看透IPO：注册制IPO全流程深度剖析 | 沈春晖 | 资深投资银行家沈春晖作品；全景式介绍注册制IPO全貌；大量方法、步骤和案例 |
| 65858 | 79 | 投行十讲 | 沈春晖 | 20年的投行老兵，带你透彻了解"投行是什么"和"怎么干投行"；权威讲解注册制、新证券法对投行的影响 |
| 73881 | 89 | 成功IPO：全面注册制企业上市实战 | 屠博 | 迅速了解注册制IPO的全景图，掌握IPO推进的过程管理工具和战略模型 |
| 77436 | 89 | 关键IPO：成功上市的六大核心事项 | 张媛媛 | 来自事务所合伙人的IPO经验，六大实战策略，上市全程贴心护航 |
| 70094 | 129 | 李若山谈独立董事：对外懂事，对内独立 | 李若山 | 作者获评2010年度上市公司优秀独立董事；9个案例深度复盘独董工作要领；既有怎样发挥独董价值的系统思考，还有独董如何自我保护的实践经验 |
| 74247 | 79 | 利润的12个定律（珍藏版） | 史永翔 | 15个行业冠军企业，亲身分享利润创造过程；带你重新理解客户、产品和销售方式 |
| 69051 | 79 | 华为财经密码 | 杨爱国 等 | 揭示华为财经管理的核心思想和商业逻辑 |
| 73113 | 89 | 估值的逻辑：思考与实战 | 陈玮 | 源于3000多篇投资复盘笔记，55个真实案例描述价值判断标准，展示投资机构的估值思维和操作细节 |
| 62193 | 49 | 财务分析：挖掘数字背后的商业价值 | 吴坚 | 著名外企财务总监的工作日志和思考笔记；财务分析视角侧重于为管理决策提供支持；提供财务管理和分析决策工具 |
| 74895 | 79 | 数字驱动：如何做好财务分析和经营分析 | 刘冬 | 带你掌握构建企业财务与经营分析体系的方法 |
| 58302 | 49 | 财务报表解读：教你快速学会分析一家公司 | 续芹 | 26家国内外上市公司财报分析案例，17家相关竞争对手、同行业分析，遍及教育、房地产等20个行业；通俗易懂，有趣有用 |
| 77283 | 89 | 零基础学财务报表分析 | 袁敏 | 源自MBA班课程讲义；从通用目的、投资者、债权人、管理层等不同视角，分析和解读财务报表；内含适用于不同场景的分析工具 |